자존감, 효능감을 만드는
버츄프로젝트 수업

자존감, 효능감을 만드는
버츄프로젝트 수업

초판 1쇄 발행 2018년 1월 9일
초판 18쇄 발행 2020년 11월 4일

지은이 권영애

펴낸이 이상순
주간 서인찬
편집장 박윤주
제작이사 이상광
디자인 유영준
마케팅 홍보 신희용
경영지원 고은정

펴낸곳 (주)도서출판 아름다운사람들
주소 (10881) 경기도 파주시 회동길 103
대표전화 031-8074-0082 **팩스** 031-955-1083
이메일 books777@naver.com
홈페이지 www.books114.net

ⓒ권영애 2018

파본은 구입하신 서점에서 교환해 드립니다.
이 책은 저작권법에 의하여 보호를 받는 저작물이므로 무단 전재와 복제를 금합니다.

The Virtues Project

자존감, 효능감을 만드는
버츄프로젝트 수업

권영애 지음 | 한국버츄프로젝트 감수

차례

CHAPTER. 1

버츄프로젝트가 바꾼 아이들

01. 내 삶에서 먼저 시작된 변화 • 12
02. 한 아이 삶에 시작된 기적 • 24
03. 잘못했을 때 야단맞은 게 억울해요 • 32
04. 이 미덕 북 죽을 때까지 갖고 살게요 • 38
05. 선생님한테 미안해서 울어요 • 50
06. 살아 있는 위인이 되다 • 56
07. 생일잔치 못 해서 맘 아팠지? • 62
08. 내년에도 함께 있어줄게 • 67
09. 칭찬 스티커가 필요 없는 교실 • 73

CHAPTER. 2

피로, 무기력, 화. 그런 것들의 근원은 뭘까?

01. 의식적인 뇌, 무의식적인 뇌 • 80
02. 삶의 99퍼센트를 잡아먹는 1퍼센트 • 85
03. 지치고 힘든 사람이 갇혀 있는 곳 • 91
04. 자존감을 먹어치우는 것 • 96
05. 삶의 에너지를 빨아먹는 두려움 • 102

CHAPTER. 3
에너지 변환 시스템 버츄프로젝트

01. 에너지의 두 얼굴 • 110
02. 약보다 심리치료보다 더 중요한 것 • 117
03. 자존감을 만드는 힘 • 125
04. 무의식에 저장되는 에너지 • 134
05. 에너지 변환 시스템 • 145
06. 무의식 변환 시스템 • 150
07. 자존감 변환 시스템 • 157

CHAPTER. 4
아이 스스로 변화를 만들어가는 버츄프로젝트

01. 잔소리나 가르침으로 아이는 변하지 않는다 • 166
02. 아이 마음에 무엇이 먼저 보이나 • 172
03. 피해자 모드, 선택자 모드 • 177
04. 에너지와 행동, 일치의 힘 • 184
05. 내 아이는 73일까? 173일까? • 192
06. 1퍼센트 나에서 99퍼센트 나를 인식하기 • 200
07. 알고만 있어도 달라진다 • 208

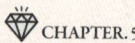

CHAPTER. 5
내가 만난 버츄프로젝트

01. 버츄프로젝트란 무엇일까? • 218
02. 관계의 본질, 겐샤이 • 227
03. 내 인생의 60초 • 233
04. 버츄 프로젝트의 네 가지 축 • 240
05. 인성 교육의 본질 • 246
06. 버츄프로젝트의 네 가지 힘 • 252
07. 나를 회복하는 시스템 • 259

CHAPTER. 6
버츄프로젝트 5대 전략

01. 미덕의 말이 아이에게 주는 것
    (1전략, 미덕의 언어로 말하기) • 268
    • 미덕의 말이 습관이 되다 • 270
    • 실수할 때 미덕 행동을 요청하다 • 276
    • 기적의 네 문장 • 281
    |교사 및 부모 실습하기| • 290

02. 수치심 대신 용기를 준다는 것
 (2전략, 배움의 순간 알아차리기) • 318
 • 시선, 자각, 재해석 • 318
 • 수치심 대신 용기를 준다는 것 • 324
 |교사 및 부모 실습하기| • 329

03. 아이의 내면도 권위가 있다
 (3전략, 미덕의 울타리 치기) • 340
 • 미덕의 울타리, 서로를 존중하기 위한 경계선 • 343
 • 아이들이 원한 울타리, 내가 원한 울타리 • 346
 |교사 및 부모 실습하기| • 352

04. 가장 소중한 것을 찾아서
 (4전략, 정신적 가치 존중하기) • 357
 • 정신성, 내 삶의 가장 소중한 것 인식하기 • 357
 • 정신성은 삶의 목적 • 360
 • 정신성은 내 존재와의 만남 • 367
 • 자신의 WHY(가치) 찾기 • 372
 |교사 및 부모 실습하기| • 375

05. 함께 있어준다는 것
   (5전략, 정신적 동반 체험하기) • 380
   • 정신적 동반, 휘둘리지 않으면서 함께하는 법 • 380
   • 한 아이를 동반한다는 것 • 381
   |교사 및 부모 실습하기| • 390

CHAPTER.7
버츄프로젝트를 만난 교사들의 변화

01. 크리스마스이브에 찾아온 기적 • 404
02. 선생님이 저를 살렸어요! • 407
03. 5일 만에 일어난 우리 학급의 기적 • 413
04. 내 인생 최고의 연수 • 417
05. 엄마도 몰라서 그런 거니까 용서할게요 • 419
06. 흔들려도 멈추지 않을 길을 찾다 • 421
07. 행복으로의 초대 • 425

CHAPTER. 8
버츄프로젝트 궁금해요

01. 칭찬하기와 미덕 깨우기의
    차이점은 무엇인가요? • 442
02. 다른 감사 교육을 하고 있는데
    미덕 교육이 더 효과적인가요? • 445
03. 미덕카드가 너무 어렵지 않나요?
    읽다 보면 말이 어려워요 • 448
04. 미덕으로 칭찬하는 것이 익숙지가 않아요 • 451
05. 52개 이외의 미덕을 쓰면 안 되나요? • 454
06. 한글을 못 읽는 아이는 어떻게 하나요? • 456
07. 버츄프로젝트는 어디서 배울 수 있나요? • 458

에필로그 • 460

부록
마음의 보석을 캐고 연마하는
버츄프로젝트 실습 활동, 이렇게 합니다. • 465

CHAPTER. 1

버츄프로젝트가
바꾼 아이들

내 삶에서 먼저 시작된 변화 01

"선생님, 빨리 교무실로 좀 내려오세요."

나를 찾는 교감 선생님의 인터폰 너머 목소리에는 다급함이 묻어 있었다. 일기장 검사를 하다 말고 바로 뛰어 내려간 교무실에는 학부모 한 명이 교감 선생님을 향해 소리를 지르고 있었다. 우리 반 현정이 아버지였다. 방금 논에서 농사일을 하다 달려왔는지 무릎 위까지 오는 검정색 장화에는 진흙이 묻어 있었고, 한쪽 손에는 흙 묻은 장갑을 들고 있었다. 현정이 아버지는 교감 선생님 옆으로 다가간 내 얼굴을 향해 나머지 한 손으로 삿대질을 하더니 얼굴이 빨갛게 될 정도로 소리를 지르며 말했다.

"아니 선생님이 우리 딸이 돈 훔쳐가는 것 봤어? 봤느냐고?"

"제대로 알지도 못하면서 애들 앞에서 애를 왜 잡어? 왜 잡느냐고!"
"교육 똑바로 해! 한 번만 더 도둑으로 몰면 그땐 나도 가만 안 있을 테니까…."
나는 으르렁거리는 사자 앞에 선 토끼처럼 두 손을 모으고 서서 아무 말도 못하고 고개를 숙이고 있었다.

오전 체육시간을 마치고 교실에 들어왔는데 한 아이가 준비물 사고 남은 돈이 없어졌다고 울고불고 난리를 쳤다. 나는 아이들에게 혹시 책상 속이나 바닥에 돈이 있는지 찾아보게 했다. 그때 한 아이가 나에게 다가와 말했다.
"선생님, 현정이가 아까 용진이 근처에서 왔다 갔다 했어요. 4학년 때도 현정이가 친구 돈 가져간 적 있어요!"
"그래? 알았어."
"현정아, 이리 좀 나와볼래?"
"혹시 용진이 돈 못 봤니?"
"못 봤어요. 저는 안 가져갔어요."
"솔직히 말하면 용서해줄게, 현정아."
"선생님, 진 안 가저갔어요. 흑흑흑…."

한 아이 말만 믿고 현정이를 나오게 해 돈에 대해 다그친 내 성급함이 문제였다. 집으로 돌아간 현정이는 밭일하고 있는 아버지에게 달려가 울었고, 아버지는 한걸음에 학교 교무실로 쫓아온 것이다. 잔뜩 화가 난 현정이 아버지는 한참 씩씩거리며 불덩이를 쏟아낸 후에야 돌아갔다. 고개를 들지 못하고 눈물만 흘리던 내 눈에 현정 아버지가 남기고 간 흙 발자국이 들어왔다. 그 발자국은 한동안 눈만 감으면 검정 장화와 함께 내 눈앞에 한참을 어른거렸다. 그때 난 내 미숙함에 대한 부끄러움보다 새내기 교사라서 학부모들이 함부로 한다는 억울함이 더 컸다.

어느 날 아침 학교에 갔더니 1교시가 끝나도록 은화가 학교에 오지 않았다. 집에 전화를 했더니 병원에 입원을 했다고 한다.
"은화가 어디 많이 아파요?"
"선생님이 어제 체육시간에 은화 회초리로 때리셨죠? 그때 은화가 무서우니까 피하다가 허리를 맞았대요. 밤새 아프다고 해 새벽에 병원 구급차 불러서 왔어요."
전화기 너머 은화 엄마의 한숨이 이어지며 오간 이야기는 울먹이는 목소리로 끝났다. 깜짝 놀란 나는 수업을 마치자마자 병원으로 달려갔다. 환자복을 입고 침대에 누워 있는 아이를 보는 순간 나도 모르게 눈물이 났다. 아이를 안아주고 손을 잡는데 쥐구멍이 있으면 숨고 싶었다. 선생이란 사람이 아이를 때려서 아이가 입원했다는 사실이 너무나 부끄럽고 미안했다. 은화 엄마의 원망 섞인 푸념이 이어지고 있었다.
"은화가 뭘 그렇게 많이 잘못했다고 애를 이 지경으로 만든 건지…, 기가 막히네요."
그만하라고 말리는 은화 아빠와 가족들의 원망 섞인 눈초리를 뒤로 하고 병실을 나왔다. 민망했고 뒤통수가 따가웠다. 이미 야단을 쳤는데도 다시 산만한 태도를 보였던 아이에게 나는 폭발했고, 결국 회초리를 들었다. 체벌은 더 강한 체벌을 불렀고, 그 악순환의 끝에는 입원 사건이 있었다. 가슴에 수치심이 남은 나는 한동안 선생님들 보기도 창피했다. 아이들을 가르치며 좋은 선생님이 되리라 희망에 부풀었던 가슴은 점점 쪼그라들어 바람 빠진 풍선이 되었다.

초임하던 그해, 아이들에게 나는 천사였다. 운동장에 나갈 때면 열 손가락을 한 명 한 명이 손잡은 채로 나가려니 게걸음이 되었다. 쉬는 시간이면 아이들이 몰려들어 책상 위에까지 올라가 내 머리, 어깨에 매달렸다. 2학기가 되니 수업을 하기 힘들 정도로 소란했다. 아이들에게 친구 같은 다정한 선생님이고 싶었는데 만만치가 않았다. 그래서 소리를 지르고 또 질렀다.

"빨리 자리에 앉아! 얼른!" "야! 떠들지 마!"

겨우 첫해를 마치고 나서 얼마나 힘들었는지 토로하니 선배들이 조언을 했다.
"그렇게 애들을 다섯 손가락에 붙이고 다니니 애들이 그렇지. 3월에는 원래 웃으면 안 돼!"

이듬해부터 나는 엄격한 선생님으로 변신했다. 3월 첫날 아이들을 만나자마자 칠판에 내 이름 석 자를 적은 후 말없이 규칙 열 가지를 적었다. 그리고 그 규칙을 어기면 따르는 벌칙을 조목조목 알려주었다. 아이들은 얼어붙었고, 난 잔뜩 굳은 아이들의 모습에 오히려 평온했다. 마치 내가 아이들을 잘 이끌고 있는 것처럼 느껴지기까지 했다. 그리고 아이가 열 가지 규칙 중 하나라도 어기면 누군가가 잘못하기를 기다린 사람처럼 당장 불러내 시범케이스로 처벌했다. 때로는 폭언, 때로는 체벌, 때로는 청소를 시켰다. 엄격한 모습을 유지하기 위해 나는 치마를 입지 않았다. 바지 정장을 주로 입었다. 2학기가 되면 결국 아이들의 억눌렸던 분노가 꼭 이런저런 문제로 터져 나왔다. 아이들이 치고받으며 싸우거나 화가 난 부모님이 학교로 달려오기 일쑤였다. 교사로서 나는 점점 지쳐갔다.

교사 생활 7년 차가 되던 어느 날, 교대를 나온 동기 한 명이 학교를 그만두었다는 소식을 들었다. 불쑥 그 이유가 궁금해 전화를 걸었다.
"애들 가르치는 게 내 적성에 안 맞아. 하루하루 너무 힘들어서 관뒀어. 너도 몸 더 아프기 전에 그만둬! 정 안되면 학원이라도 하면 되잖아."

남편이 공부를 계속하는 상황에서 내가 일을 해야 했기에 난 학교를 그만둘 수 없었다. 내 마음의 불은 점점 꺼져갔다. 매일 어두운 동굴로 끌려 들어가듯 출근했고, 학교를 나설 때면 파김치가 되었다. 그때 나의 에너지는 동굴 안에 있는 촛불처럼 바람이 불면 언제 꺼질지 모르는 불안과 두려움 그 자체였다.

고통의 총량을 깨닫다

단 하나의 사건이 인생의 길을 바꿔놓을 수 있음을 이제 나는 안다. 아이들 가르치는 것이 너무 힘들다는 고백에 겨울방학을 맞아 동료가 알려준 5박 6일 프로그램에 참여했다. 단순한 감수성 훈련인 줄 알고 참여했는데 나중에 알고 보니 게슈탈트 요법의 집단상담 모임이었다. 한 여자 분이 아픈 이야기를 어렵게 꺼내자 모두가 자기 혈육처럼 울어주고 위로해주었다. 나만 예외였다. 남들이 그분의 손을 잡고, 안아주고 눈물 흘릴 때 나는 눈물이 나지 않았다. '먼저 잘못한 사람이 왜 위로를 받으려 하지? 참 나!', '또 울어주는 사람들은 뭐야?' 5박 6일 동안 난 내 이야기는 한마디도 풀어놓지 못했고 뭔가 불편한 맘으로 집에 왔다.

그 후 일주일간 잠이 오지 않았다. '이 사람들이 이상한 건가? 왜 나만 안 울지?', '이 사람들이 이상한 게 아니면 내가 이상한 건가?', '왜 나는 공감을 못하지?' 고민이 꼬리를 물었다. 내가 이상한 사람이 아니라는 답을 누군가에게서 얻고 싶었다. 내가 어떤 사람인지 알고 싶다는 마음에 심리학 트레이닝을 받기 시작했다. MBTI, PET, NLP, 애니어그램, 미술 치료, 비폭력대화 등 마음에 대한 공부에 몰두했다. 그 과정에서 나의 여러 가지 얼굴을 만났다. 알고 보니 나는 열등감도 많고, 아픔도 많고, 친밀감을 두려워하기도 했지만 그런 내 모습을 모르고 있었다.

'이게 내가 보려고 하지 않아서 안 보였던 나, 내 깊은 속마음이었구나.' 공부 잘하고, 뭔가를 척척 해내는 '잘 하는 나, 멋진 모습의 나' 뒤에 있던 다른 얼굴이었다. 사회적으로 인정받고 긍정적인, 나의 밝은 면만을 나라고 생각하고 살아왔던 내가 스스로의 어두운 면까지 편하게 받아들이기까지 많은 시간이 걸렸다. 실패 없이 대학에 가고, 또 곧바로 발령을 받다 보니 그 '뭐든 잘하는 나'를 자신의 모습으로 보았다. 내 모습과 다른 사람을 이해할 수 없었다. 나 자신이 그와 다른 모습을 보여도 용납할 수 없었다. 그래서 나는 진심으로 누군가와 공감할 수 없었다. 그때의 나는 누군가의 아픔에 뛰어들어 함께 울어줄 수 없는 딱딱한 가슴을 가진 모습이었다.

몇 년의 심리학 트레이닝 과정에서 나는 여러 인생을 만났다. 시간이 흐른 후 내게 가장 큰 변화를 가져온 것은 삶에 대한 통찰이었다. 나는 누구에게나 삶 속에서 겪을 고통의 총량이 정해져 있다는 것을 깨달았다. 초년에 그 대부분이 해일같이 몰려올 수도 있고, 중년이나 말년에 올 수도 있으며, 아니면 인생에 걸쳐 조각조각 올 수도 있다는 것을 말이다. 아픔이 없는 사람이 하나도 없었다. 평이한 듯한 그 깨달음이 아이들에 대한 내 패러다임을 완전히 바꾸어주었다. 부모가 없어 할머니가 키우는 아이를 볼 때, 거친 폭력을 가하는 아빠를 둔 아이가 교실에서 아이들을 때릴 때, 엄마가 오랜 병으로 돌보지 못하는 사이 불안정하고 산만한 태도를 보이는 한 아이를 볼 때 내 생각은 달라졌다.

'엄마가 아파 불안하구나. 사랑받아야 할 나이에…, 저 어린것이 벌써 저런 아픔을 겪고 있네. 나도 아직 못 넘어본 고통의 강을 아홉 살짜리가 건너고 있으니 얼마나 힘들까?'

그 아이들은 나를 힘들게 하는 골칫덩어리, 문제아에서 안아줘야 할 연민의 대상으로 전환되었다. 그 전환은 내 삶의 전환, 교실 에너지의 전환을 가져왔다. 호랑이 아버지가 언제 교무실로 들이닥칠까 봐, 또 아이들이 서로 싸우고 난리를 피울까 봐 3월 첫날부터 아이들을 두려움 에너지 안으로 몰아가던 나를 바꿔놓았다.

'아직 고통을 잘 모르는 내가 이 어린 나이에 고통의 강을 건너는 아이, 가장 마음이 아픈 아이를 외면할 수 없다. 1년에 가장 힘든 아이 다섯 명을 도와주고, 안아주는 사람이 되자.'
'20년간 100명 아이 인생을 살리는 사람이 되자.'

그런 마음을 먹은 지 몇 해 지나지 않아 나는 내 인생의 고통의 강을 맞닥뜨렸다. 남동생과 아버지란 친정의 두 기둥이 갑자기 하늘나라로 떠나가고 그 과정에서 친정어머니가 몸져누웠다. 동시에 남편은 사업 실패를 겪었다. 건강하던 남동생은 위암에 잃었고, 든든하던 친정아버지는 교통사고 뺑소니를 당해 쓰러졌다. 아버지는 두 번의 뇌수술 후 뇌병변 장애로 식물인간처럼 10여 년을 누워계시다 떠나셨다. 해일이 내 인생에 몰아쳐 물이 내 목까지 차올랐던 그 시간을 겪으며 나는 깨달았다.

'아무리 소중한 것도 이렇게 쉽게 사라질 수 있구나. 삶에서 중요한

게 무엇인가?'

우수수 낙엽처럼 부서져 내리는 삶의 가을에서 내가 살 길은 무엇일까? 그건 강물이 불어나도, 쓰나미가 들이닥쳐도 나를 지켜준 것이었다. 있는 그대로 받아들이고, 허용하는 일. 내 모습 그대로 나를 안아주는 일. 변하지 않는 것들에 사랑을 주는 일. 나를 살린 일들은 그것이 다였다.

그때의 나에게는 원망도, 포기도 의미가 없었다. 내가 할 수 있는 일은 주어지는 것들을 있는 그대로 용납하고, 조금 더 허용하는 것뿐이었다. 예전에 '잘 나가던 나'의 모습이 곧 나라고 생각했던 내가 많은 것이 무너진 '부족함 많은 나, 결점 많은 나'의 여러 가지 모습도 내 모습이라고 받아들였다.

그러자 신기하게도 나는 고통의 한가운데에서 아이들을 포기하지 않을 힘을 발휘했다. 그해 5학년을 담임할 때 나에게 온 한 아이, 서훈이는 4학년까지 평균 10점대의 전교 꼴찌에 전교에서 따돌림당하는 아이였다. 눈을 마주치지 못할 정도로 기가 죽어 있었고, 제대로 소리 내어 말하지 못했다. 1학기에는 서훈이 마음을 먼저 살리고, 2학기에는 성적을 살렸다. 점점 표정을 되찾은 서훈이는 2학기 중간고사에서 평균 70점을 넘었다. 너무나 기뻐서 반 아이들과 함께 뒷동산에서 피자 파티를 했다.

그때의 일이 기적인지 우연인지 확인해보고 싶었다. 그래서 비슷한 아이가 있다는 5학년을 다시 지망했고 이미 소문이 난 그 전교 꼴찌, 전따 아이를 한 번 더 맡게 해달라고 기도했다. 기도는 응답을 받았고,

4년간 친구 한 명 없이 외롭게 지내던 경진이를 만났다. 첫날 아이들이 대놓고 비난해도 아무 반응이 없을 정도로 마음이 망가졌던 경진이를 살리기 위해 부모님을 모셨다. 내 눈에는 아이가 하루하루 죽어가고 있는데 부모님은 경진이 상태를 이해하지 못했다. 아이의 마음을 대신해 부모님께 호소하려니 눈물이 하염없이 났다. 가을이 되자 서훈이처럼 경진이도 친구 관계가 회복되고 성적도 70점을 맞았다. 기적이 2년 연속으로 일어난 거였다. 그해에 아이들과 헤어지는 마지막 날 서로에게 편지를 쓰는 시간, 한 아이로부터 '우주 최고 선생님상'을 받았다.

"위 선생님은 초능력을 발휘해 모든 선생님이 포기한 아이를 성장시키셨고…" '초능력을 발휘해' 대목에서 내 눈물샘이 터졌다. 남동생, 아버지, 어머니, 남편. 내 인생의 흔들림 없을 것 같았던 버팀목들이 하나하나 어이없이 쓰러지는 것을 견뎌내면서 내 안에서 길어 올린 피와 땀, 눈물의 순간들이 스쳐지나갔다. 아이들 앞에서 펑펑 울었다. 그날 아이들에게 서른 개의 '우주 최고 선생님상'을 받았다. 딸에게 말해두었다. "엄마가 하늘나라 가는 날, 이 상장을 엄마랑 함께 가게 해다오." 이 세상에 와서 가장 소중한 것을 알게 해준 순간을 간직한 상장이다. 내 인생의 거센 쓰나미를 견디던 시기 평생 받을 상장의 쓰나미 또한 맞이했던 그 순간은 내 삶에서 잊을 수 없는 행복한 순간이었다. 그때 내 영혼은 하늘 높은 곳으로 수직상승했다.

고통의 강을 건너며 내가 꺼낸 보물은 내가 얼마나 강한 사람인지 알게 된 것이다. 당시 나에게는 반 아이들을 내려놓으면 내 모든 것을 내려놓는 것이었다. 인생의 가장 어두운 시간, 불어난 강물이 곧 나를 집어삼킬 것 같아 내 몸 하나 건너기 힘들던 그때 내 어깨에 올라 탄 새까맣게 멍투성이가 된 아이들을 포기하지 않고 함께 그 강을 건넜다. 내가 힘들다고 그 아이들을 외면하지 않았고, 포기하지도 않았다. 함께 살아 나왔다. 그 생각을 하면 나는 지금도 가슴이 뜨거워진다. 내 영혼 깊은 곳에서 뜨거움이 나를 울린다.

또 인생에서 아무리 힘든 순간이 와도 내가 소중히 여기는 것을 선택하기만 하면 된다는 커다란 깨달음을 얻었다. '괜찮다. 그래, 고통 속에도 다 배움이 있고, 다 허용할 수 있고, 용납할 수 있고, 나의 부족한 점도 괜찮고, 모든 게 무너져도 괜찮다. 심지어 사랑하는 동생, 아버지가 아무 이유도 없이 하늘나라로 갔음에도 불구하고 나는 쓰러지지 않았다. 오히려 그 속에서 아이들을 끝까지 살려낼 수 있었잖아. 나 생각보다 힘이 세네. 그래 다 괜찮다.' 이렇게 주어진 삶을 용납하게 되었다. 그리고 나서 세상에 대한 연민, 측은지심, 따듯함이 찾아오며 아이들에 대한 마음도 바뀌었다. '공부 좀 잘 못하면 어때? 키가 조금 작으면 어때? 발표 좀 못하면 어때?' 내가 나를 받아들였을 때, 그때 비로소 아이에 대한 사랑, 연민이 올라왔다. 내 영혼은 있는 그대로의 나를 받아들인 그 순간에, 두려움 에너지에서 사랑 에너지로 전환되었다.

인생의 길은 두 갈래밖에 없다. 두려움의 길, 사랑의 길이다. 숲속에

난 두 갈래 중에, 우리는 하나의 길을 선택해 간다. 내가 두려움의 길에 들어섰다는 것을 알면 돌아나올 수 있다. 조금 늦더라도 사랑의 길을 찾아 다시 출발할 수 있다. 하지만 문제는 내가 두려움의 길에 있는지 모를 때이다. 아프고, 지치고, 쓰러질 듯 힘들어도 그 길을 가는 건 길이 그것뿐이라 믿을 때이다. 우리는 두려움의 길에서 나올 수 있는 힘이 있다. 지금 당장 내가 두려움의 길을 선택했다는 것을 알아차려야 한다.

버츄프로젝트를 발견한 건 두려움의 길에서 사랑의 길로 마음의 방향을 바로잡는 결정적인 계기였다. 아이들을 사랑으로 이끌어줄 수 있는 교사가 되고자 무수한 연수와 교육을 받았고 연구를 했지만, 버츄프로젝트를 발견한 이후 나는 아이들을 대하는 내 에너지의 방향을 훨씬 원활하게 바로잡을 수 있게 되었다. 내 마음이 따뜻해지자 아이들은 기적으로 화답하기 시작했다. 어설픈 의욕에서 무조건적인 통제를 거쳐 비로소 사랑으로 아이들을 만날 수 있게 되는 이 여정에서 버츄프로젝트는 큰 역할을 했다. 버츄프로젝트 수업을 통해 아이들이 점차 자기 자신을 믿을 수 있게 되는 모습은 내 삶에서 그 무엇보다 큰 감동으로 다가왔다.

한 아이 삶에
시작된 기적

02

발령장을 들고 새 학교에 부임 인사를 갔다.

"선생님, 5학년에 힘든 아이가 있어서 지원자가 없어요. 새로 오셨으니 5학년 부탁드려요."

"네! 교감 선생님! 그 아이 제가 맡을게요."

조금 겁도 났지만 나는 그 힘들다는 아이를 맡았다.

2월 말에 전 교사 소집일에 학교에 갔더니 몇 분이 나에게 물었다.

"선생님, 그 아이 어떤 아이인지 알고 맡겠다 하신 거예요?"

"네, 힘든 아이라고 들었어요."

선생님들은 '역시 모르는군! 그럼 그렇지' 하는 눈빛으로 혀를 차며 자리로 돌아갔다. 알고 보니 지적인 어려움이 있어 특수학급에 가야 하지만 일반 학급에 온 아이였다. 정서적 어려움을 겪는 아이나 ADHD 정도로만 생각했던 나는 실제로 아이를 만나고 많이 놀랐다. 작년 선생님은 진영이가 교실에 들어온 순간부터 교실 문을 나설 때까지 아이의 모든 행동과 교사의 대처 내용을 A4용지 몇 장에 걸쳐 매일 상세히 기록했다. 만약에 일어날 학부모와의 오해나 어려움을 미리 경계하고 대비하는 모습이었다.

개학 하루 전 3월 1일, 홀로 교실에서 '우주 최고 존중의 교실에 온 여러분을 환영합니다.' 문구를 칠판에 크게 붙이고 곳곳을 꾸몄다. 그리고 곧바로 진영 어머니께 전화를 했다. 잠시 후 한달음에 학교로 온 진영 어머니와 아이를 만났다.

"어머니, 진영이 제가 선택했어요. 힘든 아이가 있다고 해서 제가 담임하겠다고 했어요. 혹시 누가 담임될까 걱정 많으셨죠? 마음 놓으시라고 불렀어요."

따뜻한 반응 대신 어머니는 그간의 상처를 목소리 돋우며 쏟아냈다. 가만히 듣고 있던 난 진영 어머니를 앞으로 나오게 했다. 의아해하며 앞으로 나온 어머니를 나는 아무 말 없이 꽉 끌어안았다. 갑자기 진영 어머니가 놀라서 나를 밀쳤다 나는 빠져나가려는 어머니를 다시 세게 끌어안았다. "진영 어머니, 가만히 계세요. 제가 어머니보다 나이 많아요. 언니거든요." 그리고 진영 어머니의 귓가에 대고 따뜻한 목소리로 말했다.

"어머니! 제가 진영이 많이 사랑해줄게요."

"선생님, 이거 놓으세요."

"그동안 진영이 기르느라 힘드셨죠? 진영 어머니도 제가 사랑해줄게요."

나를 밀치던 어머니가 가만히 힘을 뺐다. 나는 힘주어 다시 진영 어머니를 끌어안았다.

"어머니 제가 특수 교사가 아니라 부족한 점도 분명히 있을 거예요. 그래도 1년 동안 우리 진영이 절대 포기하지 않을게요. 끝까지 사랑해줄게요!"

그러곤 자리에 앉아 나와 엄마의 모습을 바라보던 진영이를 나오게 해 둘을 한꺼번에 껴안아주었다.

사실 나도 겁이 났다. 두려움이 나를 찾아왔을 때 내가 할 수 있는 선택은 피하든지, 맞서든지, 포기하든지, 아니면 용기를 내서 내가 원하는 방향으로 이끌어가는 것뿐이다. 나는 오히려 너무 겁이 났기에 새 학기가 시작하기 전에 어머니를 불러 '사랑해주겠다'고 말할 용기를 선택했다. 안 그러면 두려움을 피하거나 그때그때 부딪히다 어느 순간 나도 모르게 슬그머니 이 아이를 포기해버릴지도 모른다는 생각이 들었기 때문이다. 몇 해가 지난 지금은 안다. 겁이 날수록 가장 원하는 것을 용기 내 선언하면 두려움도 길을 바꾼다는 것을. 두려움이 왔을 때 그것을 이겨내는 길은 용기뿐이다. 미래에 대한 걱정 대신 용기를 내 진짜 원하는 행동을 실행하면 사랑 에너지가 내 안에 쌓이게 된다.

진영이는 불러도 대답이 없고 눈을 맞추지도 않았다. 수업시간에 수시로 뛰어나가고 소리 지르며 복도에 누워버렸다. 데리고 오려는 아이들을 발로 차고 밀쳤다. 복도 바닥에 오줌을 쌌다. 어느 날은 계단 앞에 있는 두 아이를 밀어서 큰일이 날 뻔 했다. 교실에서 급식실까지 데리고 가려면 뛰는 아이를 잡으러 10분 넘게 뛰어다녀야 했다. 잡은 손을 놓지 않으려다 중심을 잃고 넘어지면서 내가 복도에 쫘당 나뒹굴거나, 벽에 부딪쳐 손톱이 까맣게 멍든 날도 있었다. 생각보다 몸도 마음도 힘들어 혼자 많이 울었다. 나는 용기를 내 '힘든 아이'를 사랑해주겠다고 자청했지만, 그 결과 스스로는 밖으로 나올 수 없는 구덩이에 빠진 듯한 무력감으로 3월을 보냈다.

4월이 되면서 내가 가르친 미덕을 배운 우리 반 아이들에게 SOS를 쳤다.
"애들아, 진영이에게도 미덕이 있잖아. 우리가 깨워주자!" 처음에 주저하던 아이들을 겨우 설득해 네 명의 여자아이들이 진영이의 첫 멘토가 되었다.
두 아이가 체육시간 담당 멘토를 맡았다. 진영이는 지금까지 열두 살이 되도록 운동장에 한 번도 들어가지 못했다. 운동장으로 손을 잡아 끌면 자지러지게 울었다. 늘 스탠드에서 어슬렁거리던 그런 진영이를 두 멘토 아이들이 살살 달래가며 오른쪽 발을 운동장에 넣었다.
"진영아, 너의 용기 미덕을 깨우면 돼! 너도 용기 미덕 있잖아."
손도 잡아주고 박수도 쳐주는 아이들의 응원에 일주일 만에 발 하나, 2주 만에 발 두 개가 전부 운동장에 들어왔다. 처음 운동장에 두 발을 스스로 딛고 선 진영이를 향해 아이들은 크게 환호했다. 하지만 진영이는 허리도 못 펴고 눈으로는 운동장 흙바닥만 바라보며 덜덜 떨고 있었다. 마치 병아리가 알을 깨고 처음 세상에 나와 털이 젖은 상태로 몸을 떠는 듯한 모습이었다.

"얘들아, 진영이가 다리도 떨고 어깨도 떠는 걸 보니 무서운가 봐."

진영이의 멘토뿐 아니라 주변의 여자아이들도 다가와 진영이를 안아주었다.

"진영아, 괜찮아. 아무 일도 안 일어나! 너도 용기를 깨울 수 있어!"

바라보던 나머지 여자아이들이 다가가 진영이 어깨, 머리, 등을 쓰다듬고 토닥여주었다. 덜덜 떨던 진영이가 아이들의 따뜻한 위로, 격려의 말, 다정한 손길과 체온을 느끼며 서서히 허리를 폈다. 진영이는 신기한 듯 운동장을 걸었고, 야구공을 태어나서 처음 만져보는 듯 신기해했다. 아이들을 따라 천천히 걷고 준비운동도 조금씩 함께했다. 기적은 그날부터 시작되었다. 인생 최초로 운동장에 첫발을 디딘 지 불과 2주 만에 진영이는 50미터 달리기를 완주했다.

그 모습을 본 아이들의 반응은 뜨거웠다. 교실에 들어와서도 흥분은 가라앉지 않았다.

"선생님, 진영이가 지금까지 자기가 가진 미덕을 안 깨운 걸 알았어요."

"선생님, 진영이 미덕을 우리가 계속 깨우도록 도와주고 싶어요."

몇몇 아이들의 일기가 무엇보다 나를 울렸다.

'이상하다. 내 마음이 왜 이리 행복할까?'

'진영이가 달린 건데 왜 내가 눈물이 났는지…, 11년 동안 체육을

못하고 산 진영이가 불쌍했다.'

'그동안 진영이도 미덕이 있었는데 자기도 몰랐나 보다. 용기 미덕을 깨운 게 신기했다.'

진영이가 50미터를 완주하는 모습을 본 후 아이들은 서로 진영이의 멘토가 되겠다고 나섰다. 3주마다 바뀌는 친구 멘토, 생활 멘토, 상담 멘토와 과목별 멘토까지 교실에 들어오는 순간부터 열다섯 명의 멘토가 따뜻하게 진영이를 이끌어주었다. 말을 걸고, 준비물을 챙겨주고, 함께 놀고 공부시간에 도움을 줬다. 진영이는 두드러지게 달라졌다. 눈을 맞추기 시작했고, 부르면 대답을 했다. 진영이가 수업시간에 느닷없이 뛰어나가는 횟수가 점차 줄어들었고, 복도에 드러눕는 횟수도 줄었다. 체육시간에 멀리뛰기도 도전해 성공했다.

지금까지 무섭다고 운동장 땅을 밟지도 못했던 아이가 달리기를 완주하고, 모든 행동이 급격히 달라진 이유가 뭘까? 아이가 이렇게 갑자기 용기, 끈기 미덕을 깨운 힘은 어디서 왔을까?

사람은 영적인 존재다. 그동안 수없이 눈총받고 무시당하던 아이는 가슴도 영혼도 다 얼어버렸다. 또 아이가 그동안 오감으로 경험한 부정적인 순간이 아이의 무의식에 차곡차곡 저장되었을 것이다. 자신이 받았던 화살을 때로는 분노와 폭력으로 다시 쏘고, 때로는 쓰러져 울며 우울과 무기력으로 다시 쏘며 악순환을 살았던 한 아이였다. 그런 아이의 얼어붙은 영혼을 다른 아이들의 사랑 에너지가 녹이고 있었다.

멘토 아이들은 담임인 내가 시킨 적도 없는데 진영이의 여러 가지 미덕을 깨우기 시작했다. 자기 이름 석 자를 겨우 쓰던 아이가 6월부터 미덕 통장을 쓰기 시작했고 책을 떠듬거리며 읽기 시작했다. 아이들이 수시로 옆에 끼고 미덕으로 격려해주고 가르쳐주고 사랑해준 결과였다. 아이들은 진영이가 미덕을 깨우며 변화하는 모습을 보며 진심으로 사람에게는 안 깨운 미덕이 있음을 믿게 되었고 자기 자신도 잠자는 미덕을 깨우기 원했다. 나는 그 1년간 교사로서 그동안 보지 못했던 행복한 순간을 많이 보았다. 아이들을 가르치며 가장 많은 눈물을 흘린 해였다.

"천사가 있다면 너희들의 모습일 거야."
"너희들을 가르칠 수 있어 행복해. 나의 미덕 천사들아!"

사랑 에너지는 말하지 않아도 전해진다. 사랑 에너지에 사랑의 행동이 오감으로 일치해 전해질 때 기적이 시작된다. 한 영혼은 그 순간 진심 어린 위로와 치유를 받는다. 사랑 에너지와 상냥한 목소리, 다정한 눈빛, 부드러운 손길 등의 사랑 행동이 오감을 타고 전해질 때가 그 순간이다. 사람만이 줄 수 있는 가장 따스한 에너지가 강력한 뜨거움으로 한 사람의 언 가슴을 녹일 것이다. 마음이 힘들었던 진영이가 처음 운동장에 나가 두려움에 덜덜 떨자 우리 반 여자아이들과 내가 다가가 안아주었던 그 순간이 변화의 시작이었다. 우리 가슴에서 나온 강력한 사랑 에너지와 사랑의 행동! 그건 보이지 않지만 이 세상에서 가장 큰 힘이다. 그 순간 진영이와 우리들의 영혼이 뜨겁게 연결되어 진영이의 얼어버렸던 영혼을 뜨겁게 데웠음을 나는 안다. 진영이가 덜덜 떨다 허리를 펴는 순간 진영이 영혼도 일어났다.

한 아이의 아픔은 오직 일치된 사랑으로만 치유할 수 있다. 아이들의 얼어버린 가슴도 뜨거운 사랑 에너지와 사랑의 행동으로 녹일 수 있다. 사랑 에너지와 사랑 행동이 일치한 상태가 아이를 살린다. 그 사랑 에너지는 기적을 낳는다. 사람만이 사랑 에너지를 줄 수 있다. 교사, 부모가 위대한 건 좋은 방법, 기법 때문이 아니다. 사람만이 줄 수 있는 이 따뜻한 사랑을 줄 수 있어서다. 사람만이 사람의 삶에 기적을 선물한다.

잘못했을 때
야단맞은 게 억울해요

03

　3월 첫날부터 버츄프로젝트를 교실에 적용한 후 8개월이 흘러 11월 말에 이른 어느 오후였다. 보통 6교시 수업을 마치고 나면 그날 청소 당번인 아이들만 남는다. 이 아이들도 각자에게 주어진 청소 구역을 청소하는 대로 나에게 인사를 하고 집으로 돌아간다. 한 아이가 맨 마지막에 남아 인사를 하고 돌아갔다. 집에 간 줄 알았는데 잠시 후 아이가 다시 뒷문을 열고 들어왔다.

"영찬아, 뭐 두고 갔어? 왜 다시 들어와?"
"선생님…, 저 할 말이 있어요."

　아이가 뒷문 앞에서 눈을 내리깔고 조그맣게 말한다. 뭔지 모를 머뭇거림이 느껴진다.

"그래? 영찬아, 이리 가까이 와서 말해봐."
"선생님! 생각할수록 억울해요."
"뭐가? 무슨 일 있니?"
"제가 일곱 살 때 동생을 때렸을 때 아빠가 화나서 저를 아파트 문밖으로 내쫓았어요. 그때 겨울이었는데 저는 벌벌 떨면서 울었어요. 빨리 문 열어주길 기다렸어요. 엄마가 문을 열어줘서 안으로 들어갔었어요. 엄마도 제가 잘못하면 소리 지르고 욕도 해요. 그런데 5학년 돼서 교실에서 잘못했을 때 선생님한테 한 번도 야단 안 맞았어요. 오히려 선생님은 그때마다 저에게 미덕이 잠자고 있어서 그렇다고, 깨우면 된다고 하셨잖아요. 그래서 저는 너무 고마웠어요."
"제가 올해 선생님 만나고 그동안 고칠 수 없던 제 나쁜 버릇들이 야단맞지 않고 미덕을 깨우면서 많이 고쳤어요. 신기해요. 전에는 노는 게 먼저였는데 이제는 놀기 전에 숙제를 해요. 친구들에게 진심으로 사과도 하게 되었어요. 잘못했을 때 선생님처럼 미덕을 깨우게 해주시면 더 잘하고 싶고, 맘도 편해요. 제가 진짜 변하고 싶어서 잘하게 되는데 왜 아무도 이 방법을 안 쓰는지 이상해요. 왜 저는 매일 야단맞고, 욕먹고, 그러면서 커야 하는 건지 생각할수록 억울해요. 이 방법이 좋은데 우리 엄마, 아빠도 안 쓰시고, 다른 선생님들도 왜 안 쓰시는 건지 이해가 안 돼요. 어른 될 때까지 이렇게 야단맞으며 사는 게 싫어요. 억울해요. 흑흑흑…."

나는 영찬이 이야기를 다 듣고 말문이 막혔다. 내 가슴도 먹먹해졌다. 아이가 얼마나 속상하면 이렇게 주저하다 속마음을 나에게 털어놓았을까. 평소 조용한 성격의 영찬이가 용기를 내어 말한 진심임을 알기에 나는 더 마음이 아팠다.

"영찬아. 미안해, 선생님도 이 버츄프로젝트 배운 지 얼마 안 됐어! 사실은 예전엔 아이들 잘못했을 때 야단도 치고, 끌어내서 소리도 지르고 그랬어. 그렇게 해서라도 고쳐주고 싶었고, 그게 사랑이라 생각했어. 네 말을 듣고 보니 그동안 몰라서 야단치고 화내며 가르친 아이들한테 미안해. 너희 엄마, 아빠도 다른 선생님들도 너를 사랑하지 않아서 화내는 게 아니야. 이 방법을 잘 몰라서 그러신 거라고 생각해. 널 사랑하시는 마음은 틀림없어."

"선생님, 그럼 우리 엄마, 아빠에게 선생님 방법 좀 알려주시면 안돼요? 또 우리 학교 선생님들한테도 이 방법 알려주시면 안돼요?"
"그래 영찬아, 선생님이 꼭 그렇게 할게. 너희 부모님께도, 우리 학교 선생님들께도 알려줄게. 이제 울지 말고 얼른 집에 가야지."

나는 눈물이 그렁그렁한 영찬이를 꼬옥 안아주며 말했다.
"그게 걱정됐구나. 이해가 안 됐구나. 선생님도 미안해. 이제야 그걸 깨달아서 미안해. 그동안 보냈던 아이들한테 미안해." 하염없이 눈물이 났다. 영찬이가 돌아가고 나서 내 가슴은 뻥 뚫린 듯 아팠다. 영찬이의 아픔이 곧 내 아이들의 진심이었다. 아이는 낳아둔다고 잘 자라는 것도, 밥만 먹이면 잘 자라는 것도 아니다. 아이들은 영적 존재로 이 세상에 왔다. 사랑을 받고, 사랑을 주고, 사랑을 배우려고 이 세상에 왔다. 그 어떤 순간에도 아이의 영혼을 얼어붙게 만들면 안 된다. 사랑 속에서 가르쳐 아이가 따뜻하게 배울 수 있어야 한다.

아이라는 존재는 사랑이 고프면 바로 얼어붙는다. 겉모습은 살아 있어도 가슴이 꽁꽁 언다. 1년 동안 언 가슴을 녹이려면 10년간 의도적인 심리치료를 해야 한다. 밥이 고프면 잠시 힘이 없지만 사랑이 고프면 아이 영혼이 점점 차가워져 죽어간다. 내가 교사로 사명감을 가지고, 사랑이란 이름으로 약자인 아이 가슴을 얼어붙게 한 순간이 떠올랐다. 언젠가 학기 초 실수한 아이를 시범케이스로 잡아 앞으로 나오게 해 더 호되게 나무라며 야단치던 순간, 벌벌 떨던 아이 얼굴이 생각났다. 그때 아이의 영혼은 차갑게 굳었을 것이다. 아무런 죄책감도 없었고, 가슴이 아프지도 않았다. 그게 사랑이고, 그게 가르침의 과정이라 생각하며 나는 여러 아이를 수없이 아프게 했다. 한번 야단을 쳤는데 또 다시 잘못이 반복되면 나는 더 싸늘한 시선과 앙칼진 목소리로 아이를 겁주었었다. 그때 고개를 숙인 채 저항조차 못하고 울던 아이의 모습이 떠올랐다.

"너 도대체 몇 번째야! 뒤에 가 서 있어!"
"선생님이 정말 힘들어. 너 때문에 힘들어."
"너 오늘 집에 못 갈 줄 알아! 네 엄마한테 전화할 거야."
"너 6학년 못 올라갈 수 있어!"

내 소나기 얼음 폭격에 다른 스물아홉 명의 아이들의 싸늘한 시선이 합세해 한 아이의 영혼을 얼렸다 생각하니 마음이 아팠다. 영찬이가 돌아간 교실에서 나는 지나간 시간 내가 소리치던 순간이 떠오를 때마다 가슴이 조였다. 내 무지를 이제야 깨달았으니 그동안 보낸 제자들에게 미안해서 울었다.

다음 날 아침, 학교에 오자마자 우리 반 아이들에게 물었다.
"얘들아. 선생님이 물어보는 말에 솔직하게 답해줄래? '진실함'의 미덕으로 말야."
"네!"
"너희들이 잘못했을 때 선생님이 미덕으로 격려하고 용기를 주는 방법하고, 예전처럼 잘못한 것이 무엇인지 알려주는 방법 중 어떻게 했을 때 더 많이 변화했니? 진실함을 발휘해서 손들어줘."
아이들이 손을 들었다. 단 한 명도 빼놓지 않고 미덕으로 가르치는 방법이 효과적이라고 했다. 나는 다시 물었다.
"미덕으로 격려하고 용기 주는 방법도 뭔가 단점이 있지 않을까? 어떻게 100퍼센트지?"
"선생님. 처음에는 미덕으로 격려만 해주시니까 숙제 하루 늦게 낸 날도 있고 그랬어요. 하지만 선생님께서 미덕을 믿어주실 때 존중받는 게 좋아요. 학교 오는 게 좋고, 행복해요. 스트레스 안 받아서 좋아요. 화도 줄고, 이젠 욕도 거의 안 해요."
"저는 가끔 엄마, 아빠가 무서워 안 맞으려고 거짓말도 하고 그랬는데 이제는 안 해요. 5학년 들어와 정직 미덕을 깨운 후로는 용기 내서 솔직하게 말씀드려요. 그게 더 맘이 편하다는 것을 알게 됐어요."
"선생님, 제가 동생들 정말 많이 때리고 화내고 그랬는데 미덕 배우고 나서 확 줄었어요. 화가 거의 안 나요. 전에는 작은 일에도 자주 기분이 나빴거든요. 엄마도 제가 달라졌대요."

아이들은 버츄 교육이 행복하다고, 맘이 편하다고, 화가 줄었다고 입을 모아 말했다.
"선생님! 잘못했을 때 미덕으로 용기 주는 건 100점이 아니라 1,000점, 만 점이예요. 선생님 우리 엄마, 아빠도 알려주세요. 우리 학교 선생님들도 다요."
"선생님, 우리나라 선생님들 다 알려주세요. 네?!!"

할 말이 없었다. 아이들이 스스로 맘이 편하고 존중받는 느낌이 너무 좋다는데 무슨 말이 필요하랴. 게다가 지난 20년간 본 적 없는 천사들로 다 바뀌어 나를 놀라게 하는 아이들! 예상치 못한 감동으로 나를 울리는 아이들을 보면서 나는 깨달았다.

아이들은 깨이날 보석 덩어리라는 것을.
사람은 원래 보석 덩어리, 보물단지, 아름다운 존재인 것을.
사람은 어떤 순간에도 자신의 빛이 사라지지 않는다는 것을.

이 미덕 북
죽을 때까지 갖고 살게요

04

 몇 해 전 새 학기 출석부에 별표가 쳐진 아이를 만났다. 괄호 안에는 '보건실에 문의'라고 쓰여 있었다. 보건실에 문의하니 그 아이는 정서행동 검사 결과 우리 학교에서 우울 수치가 가장 높게 나왔으며 자살 위험군으로 분류되었다고 했다. 그런 아이를 맡아본 적 없었기에 어떤 상태인지 가늠이 안 됐다. 다음 날 아이의 4학년 담임 선생님이 교실로 찾아오셨다.

 "선생님, 주환이는 특별히 신경 많이 쓰셔야 할 거에요. 작년에도 교실에서 아이들을 많이 때리고, 이런저런 일을 저질러 1년 내내 힘들었어요. 저에게 욕까지 해대는 아이 때문에 기가 막혀서 눈물이 나고…."

"네, 선생님. 그런 일이 있었네요. 가정에 어떤 특별한 어려움이 있나요?"

"부모가 이혼소송 중이고, 아이가 작년에 교통사고가 나서 많이 다쳤었어요."

도움이 필요한 한 아이를 만났다. 몸도 마음도 아픈 아이였다. 고통의 쓰나미가 열한 살부터 몰아닥친 한 어린 영혼이 내 교실에 왔다. 언제 지나갈지 모르는 그 폭풍우를 온몸으로 맞고 있는 한 아이였다.

불안정 애착 아동, 즉 엄격한 부모 밑에서 불안감과 두려움을 조절하는 법을 배우지 못한 아이들은 핵심 수치심을 가질 수 있다. 임상 심리학자 루이스 코졸리노에 따르면 핵심 수치심은 어떤 행동 실수나 실패에서 오는 것이 아니다. 아무 잘못도 하지 않았는데도 근본적으로 자신이 문제가 있고, 사랑받을 수 없는 사람, 가치 없는 존재라는 느낌을 받는 것이다. 그 수치심은 가장 먼저 학습에 영향을 준다. 핵심 수치심을 가진 아이는 일상적인 일에도 과도한 불안을 느끼는 등 지속적인 스트레스를 받게 된다. 스트레스를 받을 때 우리 몸에서는 아드레날린, 코르티졸 같은 불안 호르몬이 나온다. 그 호르몬은 해마라는 기억장치의 기능을 떨어뜨려 공부의 효율을 낮춘다.

공부시간에 먼 산만 보는 아이 모습을 보았다. 주환이는 불안정 애착 때문에 누구도 믿지 않고, 핵심 수치심에 의해 자기 자신도 믿지 못하는 상태였다.

'엄마, 아빠가 함께 살지 못하고 헤어져야 한다는 것을 받아들일 수 없었겠지.'

부모의 이혼소송을 보며 참 불안하고 힘들었을 아직 어린아이. 어쩌면 그 불안에 에너지를 빼앗겨 주의력이 떨어졌던 것이 아닐까. 그래서 달려오는 차를 피하지 못했던 것이 아닐까 하는 생각이 들었다. 아이는 여러 차례 수술을 거칠 정도로 많이 다쳤었다. 내게 왔을 때 주환이는 몸도 마음도 만신창이였다.

버츄프로젝트로 미덕의 교실을 운영하기도 전에는 이런 아이를 만나면 나는 겁부터 났다.

'큰일 났다. 어떻게 하지? 너무 심한 아이네, 이 아이랑 1년을 잘 지낼 수 있을까?'

그럴 때 나는 두려움 에너지로 가득했다. 아이들은 내가 말하지 않아도 늘 내 두려움을 온 마음으로 느꼈다. 그 두려움이 아이에게 전이되어 아이의 두려움을 증폭시켰고, 그것은 불안으로 이어졌다. 아이의 불안은 보통 반항 행동으로 이어졌다.

두려움 에너지로 시작하면 끝은 두려움 열매를 거둘 뿐이다. 하지만 이제는 두려움이 와도 이제는 용기를 냈다. 왜냐하면 보이지 않는 것을 볼 수 있는 힘을 주는 버츄프로젝트 미덕 교실에서 아이들을 만났기 때문이다. 용기를 선택해 사랑 에너지로 관계를 시작하면 어느 순간 아이가 달라졌다.

주환이는 눈을 잘 마주치지 않았다. 수업시간이면 거의 딴 생각을 하는 듯 눈에 힘이 없었고 아이들에게 수시로 폭력을 휘둘렀다. 어느 날 한 아이를 때린 주환이가 앞으로 불려나왔다.

"현성아, 지금 어디가 제일 아파?"
"여기요. 여기 오른쪽 어깨가 아파요. 주환이가 지나가면서 주먹으로 확 치고 갔어요."
"현성이가 놀랐겠네, 또 많이 아팠겠구나."
"네, 제가 주환이한테 잘못한 게 없는데 갑자기 치고 가서 화나요."
"현성이가 잘못한 게 없는 데 갑자기 치니까 많이 화났겠네. 선생님이 아픈데 주물러줄게!"
"현성아, 우리 주환이 미덕 52개가 자고 있어서 그랬나 봐. 주환이가 곧 깨우긴 할 건데 미덕이 아직 안 깨어났어. 사랑의 미덕을 발휘해 용서해주면 어떻겠니?"
"네, 선생님, 제가 이해, 사랑의 미덕 발휘해 용서해줄게요."

주환이가 폭력을 저질렀을 때 심하지 않을 경우는 이렇게 피해자 아이를 먼저 토닥여주고 얼마나 속상했을지 공감해준 후에 미덕을 발휘해 용서를 부탁했다. 그러면 대부분의 아이들의 마음이 풀어지고, 용서를 해주었다. 그럴 때 나는 아이들을 더욱 격려했다.
"현성이가 이렇게 이해, 사랑의 미덕을 발휘해 용서를 해주었구나. 네가 이해, 사랑, 용서 미덕을 깨워주어 고마워!"
다만 절대 용서할 수 없는 마음이 들면 진실하게 용서가 안 된다고 말해도 된다고 알려주었다. 아이들이 진심으로 선택할 자유를 주고 싶었다. 그런데 대부분의 아이들은 용서를 택한다. 그 이유는 용서 자체가 미덕이고 나의 힘이기 때문이다. 내가 발휘하는 것이기 때문에 아이들은 그 순간에 스스로를 피해자나 패배자가 아니라 주도자로 인식한다. 또 공감받고 위로받는 것이 중요한 아이들은 그 허기가 교사의 토닥임으로 채워지면 쉽게 친구를 용서한다.

나 역시 주환이에게 화를 내거나 소리치지 않았다. 그렇게 실수하는 순간에 아이에게 야단을 쳐봤자 수치심만 강화될 뿐이다. 수치심은 자발성을 먹어치운다. 스스로 노력하고 싶은 마음을 다 무너뜨린다. 오히려 둔감해진 양심을 깨우는 용기를 주는 말이 필요한 순간이다.

"주환아, 네 잘못이 아니야. 네 미덕이 자고 있어서 그래, 넌 미덕을 깨울 수 있어, 어떤 미덕을 깨우면 좋을까? 선생님은 널 믿어!"
아이는 별 반응이 없었다. 어느 날은 피식 웃기까지 했다. 주환이 마음이 들리는 것 같았다.
'이 선생님, 웃기네! 미덕, 난 그런 거 없어요. 관심 없어요!'
그래도 난 한 달을 쉬지 않고 미덕 보석으로 주환이를 대접했다. 매일 집에 갈 때마다 하는 체온 인사 시간에는 주환이 손을 잡고 악수를 한 후 어깨를 두드려주었다. 그리고 귀에 대고 나지막이 말했다.

"주환아, 네가 생각하는 것보다 넌 위대한 사람이야. 넌 52개의 미덕을 가지고 태어났어. 그중 친절, 배려, 이해 미덕을 곧 깨울 거야. 선생님은 네가 처음 깨울 미덕이 뭘까 기대하고 있어. 또 우리 주환이가 만들 다이아몬드는 뭘까 궁금해."

그렇게 한 달을 정성을 다해 미덕 격려를 하고 미덕 용서도 해주었지만 주환이는 반응이 거의 없었다. 교실에서 휘두르는 폭력은 줄었지만 이번에는 귀가하는 중에 다른 반 아이를 때려서 아이 부모님이 교실로 찾아오셨다. 난 한 달이나 지나도록 변하지 않는 주환이가 야속했다. 순간 마음에 화가 스멀스멀 기어 올라왔다.

'한 달이나 미덕으로 가르쳤건만 미덕을 깨우지 않는 주환이에게만 언제까지 신경 쓸 수 없잖아. 그 에너지를 다른 아이들에게 쓰는 게 낫겠다.' 그런 생각이 들면서 이 아이를 포기하고 싶어졌다. 그런데 그때 한 가지 떠오른 생각이 있었다. 곰이 마늘을 먹으며 100일을 근신해서 사람이 된 단군신화가 떠올랐다.

'곰도 사람 되는 데 100일은 근신했잖아. 나도 주환이 미덕 깨우게 돕는 데 100일은 써야지.'

100일은 노력해야 한다고 마음 먹고 하루하루 시간이 흘렀다. 약 60일이 지났을 때 드디어 작은 변화가 왔다. 일단 폭력성이 확 줄었다. 그리고 그 전까지 전혀 참여하지도 관심도 보이지 않던 멘토 멘티 활동에 대한 태도가 달라졌다. 주환이가 우리 반 친구 열다섯 명의 멘토들에게 도움을 받고 있던 지적 어려움이 있는 진영이의 친구 멘토가 되겠다고 손을 든 것이다.

나는 깜짝 놀랐다. 속으로 진영이가 주환이를 뽑지 않기를 바랐다. 하지만 무슨 조화인지 진영이는 주환이 이름을 덥석 불렀다. 나도 우리 반 아이들도 놀랐다. 주환이가 아이들을 때린 적이 있는 만큼 내 마음은 편치 않았다. 그래서 우리 반 착실한 학생 두 사람을 보조 멘토로 붙였다. 하지만 주환이가 보여준 모습은 내 예상과 달랐다.

4교시 점심시간이 끝나면 주환이는 제일 먼저 진영이의 손을 잡고 4층 우리 반 복도를 지나 1층까지 한 계단씩 진영이를 데리고 내려갔다. 내가 해도 여기저기 뛰어다니는 진영이를 잡느라 10분은 족히 걸리던 일이다. 주환이는 진영이 비위를 맞춰가면서 내려가서는 급식실 앞 수도에서 진영이 손을 깨끗이 씻겼다. 그리고 다시 손을 잡고 진영이를 급식실에 데려가 같이 줄을 섰다. 이내 돌아다니는 진영이를 다시 데리고 와 줄을 세워주고 진영이 급식까지 타서 자리에 앉았다. 숟가락질이 자유롭지 못하다 보니 입가에 음식을 묻히는 진영이 얼굴과 입 주위를 휴지로 계속 닦아주기도 했다. 자신은 편하게 점심 식사를 하지 못하면서도 진영이가 잘 먹도록 도와주었다. 그리고 나서는 식판 정리를 도와주고, 손을 닦게 하고, 화장실에도 데리고 갔다. 여학생인 진영이를 화장실 앞에서 기다렸다가 손도 씻겨주고, 남은 15분은 진영이 수준에 맞춰 놀아주었다. 귀중한 점심시간 한 시간 동안 주환이는 진영이의 천사 멘토 그 자체였다.

처음에는 반 아이들도 그 모습에 반신반의했다. 지금까지 주환이가 한 행동을 보면 진짜 변한 건지 변한 척 하는 건지 모르겠다는 것이다. 하지만 진영이가 3주 후 주환이를 다시 친구 멘토로 지정하는 모습을 보면서 나와 반 아이들은 다시 한번 놀랐다. 지금까지 진영이가 친구 멘토를 재지정한 적이 없었기 때문이다. 주환이가 얼마나 정성으로 진영이를 살펴주고 도와주었는지 알 수 있었다. 미덕의 교실에서 '기적의 네 문장'을 들으며 미덕 격려를 받은 지 두 달 만에 나타난 엄청난 변화였다. 분노를 폭력으로 풀던 주환이가 교실에서 가장 힘든 아이의 멘토를 자청해 6주간 진심으로 보살펴준 것이다. 지난 4년간 주환이가 보여준 문제 행동을 기억하는 반 아이들은 아이가 계속해서 베푸는 배려, 사랑의 미덕을 보며 모두 놀랐다.

생각보다 우리 반 아이들과 주환이의 이별이 빨리 왔다. 6월 말 주환이가 집안 사정으로 전학을 가게 되었을 때 나는 두툼한 미덕 북을 만들어주었다. 주환이에게 줄 미덕 북을 준비하는 아이들의 표정은 진지했다. 아이들은 종이 한 장을 접어 왼쪽에는 지금까지 떠나는 그 친구가 교실에서 발휘한 미덕 다섯 가지를 찾아주고 그 이유를 자세히 썼고, 오른쪽 면에는 떠나는 그 아이에 대한 나의 마음을 편지로 썼다. 나도 함께 했다. 30명의 아이들과 교사 한 명이 만들어주는 이 세상에 하나뿐인 미덕 북이 만들어졌다.

반 아이들이 주환이에게서 찾은 미덕을 발표할 때 주환이 얼굴은 발갛게 상기되었다.
"주환아, 4학년 때까지 너의 모습만 봤다면 너의 미덕이 깨어나는 걸 못 봤겠지? 그런데 네가 진영이를 진심으로 돌보는 모습을 보면서 나는 감동했어. 주환아! 너는 누구보다 사랑이 다이아몬드고, 배려, 봉사도 잘하는 아이였다는 것을 알게 되었어. 너의 원래 모습을 보고 헤어지니 다행이야. 넌 참 좋은 아이야….”

아이들은 그동안 문제를 일으키는 아이로만 생각했던 주환이에게 미안한 마음, 또 주환이가 미덕을 깨우고 떠나 다행스럽고 고맙다고 적었다. 아이들의 글에 담겨진 진심에 내 가슴까지 촉촉이 젖었다. '아이들이 이렇게 따뜻하구나, 아이들 안에 사랑 미덕이 깨어나고 있구나!' 예전에는 보이지 않던 순간들이 보이고 가슴으로 느껴졌다. 미덕 안경을 쓰고 따뜻한 관찰로 친구의 미덕을 찾아주는 일은 그 아이의 존재 가치를 찾아주는 경험이다. 나는 주환이도 우리 반 아이들도 그 순간에 한 뼘 더 성장했음을 보았다.

발그레하게 상기된 주환이가 미덕 북을 안고 친구들에 둘러싸여 마지막 사진을 찍었다. 갑자기 진영이가 달려 나왔다.
"나 주환이한테 이거 줄 거예요."
진영이가 내민 건 엉성한 꽃 모양이 그려진 종이 두 장이었다. 다시 찬찬히 물어보니 진영이가 주환이 미덕 북에 꽃다발 두 개를 붙여주고 싶다는 거였다. 또 주환이랑 둘이서 기념사진을 찍고 싶다고 주환이 옆에 섰다. 쑥스러워하는 주환이와 진영이의 사진을 찍어주었다. 주환이가 진영이를 돌봐준 그 6주를 아마 진영이는 잊지 못할 것이다. 그 꽃다발과 함께 사진을 찍은 것은, 주환이의 진심에 대한 진영이의 응답이었다.
그동안 진영이가 아이들을 밀거나 화를 내면서 소통이 잘 안 될 때 반 아이들에게 양해를 구했었다.

"진영이의 2층 뇌 신호등에 불이 잘 켜지면 다른 사람 마음도 이해하게 될 거야. 진영이의 신호등이 켜지도록 미덕을 깨우게 도와주고 사랑해주자!"

그런데 바로 그때 진영이가 누군가의 마음에 답하고 있었다. 나는 외쳤다.

"애들아, 지금 진영이가 주환이에게 고맙다는 표현을 하고 있구나. 드디어 너희들이 미덕을 깨우고 사랑해줘서 진영이가 2층 뇌 신호등에 불을 켜고 있네!"

나는 진영이의 변화에 가슴이 뭉클했다. 얼마나 따뜻했으면 이렇게 아이가 전에 안 하던 표현을 할까? 사랑이 사랑을 낳는다는 말의 현장을 목격한 것 같았다.

아이들의 대답이 결국 눈물을 쏟게 만들었다.

"선생님, 우리들이 진영이 더 많이 사랑해주고, 미덕 많이 깨우게 도와줘서 3층 공부 뇌까지 다 깨우도록 할 거예요."

주환이 눈가도 촉촉해졌다. 나는 주환이를 안아주며 말했다.
"주환아, 4학년 때까지의 너는 진짜 너가 아니야. 그때 네가 네 안의 미덕을 몰랐잖아. 미덕을 알고 깨운 이 미덕 북에 있는 너의 모습이 진짜 너야! 넌 계속 미덕을 깨워 다이아몬드도 많이 만들 거고 훌륭한 사람이 될 거야! 전학 가서도 이 미덕 북에 있는 진짜 너의 모습으로 살아가는 거야. 나중에 훌륭한 사람이 되어 선생님을 찾아올 날을 기다릴게!"

"선생님, 죽을 때까지 이 미덕 북 가지고 살 거예요."

주환이의 그 말이 또 나를 울렸다. 나는 주환이 눈을 보며 깨달았다. 주환이는 절대 옛날로 돌아가지 않을 것을 말이다. 이 미덕 북이 주환이에게 평생 힘을 줄 것이다. 내가 눈시울이 젖어 휴지를 들어 눈을 닦는데 몇몇 아이 눈에도 눈물이 고이는 게 보였다. 사랑으로 연결된다는 것을 그때 처음 체감했다.

주환이가 집으로 돌아간 지 30분도 안 되어 주환이 어머니가 얼굴이 빨개 교실로 달려왔다.

"선생님, 우리 주환이를 변화하게 해주셔서 감사해요. 주환이가 내민 미덕 북을 읽다가 갑자기 눈물이 나서요, 선생님 얼굴을 꼭 뵙고 싶어서 달려왔어요. 우리 아들이 그동안 학교 가는 것을 힘겨워했거든요. 학교 이야기를 한 번도 안했어요. 그런데 3월 셋째 주부터는 문만 열면 '엄마, 우리 선생님이 나더러 미덕 있대.'라고 말하며 들어왔어요. 그다음 날은 '엄마 우리선생님이 나도 미덕 깨울 수 있대.' 하루도 빼놓지 않고 엄마, 우리 선생님, 미덕 이 세 가지 이야기를 반복하는 거예요. 그래서 그게 뭔가 했어요. 그리고 아이가 변하기 시작했어요. 그런데 오늘 주환이 미덕 북을 본 순간 그게 뭔지 알게 되어 이렇게 달려온 거예요. 우리 주환이 사랑해주셔서 감사해요. 선생니임…"
어머니는 엉엉 우셨다.

그 이야기를 듣다 보니 내 양심이 콕콕 쑤셨다. 3월 말 주환이가 미덕에 반응이 없는 것에 화도 나고 힘들어 포기를 해야 하나 고민했던 때가 떠오른 것이다. 아이는 겨우 콩나물이 되기 위해 한 걸음을 떼고 있는데 교사인 나는 물 몇 번 주고 반응이 없다고, 콩나물 안 되는 아이라고 포기하는 격이었다는 생각이 들었다. 갑자기 미안해졌다. 그래서 솔직히 말했다.

"주환 어머니, 저도 눈물이 나요. 하마터면 주환이 미덕을 채 깨우기도 전에 보낼 뻔했다는 걸 알았어요. 제가 3월 말에 지쳐서 주환이 미덕 교육 포기해야 하나 그랬거든요. 그 순간 주환이는 겨우 미덕의 물을 받아먹기 시작한 건데…, 저는 그걸 몰랐거든요. 이렇게 주환이랑 이별이 빨리 올 줄 몰랐어요. 그래도 다행이에요. 미덕을 깨우기 시작했거든요. 이제는 주환이 스스로 다 깨워 다이아몬드를 만들 거예요…."

어머니와 부둥켜안고 울었다. 이제 어떤 아이도 100일 이상 기다려 줄 것이다. 왜 물을 주자마자 콩나물이 되지 않냐고 재촉하지 않을 것이다. 마음 구멍이 큰 아이일수록 그 메마른 마음 구석구석 사랑의 물에 젖을 시간이 필요하다. 충분히 적셔지면 아이가 알아서 콩나물도 되고, 꽃도 피우는 것을 나는 보았다. '빨리 빨리' 대신 믿음으로 기다려주는 교사가 될 것이다. 최소한 100일은 아이의 귓가에 100번 이상 속삭일 것이다.

"네 잘못이 아니야, 네 미덕이 자고 있어서 그래,"
"넌 미덕을 깨울 힘이 있어! 넌 미덕을 곧 깨울 거야."

선생님한테
미안해서 울어요

05

"미덕 반 아이들이 운동장에서 위험하게 놀더라구요."

5학년 담임하던 몇 년 전 점심 식사를 하고 난 후 연구실로 들어와 자리에 앉으려는데 선배 교사 한 분이 눈도 마주치지 않으시고 이렇게 말씀을 하셨다.

"미덕 반 아이들이 운동장에서 되게 위험하게 놀더라고요."

나는 그 '미덕 반 아이들'이란 말에 당황했다. 그냥 5반 아이들이라고 안하고, 미덕 반 아이들이라고 하니 뭔가 말에 씨가 있나 싶어 신경이 더 쓰였다. '미덕 반 아이들도 미덕이 잠잘 때가 있는데…, 언제나 100퍼센트 다이아몬드는 아닌데요.'라고 말하고 싶었지만 버츄프로젝트를 잘 모르는 선배이기에 꾹 참았다.

"네, 아이들에게 미덕 잘 가르칠게요."라고 평온하게 받았지만 마음은 편치 않았다.

점심시간이 끝나고 5교시가 시작되었다. 다른 날보다 조금 더 빠르게 수업시간 10분 전 교실로 올라갔다. 사회 수업을 시작하기 전 하나둘 교실로 들어온 아이들에게 물었다.
"혹시 점심시간에 운동장에서 위험하게 논 친구들 있니?"
내 말이 떨어지기가 무섭게 여섯 명의 남학생이 앞으로 달려 나왔다. 여섯 명 아이들은 불안해하거나 두려워하는 기색 없이 평온하게 앞으로 나와 내 앞에 섰다.

"이렇게 빨리 선생님에게 달려 나와줘서 고마워. 맨 앞에 달려 나온 정수에게 용기와 진실함의 미덕을 인정해줄게."
"얘들아. 내가 직접 너희들의 미덕이 잠자는 것을 본 게 아니라 옆 반 선생님이 너희들이 운동장에서 위험하게 노는 것을 보셨대. 나한테 미덕 반 아이들이 운동장에서 위험한 행동을 한다고 하니까 왜 이렇게 내 마음이 갑자기 콕콕 쑤시는지, 아프기까지 하네…."
"3월에 버츄 만나서 지금 11월인데 선생님은 너희들이 만들어 온 다이아몬드가 다 보여! 너무나 자랑스럽고, 내 눈에는 스물여덟 명이 다 다이아몬드 덩어리, 보석 덩어리로 보여!"
"내가 너무나 소중하고 아끼는 나의 다이아몬드들아, 운동장에서 미덕이 잠잘 때 하는 행동을 너희들이 해서, 그 이야기가 나에게 전해졌을 때 나는 마음이 많이 아팠어. 내 사랑하는 제자들을 누군가 부정적으로 보는 게 마음이 쑤시듯 아프구나. 작은 행동 하나를 실수했어도 언제나 깨울 수 있는 사람이 너희들이고, 너희는 이미 다이아몬드인데…, 내 마음속에서 너희들은 이미 다이아몬드 덩어리거든."

거기까지 말하고 나자 왼쪽 끝에 서 있던 우리 반에서 키가 제일 작은 한영이가 갑자기 어깨까지 들썩이며 울기 시작했다. 눈물이 흘러내리는 것을 팔꿈치로 닦으며 울었다. 5학년이나 된 아이가 조금의 야단에 갑자기 눈물을 보여 좀 당황했다.

"한영아, 왜 울어? 선생님이 모르는 일이 있니? 뭐 억울한 일 있니?"

"아니요. 그게 아니고요. 선생님은 매일 저를 다이아몬드라고 말씀해주시는데 제가 매일 그걸 까먹어요. 흑흑흑, 그게 너무 미안해요. 흑흑흑…."

한영이는 끝말을 잊지 못하고 눈물만 흘렸다. 예상치 못한 이야기를 듣던 나는 갑자기 나도 모르게 눈물이 흘렀고, 목소리까지 흔들리며 한영이에게 말했다.

"그래 한영아, 이리 나와봐."

한영이가 내 앞으로 눈물을 훔치며 걸어 나왔다.

나는 한영이 머리를 손으로 쓰다듬으며 말했다.

"우리 한영이는 선생님을 참 많이 사랑하는구나. 원래 누군가를 사랑하면 사랑하는 그 사람이 울면 나도 눈물이 나고, 그 사람 마음이 아프면 내 맘도 아픈 거거든. 우리 한영이는 선생님을 많이 사랑하는구나. 우리 한영이 말에서 선생님에 대한 '사랑'을 느꼈어. 또 선생님이 몇 마디 하지도 않았는데 바로 네가 선생님 말에 공감해준 게 고마워. 교사로서 존중감을 느꼈어. 우리 한영이에게 '사랑'과 '공감' 미덕이 반짝이는구나. 고마워!"

한영이에게서 찾은 미덕 '사랑'과 내 마음에서 느껴진 '공감' 미덕을 한영이에게 선물로 줬다. 그 말을 하는 내 가슴에서 종이 뎅뎅 울렸다. 머리가 아닌 가슴 깊은 곳, 내 영혼이 울려야 나는 종소리였다. 갑자기 왼쪽에 있던 두 명의 아이들도 훌쩍 훌쩍거리며 울기 시작했다.
"너희들은 왜 울어?"
"선생님이 저를 항상 다이아몬드라 생각해주시는데 실망시켜서… 미안해서 그래요."
"흑흑 저도 선생님한테 미안해서요."

나는 그 순간 뭐라 표현할 수 없는 따스함을 느꼈다. 그 순간에는 아이들과 내가 아니라 사람 대 사람으로 아이들과 마주 서 있는 듯 느껴졌다. 아이들이 어리게 보이지 않았고, 누군가의 진심에 진심으로 공감할 줄 아는 성숙한 사람으로 느껴졌다.
"얘들아, 너희들이 선생님을 공감해줘서 고맙구나. 지금 이 순간 너희 여섯 명에게 선생님은 '진실함'과 '공감', '사랑', '존중'을 느껐어. 너희들 모두에게 네 가지 미덕이 반짝이는 것을 봤어. 네 개 미덕을 선물할게!"

여섯 아이들은 잘못해서 앞으로 나왔다가 꾸중을 듣는 대신 미덕 네 개를 빛냈다는 칭찬을 받았다.

"다음에 운동장에 나간다면 어떤 미덕을 깨워야 좋을지 너희들이 의논해서 알려줄래?"

아이들이 칠판 오른쪽 환경판을 덮고 있는 대형 미덕 배너 앞에서 소곤소곤 의논을 하더니 내 앞으로 다시 다가왔다.

"선생님, '사려'하고 '자율' 미덕 깨울게요."
"왜 '사려'와 '자율'을 깨우기로 했어? 그 이유가 궁금하네."
"네, 선생님, 그때는 그게 그렇게 위험한지 몰랐어요. 다른 아이들이 놀고 있어서 그렇게 놀아도 되는 줄 알았어요. 하지만 조금만 '사려' 미덕을 깨워 생각해보았다면 주변 아이들에게 피해를 줄 수도 있다는 것을 깨달았을 것 같아요. 다음에 놀 때는 '사려' 미덕을 깨워서 주변에 피해 안 주고 안전하게 놀게요. 다음번에는 선생님이 없으셔도 우리가 알아서 '자율' 미덕을 깨워 안전하게 놀게요."

나는 아이들의 대답을 들으며 가슴이 뜨거워졌다. 교사로 23년을 아이들의 잘못, 실수에 대해 여러 가지 방법으로 가르쳐왔지만 이런 이상적인 대화의 순간을 맞이할 거라고 상상조차 한 적이 없었다. 내 아이들이 실수한 그 순간은 나도 배움, 아이들도 배움을 선물 받는 순간임을 깨달았다.

'내가 진심으로 이야기하면 이 어린아이들도 내 마음을 다 알아차리는구나. 진실함이 이렇게 소중하구나.' 그리고 나만 이 아이들을 사랑하는 게 아니라는 것을, 우리 아이들도 나를 아주 많이 사랑한다는 것을 느꼈다. 나도 아이들도 가슴으로 그 순간을 배웠다. 평생 기억될 따스함으로 사랑, 존중, 공감을 배웠다.

다음 날 한 여학생의 일기를 검사하다가 나는 다시 눈시울이 젖었다.
'내가 커서 결혼해 엄마가 되면 아이가 어떤 잘못을 했을 때 나는 우리 선생님처럼 가르칠 것이다. 오늘 우리 선생님은 여섯 명의 잘못한 남자아이들의 미덕을 깨워주셨다. 그 모습을 보면서 나는 눈물이 났다. 우리 선생님은 잘못한 사람을 야단치는 대신 그래도 너희들은 다이아몬드라고 말씀하시며 미덕을 깨워주셨고, 남자아이들 몇 명은 눈물을 흘리기까지 했다. 선생님은 그 아이들을 모두 안아주셨고, 오히려 미덕 네 개를 선물로 주셨다. 그 모습은 정말 감동을 주었다. 야단치는 것보다 미덕을 깨워주는 것이 100배는 효과가 크다는 것을 나는 깨달았다.'

살아 있는
위인이 되다

06

5교시에 따라 말하기 감사 명상을 시작했을 때 아이들은 처음에는 어리둥절해하거나, 산만하게 굴거나, 별 관심이 없었다. 그런데 몇 달 지날수록 아이들이 점점 몰입하기 시작하더니 내 감사 문구를 따라하는 대신 희망하는 아이들이 직접 문구를 만들었고, 우리 반 모두가 아이들이 만든 문장을 따라 읽었다.

'나는 처음에 진영이를 만났을 때는 진영이가 우리 교실에 온 것이 불편했는데 지금은 진영이랑 같은 반인 게 감사합니다. 진영이를 만나 내 사랑 미덕이 다이아몬드가 되어서 감사합니다. 우리들이 사랑해주니 진영이가 매일 달라지고 변하는 게 감사합니다.'
진영이가 옆에 있는 것이 서로를 성장시키는 것임을 감사 명상으로 말하는 아이들을 볼 때 내 가슴에 종이 울렸다. 이날 이어진 아이들의 고백은 '우리들이 진영이를 아주 많이 사랑해줘서 그 아이가 엄청나게 변했다. 그게 행복하고 감사하다.'였다.

우리 반에서 가장 많은 돌봄을 필요로 하는 진영이는 그래서 많은 아이들에게서 사랑의 미덕을 불러내는 아이이기도 했다. 어느 날 진영이가 감기로 학교를 빠졌다.
《그 아이만의 단 한 사람》이 세상에 나온 지 열흘쯤 지났던 그날, 네 명의 여자아이들이 내 책을 들고 앞으로 나왔다.
"선생님, 사인해주세요."
첫 책이라서 쑥스럽기도 했거니와 부담도 되어 '천천히 이야기해야지' 하다 보니, 동료들에게도 아이들에게도 출간 소식을 알리지 못했다. 그런데 네 아이들이 책을 들고 와서 나는 내심 놀랐다.
그날 점심시간에 아이들에게 카드를 주고, 제일 큰 케이크 두 개를 사오게 했다. 아이들은 화이트 초코케이크와 오리지널 초코케이크를 사왔다. 역시 단 것을 좋아하는 아이들이었다. 케이크를 본 아이들은 《그 아이만의 단 한 사람》 축하파티를 여는 줄 알고 더 좋아했다. 내 책상 주위에 몰려들어 사인하는 모습을 들여다보며 신기해했다. 그러면서도 아이들 마음에서는 한 아이가 떠나지 않았다. "선생님, 케이크 좋아하는 진영이가 있었으면 좋아했을 텐데…, 진영이 많이 아픈 거 아니죠?"

5교시 담임 재량시간에 케이크를 나눠줄 접시와 포크를 준비했더니 우리 아이들 입가에 웃음꽃이 피었다.

"선생님! 두 가지 케이크 다 맛보고 싶어요. 둘 다 스물여덟 조각으로 잘라주세요."

"그래, 그래!"

아이들의 의견대로 스물여덟 조각을 내서 은박접시에 공평하게 두 쪽씩 담아주었다. 케이크에 촛불을 붙인 후 나는 말했다.

"스물여덟 명의 우리 반 친구들 모두 일어나세요!"

"애들아, 선생님의 책 출간 파티를 하기 위해 이 시간을 준비한 게 아니야. 선생님은 이 책의 출판기념일보다 더 특별한 의미를 기념하려고 이렇게 케이크를 준비한 거야. 이 책에는 선생님뿐 아니라 위대한 스물여덟 명, 너희들의 이야기가 나와 있어. 그러니까 선생님은 너희들을 제일 먼저 축하해주고 싶어. 오늘 파티는 너희들이 주인공이란다."

아이들은 호기심 어린 눈을 깜박이며 나를 쳐다보았다.

"애들아, 이 세상에서 가장 소중한 게 뭐니?"

"나 자신이요."

"가족이요."

"사랑이요."

"선생님, 생명이 제일 소중해요."

"그래, 생명 중에서도 사람의 생명이 제일 소중하지. 그런데 너희들은 올해 우리 반에서 몸도 마음도 힘든, 도움이 필요한 한 아이를 만나 외면하지 않고 모두 달려들어 그 아이를 일으켜주고, 그 아이의 손을 잡아줬어. 코 풀면 코 닦아주고 토한 거 너희들이 다 치워주고, 운동장이 무서워 들어가지 못하던 그 아이를 미덕으로 격려해서 태어나서 최초로 운동장에 발을 디디게 했지. 또 운동장에 발을 디딘지 며칠 만에 50미터 완주를 하게 돕고, 나중에는 멀리뛰기까지 해내도록 한마음으로 격려해주었어. 처음으로 축구공, 야구공을 잡아보게 하고, 글을 읽지 못하는 아이한테 끈기로 글을 가르쳐 아이들 앞에서 글을 읽게 하고 또 미덕 통장을 쓰게 미덕으로 응원해주고 도와주었지. 너희들은 우리 진영이가 경험할 수 있는 것들을 늘려주었어. 진영이가 이 세상에 태어나서 당연히 누려야 할 것들을 못 누렸었는데 너희들이 진영이가 누릴 수 있는 것들의 폭을 넓혀줬구나. 그 무엇보다 진영이를 진심으로 사랑해준 게 고맙다. 너희들은 사랑 천사고, 위대한 아이들이야."

"선생님은 너희들 스물여덟 명을 살아 있는 위인으로 선포한다! 그 증거는《그 아이만의 단 한 사람》책이란다."

이렇게 말하는데 마음도, 목소리도 벅차올랐다.

지적 어려움을 가진 한 아이가, 불안감에 눈도 못 마주치고 수업시간에 자리에 앉아 있지 못하고 뛰어나가던 한 아이가 바뀌었다. 보살핌과 배려, 사랑이 누구보다 필요했던 한 아이가 따뜻한 아이들을 만나 삶이 변했다. 눈을 마주치고, 수업시간에 자리에 앉아 있기 시작했다. 친구들과 웃고, 다른 사람에게 고마움을 표현할 줄 알게 되었다. 떠듬거리며 글을 읽고, 쓰고 자신이 할 수 있는 것들에 도전하기 시작했다. 한 아이에게 사랑을 선물한 아이들, 새로운 세상을 선물한 아이들! 한 아이의 잠든 미덕을 깨워준 아이들이었다. 나는 이날 우리 아이들을 '살아 있는 위인'으로 선포했다.

아이들의 반응, 소감을 읽어주는 내내 내 가슴이 뜨겁고 터질 듯 벅차올랐다.

'11년 동안 살면서 내가 특별히 잘한 일이 없는데, 내가 위대한 일을 했다는 게 자랑스럽다.'

'부모님께 야단도 많이 맞고 살아왔지만 오늘 나는 살아 있는 위인이 되었다. 참 행복하다.'

'나는 앞으로 진영이뿐 아니라 누군가를 계속 사랑하고, 도울 것이다.'

'누군가를 돕는 게 이렇게 행복한 일인지 이제야 깨달았다. 나를 위인이라고 해주신 우리 선생님께 감사하다. 나는 평생 위인으로 살 거다.'

'선생님이 너무 감사하다. 내가 얼마나 위대한 사람인지 알게 해주셔서다.'

우리 반 김영지, 남서은, 하재혁, 이준서, 이정우…를 나는 평생 위인으로 기억 할 것이다. 아이들에게도 이 순간을 기억하고 위인으로 살아가도록 하기 위해 나는 생활기록부에 이 내용을 다 적었다. 아이들 한 명, 한 명의 이름을 불러가며 어떻게 미덕을 깨우도록 돕고 사랑해주었는지 자세히 기록했다. 우리 아이들이 평생 자신을 위인으로 바라보며 이 순간을 기억하며 살아갈 것을 나는 믿는다.

내가 이 세상에 태어나 살아간 대부분의 시간 나는 아이들을 만났다. 이십 대 초반부터 25년 동안 교사로 살았다. 수많은 제자들을 만났다. 하지만 '살아 있는 위인'이라 말해주고 싶은 아이들은 그해 처음 만났다. 내 제자들이 어른이 되어 어린 시절 어느 한 순간 강렬한 빛으로 따뜻한 사랑을 함께 느낀 순간이 있다면 이 시간으로 기억할 것이다. 우리가 한 배를 타고 가면서 힘든 누군가의 손을 놓지 않으려 애쓰고, 서로의 미숙함 속에서도 미덕을 찾아준 시간, 보석의 원석인 사랑을 다이아몬드로 만들기 위해 가슴을 내어주었던 이 시간을 잊지 못할 것이다. 서로의 다이아몬드를 꺼내주던 시간, 나도 평생 잊지 못할 것이다.

세상은 학교다. 내가 만나는 모든 순간에 다 배움이 있다. 교실에서 내가 아이들을 가르친다고 생각했지만 아이들을 통해 나는 배웠다. 우리가 쓰러진 누군가를 외면하지 않고 사랑할 때 그 사람이 일어나 주는 빛이 나를 행복하게 한다는 것을, 그 빛이 나의 영혼을 빛나게 한다는 것을, 그 빛은 함께할 때 더 반짝인다는 것을, 나는 아이들에게서 배웠다.

생일잔치 못 해서
맘 아팠지?

07

몇 해 전 우리 반에는 지적 어려움을 겪는 진영이가 있었다. 진영이가 일요일에 사정이 있어 생일잔치를 못 했다. 그 사실을 안 우리 반 수현이가 엄마에게 말했다.

"엄마, 진영이가 생일잔치를 못했을 텐데 제 마음이 아파요. 찾아가서 축하해주고 싶어요."

"그런 일이 있었구나. 우리 수현이는 어쩜 이리 마음이 따뜻하고 사랑이 많니? 엄마도 같이 갈게!"

수현이, 수현이 동생, 수현이 어머니뿐 아니라 친구 주영이, 주영이네 엄마, 주영이 동생까지 여섯 사람이 선물로 아이의 모자와 가방을 사 들고 진영이네 집에 찾아갔다. 선물을 주고 노래를 불러준 후, 세 엄마가 근처 공원 벤치에서 커피를 마시며 함께 이야기하는 동안 두

소년이 진영이와 두 시간 넘게 놀았다는 이야기를 월요일에 들었다.

가슴이 먹먹했다. 감사하고 감동한 마음에 수현이 엄마께 전화를 드렸다.
"수현 어머니, 어떻게 진영이 생일을 챙겨주실 생각을 하셨어요? 어머니가 저보다 나으세요."
"선생님, 아니에요. 아들이 진영이 생일잔치 못 한 것을 맘 아파 하니 저도 함께 간 것뿐예요. 우리 수현이 마음을 이렇게 따뜻하게 교육해주셔서 제가 더 감사해요."

내 가슴을 사랑으로 적신 그 순간 버츄프로젝트의 4전략, '정신적 가치를 존중하라!'가 떠올랐다. 이 순간의 의미는 뭘까? 미덕으로 해석해 아이들에게 '정신성'과 '정신적 가치'를 인식하게 해주고 싶었다. 다음 날 두 가족의 감동 스토리를 국어과 수업 자료로 재구성해 수업을 했다. 마침 국어과 단원의 주제가 '감동은 어디에서 오는가?'였다. 감동적인 이야기를 듣고 어떤 순간에 감동을 느꼈으며, 그 이유는 무엇인지 발표하는 내용의 국어 수업이었다. 반 아이들에게 수현이와 주영이 이야기를 해주자 아이들의 반응이 뜨거웠다.

"나도 앞으로 친구가 힘든 순간에 이르면 외면하지 않고 도움의 미덕을 발휘할 거예요."
"선물은 돈만 있으면 할 수 있지만 더 귀한 것을 주었어요. 그 친구와 함께 논다는 것은 선물보다 더한 시간을 준 거라 생각해요. 저도 앞으로 도움이 필요한 친구를 보면 제 시간을 나누어줄 거예요."

"저도 일요일 아침에 진영이가 생일잔치 못 했다는 이야기를 듣고, 마음이 아팠는데 찾아갈 생각은 못했거든요. 그런데 두 친구 가족들이 선물까지 사서 찾아간 이야기를 들으니까 미안해요."

"앞으로는 도움이 필요하거나 마음이 아픈 친구를 본다면 생각만 하지 않고, 사랑, 배려를 나도 실행하겠다고 다짐했어요."

어떤 사례보다 가슴을 울리는 내 친구의 감동 이야기에 아이들의 따뜻한 반응이 넘쳤다. 한 아이의 가슴에서 깨워진 사랑이 친구의 가슴을 울리고, 우리 반 모두를 뜨겁게 만든 날이었다. 나는 두 친구를 일어나게 해서 '사랑'의 미덕을 반짝인 그 순간에 의미 부여를 해주고 느낌을 물어보았다.

"친구를 돕는 게 이렇게 행복한 일인지 몰랐어요. 진영이가 슬퍼할까 봐 걱정이 돼서 위로해주고 싶었어요. 그런데 엄마랑 동생까지 같이 가줄 때 제 마음을 존중받은 것이 기뻤어요. 앞으로도 마음이 슬픈 친구들이 있으면 찾아가 위로해주고 싶어요."

아이들의 발표를 듣는데 내 마음이 데워진 풍선처럼 점점 부풀어 오르고 있었다. '이렇게 보석 덩어리, 천사같이 따뜻한 아이들이 또 있을까?' '교사로 사는 게 너무나 행복하다. 이런 순간을 교사가 아니라면 누가 경험할까?' 이 아이들의 담임을 맡기에 앞서 요즘 5학년은 예전의 5학년이 아니라 사춘기를 시작하는 시기의 어려움이 많은 아이들이라 들었다. 하지만 이 아이들을 가르치며 나는 이 또래가 날을 세우고 고집을 앞세운다는 편견을 깨끗이 잊어버렸다.

　다음 날 또 다른 어머니께서 그 이야기를 들으시고 진영이 생일을 축하한다며 서른 개의 머핀을 보내오셨다. 아이들과 다 함께 모여 머핀을 케이크 모양으로 쌓아놓고 종이 촛불도 만들었다. 다 함께 진영이에게 생일 축하 노래를 불러주며 아이들이 손수 만든 꽃도 가슴에 달아주었다. 진영이는 잊을 수 없을 정도로 환한 웃음을 지었다. 아이들이 그 모습이 좋았는지 꽃을 더 만들어서 모자처럼 쓸 수 있게 만들어주었다. 교실에서 가장 약한 친구 마음이 아플 때 외면하지 않는 아이들, 그 친구가 행복해하니 웃는 모습을 더 보고 싶어 연신 꽃을 만들어주는 아이들을 본다. 나보다 약한 사람에게 진심으로 나누어줄 가슴이 따뜻한 아이들을 본다. 내가 그동안 꿈꾸던 교실의 모습이다. 내가 지난 20년간 인성 교육을 연구하고 만난 열매같이 아름다운 순간이다.
　한 사람으로 서로 존중하고 안아주는, 사랑이 넘치는 교실을 나는 보았다.

　노래를 불러주고 기념사진도 찍은 후 함께 머핀을 먹으며 서로 느낀 감정을 나누었다. 몇 명이 자기 속마음을 미덕으로 발표하는 동안 우리 반 스물여덟 명과 나는 사랑으로 깊이 연결되었음을 다시금 느꼈다. 버츄프로젝트 교실을 운영한 지 몇 달이 지나지 않아 아이들은 자신의 원래 모습을 되찾았다. 아이들은 원래 사랑을 베풀 줄 아는 천사들이었다. 아이들의 그런 모습을 만난 순간 받은 감동에 내 영혼이

도약했다.

 약한 아이를 돌보아준 경험, 맘이 아픈 아이 눈물을 닦아준 경험, 용기 내어 내 마음속 사랑을 표현한 경험은 한 아이 영혼에 새겨진다. 내주는 아이도 받는 아이도, 그 순간 가슴에 뜨거움이 고인다. 그 오감의 따뜻한 느낌이 영혼에 새겨져 평생 한 아이 인생에 따스함을 준다. 아이 가슴이 상처로 얼어붙을 때 그 따스함이 아이를 녹이고 안아줄 것이다.

내년에도
함께 있어줄게

08

2학기를 거의 마친 2월, 담임 교사는 그 학년 아이들을 모두 모아 반 편성 자료를 만든다. 그동안의 성적을 바탕으로 기본 순서를 만들고, 컴퓨터로 아이들 전체를 섞어 다시 각 반으로 명단을 나눈다. 나는 진영이가 어느 반이 되어 어떤 아이들을 만날지 기대 반, 걱정 반이었다. 내년에도 아이들과 더불어 많은 성장을 할 것을 믿고 있지만, 그러려면 아이들이 진영이를 사랑하고 존중해주는 분위기가 필요함을 알기 때문이다. 혹시 한 녕이라노 자발적으로 그 반에 가는 아이가 있다면 얼마나 좋을까?

"혹시 애들아, 진영이랑 내년에 같은 반 하고 싶은 친구 있니? 너희들이 희망하면 선생님이 같은 반 되게 해주려고. 오늘 반 편성 마무리

하거든. 1년간 진영이랑 다시 한 반 되고 싶은 사람?"

사실 그해 학기 초에는 모두에게 적응기가 있었다. 서로 오해도 하고, 아파도 했다. 그 시간이 때때로 얼마나 힘든지 알기에 스스로 같은 반을 자청하는 아이가 없을 거라고도 생각했다. 그래도 섭섭해하지 않을 거였다.

부담스러울까 봐 눈을 감고 손을 들라고 했는데 예상과 달리 여덟 명이나 손을 들었다. 그날 진영이가 학교에 나오지 않았고 전학 간 아이들을 빼면 우리 반 아이들 3분의 1이 손을 들었다. 한 명도 없어도 당연한 거라고 미리 마음을 다잡던 나는 그 여덟 명의 아이들을 보는 순간 너무 놀라 가슴이 순식간에 뜨거워졌다.

"그래, 고맙다. 우리 반 친구들이 이렇게 많이 진영이랑 같은 반이 되려고 하는구나."
그 아이들을 자리에서 일어나라고 했다.
"그런데 그 이유가 궁금해, 왜 같은 반이 되려고 하는지 말이야."
"선생님, 제가 진영이의 손을 잡아줬을 때 저도 행복했어요. 그래서 진영이 돌보는 게 안 힘들어요."
"제가 1년간 진영이랑 같이 생활하면서 처음에는 힘들었어요. 지금은 마음이 즐거워요. 진영이가 자꾸 변하는 걸 보는 게 좋아요."
"선생님! 돌보는 애가 많을수록 진영이가 더 행복할 거니까 저도 갈려고요. 이제 잘 돌보고 사랑해줄 자신이 있거든요. 다른 반에서 온 아이들보다 제가 더 잘할 수 있어요."

"처음에는 베푼다고 생각했는데 이제는 진영이가 더 많은 것을 준다는 것을 알았어요. 그래서 제가 진영이랑 한 반 하는 게 더 좋아요."

나는 또 눈물샘이 터졌다. 아이들 앞인데 목이 메고 눈이 시큰거려 말을 잇기 힘들었다. 진영이를 바라보는 아이들의 시선에 가득한 사랑, 배려의 따스함에 내 가슴이 울었다.

만약에 내가, 내 딸이 올해 함께한 힘든 아이를 내년에도 또 그 반에 따라가서 올해처럼 돌보겠다고 하면 엄마인 내가 '그래, 그렇게 해.'라고 할 수 있었을까? 그런데 내 제자들은 우리 진영이를 계속 돌보겠다는 것이다.

"그래, 그런데 선생님이 컴퓨터로 추첨할 거야. 이렇게 일어나준 너희들이 너무 고맙다."

앉아 있는 아이들도 "선생님, 저는 일어나지는 않았지만, 그 아이랑 한 반이 되면 정말 진심으로 돌볼 거예요."라고 말했다. 나는 우리 반 아이들을 전부 앞으로 나오게 해서 안아주었다.

"너희늘은 사랑 천사, 사랑 다이아몬드 아이들이야. 정말 선생님은 너희들을 만난 게 고맙고 고맙다. 내 천사들, 내 보석들!"

그로부터 며칠 후 우리 반 아이들과 내가 함께하는 마지막 날이 다가왔다. 2월 종업식 날이었다. 1년 동안 정들었던 아이들과 헤어지는 이날은 늘 이별이 실감 나지 않는다. 마지막 날도 통지표 나눠주고, 종업식 방송으로 참여하며 정신없이 지내다 보니 어느새 4교시가 되었다. 진짜 마지막 시간이다. 나는 4교시 끝나기 10분 전에 가방을 다 싼후 1분단부터 교실 앞으로 다 나오게 했다. 그리고 늘 집에 보낼 때처럼 한 명 한 명과 체온 인사를 나눴다. 이날의 체온 인사는 평소보다 조금 더 길었다. 귓속말로 아이 귀에 최고로 다정하고 따뜻하게 말해 주었다.

"얘들아. 오늘까지 너희들을 만나고 이제 다시는 한 교실에서 공부를 할 수가 없다는 게 믿어지지 않네. 나도 곧 너희들과 공부하던 이 순간을 그리워하게 될 거 같아. 선생님은 내년에 학교에 오지 않는단다. 선생님이 대학원 공부와 개인 사정으로 자율연수 휴직을 해. 그래서 3월 첫날 선생님 얼굴 보이지 않아도 놀라지 마!"

새 학기 직전 담임 선생님이 교실에 계신 것과 전근이나 기타 사유로 학교에 계시지 않은 것의 차이는 참 크다. 아이들도 정 떼고 정 붙이는 데 시간이 필요하다. 매년 3월에 작년 아이들이 복도에 와서 매달려도 쫓아내지 않는 이유다. 이 아이들은 3월에 찾아올 선생님이 없으니 얼마나 허전할 것인가, 미안하고 미안했다.

"은영아, 선생님은 1년간 너를 가르치면서 행복한 순간이 참 많았어. 너의 친절하고 따뜻한 목소리가 좋았고, 수학 멘토를 하면서 아이들을 가르칠 때 반짝이던 눈빛이 좋았어. 영원히 너를 잊지 않을게. 사랑한다. 우리 은영이!"

"선생님, 저도 선생님 많이 많이 사랑해요."
"영서야. 선생님은 우리 영서가 일기장에 속마음을 아주 자세히 쓰는 것에 늘 고마웠어. 그만큼 선생님을 신뢰하고 사랑한다고 느꼈어. 국어시간에 역할극 할 때 연극배우처럼 멋졌던 영서 모습, 평생 기억할게. 우리 영서 많이 많이 사랑한다."
"선생님, 감사합니다. 흑흑…." 영서 눈에도 눈물이 고였다.

한 명 한 명 그런 이야기를 해주다 보면 나도 가슴이 뜨거워지고 눈시울이 젖는다. 1분단을 마치고 2분단과 인사를 하기 시작했다. 우리 반 회장인 영채가 앞으로 나왔다.
"영채야, 한 학기 동안 정말 고마웠어, 우리 반을 잘 이끌어줘서 고마웠어, 사랑해 영채야."
내 품에 꼭 안겨 있던 영채가 한 말은 내 눈물샘을 흔들어놓았다. 영채를 안은 채로 둑이 무너진 듯 마구 뜨거운 눈물이 터져 나왔다.
"선생님, 제가 내년에도 진영이 잘 돌볼게요. 걱정 안 하시게 할게요."

마지막 헤어지는 인사의 순간, 우리 영채는 자기 이야기 대신 진영이 이야기를 했다. 영채의 그 한마디에 왜 그렇게 눈물이 앞을 가리는지 내 영혼도 젖어버렸다. 그 순간 내게는 영채뿐 아니라 모든 아이들이 온기를 타고난, 선한 영혼들로 닿았다. 이런 아이들을 만나 교사와 학생이 아니라 사람 대 사람으로 만난 1년, 참 행복한 시간이었다. 아이들은 진영이의 보석을 깨워주며 자기 사랑 보석을 함께 깨웠다. 그래서 모두가 사랑 원석을 다이아몬드로 연마해 반짝이고 있었다. 그 아이들 속에서 내 사랑 보석도 아이들 덕분에 다이아몬드가 되었다. 교사로 살았기에 내 보석이 많아졌다. 아이들 덕분에 나는 다이아몬드를 만드는 빛나는 사람이 되었다.

칭찬 스티커가
필요 없는 교실

09

자존감이 올라갔어요

 매 학기말 아이들이 깨운 '미덕 다이아몬드 발표회'에서 아이들은 자신의 다이아몬드를 다섯 개에서 스무 개 정도라고 발표했다. 더 놀라운 건 나머지 원석 미덕도 곧 다이아몬드를 만들 계획을 세우는 모습이었다. 아이들은 1년의 미덕 깨우기가 아니라 평생 자신의 미덕을 매일 깨우는 삶을 원하고 그 과정을 믿고 있었다. 아이들의 삶에 대한 낙관성이 향상되었음을 깨달았다.

 삶을 더 믿게 된 아이들은 자아존중감 또한 크게 변화했다. 3월과 9월, 두 차례에 걸쳐 자아존중감 검사를 했다. 그 결과 대부분의 다른 아이들이 15퍼센트 이상 수치가 올라갔고 30퍼센트 이상 높아진 아이도 있었다. '이건 기적이다!'라는 생각이 들었다. 무의식까지 변해야 올라가는 자존감이 그처럼 많이 올라갔다는 것은 미덕 교육이 아이들의 무의식까지 변화시켰음을 의미했다.

　나는 인성 교육의 핵심은 먼저 아이를 미덕을 내면에 품은 존재로 바라보고, 그리하여 아이가 자신의 이미 빛나는 미덕을 알고 자랑스레 여기며 동시에 아직 부족한 점 또한 새로운 발전 가능성으로 여길 수 있도록 하는 것이라 본다. 아이들은 결과나 성공만이 아닌 과정과 노력, 시도 등 잘 드러나지 않는 가치를 가슴 깊이 중시하게 되며 스스로에 대한 평가 역시 더 솔직하면서도 관대해졌다. 점점 남과 자기 자신 모두 더 사랑할 수 있는 사람으로 성장해갔다.

　2015년 12월, 겨울 학기 마무리활동으로 반 아이들과 '나에게 주는 상'을 만들어보았다. 제일 많았던 상이 '감사상'이었다. '위 어린이는 뭐든지 감사하고 감사의 미덕에 물을 주고, 사랑해주어서 다이아몬드로 만들었기에 이 상을 줍니다.' 아이들은 의심 없이 자신의 감사 수준이 다이아몬드가 되었다고 믿고 있었던 것이다. 자신을 바라보는 아름다운 시선, 남의 시선이나 결과보다 나 자신의 만족감, 하루하루의 과정에 집중하는 아이들의 자존감이 성장하는 것은 당연한 결과일 것이다.

　아이 마음은 이미 보석이다. 그 보석을 봐주고, 인정해주고, 격려해주는 것이 교사다. 그래서 아이 스스로가 자신이 가진 내면의 보석, 그 스스로의 힘을 믿는 것이 자존감이다. 자존감은 높이고 싶으면 바로 높일 수 있는 게 아니라 깊이 숨겨진 자신에 대한 느낌, 무의식의 영역이다. 그 자존감은 중요한 네 방향의 거울에서 보여주는 말, 태도의 열매다. 엄마, 아빠, 학교 선생님, 친구들의 말과 태도를 통해서 아이에게 비추어진다.

거울 중 하나인 선생님이 매일 '미덕 천사, 보석, 미덕 덩어리!'라고 노래 부르는데 아이가 자존감이 안 올라갈 수가 없다. 더군다나 선생님의 이런 시선은 다른 세 방향의 거울에도 긍정적인 영향을 끼치기 마련이다. 매 학기 말 자신의 특별한 미덕 여러 개가 다이아몬드가 되었다고 말하는 아이들이 많았다. 당연히 자존감 검사 결과도 놀랍다. 3월에 77인 자존감이 8월 말에 109까지 올라간 아이가 있다. 한 학기 만에 약 40퍼센트 상승했던 것이다.

심리학자 콜버그는 도덕성이 6단계로 발달한다고 했다. 겉보기에 똑같은 행위라도, 어떤 판단 기준으로 행동했느냐에 따라 그 도덕성의 발달 단계가 다르다고 본 것이다. 1단계인 사람은 벌을 피하는 것이 기준이며, 2단계는 보상, 즉 욕구를 충족시키기 위해 한다. 3단계에서는 사람들의 인정, 즉 착한 아이가 되기 위해, 4단계는 법과 질서이기 때문에 도덕적 행위를 한다. 5단계에 이르면 다른 사람을 존중하기에 하며, 마지막 6단계는 내면의 양심 때문에 스스로 규칙을 지키기를 선택한다. 보통 아이들에게서는 아직 높은 단계의 도덕성을 찾기 어렵다. 그렇지만 꾸준히 존중받으며 자존감이 올라가자, 아이들의 도덕성 또한 발달했다.

3주 동안 멘토 봉사를 한 아이들에게 보상으로 미덕 칭찬 스티커를 세 장씩 줬다. 서른 장을 모으면 학용품, 과자 따위의 작은 선물을 줬고 그때마다 아이들은 뛸 듯이 기뻐했다. 그런데 콜버그의 도덕성 발달 단계를 소개한 표 하나를 교실에 붙여놓았을 뿐인데 얼마 지나지 않아 아이들이 칭찬 스티커 대신 아무런 대가 없는 양심을 선택하기 시작했다. 그리고 더욱 행복해했다. 글에 담긴 아이들의 마음은 더 놀라웠다.

　'봉사는 대가를 받지 않는다. 대가 없이 봉사하니 마음이 더 뿌듯하다.'
　'대가를 받으면 나의 무의식이 가장 아름다운 모습이 아니라 보상 받은 모습을 저장할 것이다. 대가 없이 봉사한 멋진 모습을 내 무의식에 저장하고 싶어서다…'

　선물을 기대하던 어린아이들에게 어느새 자신의 보이지 않는 무의식까지 관리하는 내면의 힘이 생겼다. 그때까지 20여 년간 초등학교 아이들을 가르치며 기대하지도 않았고 상상할 수도 없던 모습이었다. 그런데 버츄프로젝트로 아이들 내면의 힘을 알려주고 나서는 아주 쉽게 가능해졌다.

　자신을 소중히 여기는 마음은 보이지 않는 무의식의 영역까지 소중히 하는 마음이 되었다. 자존감이 주는 힘이 바로 여기에 있다. 내가 내 의식, 무의식을 관리해 내 삶의 방향을 이끌 정도가 된다. 머리와 마음이 함께 움직이기에 더 행복하고 모순없는 삶이다. 자신을 사랑하게 하는 그 힘이 스스로를 이끌어가는 것을 나는 보았다.

CHAPTER. 2

피로, 무기력, 화 그런 것들의 근원은 뭘까?

의식적인 뇌, 무의식적인 뇌

01

 초등학교 2학년 때 학교에서 돌아오는 길에 일어난 일이다. 친구들과 이야기하느라 정신없던 중 갑자기 큰 개 한 마리가 어딘가에서 나타났다. 큰 개는 사나운 표정으로 금방이라도 달려들어 물 것처럼 날카롭게 짖어댔다. 잔뜩 겁을 먹은 나와 친구들은 반대 방향으로 뛰기 시작했다. 그런데 우리가 도망을 가니 개도 흥분했는지 마구 쫓아왔다. 당시 달리기 꼴찌를 도맡았던 내가 이내 가장 뒤로 처졌다. 더 무서워 결사적으로 달렸지만 결국 개는 나에게 달려들어 나를 물어뜯기 시작했다. 나는 "엄마야! 엄마!" 비명을 질렀다. 내 허벅지 바깥쪽은 달려든 개의 날카로운 이빨에 찍혔고 살점까지 뜯어지며 피가 흘렀다. 내가 큰 소리를 지르며 우니 지나가던 어른이 달려와 겨우 흥분한 개를 나에게서 떼어놓았다. 나는 엉엉 울면서 집으로 달려갔다. 놀란 엄마는 나를 병원에 데려가셨고, 그 개가 광견병을 옮기는 미친개가 아닌지 걱정하셨다. 동네에 방송을 하고 수소문 끝에 개 주인을 찾아냈다. 엄마는 허벅지에 붕대를 감고 절뚝거리는 내 손을 잡고 그 집에 찾아갔다. 다행히도 미친개는 아니었고, 개 주인이 나와 엄마에게 사과를 하면서 일단락이 되었다.

그 후 나는 개 공포증이 생겼다. 처음 몇 년은 특히 고생이 심했다. 골목을 걷다가 큰 개가 보이면 대낮이라도, 묶어놓았는데도 심장이 빨리 뛰고, 일단 그곳을 벗어나고 싶어졌다. 어느 집을 방문했는데 개가 달려 나오면, 그것이 조그만 강아지라 할지라도 내 심장은 콩닥콩닥 뛰었다. 작은 개, 큰 개 가릴 것 없이 개가 나타나면 반사적으로 두려움에 빠졌다. 몸의 오감에 비상등이 켜졌다. 얼어붙기도 하고 도망가기도 했다. 그런 내가 시간이 한참 지나 푸들 한 마리를 키우게 되었다. 딸아이의 간절한 소망 때문에 한 달 된 강아지를 분양받게 된 것이다. 개를 싫어하고 무서워하는 내가 강아지를 기르면서 행복한 경험이 생기니 개에 대한 두려움이 많이 줄어들었다.

원인을 아는 두려움은 이처럼 의도적으로 극복할 수 있다. 강아지에 대한 긍정적인 경험을 쌓아나가면 개에 대한 공포심이 심겨진 편도체가 더 이상 과잉 반응하지 않을 수 있다. 문제는 원인을 모르는 두려움이다.

우리 뇌는 위험을 느끼면 자신을 보호하기 위해 자동적으로 편도체라는 영역을 가동한다. 여기서 자동적이라는 것은 무의식적으로, 즉각적으로 이루어짐을 말한다. 위험하다고 느끼는 순간 편도체는 두려움이라는 전류를 논리적, 이성적인 판단을 내리는 전두엽에게 흘려보내 위험하다는 신호를 보낸다. 적절한 두려움은 길에서 안전하게 차를 피해 건너게 하고, 가스를 잘 잠그게 한다. 편도체와 전두엽은 위험으로부터 주인을 살리기 위한 일종의 안전장치다.

길을 가는데 뱀이 나타나면 편도체는 그 위험을 1,000분의 1초 만에 감지해 비상 신호를 보낸다. 전두엽이 이를 받아들이면 몸은 도망가는 행동을 취한다. 그런데 사실 뱀 같은 건 없었다. 그건 버려진 호스였다. 이처럼 편도체는 자세히 해석하기보다 포괄적으로 해석하고, 위험에서 벗어나려는 행동을 우선적으로 촉발한다. 편도체가 실제보다 상황이 과도하게 위험하다 해석해 과잉 반응하는 경우를 '편도체 납치'라 말한다. 이때 편도체는 뇌의 주도권을 가져가, 우리는 실제 위험하지 않은 상황에서도 지나친 방어를 하게 된다. 뇌를 비행기라 보면 유능한 조종사인 전두엽이 조종간을 편도체에 빼앗긴 셈이다. 편도체 납치를 일으키는 과도한 두려움은 고장 난 화재경보기와 같다. 화재가 아니라 일상적인 연기에도 반응해 주인을 일단 뛰쳐나가게 만든다.

이 과도한 방어를 하다 보면 정작 의도한 일, 해야 할 일을 놓치고 살 수 있다. 스리니바산 S. 필레이(Srinivasan S. Pilay) 박사는 책《두려움》에서 "많은 사람들이 자신도 모르는 사이에 무의식적 두려움의 우리에 갇혀 있다."라고 주장했다. 그 사실을 깨달을 때 삶의 방향 또한 달라진다. 계속 원하지도 않고, 의도하지도 않은 삶에 시간을 쓰는 일을 멈출 수 있기 때문이다. 무의식적인 동기와 논리적이고 이성적인 전두엽, 즉 의식적인 의도가 충돌할 때 우리가 모르는 사이 무의식적 동기인 편도체의 두려움이 삶을 주도할 수 있음을 기억해야 한다.

임상심리학자 루이스 코졸리노는 저서 《애착 교실》에서 기억과 감정, 공포를 관장하는 뇌의 영역인 편도체는 아기가 태어나기 약 한 달 전에 만들어지고, 그것을 통제하는 시스템은 몇 년에 걸쳐 만들어진다고 밝혔다. 우리는 태어나기 전 엄마 뱃속에서도 두려움을 느낀다. 하지만 어린 시절에는 두려움이 와도 그것을 조절, 통제할 수 없기에 부모가 달려와 도와주기만을 기다릴 뿐이다. 유아기에 부모가 준 보살핌은 편도체의 신경회로의 형성에 기여한다. 만약 부모로부터 안정적인 보살핌을 받지 못해 애착 관계가 불안정하면 편도체도 적절히 발달하지 못해 조절도 어렵다. 즉 두려워하지 않아도 될 순간에도 두려움을 느낄 수 있다.

현대 과학은 이제 뇌를 촬영해 우리가 인식하지 못하는 반응까지 읽을 수 있게 되었다. FMRI의 등장으로 감정상태에 따른 뇌의 혈류 증가를 측정하게 되면서 밝혀진 결과, 뇌는 우리가 의식하지 못하는 장면에서도 두려움을 감지한다. 권위 높은 인지심리학자 폴 월른(Paul J. Whalen) 박사의 연구팀은 두 장의 사진을 한 집단에게 보여 주었다. 한 장은 두려움에 떨고 있는 얼굴 사진, 한 장은 가면을 쓴 얼굴 사진이었다. 두려움을 나타내는 얼굴 사진은 순간적으로 보여주고 가면 쓴 얼굴 사진을 길게 보여주었다. 사람들은 두려워하는 얼굴 사진을 보지 못했고 가면 쓴 얼굴 사진만 보았다고 느꼈다. 즉 아주 짧은 순간 보여준 두려워하는 얼굴은 우리 뇌가 인식하지 못한 것이다. 하지만 뇌 혈류의 반응은 달랐다. 마치 두려워하는 얼굴을 본 것처럼 혈류와 편도체의 전류 반응이 달라진 것이다.

이 실험은 많은 것을 시사한다. 편도체는 의식보다 빨리 두려움을 인식하기에 겁에 질린 얼굴 사진을 보자마자 두려움의 전류를 흘려보낸 것이다. 우리는 알지 못해도 편도체는 알아차린다. 편도체가 흘려보낸 두려움 전류는 의식적인 뇌를 지나 우리의 감정과 생각에 영향을 준다. 이렇듯 우리는 무언가를 두려워하면서도 그 이유를 모르고, 인식하지 못하면서도 두려움을 느낄 수 있다. 그리고 그 두려움은 우리의 감정, 생각에 부정적인 반응을 부를 수 있다. 우리의 의식보다 빠르게 반응하는 편도체가 있기에, 두려움은 결국 우리가 알지 못하는 순간에도 뇌를 주도해 우리 삶의 방향 또한 조금씩 바꿔놓는다.

삶의 99퍼센트를 물들이는 1퍼센트

한 아이가 1학년 때 적극적이고, 도전적이며 호기심과 탐구심이 높은 아이로 교사에게 평가받았다면 그 교사는 그렇게 기대하고 아이를 바라보았을 가능성이 크다. 교실에서의 어떤 행동이 그런 기대를 하게 했고, 아이는 교사의 기대대로 1년간 크고 작은 도전과 호기심을 키워나갔을 것이다. 그런데 이 아이가 2학년이 되어서 담임에게 "넌 왜 그렇게 산만하니?", "제발 좀 조용히 좀 있어라.", "필요 없는 질문은 하지 마라."… 등의 상반된 메시지를 듣게 된다면 이유가 뭘까? 아이의 본질이 변한 것이 아니라, 교사의 관점이 변한 것이다. 이 아이의 성장의 가속도가 잠시 멈추는 것은 쉽게 예측할 수 있다. 이것은 누구의 책임인가?

파커 파머는 《가르칠 수 있는 용기》에서 말했다. "우리가 학생들을 진단하는 방식이 곧 우리가 제공하는 치료의 종류를 결정한다." 하지만 여러 교사들은 학생들의 상태와 질병에 대해 깊게 고민하지 못한다. 그 결과 우리의 '환자'가 뇌사상태라 진단해버린다. 그런 판단은 그렇지 않았던 아이들 또한 죽어가게 한다.

그렇다면 왜 많은 교사들이 아이들과의 첫 만남부터 부정적인 기대를 거는가? 요즘 학생들은 무지하고 무례하고 버릇이 없다고, 공부할 준비가 안 되어 있다고, 가정교육이 잘못되었다고, 비난하는 것인가?

학생들의 부정적 행동 뒤에 숨어 있는 두려움을 모르기 때문이다. 아이들도 교사에게 사랑을 받을 수 있을지, 교실에서 인정을 받을 수 있을지, 시험에서 몇 점을 맞을지, 친구들에게 무시당하지 않을지…, 교실에 발을 내딛기도 전부터 막연히 두려워한다. 아이들에게 교실은 어느 날은 천국이 되기도 하고 어느 날은 정글이 되기도 하는 것이다.

교실에서 교사는 먼저 손을 내미는 갑이고, 아이들은 이를 받아들이는 을로 출발한다. 아이들은 자신이 교사에게 어떻게 평가받을 것인지, 관심받을 수 있을지 내심 두려워한다. 그런데 교사가 아이가 내게 입힐 피해를 두려워하고 있으면서 그 두려움을 인식하지 못할 때 아이의 마음은 보이지 않는다. 이런 교사는 아이들에게 경계의 날을 세우며 출발한다. 두려움으로부터 자신을 보호하기 위해서다. 3월 한 달 동안 아이들을 잡아야 하는 이유가 된다.

아이들의 두려움을 이해하는 것은 자기와의 만남, 자기 이해로부터 출발한다. 교사가 두려움에 직면했을 때가 오히려 기회다. 두려움을 넘어 진정한 자신과의 만남을 시작할 수 있다. 자신을 이해하고, 그래서 자신의 두려움 또한 볼 줄 아는 교사가 되어야 아이들의 아픔, 두려움도 바라볼 수 있게 된다.

교사라면 누구나 좋은 선생님이 되고 싶고, 아이들을 존중하는 선생님이 되고 싶다. 아이들의 행동을 바른 방향으로 변화시키기를 원한다. 특히 새 학기를 맞을 때면 학급을 성공적으로 운영하고 싶은 열망이 커진다. 하지만 그런 기대와 열망과 달리 현실에서 3월의 하루하루는 아이들에게 웃어주고 존중해주기보다 규칙으로 통제하고 큰 소리로 호통치며 보낸다. 자연히 자신감도 잃고, 자부심도 잃어간다. 더 많은 시간이 흐르면 왜 이 일을 해야 하는지 의미를 찾지 못하고 정서적 소진이 일어날 것이다. 왜 이런 일들이 매년 반복되는 것일까? 나 역시 발령받고 약 7년 동안 매년 아이들을 3월 첫날부터 규칙으로 통제하며 시작했고, 왜 내 진심과 내 선택이 정반대인지 이해하지 못한 채 괴로워했다.

그때 나의 뇌 상태를 이해해보자. 첫해 아이들에게 친절하게 했을 때 2학기부터 학급의 질서가 무너져 어려움이 많았다. 그 경험이 내 편도체에 각인됐기에 나는 다음 해부터 엄격한 교실을 운영했다. 아이들에게 친절하면 무질서해지고, 가르치기 어렵고 위험하다고 판단해버린 것이다. 그런 무질서한 교실에서 내가 힘들까 봐, 우리 아이들을 잘 끌고 가지 못할까 봐, 사고라도 날까 봐 조바심 내던 나는 조금이라도 흐트러지는 아이들을 볼 때마다 두려움을 느꼈을 것이다. 그래서 잘못을 저지른 아이에게 관대하기보다는 시범케이스로 모든 아이들 앞에서 강하게 통제했을 것이다. '저 녀석 때문에 반 분위기 다 흐려놓겠네. 아 두려워라.' '저 녀석이 여러 명 물들이면 어떡하지? 아 두려워라.' 그때의 나는 내가 이런 식으로 생각하고 있다고 깨닫지도 못했지만, 의식하지 못해도 편도체는 두려움 전류를 흘려 보내 내 행동과 판단에 큰 영향을 끼치고 있었다.

한편 좋은 선생님에 대한 전두엽의 이성적이고 의식적인 열망이 있었기에 아이들은 무조건 통제하기 보다는 가능성을 믿어주고 존중하고자하는 행동메시지도 뇌에 전해졌으리라. 결국 편도체와 의식이 전해준 상반된 메시지에서 내 뇌의 행동중추는 어떤 행동을 선택할지 고민했을 것이다. 그렇지만 내가 위험한 상황에서 벗어나는 것이 더 중요한 뇌는 편도체의 선택에 손을 들어주었을 것이다. 그래서 나는 계속 엄격한 통제를 선택했다. 내가 의도하지도 원하지도 않은 무의식적 두려움이 내 삶을 이끌어간 것이다.

'폭력을 쓰는 이 아이 버릇을 고치지 않으면 큰일 날지 몰라.'
'저런 아이는 변화시키기 힘들어.'
'도저히 안 돼! 포기해야겠어.'
'저 아이 때문에 내가 어려움을 겪을지 몰라. 걱정이네!'
이런 마음을 품고 아이들을 바라보면 아이들은 내가 돌봐주어야 할 존재, 교육해야 할 존재가 아니라 나를 힘들게 하는, 경계해야 할 잠재적 문제아로 보인다.

두려움은 미미할 때조차 강력하다. 자극이 엄청나게 강력하고 위험한 것일 때만 편도체가 우리를 보호하기 위해 두려움의 전류를 뇌에 보내는 걸까? 실제로는 아주 희미한 자극, 심지어 자면서 들리는 공포영화 소리에도 편도체는 우리 의식보다 먼저 반응한다. 자잘해도 스트레스 상황이 지속되면 일상적으로 반응하던 편도체는 지쳐간다.

연이은 스트레스로 인한 편도체의 피로는 결국 더 나쁜 끝으로 이어진다. 편도체가 제 역할을 하지 못하게 되는 것이다. 예컨대 집에서 부모와 아이나, 교실에서 교사와 학생의 갈등이 장기화되면 적극적으로 대응하던 처음과는 달리 소진된 교사나 부모가 자포자기한 듯 아이를 방치하는 사태를 낳는다. 아이 역시 스스로에 대한 보호본능을 잃어버리고 극단적인 행동으로 치닫는다.

장기적 스트레스 상황을 만나면 이처럼 편도체도 과부하가 걸리고 끊어져버린다. 편도체가 기능을 수행하지 못하는 상태가 되면 우리가 진짜 위험 상황에 처했을 때 두려움을 느끼지 못하게 되고, 결국 자신을 보호할 수 없다. 자기도 모르게 오히려 피해야 할 위험 상황을 선택한 후 그 안에서 버티느라 자신의 에너지를 다 소모하는 악순환의 삶을 살게 된다. 집에서 부모와 갈등으로 스트레스를 받다가 집을 나간 아이가 있다. 아이는 학교를 그만두고, 돈을 벌기 위해 위험한 일을 하다 결국 비행청소년이 되었다. 부모와의 갈등으로 인한 두려움이 지속되다 보니 편도체 과부하로 퓨즈가 끊어진 후, 자신을 보호하지 못하게 된 것이다.

우리의 삶은 우리가 의식하지 못하는 두려움 자극으로 가득하다. 문제는 편도체가 내가 알아차리기도 전에 자동으로 두려움의 전류를 뇌에 끊임없이 흘려보낸다는 것이다. 주변에 감동적인 일이 벌어지고 아름다운 것이 펼쳐져도 그 자극은 뇌에 영향을 주지 못한다. 뇌는 위험 상황에 집중해 빨리 해결하도록 진화해왔기 때문이다. 삶에서는 좋은 일과 괴로운 일이 동시에 일어난다. 그러나 행복한 일이 아무리 많아도 작은 불행 한 가지가 모든 에너지를 잡아먹을 수 있다. 사람은 단 하나의 두려움으로 수많은 행복한 순간, 수많은 긍정적인 경험들을 놓치고 만다.

표면적으로는 행복의 조건을 다 갖춘 사람인데 걱정, 불안이 많은 사람을 보자. 그 사람을 보는 주변 사람은 그런 삶의 태도를 이해할 수 없을 것이다. 한편 늘 노심초사해야 할 것 같은데 평안한 사람도 있다. 이것은 부정적인 뇌의 자극, 위험을 느끼는 민감성의 차이 때문이다. 두려움에 집중하는 사람의 편도체는 더 자주 활성화될 것이고 더 민감해질 것이다. 민감해진 뇌는 두려워할 거리들을 더욱 많이 찾아낸다. 만약 안전한 상황이 오더라도 편도체는 바로 이완되지 않고 관성의 법칙을 발휘해 한동안 뇌 안에서 긍정적 사건들의 해석에도 영향을 미친다. 그래서 어떤 사람은 '봉지의 반이 찼다.'라고 하고 어떤 사람은 '봉지의 반이 비었다.'라고 한다. 이처럼 과도하게 활성화된 편도체는 우리가 세상을 받아들이는 방식에도 영향을 주며, 결국 작은 것에서 시작하는 도미노처럼 삶을 흔들 수 있다.

지치고 힘든 사람이 갇혀 있는 곳

03

호숫가 돌 틈에 살았던 달팽이는 꽃도 풀도 없는 자신의 거처가 영 불만이었다. 너무 허술해 바람과 햇볕을 피할 수 없어 무척 괴로웠다. 어느 날 우연히 호숫가를 지나는 거미를 만나 거처에 대한 불만을 털어놓자 거미가 말했다.

"저기 언덕만 넘어가면 꽃과 풀이 우거져 바람과 햇볕을 피할 곳이 많은데…."

이때 그곳을 지나던 잠자리도 한마디 거들었다.

"맞아. 저 언덕 너머에는 모두들 행복한 생활을 하고 있지."

거미와 잠자리의 말을 듣고 달팽이는 좋은 날을 골라 언덕을 넘기로 결심했다. 하지만 막상 이사를 하려니 귀찮기도 하고 용기도 나지 않았다. 그때 꿀벌이 이사를 돕기 위해 찾아왔다. 꿀벌이 함께 언덕을 넘어가자고 하자 달팽이가 말했다.

"안 되겠어. 오늘은 너무 햇볕이 강해. 가다가 말라 죽을 수도 있잖아."

이틀이 지나 이번에는 나비가 찾아왔다. 그러나 달팽이는 또 이사를 미뤘다.

"바람이 너무 세게 불어서 못 가겠어."

또 이틀이 지나 잠자리가 찾아와 이제 언덕을 넘자고 재촉했다. 마침 보슬비가 내리고 있었다. 이에 달팽이는 "비가 멈추면 가도록 하자."라며 움직이지 않았다.

그 후 누구도 달팽이의 이사를 도우러 찾아오지 않았고, 혼자 이사할 엄두가 나지 않은 달팽이는 이렇게 중얼거렸다.

"나는 몸이 약해서 탈이야. 그렇지 않았다면 저기 언덕을 넘어 살기 좋은 곳으로 이사해 행복하게 살았을 텐데."

_뤼더화, 〈호숫가의 달팽이〉

두려움이 발동하면 에너지는 급격히 소진된다. 사람은 자신이 위험하다고 인식할 때는 일단 불을 끄는 데 올인 한다. 두려움 안에 있을 때는 자동적으로 에너지의 99퍼센트를 자신을 위해 쓴다. 일단 내가 살아야 하기에 누가 시키지 않아도 그렇게 된다. 그렇기에 교실에서 두려움의 에너지로 교실을 여는 선생님은 99퍼센트의 에너지를 자신을 보호하는 데 쓰느라 남아 있는 에너지가 1퍼센트다. 그 1퍼센트의 에너지를 아이들에게 쓰니 아이들과 소통이 어렵다. 더군다나 양육자가 그런 상태라면 어떨까? 그렇게 아이의 소중한 어린 시절이 지나간다. 무의식적인 두려움의 에너지는 교사나 부모의 양육 방식에 결정적인 영향을 준다.

학부모 상담이 시작되기 전 아이들에게 포스트잇을 한 장씩 건네주고 말했다.

"얘들아, 다음 주부터 학부모 상담 주간인데 혹시 선생님이 도와주었으면 하는 것, 부모님께 평소 말하지 못했지만 힘든 점 있으면 써줄래? 단 비밀은 지켜줄게. 너희들에게 들었다고 안하고 선생님이 참고해서 상담할게!"

포스트잇을 걷어 한 장 한 장 아이 속마음을 읽다 보면 내 마음이 답답해지고 조여지는 듯 안타깝다. 대부분의 아이들이 같은 이야기를 한다. '학원을 너무 많이 다녀서 힘들다. 학원 좀 줄였으면 좋겠다.' '더 많이 놀고 싶다.' '할 일이 많아서 피곤하다.' '공부하라는 잔소리 좀 줄였으면 좋겠다. 엄마의 잔소리가 힘들다.' 아이가 몇 살이건 학원 문제가 고민의 대다수다.

그런 답을 한 아이의 어머니께 넌지시 "○○가 학원이 많아서 많이 힘들대요. 학원을 줄이고 마음이 행복한 경험을 더 많이 주었으면 해요." "그래요? 저한테는 그런 말 안하는데…" 아이들의 이런 메시지를 나는 중요한 심리적 단서라고 보았지만, 민감하게 받아들여야 할 어머니는 오히려 대수롭지 않게 여기는 경우가 많았다.

부모교육을 할 때도 비슷하다. 나는 늘 어린 시절의 자존감이 평생의 힘이 된다고, 어린 시절에는 부모와 많이 대화하고, 경험의 폭을 넓히고, 많이 놀아야 한다고 강조한다. 그래서 학원에 가는 시간을 줄이고 대화, 놀이, 독서, 여행 등 다양한 경험을 더 많이 하도록 안내한다. 고개를 끄덕이고, 때로는 눈물을 흘리는 어머님들을 본다. 하지만 대부분 그때뿐이다. 집에 돌아가면 학원을 줄이지도, 더 많이 놀지도, 더 많이 대화하지도 않는 듯 느껴진다.

왜 그럴까? 이성적으로는 그 이야기에 동의하더라도, 부모의 내면

깊은 곳에 불안과 두려움이 더 크기 때문이다. 불안과 두려움은 눈덩이처럼 불어나 편도체의 민감성을 부채질할 수 있다. 두려움이 뇌의 주도권을 가지면 이성적 판단을 내리는 대신 작은 위험 요소를 확대 해석할 가능성이 높다. 결국 편도체가 두려움을 지속적으로 불러오니 부모는 두려움을 해소하는 것에 모든 에너지를 쏟고 그 방향으로 의사결정을 내릴 가능성이 높아지는 것이다. 유난히 학원에 많이 다니는 아이의 양육자는 열정, 사랑이 많다기보다 유난히 두려움이 많을 수 있다.

특히 양육자 본인이 어린 시절의 부정적인 경험을 무의식에 더 많이 저장하고 있다면 이 양육자는 아이의 성취도나 태도를 쉽게 남과 비교해 실망하고 나아가 과도한 편도체 반응으로 불안과 두려움을 쉽게 불러올 수 있다. 그래서 그 감정을 당장 해소하고픈 욕구로 아이를 여러 곳의 학원에 보내고 아이의 내면의 욕구에는 둔감한 것이다. 이때 양육자의 두려움은 뇌 전체를 까맣게 물들인다. 두려움이 일단 전두엽에 도달하면 뇌는 다른 긍정 반응, 해석을 중단하고 두려움의 해석을 시작한다.

"이렇게 공부를 못하면 뭘 해 먹고 살지?"
"옆집 애는 공부도 잘하고, 운동도 잘하는데 걱정이다!"

이제 양육자는 에너지를 양육자 자신을 보호하는 데 99퍼센트 쓰고, 남은 1퍼센트로 아이 마음을 들여다봐야 한다. 당연히 아이 마음이 잘 보이지 않는다. 자신의 두려움을 해결하느라 아이의 필요와 욕구에 둔감했다는 것을 알아차린 양육자는 이제 다른 선택을 할 수 있다. 두려움에 사로잡히기 전에 두려움을 깨닫는다면 변화를 부를 수 있다.

자존감을
먹어치우는 것

04

　3월, 새 학기가 되었다. 예전에는 '어떻게 하면 아이들이 말 잘 듣고, 사고 안 나게 할 것인가?'에 주의를 집중했다. 그래서 규칙과 통제로 3월을 시작해 한 달 내내 웃지 않는 교사로 지냈다. 그래야 아이들을 사고로부터 보호하고 지킬 수 있다고 생각했기 때문이다. 이때 나는 '아이들은 실수하고 사고를 일으키는 존재'라는 해석으로 출발했다. 하지만 아이들은 2학기가 되면 거의 눈도 마주치지 않았고, 열심히 감시해도 이런저런 사고를 쳤다. 악순환을 겪으며 괴로워하다 여러 해가 흐른 뒤 깨달았다. 3월 첫날부터 내 스스로 '두려움'을 선택했다는 것을.

　하버드 의과대학 정신과 교수인 스리니바산 S. 필레이 박사는 대표

작《두려움》에서 뇌의 메커니즘을 입증했다. 그에 따르면 뇌는 저절로 두려움을 느끼기보다 주인의 선택에 따라 행동한다. 두려움에 집중하면 전류가 뇌의 편도체에 불을 켠다. 활성화된 편도체는 두려움의 불을 끄기 위해 피하던 일에 오히려 주의를 기울이고 결국 그 일을 빨리 경험하게 만든다. 뇌는 무의식적으로 불안, 걱정 등의 두려움과 사랑, 용기, 희망 중 선택하는 주인의 명에 따라 전류를 보낸다. 하지만 두려움이 왔을 때 우리가 스스로의 에너지 상태를 알아차린다면 뇌에게 전해주는 메시지와 행동을 의도적으로 선택할 수 있다.

우리 뇌는 크게 두려움의 길 아니면 사랑의 길을 선택한다. 그런데 대부분의 사람이 정말 위급하지 않은 상황에서도 과도한 두려움의 소용돌이에서 악순환의 삶을 살아간다. 삶의 주도권은 두려움 뇌인 편도체에 있는 것이 아니라 나에게 있음을 깨달아야 한다. **내 에너지 상태를 인식하는 것이 삶의 모든 방향과 선택을 결정한다. 그러면 아이들을 가르칠 때 두려움 대신 용기를 내 사랑의 길을 선택할 수 있다. 사랑의 길에 들어서면 새로운 마음으로 아이들이 보인다.**

두려움을 선택하면 나를 방어하는 데 에너지를 모두 쓴다. 심리학자 곽윤정 교수는 지서《아들의 뇌》에서 뇌를 생명·감정·이성의 1, 2, 3층으로 구분해 말한다. 1층은 생존의 뇌로 '살아남는 것'이 중요한 파충류의 뇌다. 뇌의 가장 안쪽에 위치한 뇌간에서 생존, 생식 등 본능적 부분을 관장한다. 2층은 감정의 뇌로 '기억과 감정'을 다루는 포유류의 뇌로, 변연계라고 불린다. 변연계는 편도체. 해마, 시상하부로 나뉜다. 공포와 분노를 담당하는 편도체, 기억을 저장하는 해마, 호르몬을 관장하는 시상하부다. 변연계가 적당히 활성화되면 공감능력이 탁월해진다. 그러나 지나치게 활성화되면 두려움 자극에 과민해져 부정적 사고가 자동화된다. 겁부터 내고, 방어적으로 행동하는 습관이 든다는 뜻이다. 해마에는 장기 기억이 저장되는데 감정과 사실을 같이 저장해 오랜 시간이 흘러도 그때 생각을 하면 눈물이 나게 하는 트라우마와 관련된 뇌다. 변연계가 손상된 엄마는 사랑이나 유대감을 느끼지 못해 아이를 돌보지 못한다. 3층은 이성의 뇌로 '학습과 창조'를 담당하는 인간의 뇌다. 전두엽이 활동하며 논리, 판단, 메타인지, 왓칭 등에 관여한다.

인간에게는 좋은 감정을 느끼는 것이나, 좋은 판단을 내리는 것보다는 '살아남는 것'이 가장 중요하다. 따라서 삶의 1차적 에너지는 살아남는 데 쓰게 된다. 생존의 뇌는 언제나 비상벨을 울릴 준비를 한다. 본능적으로 위험을 감지해 주인에게 통보하고, 빨강 비상벨을 울린다. 비상벨이 울리면 즉각 편도체가 반응한다. 그리고 모든 선택은 생존에 집중된다. 공격하거나, 얼어붙거나, 아니면 도주해 살아남으려 한다.

문제를 일으키는 아이를 볼 때 그 아이로 인해 내가 볼 피해가 먼저 떠오르고 그로 인해 두려움부터 느껴진다면 뇌는 내가 먼저 살아야 한다고 판단한다. '내가 지금 공격을 받고 있다. 너도 공격하던지 뒤로 도망가든지 멈춰라!' 이런 방식으로 사고한다면 자연히 아이에게 쉽게 화를 내거나 비난하고, 말을 안 듣는 아이는 곧 무시하거나 포기하게 된다. 결국 원래 품었던 사랑도 메마른다. 이런 교사는 자꾸 '과거에 내가 이랬는데…,' 또 '앞으로 잘못하면 어떻게 하지?' 등 늘 과거의 트라우마와 미래에 대한 걱정 사이에 매달려 '지금'이 없다. 오늘 아이들의 웃는 모습, 우는 모습은 보지 못하고, 나에게 고통을 안길 수 있는 두려움의 대상으로 보일 뿐이다. 그러니 교실에서 말썽을 일으키는 아이라면 더더욱 있는 그대로 바라볼 수 없다. 이런 교사의 대응은 내가 피해를 받지 않기 위해 그 아이의 행동을 중단시키는 것을 목적으로 하며 거친 말로 비난과 분노를 쏟아붓기 쉽다. 자기 두려움을 통제하지 못한 끝에 자칫하면 한 아이에게 평생 상처를 남기게 된다.

아이를 사랑한다는 선생님이나 양육자라도 두려움을 선택하면 아이에게 고통을 줄 수 있다. 우리 아이들은 부모, 교사를 선택할 수 없다. 주는 대로 받아야 한다. 어쩌면 아이가 더 아픈 건 벗어날 수 없는 한 사람으로부터 지속되는 일상의 폭력일 것이다.

"넌 하는 일마다 왜 그러냐?"
"너 때문에 못살아. 너만 잘하면 돼."
"너 자꾸 그러면 다시 유치원으로 보낼 수 있어!"
"넌 어쩜 동생만도 못하냐?"
"내가 너 때문에 못산다. 정말…."

교사, 부모의 반복적이고 무심한 한마디가 그 아이에게 주는 영향은 크다. 그 자체로 평생 치유해야 할 수치심이 될 수 있다.

　살아 있는 개구리를 뜨거운 물에 넣으면 개구리는 엄청난 힘으로 순간 점프해 냄비 밖으로 뛰쳐나간다. 뜨거운 물의 온도를 순식간에 감지하고 필사적으로 몸부림치는 것이다. 하지만 살아 있는 개구리를 차가운 물이 담긴 냄비에 넣어 서서히 데운다면 개구리는 뛰어오르지 않는다. 온도가 조금씩 올라갈 때 개구리는 거기 적응해 결국 펄펄 물이 끓어오를 때까지 도망치지 못한다. 반복된 비난의 말 한마디는 아이 마음을 서서히 죽일 수 있다. 잘못했을 때 교사나 부모의 비난에 아이는 처음에는 수치심을 느끼지만 이내 수치심에 적응해갈 것이다. 아무렇지 않아 보여도, 아이가 무의식에 차곡차곡 저장한 그 수치심 덩어리는 아이의 자존감을 해친다. 가장 가까운 사람, 가장 소중한 사람이 아이 영혼을 아프게 한다.

　두려움 에너지로 가르칠 것인지, 사랑 에너지로 가르칠 것인지, 교사는 선택할 수 있다. 신기한 것은 교사가 사랑 에너지를 선택하면 아이들의 선택에 영향을 끼친다. 규율을 고수하기 위해 체벌도 필요하다 믿고 어긋난 아이들을 호되게 다그치던 내 밑에서 아이들 또한 친구의 작은 실수에도 날을 세우며 소리를 지르고 싸웠다. 하지만 내가 먼저 아이들에게 기회를 주고 서로의 미덕을 발견하라 가르치자 아이들은 친구들을 배려하고 존중하는 법을 배워나갔고, 결국 자존감 또한 급상승했다. 비로소 그토록 꿈꾸던 사랑의 교실이 되었다. 나는 이제 교실에서 두려움이 순간순간 다가올 때마다 알아차리고, 사랑 에너지를 선택한다.

교사는 가르치는 사람이 아니다. 그냥 아이들의 가장 큰 거울이 되는 주는 교실 환경일 뿐이다. 아이들의 변화는 오직 자신이 선택할 때만 가능하다. 내가 아이와 따뜻하게 마음이 연결되었을 때, 아이는 좋은 선택을 하고자 할 것이다. 그리고 좋은 행동의 거울이 내가 될 것이기 때문이다. 그래서 나는 아이들에게 가장 큰 영향을 미치는 교실 환경이다. 나에게서 나오는 존중으로 아이는 존중을 배우고, 나에게서 시작되는 배려로 아이는 배려를 배울 것이다.

_권영애, 《그 아이만의 단 한 사람》

삶의 에너지를 빨아먹는 두려움

05

 악순환만 일으키는 교사로 살아가던 7년, 나는 에너지의 99퍼센트를 두려움을 막는 데 썼다. 그 세월 내 자존감은 바닥에 고꾸라져 있었다.

 자존감은 내가 잘 해도 못 해도 그 사실을 인정할 수 있을 때, 나의 장점, 단점에 대해 초연하게 받아들이면서도 내가 나를 믿어줄 때 올라간다. 한마디로 일희일비하거나 결과에 따라 관점이 바뀌는 것이 아니라 나란 존재 자체 그대로 괜찮다고 인정하고 수용할 수 있을 때 올라간다. 이런 자존감은 누군가에게서 존재 자체로 사랑받고 존중받은 경험에서 온다. 자존감이란 과정에 대한 따뜻한 시선이며, 기다림이며, 평가하지 않는 무한 존중으로, 결국 부모, 교사, 친구 등 가까운 타인에게서 전해진 말, 태도, 평가, 시선의 거울이 모여서 내면화되며 형성된다.

두려움에 찬 상태에서는 비교, 공격, 포기 등 부정적인 감정이나 행동을 선택하게 되고 과정이 아니라 결과 중심적인 사고로 이끈다. 두려움은 안 좋은 결과나 피해를 피하기 위한 회피동기에서 출발한다. 싫어하는 것, 피하고 싶은 무언가를 중심으로 하는 사고방식인 만큼 무슨 행동을 해도 '회피동기'로 한다면 성공했을 때는 안도감을 느끼겠지만 실패했을 경우 불안감 또는 두려움으로 이어진다.

수학, 과학 시험에서 100점을 못 받으면 손바닥을 때리겠다는 엄격한 아빠를 둔 아이가 있다.
아빠의 불호령에 아이는 손바닥 맞는 상황을 피하기 위해 불안감에 시달리며 열심히 책을 읽고 공부를 한다. 결국 100점을 맞은 아이는 손바닥을 맞지 않게 된 결과에 안도한다. 하지만 하나라도 틀렸다면 아이는 실패했다는 생각에 참담하고 두려울 것이다.
그런데 만약, 100점 맞은 시험지를 받아든 아빠가 이렇게 말한다면 어떨까?
"기말 시험에서도 오늘처럼 수학, 과학 100점 못 맞으면 그때도 손바닥 열 대야."

아이는 그 소리를 듣고 어떤 마음이 들까? 계속 노력하고자 할까? 아이는 부담에 질려 아예 기말고사를 포기할지도 모른다. 회피동기는 단기적인 일, 바로 결과를 내는 일에는 반짝 효과가 있다. 하지만 긴 시간을 요하는 일, 장기적 성과에는 영향을 주지 못한다. 오랫동안 해야 할 일에는 지속될 접근동기가 필요하다.

'접근동기'는 간절히 바라는 일, 만나고 싶은 일, 이루어졌으면 하는 일이다. 만약 아빠가 옆에서 "○○야, 네 꿈인 물리학자가 되려면 수학, 과학이 중요해. 이번 기말 시험에서 수학, 과학을 열심히 준비하는 것도 꿈을 앞당기는 거란다."라고 말해준다면 어떤 마음이 들까? 아이는 자신이 간절히 바라는 물리학자가 되는 미래를 상상하며 수학, 과학 공부를 더 열심히 할 것이다. 성적이 노력했던 것보다 낮게 나왔다 해도 기회는 계속 있으니 용기를 내기 쉽다. 장기적인 일이기에 여유롭게 접근할 수 있게 된다. 그래서 접근동기로 움직일 때, 사람은 자기 존재를 실패와 상관없이 기다려주고 믿어줄 수 있다. 자존감을 끌어올리기 쉬운 시스템이다.

회피동기는 두려움에서 비롯된 동기이기 때문에 방어가 목적이다. 방어를 위해 하는 일은 쉽게 스트레스가 유발되고, 많은 양의 에너지를 써야 한다. 두려움을 방어하기 위해서 시작했기에 방어에 실패하게 되면 또 다른 두려움을 불러온다. 이와 같은 경험은 트라우마가 되어 비슷한 일, 비슷한 도전은 이제 아예 시도조차 하지 않을 수 있다. 두려움이 학습되면, 무기력을 자아내고, 무기력이 학습되면 자존감은 바닥으로 추락한다. 자존감이 무너진 사람은 실패할 것 같으면 아예 시도조차 하지 않고 도전을 포기한다. 그 행동에는 이런 자기 메시지가 숨어 있다.

"나는 이걸 할 수 없어. 해봤자 또 실패할 거야. 어차피 실패할 거 뭐 하러 해. 괜히 창피당하기 전에 그냥 포기해. 난 잘하는 게 없어, 앞으로도 그럴 거야."

문제는 두려움을 가진 교사도 부모도 아이에게 접근동기를 주기 어렵다는 것이다. 두려움이 자동화된 상태에서는 장기적 계획을 세우고 에너지를 쓸 여유가 없다. 항상 발등의 불을 끄느라 분주하기 때문이다. 교실에서 한 명의 문제아에 신경을 쓰느라 항상 신경이 곤두서 있는 교사는 에너지의 대부분을 그 아이가 만든 문제 해결에 쓴다. 교사가 그 아이를 위험 인물로 인식하면 할수록 교사의 두려움은 더 커져가고 아이는 교사의 두려움에 자극받는다. 둘 사이의 관계는 팽팽한 고무줄처럼 초긴장 상태를 유지한다.

교실에서 문제를 일으키는 아이들은 교사가 두려움을 느끼는 그 이상으로 불안에 시달리는 존재들이다. 불안을 못 이겨 문제를 일으키는데 교사의 반응이 비난과 통제라면 아이의 불안은 악화된다. 교사는 점점 더 강하게 제재하고도 아이를 변화시키지 못하는 자신의 모습에 자존감이 급격히 추락한다. 서로가 서로의 두려움을 키우며 악순환을 주고받는다. 결국 두 사람은 각자의 두려움을 해소하느라 서로의 에너지를 다 쓰고 서로를 미워하며 녹초가 될 것이다.

두려움에 지배되는 부모나 교사의 아이들은 철퇴를 피하겠다는 회피동기로 행동한다. 비난받지 않기 위해, 혼나지 않기 위해 규칙을 지키고 숙제를 제때 할지도 모른다. 그러나 원하는 것을 추구하기 위해서가 아니라 괴로운 결과를 피하기 위해 살다 보면 아이는 무의식적으로 방어적인 태도를 취하며 두려움 또한 강해질 뿐만 아니라 무기력을 학습한다. 결국 자존감 또한 크게 흔들린다. 이처럼 두려움은 한 교사나 양육자의 뇌에서 끝나는 문제가 아니다.

매일매일 자신도 모르는 사이에 두려움 시스템에 반응하는 삶이란 어떨까. 필레이 박사는 이렇게 말한다. 무의식적인 두려움을 가진 사람들은 편도체의 지시에 따라 사소한 행동에도 멈추기, 싸우기, 도망치기 중 하나로 반응하기에 아드레날린, 코르티졸 등 스트레스 호르몬이 과도하게 분비된다. 당연히 늘 피곤하다. 마치 실수로 자동차 라이트를 켜놓은 것과 같다. 계속 깨닫지 못하면 조만간 배터리가 나가고, 자동차는 오도 가도 못한다.(스리니바산 S. 필레이, 《두려움》) 스트레스가 끊임없을 때 편도체는 과잉 반응으로 우리 에너지를 빨아먹고 우리는 쉽게 지친다.

두려움 시스템 속에서 살 때 내 에너지의 99퍼센트를 살아 있기 위해, 불안을 해소하기 위해, 두려움을 해소하는 데 쓸 수밖에 없다. 그럼 나머지 1퍼센트를 가지고 나도 돌보고, 관계도 맺고, 가정생활도 해야 한다. 1퍼센트 에너지로 사는 삶은 당연히 지치고 힘들다. 왜 힘든지도 모르면서 매일 힘들게 살아간다. **두려움은 삶의 에너지 도둑이다. 한 사람의 삶에 수시로 불을 내고 그 사람이 극도의 긴장과 불안감 속에서 오로지 그 불을 끄기 위해서만 살게 만든다.** 아무나 들어와 내 소중한 에너지를 도둑질해 가지 않도록 에너지 문단속이 필요하다. 내 에너지 99퍼센트를 나를 위해 쓰도록 다시 시작해야 한다. 내 에너지 주인이 나인지, 편도체인지 매일 들여다봐야 한다.

CHAPTER. 3

에너지 변환 시스템
버츄프로젝트

에너지의
두 얼굴

01

 한 권의 책이 한국 서가를 휩쓸었다. 바로 기시미 이치로의 《미움받을 용기》다. 왜 그렇게 많은 독자들의 공감을 샀을까? 여러 분석이 있지만 나는 그 책이 우리에게 주는 희망의 메시지 때문이라고 생각한다. 역설적으로 우리가 과거에 어떤 아픔을 겪었든 그와 상관없이 우리는 자신을 사랑할 수 있고, 다른 사람을 사랑할 수 있다. 우리는 어떤 어려움 속에서도 자신의 미래를 주도할 수 있는 존재라는 것이다.

 교사들 또한 초임 시절 천사 같은 마음으로 아이들을 만나다가 상처를 받고, 실패를 경험하면서 아이들을 밀어내고, 지치고 지치면 두려움을 선택한다. 그리고 곧 두려움의 악순환에 빠져 나 자신이 두려움 속에 있는지조차 모른다. 어느 순간 부정적인 에너지를 당연한 듯 선택하면서도 그 사실을 깨닫지 못한다.

에너지는 사람을 살리기도 하고 사람을 아프게도 한다. 그렇기에 내 에너지가 살리는 에너지인지 아픔을 주는 에너지인지 살펴봐야 한다. 내 에너지가 아픔을 주는 에너지라면 제일 먼저 나를 아프게 하고, 또 옆에 있는 사람을 아프게 할 것이다. 두려움 에너지는 가장 먼저 자기 자신을 해친다. 그리고 가족, 친구, 제자 등 소중한 사람들에게도 전염된다. 그러나 사랑 에너지는 나를 살리고 주변을 살린다. 그 자체가 봉사, 배려, 나눔이다. '나도 살고, 너도 살고, 우리 같이 살자'이다. 어떻게 하면 살리는 에너지로 살아갈 것인가?

우리는 상처와 실패 속에서도 사랑 에너지를 선택할 수 있다. 그것은 용기를 필요로 한다. 매일 아주 작은 용기를 1년 동안 낸다면, 그것만으로 한 아이 삶에 기적을 만들 수 있는 큰 힘이 된다. 어제까지 상처와 실패를 경험한 교사가 오늘 용기를 내 사랑 에너지를 불러들였을 때, 가장 먼저 변화하는 것은 교사의 언어다. 말은 인간의 사고와 감정에 막강한 영향력을 가진다. 어떤 색의 말을 아이들에게 지속적으로 하느냐에 따라 아이들의 뇌 파장이 달라진다. 말이 아이들을 생각하게 하고, 용기를 주고, 회복하게 만들며, 삶의 에너지를 일으킨다. 그때 교사의 마음과 언어는 사랑 에너시의 순환 시스템이다. 이 에너지는 공명하는 것이라, 한 아이가 교사에게 사랑의 마음에너지를 받으면 그 아이도 사랑 에너지를 마음에 채운다. 사랑 에너지를 가득 채운 그 아이의 언어는 밝고, 따뜻해진다. 곧 그 아이의 언어는 뇌의 파장을 안정시키며 몸의 호르몬의 흐름까지 안정시킨다. 세로토닌, 엔돌핀 등 면역에 도움이 되는 호르몬이 나와 마음을 안정시키며, 의욕을 솟게 만든다. 마음과 몸이 평온해지고 행복해지므로 2층 감정, 3층 조절의 뇌까지 잘 작동한다. 그래서 평온하고 행복한 아이가 자신의 능력 또한 잘 발휘할 수 있다. 이 모든 것의 출발은 사랑 에너지를 주겠다는 교사의 선택이다.

한 사람의 에너지를 어떻게 알 수 있을까? 우리는 그 사람의 에너지를 표정, 눈빛, 말 몇 마디만으로 곧 알아차린다. 때론 그 사람과 단 한 마디도 나누지 않았어도 느낀다. 그 사람의 에너지가 사랑 에너지인지, 두려움 에너지인지를 말이다. 부정적인 언어로 세상을 해석하는 사람은 볼 것도 없이 두려움 시스템으로 살아가는 사람이다. 나는 가능하면 그런 사람을 가까이 하지 않는다. 서울대 심리학과 교수인 최인철 박사는 "행복하려면 행복한 사람 옆으로 가라."라고 말했다. 내가 행복하면 다른 사람에게 15퍼센트의 행복을 전염시키고, 그 사람이 행복하면 나에게 또 10퍼센트의 행복을 전해준다는 것이다. 그런데 부정적인 에너지는 그 이상 강하게 전염되고 주변 사람들의 삶의 에너지 또한 갉아먹는다. 부정적인 에너지를 전하는 한 사람으로 인해 삶의 에너지를 소모하면 정작 내 삶을 내가 원하는 방향으로 끌어갈 수 없다.

두려움 시스템으로 살아가는 사람은 신문을 읽어도 강력 범죄에 집중한다. 그래서 세상이 참 위험한 곳이라고 생각한다. 길을 가도 위험한 곳이 눈에 들어오고, 공사장을 위협적인 곳으로 인식한다. 그런 사람이 교사가 되면 두려움의 안경을 쓰고 세상을 보니 교실에 가도 문제를 일으키는 아이부터 보인다. 학교에 문제아가 가득해 보이고, 그 중에서도 우리 반 아이들이 특히 힘겹게 느껴진다. 그래서 자신의 두려움의 원인이 외부환경인 아이들이라고 믿고, 아이들의 행동을 바꾸려 한다. 하지만 불안이 사실 자신의 내면에서 온 것임을 깨닫지 못하는 한 그는 악순환에서 벗어날 수 없다.

사랑 에너지 또한 선택할 수 있다. 모든 경험은 의도적인 선택에서 출발한다. 사랑도 자연스럽게 우러나오기에 앞서, 따뜻한 시선으로 누군가를 바라보기로, 사랑해보기로 마음을 먹는 데서 시작된다. 그러려면 먼저 삶의 모든 주도권이 자신에게 있다고 믿어야 한다. 그 믿음은 처음에는 희미하지만 용기를 통해 구체화된다. 가장 힘든 순간에도 스스로에게 용기를 불어넣어 주었을 때, 나는 비로소 내 삶을 주도할 힘이 내게 있다는 것을 믿게 된다. 오직 두려움에만 집착하는 상태에서 벗어나야 또 다른 가능성이 보이고 측은지심, 연민, 역지사지 같은 다른 감정들 또한 느껴진다. 에너지 전환이 이루어지는 것이다.

두려움 에너지에서 사랑 에너지로 전환되면 세상은 좀 더 따뜻하게 느껴지고, 편도체가 아닌 전전두피질이 자동 반응하는 시스템으로 변한다. 전전두엽의 일부인 전전두피질은 자기를 인식하고 불필요한 행동을 억제하며 기계적으로 자극에 반응하지 않는, 인간이 동물과 구별되는 능력에 관여한다. 전전두피질로 반응할 때 사람은 같은 문제에도 더 이상 사냥당하는 동물처럼 두려움에 쫓겨 즉각적으로 대응하지 않고, 멈추어 서서 용기를 내고 고민할 여유를 가질 수 있다. 그것이 가능해야 사람들은 공감할 수도, 연민할 수도 있으며 타인과 더

불어 살아가는 삶에 대해 생각할 수 있게 된다. 문제 해결에 집중하기 전 에너지 전환이 이루어져야 하는 이유다.

교사나 부모가 지금 사랑 에너지 시스템인지 어떻게 알 수 있냐고 묻는다면 나는 대답할 것이다.

"내가 여유가 있잖아요. 내가 편안하잖아요. 그러면 아이들이 보여요. 관찰하게 돼요. 그때는 어떤 관찰이냐? 마음의 눈으로, 따듯한 마음의 눈으로 바라봐요. 또 아이들을 존중하게 돼요. 또 아이가 실수했을 때 용기를 줄 수 있어요. 내가 여유가 있기 때문에. 거기서 모든 게 변한다고 느껴요. 선생님인 나로부터, 내가 내 감정을 조절하는 모습, 존중하는 모습, 배려하는 모습, 이런 여유 있는 모습을 보여주었을 때 우리 아이들도 똑같이 나를 따라서 존중하고 배려하고, 아이들의 마음이 발달하죠. 그러면 언제나 우리 교사와 아이들은 지금 이 순간을 사는 겁니다. 미래에도, 과거에도 집착하지 않고 오늘, 지금 아이들하고 행복하게 지내고, 그래서 주고받는 사랑의 에너지는 교실에서 그 자체로 기적을 낳아요."

교사로 살아온 23년의 시간을 통해 가장 절박하게 깨달은 건 내 에너지가 선택이었다는 것이다. 한때 두려움 에너지에 지배되다가 돌고 돌아 겨우 사랑의 에너지로 살아가는 삶을 터득하게 된 이야기를 2016년에 책으로 썼다. 1쇄나 팔릴까 했던 무명교사의 책이 나오자마자 베스트셀러에 올랐고 1년이 지난 지금도 순위권에 있다. 여러 신문에 인터뷰 및 리뷰가 실렸고 라디오에 출연을 해서 사랑 에너지를 선택했을 때 겪은 값진 경험을 나누게 되었다. 생전 처음으로 생방송 인터뷰도 해보고 하루 종일 일정을 따라 다니는 동행 취재라는 것도 해보고 〈강연 100도씨〉라는 TV 생방송에 나가 강의도 했다. 그중에서도 가장 기뻤던 순간은 책이 6쇄를 찍는 베스트셀러가 되고, 그 인세 전액을 어려운 환경의 아이들에게 기부했을 때였다. 기적의 2016년이었다. 두려움 에너지로 살아가는 것밖에 몰랐던 한 교사가 우연한 계기로 사랑 에너지로 전환된 후 만났던 인생의 따뜻한 변화가 많은 교사들과 부모님들께 희망을 주었던 것이다. 많은 분들이 눈물을 흘렸고 메일과 서평이 줄을 이었다. 나는 그 글들을 한 편 한 편 읽으면서 함께 눈물 흘리고, 감동했다. 그리고 깨달았다. '이 세상에 이렇게 사랑의 에너지가 많구나.' '이렇게 사랑 에너지를 기다렸구나.' 처음에는 열화와 같은 반응에 어리둥절하기도 했지만 지금은 안다. 사랑 때문이다. 사랑 에너지가 삶의 답이기 때문이다. 모두가 그 답을 기다리고 있었다.

에너지는 두 얼굴이다. 에너지는 내 힘을 다 앗아가기도 하지만 이렇게 기적 같은 일을 만들어내기도 한다. 내 삶의 에너지를 모두 걱정, 근심 등 두려움을 해결하는 데 쓸 것인지, 아니면 용기 내고 도전하며 사랑으로 살아가는 데 쓸 것인지 결정해야 한다.

내가 사랑 에너지를 선택했는지는 어떻게 확인할 수 있을까? 언어가 먼저 달라지고, 가슴이 느낌으로 답을 준다. 아이들이 마음을 전해줄 때 그 진실함이 전달되고 행복감이 느껴진다. 교실에 들어가면 아이들이 나를 얼마나 반기는지, 아이들이 얼마나 거리낌이 없이 안기는지 느낄 수 있다. 서로 말하지 않아도 에너지를 주고받는다. 아이들이 교실에 갔는데 교사인 나에게 관심이 없을 때, 어떤 수업이나 활동에도 별 반응이 없을 때 교사는 사랑의 에너지를 느끼지 못한다. 사실은 교사가 먼저 두려움 에너지를 뿌렸기 때문이다. 콩 심은 데 콩 나고 팥 심은 데 팥 난다. 두려움을 심으면 두려움, 불안, 우울, 분노를 거두고 사랑을 심으면 자부심, 열정, 사랑을 거둔다. 교사가 먼저 사랑의 에너지 씨앗을 아이들 가슴에 뿌려야 한다. 사랑 에너지를 뿌리는 쪽은 언제나 부모요, 교사다. 그 씨앗은 우리 아이 가슴에 평생 한 그루 든든한 소나무가 되어 힘을 줄 것이다.

약보다 심리치료보다 중요한 것

02

이라크 전쟁으로 한 아이가 고아가 되었다. 이 소년은 갑자기 말이 없어지고, 아이들과 어울리지 못했다. 늘 혼자 놀면서 무기력한 행동을 보였다. 어느 날 소년은 시멘트 바닥에 분필로 그림을 그렸다. 바로 아이의 엄마였다. 소년은 그 그림의 품에 안겨 잠들었다.

짧막한 동영상에 담긴 아이의 모습에 눈물이 하염없이 흘렀다. 이 고아 소년에게 필요한 것은 밥도 놀이도, 친구도 아니다. 엄마의 따뜻한 품, 목소리, 손길, 사랑이 필요할 뿐이다.

엄마 잃은 소년만 사랑이 필요할까? 우리 모두는 사랑 없이는 하루도 살 수 없다. 밥을 매일 먹듯이 사랑을 매일 먹고, 느끼고, 주지 않으면 마음이 아프다. 마음이 아프면 몸도 아프게 되고, 우리 영혼까지 아프게 된다.

　류시화의《새는 날아가면서 뒤돌아보지 않는다》를 읽다가 한 대목에서 더 나아갈 수가 없었다. "우리는 불확실하게 존재하다가 사랑받음으로써 비로소 확실한 존재를 인정받는다. 그 사랑받은 경험으로 또 다시 불확실하게 존재하는 누군가를 일으켜 세우는 게 사람이다. 사람은 오직 사랑으로만 누군가를 일으켜 세울 수 있다." 어쩌면 사랑은 우리가 존재하는 유일한 의미일지도 모른다.

　폴 오스터 또한 소설《달의 궁전》에서 사랑에 대한 깊은 통찰력을 보여주었다. "인간은 겨울을 견디는 나무이면서 또한 연약한 나뭇잎이다. 내게는 삶을 경이롭게 바라본 경험도 있고, 상처받은 경험도 있다. 성공한 경험과 실패한 경험도 있으며, 소유와 상실의 경험도 있다. 자비심을 발휘한 경험도 있고, 참을성을 잃은 적도 있다. 껴안은 적도, 주먹을 날리고 싶었던 적도 있다. 그 모든 감정 상태 중에서 결국 내가 죽을 때 기억하는 것은 사랑하고 사랑받은 경험일 것이다. 우리가 사랑을 잊지 못하는 것은 절벽에서 떨어지는 것 같은 그때, 누군가가 팔을 뻗어 우리를 붙잡아 추락을 멈추게 해주었기 때문이다."

　사람이 이 세상에 태어나 죽을 때 가져갈 것은 그 무엇도 아니다. 오직 사랑받던 순간, 사랑해주던 순간의 두근거림, 설렘, 뜨거움, 기쁨, 희열을 가져간다.

　내가 이 세상에 온 근원적인 이유가 사랑 때문이라는 것을 나는 시행착오를 통해 배웠다. 어떤 획기적인 방법을 찾아 무수한 연수를 받고 교실에 적용해보았지만 진짜 변화는 그때 일어나지 않았다. 오직 다 내려놓고 '사랑', '연민', '측은지심'이라는 눈으로 아이를 바라볼 때 그 아이의 모든 것이 달라졌다. 사람에게 필요한 건 훈계, 훈련, 가르침이 아니라 가슴으로 전해지는 사랑 에너지 그 자체였다는 것을 참 많은 시간이 흘러서야 나는 깨달았다.

나는 사람의 수많은 감정을 크게 둘로 나눈다면 사랑과 두려움이라고 생각한다. 두려움 중심으로 사고하면 우측 전두엽이 활성화된 시스템으로 살고, 사랑 안에 있으면 좌측 전두엽이 활성화된 시스템으로 살게 된다. 두려움이 활성화된 교사는 아이들을 볼 때 두려움의 필터로 본다.

두려움의 필터와 사랑의 필터의 차이는 주도권이다. 두려움의 필터는 피해자 모드다. 한 아이의 문제 행동으로 인해 교사인 내가 피해를 당할지 모른다는 두려움에서 온다. 이 두려움 필터로 아이를 보면 이렇게 된다. "문제의 원인은 저 아이야. 저 아이 때문에 내가 힘들다! 저런 아이들은 엄하게 대해야 해. 쟤 한 명이 열 명 물들일 수 있어." 두려움 필터가 준 부정적인 생각은 꼬리에 꼬리를 물고, 부정적인 생각은 부정적인 언어를 불러온다. 그래서 그 아이에게 화를 내거나 비난하기 쉽다.

"아, 저런, 큰일이네, 어떻게 하지?" "쟤는 안 돼, 포기할래." "야, 너 누가 이렇게 하라고 했어? 너 때문에 내가 못 산다 못 살아." "너나 잘하세요." "엄마 불러야겠다. 너 오늘 집에 못 간다." "너 1학년으로 다시 갈래?"

부정적인 언어가 장기화되면 뇌의 파장뿐 아니라 면역 체계에도 영향을 준다. 마음과 면역의 연결을 찾아낸 심리학자 로버트 아더 박사의 연구를 보자. 아더 박사는 쥐에게 달콤한 사카린 물을 주고 구토제를 주사했다. 힘들게 구토를 한 쥐들은 사카린 물을 다시는 마시지 않았고, 건강했던 쥐들이 단 한 번의 구토제 주사로 병들어 죽기도 했다. 그 이유는 구토제가 면역 세포인 T임파구를 감소시켰기 때문이다. 쥐들이 사카린 물을 피하게 되자 연구원들이 쥐에게 사카린 물을 강제로 마시게 했다. 그러자 쥐들은 구토제를 맞지 않았는데도 T임파구의 수가 줄어들었고 결국 면역체가 무너져 병들어 죽었다. 심지어 면역력이 떨어지는 정도가 마시는 물의 양에 비례하기까지 했다. 이 실험은 마음과 면역이 조건반응 학습이 이루어진다는 것을 보여주었고 마음, 신경, 면역은 서로 연결되어 있다는 정신신경면역학(psychoneuroimmunology)이 새로운 과학으로 대두되었다. 이처럼 직접적으로 신체적인 위해를 입지 않아도 스트레스 상황 자체가 우리 몸의 뇌파뿐 아니라 신경계, 면역계의 호르몬에 영향을 주고 이것이 병이 된다.

부정적인 언어는 하는 사람에게도, 듣는 사람에게도 두려움, 긴장, 그리고 피로감을 강화한다. 물리적인 폭력이 없어도 유사한 스트레스에 노출되는 것이다. 이런 상황이 반복되면 우리 뇌는 아주 작은 일에도 구토제를 먹은 듯 반응하지 않을까? 더 흥분하고, 더 많이 비난하고, 더 빨리 뇌파가 출렁거리면서 신경계와 면역계가 제 기능을 잃을 수 있다. 두려움이 학습되고 시스템화되는 것을 막아야 한다.

반대로 두려움의 고리를 끊기로 작정하고 용기를 내 사랑의 마음을 선택하면 사랑 에너지가 학습될 것이다. 시간이 가면 뇌가, 내 몸과 마음이, 또 말과 행동이 바뀌어 결국 사랑 에너지 자동화 시스템이 된다. 소위 '문제아'가 교실에 왔을 때 예전의 나는 두려움 자동화 시스템으로 그 아이를 맞이했다. 작년 선생님에게 여러 가지 안 좋은 일들, 피해 경험을 듣다 보면 시작도 하기 전인데 온갖 걱정이 꼬리에 꼬리를 물었다. '아! 올해 많이 힘들겠군, 사고 안 나게 잘 넘겨야 할 텐데 걱정이다.' 두려움에 집중하면 두려움은 더 거대해진다. 나는 아이를 제대로 만나기도 전에 경계부터 했다. 당연히 작은 잘못도 두드러져 보였고 아이를 수시로 혼내고 화를 냈다. 내 교실에만 힘든 아이가 많은 것 같다는 피해의식도 있었다.

이제는 무조건 용기를 낸다. 작년 선생님들이 귀뜸해준 문제아라는 정보는 더 사랑을 주어야 할 아이라는 뜻으로 내 마음에 정리한다. 어떤 문제아도 하나의 원석으로, 깨어날 보석으로 보기로 마음먹는다. 그 아이의 문제는 1퍼센트, 가능성은 99퍼센트로 보고자 한다. 사랑의 에너지를 선택해서 그 필터로 아이를 보기로 작정하면 그렇게 보인다. 그래서 3월 첫날 문제아라는 이름을 달고 온 아이 손을 잡고, 의도적으로 말해준다. 나 자신에게도 약속하는 것이다. 사랑 에너지로 살고 싶다고, 살아갈 거라고.

"선생님이 네 아픈 맘을 조금이라도 토닥여줄게. 넌 원래 보석을 가진 아이야. 네가 아직 그게 있는지도 몰라서 안 쓰고 있던 거야. 네가 만들 첫 번째 다이아몬드가 어떤 보석일지 궁금하구나. 선생님이 그 보석 깨우도록 도와줄게…."

　용기를 내어 사랑의 마음을 선택하는 데 '고통 총량의 법칙'이라는 생각이 많은 도움을 주었다. 누구에게나 다가오는 고통의 총량은 비슷하다는데 너무 어린 나이에 그 큰 부분을 맞닥뜨린 아이들을 보면 가슴이 아렸다. 겨우 열한 살에 엄마가 암이라는 고통을 맞이한 아이, 이제 여덟 살인데 늦은 밤에야 생업에 쫓긴 부모를 만나는 아이…. 그런 눈으로 아이를 보면 자연히 연민, 측은지심, 사랑이 가슴에서 올라온다.

　어린 영혼이 맞이한 어마어마한 고통을 앞에 놓고 보면 자연히 두려움이 물러간다. 저절로 사랑 에너지가 가슴을 울려버린다.

　사랑의 필터를 선택했을 때 우리는 비로소 우리 삶의 주도권을 되찾는다. 두려움의 필터가 '피해자 모드'라면 사랑의 필터는 '주인공 모드'다. "피해당하지 않게 조심해!"가 아니라 "너에게는 사랑이 있어. 힘이 있어! 용기를 내봐!"라고 말한다. 피해자 모드에서는 갈 길이 단 하나다. 부정적인 에너지는 또 다른 부정적인 것들을 불러올 뿐이다. 교사가 교실에서 두려움의 필터를 끼면 아이들은 귀신같이 다 안다. 앞으로 다가올 언어의 색이 무엇인지를, 앞으로 다가올 뇌의 파장이 어떤 모습인지 어떻게 출렁거릴지 다 안다. 또 어떤 호르몬을 만들면서 아이 몸을 아프게 할지 아이들은 본능적으로 다 느낀다. 왜냐하면 아이들은 무의식적으로 자신이 어른보다 약자임을 안다. 어른인 교사의 두려움 에너지가 가져올 파장을 아이들은 교사가 말하지 않아도 3월 첫날 다 알아차린다. 그리고 그 두려움을 교실 안의 자기보다 더 약자인 다른 아이에게 다시 떠넘긴다. 욕하고, 소리 지르고, 괴롭히면서도 자신이 왜 아프고 힘든지 모른다.

부모님이 이혼해 할머니 손에 크는 아이가 교실에 있다. 이 아이는 마음이 아플 때도 자기 마음이 아픈지 모른다. 그냥 배가 아프다고 한다. 자꾸만 배가 아프다는 아이를 선생님은 약이 필요하다고 생각해 보건실에 보내 진통제를 먹인다. 아이 배는 낫지 않는다. 아이는 자꾸 다른 아이들을 때린다. 선생님은 할머니께 전화해 아이가 폭력성이 심하니 상담을 받든지, 심리치료를 해야 한다고 말씀드린다. 할머니는 아이를 소아정신과에 데리고 가서 약과 심리치료를 병행한다. 그래도 아이는 수시로 배가 아프다 하고, 수시로 아이들을 때린다. 이 아이에게 필요한 건 약이나 심리치료보다 한 사람의 에너지, 얼어붙은 가슴을 녹일 사랑 에너지다.

몇 년전 내게도 그런 아이가 왔다. 수시로 아프다고 하고, 수시로 아이들을 때리는 그 아이가 주먹질을 할 때마다 먼저 맞은 아이를 붙들고 말했다.

"용희야. 아직 진형이의 미덕이 깨어나지 않아서 그래. 네가 너그러움, 이해의 미덕을 깨워 기다려줄 수 있을까? 진형이의 미덕이 깨어날 때까지 말야." 그러면 우리 아이들의 사랑이 잠에서 깨어 답한다. "선생님, 그럴게요." "용희야. 네가 가진 사랑과 용서의 미덕을 발휘해주어 고마워!" 그리고 친구를 때린 진형이의 귀에 대고 매일 말했다.

"진형아, 선생님은 너를 알아. 네가 가진 보석을 알아. 그걸 기다리고 믿고 있어. 넌 곧 그 보석을 깨울 거야. 사랑해 진형아!" 반신반의하는 것 같던 진형이의 태도는 점점 달라지기 시작하더니 결국 두 달 만에 180도 다른 모습으로 바뀌었다. 4학년 때까지의 삶에서 깨우지 않던 사랑을 깨워 교실에 가장 약한 한 아이의 멘토를 자청했다. 갑자기 전학을 가게 된 날까지 6주간 그 아이를 성심껏 돌봐주었다. 모두를 감동시킨 진형이의 변화를 통해 나는 깨달았다. 마음이 아픈 아이에게 정말 필요한 약은 사랑 그 자체임을.

어린 영혼이 아픈 것은 더더욱 사랑 때문이다. 교실에서 마음이 아픈 한 아이가 사랑받고 싶을 때 아이는 그것을 엉뚱한 방식으로 표현한다. 사랑받고 싶어서 욕하고, 화내고, 사랑받고 싶어서 아이들을 때리고, 사랑받고 싶어서 소리를 지른다. "사랑해달라고! 나를 좀 사랑해달라고요!" 절규하는 마음의 소리를 교실에서 나는 무수히 듣고 본다. **유난히 파괴적이고 두드러지는 행동을 하는 아이에게는 그 어떤 약보다, 심리치료보다 사랑이 먼저다.**

자존감을
만드는 힘

03

　3월 첫날 아이들을 만나는 나의 준비는 사랑 에너지를 이 교실에 가득 뿌리는 것이다. 그 방법은 아이들 마음에 사랑을 전해줄 칠판 꾸미기와 악수하기, 평생 기억할 5분의 자존감 이야기다. '우주 최고 사랑의 교실에 온 여러분을 환영합니다.', '우주 최고 존중의 교실에 온 여러분을 환영합니다!' 등으로 칠판을 장식하고 꾸민다. 들어오는 아이들의 표정은 언제나 극도의 긴장 상태로 눈치를 보며 약간은 얼어 있는 듯 조심스럽다. 그러다 칠판을 보면 몇몇 아이들이 수군거리기도 하고 호기심 어린 눈으로 쳐다본다. '이게 뭐야? 이 선생님, 나이든 신규인가? 몇 년간 휴직하셨다 오셨나? 며칠이나 가려나…,' 아니면 '선생님이 친절하신 듯하다….'라고 생각하는 듯하다. 어리둥절한 아이들을 저학년은 한 명 한 명 가볍게 안아주고, 고학년은 악수를 하고 나면 이제야 아이들의 표정도 부드럽게 돌아온다.

　새 학기 첫날 아이들은 걱정이 가득하기 마련이다. 담임 선생님은 친절한 분인지, 무서운 분인지, 이 교실에서 내 마음이 통하는 친구들과 만날 수 있을지…. 그런 아이들에게 나는 이렇게 첫인사를 한다.

"얘들아, 나는 아이들에게 우주 최고 선생님 상을 받은 권영애 선생님이란다. 선생님이 왜 이렇게 따뜻한 분위기로 너희들을 맞이해주는지 궁금하지 않니?"

"네 궁금해요! 선생님!" 아이들은 합창을 하듯 큰 소리로 답을 가르쳐달라고 외친다.

"지금부터 5분 동안 귀를 쫑긋 기울여서 들어보자! 평생 잊으면 안 될 소중한 이야기거든."

"그리고 지금부터 선생님이 들려주는 이야기를 언제나 기억하고 살았으면 해!"

　내 말에 아이들은 눈에서 레이저가 나올 듯한 기세로 집중한다.

"선생님이 23년간 아이들을 가르치며 깨달은 게 있어. 공부도 잘 가르쳐야 하지만 더 중요한 것이 있다는 거야. 그게 뭔지 아니? 자아존중감, 자존감이라는 거야. 자존감이 높은 아이가 되면 평생 행복하게 살 수 있다는 것을 깨달았거든. 그래서 선생님은 결심했어! 올해 너희들의 자존감을 최고로 높게 만들어주는 선물을 주기로 말야. 자존감을 어떻게 높일지 말해줄게."

"한 아이가 있어. 이 아이는 집에서 공부, 운동, 악기 등을 잘해냈을 때는 엄마, 아빠께 칭찬을 받지만 해내지 못했을 때는 벌을 받거나 야단을 맞았어. 시작했던 일을 잘해냈을 때는 자랑스럽지만 그렇지 못할 때는 자신이 부끄럽고, 화도 나고 그랬겠지. 3학년이 되던 어느 날 우주 최고 사랑의 교실에서 권영애 선생님을 만났어. 선생님은 첫날 칠판에 '우주 최고 존중의 교실에 온 여러분을 환영합니다.' 이렇게 붙여놓으셨지."

"선생님은 그 아이가 발표나 숙제, 운동, 종이접기를 잘했을 때 아주 많이 격려해주셨어. 그런데 똑같은 일들에 실수하고 실패했을 때도 야단을 치는 게 아니라 다시 할 수 있다고 용기를 주고 존중해주셨어. 그럼 그 아이는 처음에는 깜짝 놀랄 거야. 아. 내가 뭘 도전했다가 실패해도 야단맞지 않을 수 있구나. 선생님이 화도 안 내시네. 오히려 기회를 주고 용기를 주시네, 참 좋다. 친절한 우리 선생님! 하면서 놀랄 거야.

사실 선생님이 말하는 '우주 최고 존중'이라는 것은 바로 잘하지 못했을 때도, 성공하지 못했을 때도 존중받는 것을 말한단다. 자존감은 잘할 때나 못할 때나 자신을 소중히 여기고 존중하는 마음이란다. 이건 책이나 공부로 높일 수 없고, 반드시 존중받는 경험을 해야 높일 수 있거든. 왜냐하면 무의식이라는 보이지 않는 창고에 존중받았던 순간이 저장되어야 하거든.

문제는 잘했을 때만 존중받으면 실수하고 못했을 때는 자기를 부끄러워하고, 숨고 싶은 마음도 든다는 거야. 그래서 잘 안될 것 같으면 야단맞거나 창피당하지 않기 위해서라도 도전하지 않겠지. 그런데 삶을 100일이라 했을 때 1일은 성공하지만 99일은 노력하고, 실패하고, 다시 시도하는 날들이거든. 김연아를 봐. 올림픽 금메달 하루를 따기 위해 뒤에서 혼자 넘어지고, 깨지고 다시 도전하고 얼음판에서 살잖아. 실수하고 실패해도 다시 도전할 수 있는 건 실수를 작은 성공으로 여기고, 자기에게 용기를 주고, 격려를 해주어서야. 그 힘은 어디서 오냐면 잘못했을 때도 누군가 용기를 주고, 따뜻하게 격려를 받은 경험에서 온단다. 잘했을 때만 칭찬받고 존중받은 아이는 자신이 힘든 실패의 순간에 누구보다 먼저 자기를 비난하고, 부끄러워할지도 몰라. 잘하는 날 하루만 자기를 자랑스럽게 여기고 나머지 날들은 자기를 존중해주지 못하고 스스로를 비난하겠지. 그럼 긴 인생에서 결국 잘해내고, 성공하는 하루만 행복하고 실수하고, 실패하는 나머지 평범한 99일은 불행하다는 이야기지."

"그래서 자존감은 자신이 실수하고, 실패했을 때의 자신에게 대하는 마음속 반응, 태도, 에너지로 결정된다고 보면 돼. 실수, 실패에 두려움을 갖느냐, 용기, 사랑으로 자기를 안아주느냐 하는 것이지. 선생님이 한 아이를 이 교실에서 만났다고 해보자. 이 아이는 태어나서 10년 동안 잘못할 때마다 크게 야단맞아 자존감이 낮아. 1년 내내 잘못했을 때도 용기를 주고, 격려해주고, 존중해주면 그 아이는 이제 마음속 반응, 태도, 에너지, 생각이 바뀌지 않을까? 내가 잘해도 못해도, 실패한다고 해도 언제나 존중받고 사랑받을 수 있는 사람이라고 믿게 된다는 거지. 아마 자존감이 1년 만에 급상승할 거야."

"만약 이 아이가 중학생이 되어서 열심히 공부했는데 성적이 안 나왔어. 그때 이 아이는 자기에게 화내고 실망할까? 그보다는 실수하고 실패했을 때 선생님과 경험한 것처럼 자기에게 먼저 용기를 주고 다시 도전할 기회를 줄 가능성이 높지. 몇 번 실패해도 다시 또 도전한다면 결국 큰 성공을 해낼 거야. 또 이 아이는 다른 친구가 잘못을 저지르거나 실패했을 때 어떻게 대할까? 그 친구에게 용기를 주고 격려하지 않을까? 이 아이는 친구를 있는 그대로 잘했을 때나 못했을 때 존중해주니 친구가 많을 거야. 직장을 다닐 때도 실패를 두려워하지 않으니 어려운 일에도 도전하려고 할 거고, 종국에는 도전하는 사람이 더 멀리 간단다. 결혼도 아마 비슷한 사람을 만나서 하게 되겠지. 그 아내, 남편이 한 가지를 잘했을 때 칭찬하고 아흔아홉 번 실수하고 실패했을 때도 용기를 주고 격려하는 삶을 살아가기 쉽겠지. 인생이 하루가 성공, 99일이 평범하거나 실수, 실패의 날이라고 해도 이 아이는 어떻게 살아갈까? 매일 용기를 내고, 다시 도전하면서 살아갈 거야. 그게 자존감의 힘이지. 어떤 공부보다 중요하지."

"또 다른 아이가 있어. 이 아이도 집에서 공부, 운동, 악기 등을 잘해냈을 때는 엄마, 아빠께 칭찬을 받고, 잘 못해냈을 때는 벌을 받고 꾸지람을 들었어. 이 아이는 어떤 일을 잘 했을 때는 자기를 괜찮고, 멋있고, 자랑스러운 사람으로 보겠지만 못하거나 실수, 실패했을 때는 어떻게 볼까? 부끄럽고, 숨고 싶고, 남이 뭐라 할까 봐 걱정하는 사람이 되겠지? 정말 남이 뭐라 하면 더 세게 화를 낼지도 몰라. 이 아이는 잘할 때만 자기를 존중하는 아이로 크겠지. 그걸 자존감이 낮다고 말해. 이 아이는 친구가 잘못하거나 실수했을 때 똑같이 비난하고 화를 낼 거야. 중학교에 가서 열심히 공부했는데 성적이 나오지 않으면 부모님께 야단맞고 자기도 자기한테 더 실망하기 쉽겠지. 그런 일이 반복되면 공부를 포기할지도 몰라. 어른이 되어 직장에서도 마찬가지지. 실수했을 때 누가 조금만 뭐라고 비난해도 더 화를 내고, 자기 자신을 부끄러워할 거야. 결혼을 할 때가 되면 비슷한 자존감을 가진 배우자를 만나서 살아갈 거야. 그런데 인생은 성공하고 잘하는 날이 하루, 그 나머지 99일은 노력하고, 실수, 실패하더라도 다시 시도하는 날이잖아. 어쩌다 하루만 자기를 존중해주고 나머지 99일은 '못하는 자기', '실수하는 자기'로 살아가면 불행할 수밖에 없어. 인생의 대부분의 날을 평생 두려움 에너지로 불행하게 살아갈지도 몰라."

"선생님은 1년간 국어, 수학, 과학, 사회를 잘 가르치는 것도 중요하지만 평생을 행복하게 살아가는 데 꼭 필요한 자존감을 최고로 높여주고 싶어! 자존감은 실수하고 실패했을 때 용기를 받고, 존중을 받는 경험을 해야 올라가니 매일 그걸 경험하게 해주고 싶어! 그래서 우주 최고 사랑, 우주 최고 존중의 교실을 오늘부터 시작하는 거란다. 여기서의 우주 최고는 못했을 때조차도 존중받는 높은 수준의 존중과 사랑을 말한단다. 올 1년 동안 너희들 한 사람당 100번의 우주 최고 존중과 사랑을 받는 경험을 너희의 무의식에 저장해주는 게 선생님의 목표란다. 그 존중 경험은 자존감의 나무가 되어 평생 너희들을 지키고 행복하게 만들 힘이 될 거야! 나는 내 제자들을 사랑해. 그래서 올 1년이 아니라 평생을 행복하게 살아가게 힘을 줄 거야. 높은 자존감이 사랑하는 내 제자들에게 주는 최고의 선물이라 믿는단다. 선생님이 혹시 실수하거나 잘못했을 때 너희들도 나에게 용기주고 존중해줄 거라 믿어! 그래서 우주 최고 사랑의 교실, 우주 최고 존중의 교실인거야."

이 5분의 자존감 이야기가 우리 아이들과의 1년을 모두 바꿔놓는 기적의 시작이 된다. 교실에 두려움 에너지로 들어왔던 아이들이 그 순간 사랑의 에너지로 점프함을 느낀다. 그동안 두려움 에너지로 삶의 에너지를 걱정, 근심, 불안에 썼던 아이들이 그 순간 희망, 용기, 평온함으로 전환이 일어남을 본다. 아이들의 일기장에서, 아이들의 말투, 행동에서 나는 그걸 느낀다.

"오늘 선생님을 만났는데 뭔가 다른 분 같다. 내가 잘해도 못해도 우리 선생님은 나를 사랑해주실 것 같다."
"그동안 야단을 많이 맞았는데 올해는 칭찬을 많이 받을 것 같다. 나도 좋은 행동을 많이 할 것이다."
"선생님 말씀을 듣는데 마음이 편안했다. 못해도 용기를 주신다는 말씀이 좋았다."
그동안 규칙을 잘 지키지 못하고 배려할 줄 모르던 아이들, 자꾸만 실수해 꾸중 듣던 아이조차 이 교실에서는 뭔가 다르게 행동하고 싶다는 희망의 싹을 틔운다. 용기를 낸다. 그 힘은 나에게까지 전해진다. 칠판에 글씨를 쓰다 오탈자가 나거나 수학 덧뺄셈 계산 실수 등에 우리 아이들이 기다렸다는 듯 진심을 담아 외친다. "선생님! 괜찮아요.

그럴 수 있어요!" 작은 아이들에게 존중 경험을 선물하면서 다 큰 어른인 내가 매일 교실에서 위로받고 격려받는다.

3월 첫날, 유난히 설치거나, 튀는 아이들이 있다. 불안해서다. 선생님이 나를 싫어할지 좋아할지, 올해는 사랑받을 수 있을지, 인정받을 수 있을지 걱정이 앞서서다. 그 불안을 잠재우기 위해서 아이들은 무의식적으로 돌발 행동, 과잉 행동을 한다.

그런데 이런 아이들조차 5분간의 자존감 이야기를 듣고 나면 신기할 정도로 태도가 즉시 달라진다. 교실에서 시끄럽게 떠들거나 복도에서 뛰는 아이들이 없다. 어쩜 쉬는 시간에도 살금살금 조심스럽다.

잘못한 순간에도 우주 최고 사랑과 존중으로 대해줄 거라는 것, 있는 그대로 사랑받을 수 있을 거라는 따뜻한 진심은 사랑 에너지로 아이들 가슴에 전해진다. 교사로부터 온 사랑 에너지가 아이들을 순하게 만든다. 아이들을 평온하게 만든다.

자존감 이야기가 필요한 건 아이들뿐이 아니다. 나 역시 이 5분을 통해 첫날부터 두려움 에너지의 문을 닫고 사랑 에너지의 문을 연다. 아이들을 자유롭게 풀어주면 문제만 생길까 봐, 날 만만하게 볼까 봐 경계하던 시절이 있었다. 그것 또한 내 모습이다. 그래서 나는 더욱 먼저 나서서, 3월 첫날부터 의도적으로 용기를 선택한다. 먼저 손을 내밀고 확신을 주며 사랑 에너지로 전환한다. 그것도 그냥 사랑이 아니라 우주 최고 존중을 주는 사랑 에너지다. 그 안에서 우리 아이들은 이제 자신이 잘해도 못해도 있는 그대로 존중해주는 우주 최고 존중을 경험할 것이다. 그리고 그 하루하루의 존중 경험이 1년 1,200시간이라는 엄청난 시간의 장면에서 따뜻한 목소리, 눈빛, 가슴의 설렘, 뜨거운 울림 등의 가슴의 경험으로 무의식에 차곡차곡 저장될 것이다. 내면의 창고가 차고 넘쳐 우리 아이들의 평생의 힘이 될 것을 나는 믿는다.

무의식에 저장되는 에너지

04

우리는 새해가 되면 여러 가지 목표를 세워 1년을 계획한다. 독서, 건강, 배움, 도전, 나눔…, 목표에 도달하고자 애를 쓰는데 왜 잘 되지 않을까? 왜 이내 포기할까? 의식적으로 노력하지만 잘 되지 않고, 원하는 곳에 가지 못하는 선택을 반복한다면 자신도 모르는 사이에 그것을 선택한 힘, 무의식을 주목해야 한다. 스리니바산, S. 필레이 박사는 저서 《두려움》에서 이때의 무의식을 '인간 본성의 이안류'라고 말한다. 이안류는 해안 가까이에서 바다 쪽으로 되돌아가는 강력한 표면 해수의 흐름이다. 이안류는 고요한 해수를 섬뜩하리만치 위험하게 만들 수 있다. 멀리서 보면 잔잔하지만 해수욕을 즐기던 사람들을 순식간에 먼 바다로 끌고 들어갈 수 있는 강력한 힘을 가졌다. 이안류에 휩쓸린 사람들은 거슬러 헤엄치려다가 결국 익사하고 만다. 무의식은 마음의 이안류다. 잔잔하기에 알아차리기 힘들고 예측이 어렵다. 이런 강력하고 예측 불가능한 이안류처럼, 무의식의 힘은 자신도 모르는 사이 한 사람을 삶의 목표와 목적지에서 멀어지게 할 수 있다고 한다. 특히 무의식적인 두려움의 힘은 우리가 모르는 사이 강력하게 우리의 감정, 행동을 지배할 수 있다.

버지니아대 심리학자 티모시 윌슨 교수는 《나는 내가 낯설다》에서 우리의 의식은 기억하고 정보를 처리하고 받아들이는 데 한계가 있다고 말한다. 즉 우리는 살면서 매 순간 시각, 청각, 후각, 촉각, 미각이라는 오감을 통해 자극을 받는다. 순간순간의 자극은 오감을 통해 뇌로 보내져 의식과 무의식이라는 창고에 언어적 방식으로 저장된다는 것이다.

1초 동안 오감을 통해 뇌로 들어온 정보는 1,100만 개다. 뇌는 마흔 개를 우리가 알아차릴 수 있는 의식이라는 '외현기억' 창고로 보내고, 나머지 1,099만개를 무의식이라는 '암묵기억' 창고로 보낸다고 한다. 처리를 못했을 뿐 무의식이라는 창고에는 언젠가 쓸 정보들이 모여 있다는 것이다.

의식할 수 있는 외현기억 창고에는 학습에 필수적인 해마가 기다리고 있다가 단기 기억과 장기 기억을 분류해 저장한다. 해마는 적당한 스트레스 상황에는 잘 대응하며 새로운 정보를 찾아 열심히 기억 창고를 가동하는 등 학습을 해내도록 돕는다. 그러나 과도한 두려움이 오면 편도체는 위기 상황이라 판단하고 생존과 생명유지를 위한 것만 가동한다. 새로운 것을 배울 시간이 없다고 보기에 배울 준비를 하는 해마를 방해한다. 그래서 기억도 학습도 어려워진다.

무의식은 마치 집마다 하나씩 있는 창고와 같다. 당장은 쓸 일이 없으니 창고에 집어넣고 문을 걸어두고 지낸다. 점점 물건과 먼지가 쌓여가지만 뭐가 있는지 잊어버린다. 하지만 어떤 결정을 내릴 때 우리의 생각과 감정, 삶에 즉각 영향을 준다. 이 창고를 활용해 무의식적으로 선택을 한다. 마흔 개의 내가 아는 정보는 의식이라는 선반에 있다면 1,099만 개의 내가 잊고 있었던 정보는 무의식이라는 창고에 고스란히 저장되어 있다. 내가 알지 못하고, 기억하지 못하는 무의식 정보의 양이 28만 배나 많다는 것을 우리는 잊고 있다. 그러나 무의식의 정보는 우리 선택에 분명히 결정적인 영향력을 끼친다. 따라서 무의식의 창고에 평소 무엇을 집어넣고 있는지를 인식하느냐 인식하지 않느냐의 문제는 굉장히 중요하다. **무의식 자체를 인식하지 못하면 당연히 아무것이나 집어넣을 수밖에 없다. 하지만 이 무의식에 저장된 것들이 대부분의 두려움을 불러온다는 것을 알면 두려움에 휘둘리고 사는 악순환의 고리를 끊을 수 있다. 무의식에 저장되는 과정부터 내 의도대로 선택하면 되기 때문이다.**

의식은 작은 나, 무의식은 큰 나

의식이 우리 삶에 미치는 영향을 1퍼센트라고 한다면 28만 배의 데

이터가 저장되어 있는 무의식은 99퍼센트다. 1퍼센트의 의식은 내가 알고 있는 아주 일부분이기에 나의 전부가 될 수 없다. 이제부터 나는 보이는 1퍼센트의 나를 '작은 나'로, 보이지 않는 99퍼센트의 나를 '큰 나'라고 부르고자 한다. 내 뇌에 저장되어 있지만 잠재된 의식이 '큰 나'이다. 그리고 '작은 나'의 힘은 이 '큰 나'를 보는 데서 출발한다.

'내가 모르는 나', '큰 나'는 저장된 것에 따라 나를 휘두르거나 힘을 준다. **평소의 나는 나의 '큰 나'를 생각하고 살아왔는지, 내 안의 '큰 나'에 주로 어떤 말, 생각, 경험을 저장해왔는지가 중요하다.**

"너는 뭐든지 할 수 있어, 너는 멋진 사람이야, 너를 믿어, 너는 위대한 교사야, 너는 아이들을 변화시킬 수 있는 사람이야, 언제나 기회가 있어, 너는 힘이 있는 존재야…"

"네가 어떻게 그걸 해, 너는 왜 그러니? 너는 부족한 교사야, 너는 아이들을 변화시키지 못하는구나, 왜 이렇게 잘 안 되지? 아이들이 너무 말을 안 들어, 아이들 때문에 너무 힘들어, 아이들을 가르치기 힘들어, 사는 게 힘들어…"

어떤 말을 저장했는지 돌아봐야 한다. 나를 움지이는 보이지 않는 동력, 빙산 밑의 99퍼센트의 '큰 나'는 내가 나에게 말한 것을 토씨 하나 빼놓지 않고, 호흡까지 다 저장하고 있다. 또 내가 경험하는 오감의 느낌을 하루도 빼놓지 않고 다 저장하고 있다. 내가 아는 의식이 다 잊어버린 순간의 느낌, 기억을 다 저장하고 있다.

엄마가 외출 준비를 하는 사이, 아이가 주방에서 물을 한 컵 마시다 식탁에서 실수로 유리컵을 떨어뜨렸다. 쨍그랑 하는 소리와 함께 유리컵이 바닥으로 떨어지면서 물이 쏟아지고 컵이 깨졌다. 컵은 유리 조각을 흩뿌리며 바닥으로 떨어졌고, 아이는 놀라 눈물을 뚝뚝 떨어뜨리며 큰 소리로 운다. 컵이 깨지는 소리를 듣고 한걸음에 주방으로 달려온 아이의 엄마는 아이 등을 찰싹 소리가 나게 때리면서 말한다.
"야! 조심 좀 하지? 너 장난치다 그랬지? 엄마 지금 나가야 하는데 아휴…." 아이는 유리컵이 떨어지면서 발등을 찧어 아프고, 유리 파편도 무서워 어찌해야 좋을지 모른다. 불안하다. 하지만 이 감정을 표현하지 못하고 그냥 울기만 한다. 이때 아이의 뇌에는 엄마의 매서운 눈빛이 시각으로, 등에 맞은 아픔은 촉각으로, 엄마의 화내는 소리는 청각으로 무의식 창고에 저장된다. 이 순간은 '컵을 깨면 엄마가 화를 낸다. 눈빛이 싸늘하다. 소리 지른다. 맞는다. 아프다.' 등의 감각으로 무의식 창고에 차곡차곡 저장된다.

이 아이가 어른이 되어 아기를 낳았다. 어느 날 외출 준비를 마쳐서 바로 나가야 하는데 똑같은 상황이 발생했다. 아이가 식탁에서 물을 마시다가 갑자기 컵을 떨어뜨려 깨고, 물을 쏟았다. 이때 이 엄마는 어떻게 반응할까? 의식적으로는 아이가 어려움을 당할 때 감정을 먼저 어루만져주라고 배웠다. 감정코칭과 비폭력대화도 안다. 그런데 우리가 순간적으로 선택한 반응은 어린 시절 자신의 기억에 저장된 그대로 따라하기 쉽다. 손부터 나가며 "야, 조심 좀 하지! 너 장난치다 그랬지? 엄마 지금 나가야 하는데 못 산다, 못 살아." 할 가능성이 훨씬 높다. 왜 이런 일이 생길까? 우리 뇌는 위기 상황에서 내가 배우고 의식한 방법보다 내가 과거에 경험한 것을 재연한다. 다 잊고 있는 줄 알았는데 그것들이 어디에 있다가 튀어나온 걸까?

갑자기 감정적 스트레스 상황에 놓이면 우리 뇌는 본능적으로 두려움 에너지에 사로잡힌다. 불안과 분노를 불러오고 우리 뇌는 방어를 선택한다. 감정코칭, 비폭력대화에서 배운 조절하고 통제하는 힘은 전전두엽에서 도와줘야 쓸 수 있다. 하지만 화, 분노, 두려움이 폭발하면 편도체가 주인이 되어 뇌를 끌고 간다. 편도체는 공격, 도망, 얼어붙는 것밖에 할 수 없다. 편도체는 이때 무의식에 저장된 과거의 경험에서 가장 비슷한 것을 선택한다. 어린 시절 물을 엎질렀을 때 엄마로부터 공격당했던 경험 그대로 아이를 공격한다. 그 순간 우리는 무의식에 있는 것을 불러온 것이다. 생각해 반응하는 것이 아니라 과거의 기억을 재현하고 있기에 과잉 대응일지라도 제동을 걸지 못하고, 좋은 엄마가 되고 싶어 하는 평소의 내가 원하지 않는 행동을 한다. 시간이 흐른 후 편도체가 잠잠해지면 그때서야 전두엽이 제 기능을 되찾고 이성이 돌아온다.

"너무 심한 말을 했어, 너무 감정적으로 반응했네. 어떻게 하지? 내가 왜 그랬을까…" 뒤늦은 후회도 소용없다. 이미 아이는 상처를 받았다. 다시 아픈 아이를 안아 세우고, 울고 사과하고 상처를 보듬어줘야 할 숙제를 만든다. 하지만 보듬을 기회도 많지 않다. 같은 폭발이 반복되면 관계는 회복될 수 없다. 그런데 문제는 이 악순환이 반복된다는 것이다.

내 안의 '큰 나', 나의 거인을 무엇으로 채울 것인지 생각해봐야 한다. 부정적인 말과 경험으로 어둡게 쪼그라든 '큰 나'로 살아갈 것인가? 두려움 에너지 속에서 살아가던 때에도 나는 해마다 좋은 교사가 되려고 새 학기 새 마음으로 도전했다. 하지만 얼마 지나지 않아 아이들에게 실망해하고 지쳐 포기했다. 어쩌면 그 이유는 내가 아무리 달려가고 싶어도 '보이지 않는 나' 자신이 발목을 잡았기 때문이 아닐까? 내 머릿속에 이런 속삭임이 있었던 건 아닐까? '넌 안 돼! 네가 어떻게 아이들을 변화시켜? 요즘 애들이 어떤 애들인데, 너 작년에도 실패했잖아. 괜히 에너지 쓰지 말고 적당히 해, 누가 알아준다고? 그럼 그렇지. 네가 그렇지.'

지금까지 부정적인 경험, 기억, 해석이 저장되어 있다면 이제부터라도 의식적으로 행복한 경험, 밝고 긍정적인 기억, 해석이 저장되도록 해야 한다. 다른 이들에게 하는 말이나 글뿐 아니라 나 자신에게 하는 언어를 밝은색으로 바꾸어야 한다. 가능하면 긍정적인 사람, 밝은 사람, 따뜻한 사람들을 만나야 한다. 어두운 소식보다는 희망을 불러오는 소식에 귀를 기울이며 나를 이끌어가는 99퍼센트의 '큰 나'를 밝고, 긍정적이고, 행복한 것들로 매일 5분씩 의도적으로 채워간다면 삶은 어떻게 달라질까? 밝고 긍정적이고 행복한 것들이 창고에 저장되어 있으면 삶의 선택지에 어떤 영향을 줄까?

내 안의 위대한 '큰 나', 거인을 깨워라!

'큰 나'를 알아차리고 사는 사람은 평소 나에게 오는 자극이나 경험을 관리할 수 있다. 평소에 뇌로 가는 1퍼센트의 '작은 나'만 보지 않는다. 99퍼센트의 '큰 나'의 존재를 생각하고 살게 된다. 이 전환이 일어나면 안 좋은 소식, 예상치 않은 어려움이 찾아올 때 가만히 맞이하지 않는다. 그 경험을 받을 건지, 거절할 것인지, 우회해서 갈 건지, 해석을 바꿀 건지 내 의지로 선택할 수 있다. 관성적으로 어두운 자극, 경험을 자동으로 저장했더라도 얼른 스스로에게 밝은 자극을 주어 정화할 수 있다. 바로 '사랑, 따뜻함, 긍정…' 등 밝은 것으로 무의식의 '큰 나'를 의도적으로 채워가는 거다. 그래서 가장 아름다운 '큰 나', 가장 힘이 있는 '큰 나', 가장 위대한 '큰 나'의 힘을 다 발휘하며 사는 것이다. 엄마, 교사의 밝고 따뜻한 '큰 나'는 우리 아이 영혼에 사랑을 주고, 따뜻함을 전해주는 사랑 에너지가 된다.

1년 1,200시간의 아이들과의 시간은 아이들의 무의식까지 변화시킬 수 있는 시간이다. 아이들에게도 보이는 나는 1퍼센트, 보이지 않는 99퍼센트의 '큰 나'가 있음을 알려줘야 한다. 그리고 99퍼센트의 '큰 나'에 '사랑, 따뜻함, 긍정…' 밝은 것을 채워나가도록 이끌어주자. 결정적인 순간, 좋은 선택을 할 수 있는 '큰 나'를 인식하도록 도와야 한다. 스스로의 내면에 꿈을 이루기 위해 도전하기 위해, 필요한 힘을 스스로 쌓아갈 수 있다는 것을 알려주었을 때 아이들은 어떤 칭찬이나 선물, 보상이 없이도 그 일을 즐겼다. 23년간 교실에서 그토록 키워주고 싶었던 '내적동기'의 가슴 뭉클함을 나는 버츄프로젝트 교실에서 보았다.

동기는 그 출발이 내부와 내부 어디에서 나오느냐에 따라 내적동기와 외적동기로 나눌 수 있다. 내적동기란 동기의 출발이 자신이 가진 열의, 흥미, 호기심, 도전 의식, 만족감 등이다. 아무 대가가 없어도 시도하고 노력하는 그 자체로 만족감을 느낀다. 또 즐거움이 기반이기에 즐거움을 느끼려고 그 행동을 자주 하기 원하고 지속할 수 있다. 하지만 외적동기는 출발이 엄마의 칭찬, 사탕, 돈, 선물 등 외부의 자극에 있기에 칭찬이나 물건이 사라지면 의욕도 같이 줄어든다. 정신과 의사 문요한 박사는 저서 《스스로 살아가는 힘》에서 외적동기를 내적동기로 바꾸는 법을 제시한다. 아이의 내적동기를 올리는 비결은 첫째, 향상감이다. 관심이 적고 하기 싫어하는 일이라도 막상 변화가 눈에 보이고, 성장하고 성공하는 경험을 하면 아이는 만족감을 느끼고 즐거워한다. 거기다 인간의 심리적 욕구인 유능감이 충족되면서 내적동기가 강화된다. 두 번째는 중요성이다. 하기 싫은 일이더라도 자기에게 중요한 일이라 생각하면 내적동기를 깨울 수 있다. 자기에게 꼭 필요하고 가치가 있다고 믿으면 어려움도 참고 해낼 동기를 갖게 된다.

실제로 아이들은 '큰 나'의 소중함, 즉 무의식에 저장된 경험의 중요성을 깨닫자 변했다. 교실에서 멘토멘티 활동을 처음 시작했을 때 나는 칭찬 스티커를 상으로 제시하며 아이들을 설득해 지원자를 찾아야 했다. 그런데 3주간 멘토로 친구에게 봉사한 아이들의 80퍼센트는 칭찬 스티커를 받지 않겠다고 했다. '내적동기'를 스스로에게서 이끌어 낸 것이다.

"저는 뭘 바라지 않고 봉사하는 게 좋은 거라고 생각해요. 그래서 그냥 스티커 안 받을래요." "친구 도와줄 때 마음이 좀 따뜻해지는 것 같았어요. 더 착한 사람이 되는 것 같아 기분이 좋았어요." 수줍게 속마음을 말하는 아이들의 말, 눈빛, 표정, 분위기…, 그 선물과도 같은 순간의 느낌이 오감으로 내 무의식에 저장되었다. 미덕을 깨워 빛내서 보석을 만드는 과정에서 아이들은 가슴에 보석이 하나하나 쌓여가는 기쁨과 즐거움을 만난다. 향상감이다. 탄력을 받은 아이들에게 무의식에 가장 밝고 좋은 것들이 저장되었을 때 그 힘이 나를 도와주니 꿈을 이루기도 쉽다고 그 가치와 필요성을 거듭 알려주었다. 아이들은 매일 자신의 삶의 좋은 선택, 힘을 낼 수 있는 에너지를 저장할 수 있다는 것을 믿게 되었다. 점점 아이들은 눈에 띄게 달라졌다. 무엇보다 놀라웠던 것은 아이들 스스로의 내적동기가 깨어나자 내가 없어도 스스로 원해서 친구를 돕고 배려하는 모습이었다.

예전에도 나는 입이 닳도록 말했다. "친구에게 친절해야지, 서로 양보해야지, 열심히 노력해야지." 그렇지만 그 말들은 아이들에게 가서 닿지 못했다. 그런데 내적동기가 깨어난 아이들은 아무 지시도, 권유도 없이 아이들이 친구의 냄새나는 토사물을 달려가 치우고, 생일파티 못한 친구를 멀리까지 찾아가 위로해주었다. 가슴이 터질 듯 뭉클했다. 대부분의 아이들이 누가 시켜서 움직이는 것이 아니라 자신의

'큰 나'를 순간순간 의식하는 아이들로 변했다. 억지로 한 봉사가 아니라 잠자고 있는 미덕을 깨워 보석을 만들고 싶은 자신의 선택에 따라 한 행동이기에 대가를 받지 않아도 이미 기쁨이 있었다. 내 안의 보석이 늘어가는 내적 향상감이 반복적으로 느껴지니 점점 누군가의 보상이 아닌 내적동기를 습관적으로 깨우는 것이다. 내적동기는 자존감과도 직결된다. 스스로를 보석 덩어리, 좋은 것을 저장한 긍정적이고 사랑이 많은 따뜻한 사람으로 보게 된다. '큰 나'에 쌓인 이 자발적 향상감, 기쁨이 모여 아이의 높은 자존감이 된다.

　화, 욕, 짜증을 수시로 분출하며 습관적으로 저장하는 아이와 미덕을 되새기며 자신의 말과 행동을 밝고, 따뜻하게 저장한 아이의 에너지는 다르다. 아이가 스스로 선택해 저장한 에너지는 아이에게 가장 큰 영향을 준다. 지속적으로 무의식의 '큰 나'를 관리할 수 있도록 어린 영혼에게 줄 가장 큰 선물은 버츄프로젝트 필터, 미덕의 필터다.

에너지
변환 시스템

05

　사람은 누구나 자기만의 방식, 자기만의 습관이 있다. 하다못해 엘리베이터를 타거나 강의를 들으러 가도 저마다 편안한 위치가 있다. 어떤 사람은 안쪽, 어떤 사람은 출입구 쪽, 또 앞자리, 또는 옆이나 뒷자리 등 비슷한 패턴과 방식을 선택해 살아간다. 옷을 사 입을 때 나는 A형 원피스를 가장 선호한다. 한 번도 H형 원피스를 사 입은 적이 없다. 아담한 체구 때문에도 그렇지만 몸에 붙지 않는 A형이 편하기 때문이다. 이렇게 사람은 행동방식에 나름의 습관을 가지고 있다. 행동만 그럴까? 생각도 그렇다. 우리가 중요하다고 인식하는 것들도 다 우리의 선호도와 관련되어 습관이 된다. 그게 효율적이고 편하기 때문이다.

교실에서 교사만의 방식, 습관을 나는 '암묵교육과정'으로 본다. 그것은 보이지 않지만 교실의 공기, 교실의 온기를 만든다. 선생님만의 언어습관, 표정, 말투, 손짓, 손길, 목소리, 눈길…, 이런 것들이 자동적으로 행동화된다. 교사의 암묵교육과정은 그 선생님이 내면에 어떤 에너지를 가지고 있는지에 따라 결정된다. 두려움 필터로 아이를 바라보는 선생님의 눈에는 문제를 일으키는 아이가 더 두드러진다. 마치 흰색 자동차를 사려고 마음먹은 순간 온통 거리에 흰색 자동차가 가득하다고 느끼는 것과 같다. 두려움이 많은 선생님이라면 마음속에 무서운 시나리오가 수십 개는 되기 마련이다. 작은 문제 행동으로 그 모든 시나리오들이 펼쳐지기 일쑤다. 그 시나리오들 때문에 선생님은 상황을 있는 그대로 보지 못하고 과장해서 해석하게 된다.

어린 시절 정돈을 못해 엄마에게 매를 맞은 경험이 있는 엄마는 아이의 같은 행동에 더 분노한다. 왜 그럴까? 어지럽혔기 때문이 아니라, 그 어질러진 책상을 볼 때 자신의 어린 시절 상처와 두려움을 만나기 때문이다. 엄마의 앙칼진 비난의 목소리, 싸늘한 눈빛, 때로는 등짝에 내리 꽂힌 손바닥의 따가움을 떠올린다. 아주 짧은 순간에 무의식은 그 오감의 경험을 현실로 소환해 적당한 도식과 시나리오를 만들어낸다. '게으른 나, 정돈 못하는 애는 맞아도 싸다. 정리 안하면 맞는다.' 이런 시나리오는 한 엄마의 무의식 창고에 쌓여 있다가 이 순간 스르르 풀려 나온다. 그것을 인식하지 못할 뿐이다.

아이가 엄마의 이런 사정을 알 리 없다. 아이는 분노하며 소리 지르는 무서운 엄마 앞에서 한없이 쪼그라든다. 이때 아이 역시 이 경험을 오감으로 무의식에 저장한다. 엄마로부터 전해진 말, 태도, 에너지를 종합해 엄마와 비슷한 시나리오를 짠다. '나는 부족해서 정돈을 잘 못해. 나는 야단맞아도 싸! 창피당해도 싸다 싸! 부족한 나한테 짜증난다. 화난다.' 그 시나리오는 무의식에 저장되어 있다가 비슷한 장면이 펼쳐질 때마다 튀어나온다. 아이일 때는 그 과장된 시나리오 탓에 기가 죽을 것이고, 부모가 된다면 역시 그 시나리오에 짓눌려 아이에게 거칠게 대하게 될 것이다. 가르쳐준 적도 없는 '욱'과 '수치심'이 무의식의 시나리오와 함께 대물림된 것이다.

이런 시나리오는 사실이 아니다. 두려움이 만들어낸 각본이다. 평소라면 우리 뇌의 전두엽은 시나리오와 사실을 구분해준다. 만약 길을 가다가 긴 막대기를 보고 뱀이라며 소리를 지른다면 시나리오가 반응한 것이다. 곧 전두엽이 그건 뱀이 아니라 막대기니 겁낼 것 없다고 사실을 알려줄 것이다. 하지만 우리가 정말 겁을 먹는다면 전두엽이 작동하지 못하고 편도체가 모든 것을 장악한다. 더 이상 두려움부터 불러오지 않으려면 이 시나리오를 만든 자신의 상처가 무엇인지 알아야 한다. 상처를 인식하면 분노하기 전에 멈출 여유를 찾을 수 있고, 나아가 원하는 것을 선택할 수 있다.

인지심리학자 크리스토퍼 차브리스와 대니얼 사이먼스는 1999년 '선택적 주의(selective attention)'라는 개념을 놓고 심리 실험을 진행해보았다. 흰 셔츠를 입은 그룹과 검은 셔츠를 입은 그룹이 함께 농구공을 패스하는 영상을 보여주며 관람객들에게 흰 셔츠 그룹의 패스 횟수가 몇 번인지 세보라고 요청했다. 사실 이 영상 중간에는 고릴라가

9초 정도 나온다. 이 실험은 관객들에게 그 고릴라에 대해 물어보았다. 놀랍게도, 그 고릴라를 전혀 보지 못한 사람이 반이 넘었다. 왜 그럴까? 그것은 뇌의 심리적 맹시(inattentional blindness) 때문이다. 이는 사람들이 특정 부분에 주의를 집중할 때는 다른 것을 보지도 알아차리지 못한다는 것이다. 우리가 모든 것을 다 본다고 믿지만, 사실은 집중하고자 하는 것, 또는 보고 싶은 것, 중요하다 생각한 것만 본다. 눈앞에 고릴라가 나타나도 알아차리지 못한다. 그것이 우리 뇌의 메커니즘이다. 우리 뇌는 주인이 집중하는 곳에 반응한다.

뇌가 자꾸만 두려움 에너지를 불러오면 점점 더 편도체부터 반응하게 되기 쉽다. 두려움에 빠지지 않고 다른 선택지가 있음을 인식하려면 먼저 자기 두려움이 무엇인지 알고 만나야 한다. 유난히 화가 나고 분노를 억누를 수 없는 지점에 나의 두려움이 있다. 그때의 오감에 무엇이 저장되어 있는지 짚어봐야 한다. 그 자리에는 마음의 상처가 과장된 시나리오로 저장되어 있다. 시나리오를 다시 제대로 정리하게 해주는 것이 버츄프로젝트다.

버츄프로젝트에서는 **모든 상처, 아픔, 실수, 실패를 오로지 배움의 순간으로 본다.** 이 세상에서 만나는 어떤 일도 다 배움이라 본다. 그 아픔, 실수, 실패를 겪은 내 영혼이 살아내는 게 얼마나 기특한지 안아준다. 미덕의 이름을 붙여 토닥여준다. 내가 쓰러져 넘어지는 순간에도 내 영혼이 가진 버츄(힘, 에너지, 능력, 위력)는 쓰러지지도 넘어지지도 사라지지도 않는다. 그래서 어떤 순간에도 두려움이 아니라 그 순간에도 나를 사랑할 힘을 준다. 버츄(힘, 에너지, 능력, 위력)는 존재를 있는 그대로

안아주는 사랑 에너지이기 때문이다.

주인이 깨어 있으면 뇌는 주인의 선택에 따라간다. 뇌를 두려움이 아닌 원하는 것에 집중하게 하려면, 실패의 순간에도 그때 어떤 미덕을 깨울지 생각해야 한다. 그 순간을 위기 대신 숨어 있는 나의 미덕을 깨울 기회로 바라볼 수 있다면 더 이상 편도체에 지배당하지 않고 결국 두려움을 이길 수 있다. 이런 시선을 취한다면 정돈을 못하는 아이를 볼 때도 분노하는 대신 아이의 미덕을 불러줄 수 있는 기회로 볼 수 있다. 우리는 언제나 편도체의 두려움 에너지 대신 버츄의 사랑 에너지를 선택할 수 있다. 처음에는 관성을 극복하지 못하고 편도체에게 주도권을 빼앗길지도 모른다. 하지만 나에게는 용기라는 엄청난 힘이 있다. 자동으로 분노해 화를 낸 자신을 발견하고, 얼른 용기를 내 이렇게 말하면 된다.

"아들, 미안해. 엄마가 화를 내고 나니 네 미덕이 있다는 걸 깜박했어. 엄마가 아직은 미덕을 깜박 잊기도 해. 그렇지만 얼마 지나면 잊지 않고 말해줄 수 있을 거야. 조금만 기다려줘."

"아들아, 지금 어떤 미덕을 깨우면 좋을까?"

"네 정돈 미덕이 자고 있어서 그래."

"어떻게 정돈 미덕을 깨울 수 있을까?"

이렇게 말하는 순간 '분노 대물림', '수치심 대물림'이 멈춘다. 우리가 그토록 원하는 '높은 자존감 대물림', '미덕 대물림'의 길로 들어선다. 버츄프로젝트는 두려움 에너지에서 단번에 사랑 에너지로 데려가는 마법이다. 마음의 연금술이다.

무의식
변환 시스템

06

평소 자율적인 한 아이가 전날 늦게까지 안 자다가 결국 숙제를 못하고 학교를 간다. 이때 아이의 마음 에너지는 '열정', '자율'이라는 긍정 에너지에서 '두려움', '불안'이라는 부정적인 에너지로 바뀐다. 학교에 도착해 기운이 빠진 아이는 시무룩하고 기운이 없다. 선생님이 숙제 이야기를 언제 할지 아이는 긴장한다. 곧 수업이 시작되자마자 선생님은 숙제 검사를 시작한다.

"숙제 안 해온 사람 손 들어!"

"전부 앞으로 나와!"

"너희들 정말…, 선생님이 이거 꼭 해오라고 했지?"

"너 몇 번째니? 너 정말 매일 이렇게 할 거야?"

"너희들이 조사를 안 해와서 토론 못하잖아. 뒤에 서 있어."

뒤로 나가며 아이는 갑자기 눈물이 난다. 엄마 생각도 나고, 토하는 막내 동생 얼굴도 떠오른다. 그리고 뭔가 모를 통증에 가슴이 답답해지고 귀까지 빨갛게 달아오른다. 사실 아이는 사정이 있었다. 어젯밤 이제 돌이 지난 동생이 계속 토하고 열이나 엄마, 아빠가 응급실에 오가느라 정신없는 엄마를 대신해 무섭다고 우는 둘째 동생을 달래고 재우느라 정신이 없었다. 숙제는 고사하고 저녁도 제대로 못 먹었다. 하지만 선생님은 그런 사정에는 관심이 없다. 오직 숙제 안 해온 아이들에게 교실이 떠나갈 듯 야단을 치고 있다. 아이는 결국 교실 앞으로 끌려나와 친구들 앞에서 야단을 맞고 교실 뒤로 갔다. 잠시 후 자기 자리로 돌아갔지만 마음은 얼어붙었다.

아이가 야단을 맞으며 느끼는 싸늘한 시선은 시각을 타고, 교사의 차가운 목소리는 아이의 청각을 타고 그대로 무의식에 저장된다. 동시에 마음 에너지는 '수치심'이라는 가장 부정적인 에너지로 곤두박질친다. 아이들은 사정이 있든 없든 열 번 정도는 과제를 제때 해내지 못할 수 있다. 그런데 1년에 열 번을 반 친구들 보는 앞에서 야단을 맞는다면 6년 동안 60번의 수치심의 순간이 오감을 타고 무의식에 저장된다.

미국의 정신과 의사인 데이비드 홉킨스 박사는 《의식혁명》이란 책에서 인간은 똑같은 심리적 상처를 받아도 자신의 의식 상태에 따라 치료기간이 달라진다고 했다. 그는 정신과 약을 복용하고 심리치료를 해도 치료가 잘 안 되는 사람, 비슷한 심리적 상처인데 유난히 치료기간이 길어지는 사람, 더 작은 상처임에도 더 오래 치료를 해야 하는 사람 등을 경험하며 그 이유에 의문을 품었다. 연구를 거듭한 끝에 그는 인간은 보이지 않는 내면의 에너지에 크게 좌우된다는 결론을 내리고 사람들이 가진 의식의 수준을 수치화해 세상에 발표했다. 부정적 에너지인 낮은 의식에서 긍정적 에너지인 높은 의식까지 열일곱 단계로 분류했다. 부정적 에너지에서 긍정적 에너지로 전환되는 가장 중심 단계가 용기 단계다. 나는 데이비드 홉킨스 박사님의 이 표 아래쪽의 부정적 에너지를 두려움 에너지로, 표 위쪽의 긍정적 에너지를 사랑 에너지로 본다. 한때 이 표를 볼 때마다 가슴이 아팠다. 두려움 에너지를 인식하지 못해 교실에서 공포 정치를 하며 아이들을 아프게 한 시간이 떠올라서다. 인간의 변화는 자기 에너지를 인식하는 게 출발이다. 두려울 때라도 자기 에너지가 두려움 상태인 걸 알면 용기를 낼 수 있다. 모르면 그 상태로 살면서 주변과 자기 자신을 아프게 할 수 있다. 늘 두려움 에너지 속에서 살아가는 사람들은 작은 상처에도 쉽사리 쓰러진다. 약이나 심리치료보다 에너지가 중요한 이유다.

　한 아이의 자존감은 언제 높아질까? 사람은 에너지를 가진 의식의 존재이기 때문에 지식보다 부모, 교사의 에너지, 즉 의식에 더 크게 영향을 받는다. 머리로는 감정코칭이니 비폭력대화 기법을 실천하고 있어도 부모나 선생님의 에너지가 '분노', '두려움'이라면 아이들도 그 에너지를 감지한다. 이는 강력한 오감으로 아이 무의식에 저장된다. 그 오감의 경험과 느낌이 모여 자존감이 된다.
　아이는 말하지 않아도 엄마의 '두려움'을 두려움 에너지로 느낀다.

트라우마가 대물림되는 것이다. 숨기고 싶었던 나의 열등감을 아이에게서 볼 때 엄마는 깜짝 놀란다. '얘가 왜 이걸 닮았지? 하필….' 그리고 더 불같이 아이에게 화를 낸다. 부모, 교사는 자신의 에너지에 대한 민감성이 있어야 한다. 자기가 어떤 상태인지 잘 관찰해서 두려움 에너지로 떨어질 때 얼른 알아차리면 그 에너지를 전환할 수 있다.

부모, 교사의 에너지는 무엇으로 시작될까? 실수, 실패에 대한 해석으로부터 시작된다. 한 아이가 실패하고, 실수하는 순간을 어떻게 해석하느냐는 아이의 자존감에 깊은 영향을 준다. 실수에 대해 야단을 치고, 화를 내는 것은 해서는 안 되는 것으로 받아들이기 때문이다. 그 순간 아이는 야단을 맞으면서 자신에 대한 수치심을 키운다. 가장 낮은 에너지인 '수치심'은 욱하는 교사와 엄마가 주는 독이다. 이때 엄마를 수치심 주는 엄마인 '수맘', 수치심 주는 선생님인 '수티처'라고 말하고 싶다. '수맘', '수티처'의 부정적 에너지는 모두 아이들에게 독이 된다. 그 독이 우리 아이 무의식에 뿌리를 내려 아이는 평생 마음이 아프다. 자존감이 낮은 사람이 된다.

실수도 배움이고 도전이고, 작은 성공이라고 해석하는 교사, 엄마는 실수, 실패한 아이에게 용기를 줄 수 있나. 바로 '용맘', '용티처'가 되어 가장 마음이 불안하고 두려운 순간을 맞이한 아이에게 선물을 줄 수 있다. 평생의 힘이 될 따뜻한 기억이다.

"네 잘못이 아니야."
"네 미덕이 자고 있어서 그래."

"넌 미덕을 깨울 수 있어."
"어떤 미덕을 깨우면 좋을까?"

이 말을 해주려면 먼저 아이 내면에 이미 미덕이 있다는 믿음, 버츄 패러다임을 가져야 한다. **한 아이는 이미 태어날 때부터 힘이 있다.** 그

| 수치심의 수티처 VS 용기의 용티처 |

	LUX	의식수준		감정	행동
긍정의식 에너지	700~1000	깨달음		언어이전	순수의식
	600	평화		일체감	인류공헌
	540	기쁨		감사	축복
	500	사랑		존경	공존
	400	이성		이해	통찰력
	350	포용		책임감	용서
	310	자발성		낙관	친절
	250	중립		신뢰	유연함
의식의 전환점	200	용기	용티처·용맘	긍정	힘을 주는
부정의식 에너지	175	자존심		경멸	과장
	150	분노		미움	공격
	125	욕망		갈망	집착
	100	두려움	실수·실패	근심	회피
	75	슬픔		후회	낙담
	50	무기력		절망	포기
	30	죄의식		비난	학대
	20	수치심	수티처·수맘	굴욕	잔인함

힘은 부모가 준 것도 아니고 배움에서 온 것도 아니다. 모든 아이는 다 마음이라는 광산에 미덕 원석을 품고 이 세상에 온다. 열 살이 된 아이가 교실에서 온갖 안 좋은 행동을 하고 있어 문제아로 꼬리표를 달았다고 보자. 그 아이는 태어날 때부터 문제 덩어리가 아니다. 누구에게나 있듯 그 아이에게도 있었던 어둠의 싹을 누군가 찾아내 더욱 울창하게 길렀을 뿐이다. 그래서 아이는 자신이 가진 빛, 버츄 원석은 있는지조차 모른다. 그 소중한 것을 아이는 스스로 알 수 없다. 나는 최초로 그 아이에게 자신이 가진 미덕을 알려주는 사람이 내가 되고 싶다.

1957년에 태국에서 일어난 일이다. 어느 절이 이사를 가면서 진흙 불상을 옮겨야 했다. 이사를 준비하던 한 승려가 불상에 갈라진 틈을 발견했다. 불상이 깨지거나 훼손될까 걱정한 스님들은 작업을 신중하게, 천천히 진행했다. 밤이 되어 한 스님이 불상에 전등을 비추고 작업하다가 갈라진 틈에서 뭔가 반짝이는 것을 보았다. 스님은 호기심이 생겨 끌과 망치로 그 틈 사이를 쳐보았다. 놀랍게도 진흙이 조금씩 떨어져나가며 빛은 점점 커졌다. 결국 진흙이 다 벗겨지고 나니 전체가 황금인 불상이 나타났다. 알고 보니 예전 태국의 스님들이 외국의 침입에 대비해 불상을 진흙으로 감추었다는 이야기가 있었다.

사람은 누구나 이 황금불상과 같다. 자신의 내면에 보물을 가지고 태어난 우리는 이미 소중한 존재다. 그러나 자기가 보물을 가지고 있는지 알아야 꺼내 쓸 수 있다. 자신이 보물을 가진 것을 아는 교사는 자신의 보물을 찾아내듯 아이 보물도 쉽게 찾아준다. 교사가 깨울 수 있다고 할 때 아이는 자신이 할 수 있음을 믿는다. 내 안의 보물을 믿어주고 격려해주는 교사가 있을 때 아이는 자신이 이미 가지고 있는 수많은 미덕 중 지금 이 순간 깨울 미덕을 선택할 수 있다. 아이가 실수하고 실패했을 때 용기를 주는 부모와 교사의 존재는 기적을 낳는다. '용맘', '용티처'는 아이들에게 실수해도 사랑받을 수 있다는 따뜻한 오감의 경험을 남겨준다. 아이는 존재 자체로 사랑받는 따뜻한 느낌을 무의식에 저장한다. 이 과정이 반복되어 실패했을 때도 수치심 대신 자신에게 먼저 용기를 주고, 안아줄 수 있다. 그때 비로소 자존감 높은 아이가 된다. 실패의 순간에 자신의 미덕(버츄)을 인식하면 가장 낮은 두려움 에너지 상태인 '수치심'을 높은 에너지 상태인 '자발성'으로 끌어올릴 용기를 낼 수 있다. 용기를 주려는 부모, 교사에게 버츄프로젝트는 가장 강력한 무의식 변환 시스템이다. 버츄프로젝트는 일생일대의 에너지 전환을 불러올 수 있다.

자존감
변환 시스템

07

　인성 교육이란 따스함 교육이다. 가슴이 따스한 아이를 기르는 것이다. 가슴이 따뜻한 아이는 결국 사랑의 에너지가 작동하는 아이다. 가슴이 따뜻한 아이는 자기를 따뜻한 사람이라고 본다. 자신의 다른 성취 여부와 상관없이 자신 안에서 미덕을 잘 찾을 수 있다. 자신의 미덕을 믿는 아이는 자존감이 높을 수밖에 없다. 지금 비록 실패할지라도, 자기 미덕의 보석 원석이 있음을 믿고 어떤 실패에도 미덕을 깨울 수 있음을 경험한 아이는 다시 도전할 수 있다. 또한 친구의 실수와 실패에도 그 아이의 미덕을 믿으니 비난하지 않고 기다려줄 수 있다. 따스한 가슴을 가진 아이는 존재 자체로 자신을 사랑하고, 친구를 존재 자체로 사랑하며, 세상에 공감할 줄 아는 자존감 높은 아이가 된다. 인성은 자존감과 함께 자란다.

초등학교 6년간 그 소중한 시간을 지식 교육으로 다 보낸 아이와 가슴에 따뜻한 경험을 잔뜩 품은 아이의 자존감은 근본적으로 달라진다. 아이 인생의 자존감은 '가슴이 뛸 정도로 따뜻한 경험이 무의식에 몇 개가 저장되어 있느냐'에 달려 있기 때문이다. 사랑받았을 때, 존중받았을 때의 그 뿌듯함, 내가 보여준 사랑과 존중에 밝게 웃는 상대방을 볼 때 오는 행복한 느낌은 오감으로 다 무의식에 저장이 된다. 아이가 누군가를 사랑해주고, 존중해주고, 행복하게 해주어야 할 때 바로 그 무의식에 저장된 사랑, 존중 경험이 힘을 주고, 용기를 준다. 다시 그 경험을 불러오기 쉬워진다. 나를 사랑할 수 있는 힘도, 누군가를 진정으로 사랑해줄 수 있는 힘도 아이 안에서 온다. 어린 시절의 사랑과 존중 경험이 평생의 자존감이 된다. 특히 잘못하거나 목표를 이루지 못한 아이에게 너의 미덕을 찾을 수 있다고 존재를 안아주고 용기를 주었을 때, 그 가슴 뭉클한 경험은 아이의 떨어진 자존감까지 회복시킬 정도로 강력한 에너지다.

자기 안에 미덕이 있음을 믿는 가슴이 따뜻한 아이는 절로 자존감이 높아진다. 초등학교 시절 교사가 아이에게 해줄 수 있는 가장 큰 선물은 그 마음 안에 미덕을 찾도록 도와주는 것이다. 어디에서도 만날 수 없는 근원적인 기쁨, 존재 자체로 사랑받는 기쁨을 교사는 선물할 수 있다. 나는 내 반 아이들 한 명, 한 명의 미덕을 포착해 가슴이 터지도록 기쁘게, 뭉클하게, 뿌듯하게 만들어주고 싶다. 나는 1년 동안 우리 반 아이 모두에게 그런 뜨거운 감동의 순간을 경험하게 해주고 싶다. 절로 가슴이 데워지지 않을 수 없을 것이다. 내 안에 소중한 것이 있었다는 것을 깨달았을 때 느껴지는 뜨거워진 가슴의 오감 경험! 이것이 내가 생각하는 따스함 교육, 인성 교육이다.

미덕을 만나기 전 내가 교실에서 제일 많이 하는 말이 "조용히 해!"였다. 가만히 생각해보면 '조용히 해.'라는 네 글자에는 부정적 에너지가 가득하다. '너 왜 떠들어?'라는 비난이 들어 있다. 이제 미덕 교사가 되어서는 그 말을 쓰지 않는다. "너에게는 경청의 미덕이 있어!"라고 말해준다. 아이들에게도 말했다.

"얘들아, '떠들지 마.'라는 말은 우리 교실에서 오늘부터 없는 거야. 대신에 누가 떠들면 '너에게는 절도의 미덕이 있어.'라고 말해주자." 그랬더니 3월 첫날부터 급식실에서 재미있는 풍경이 펼쳐졌다. 아이들이 줄 서 있다가 앞의 아이가 장난을 치기 시작하면 그 뒤에 있는 아이가 살짝 등을 두드렸다.

"너에게는…." "알았어, 절도."
"너에게는…." "알았어, 경청.", "알았어, 예의."

합동 체육 하러 운동장에 나가서도 서로 줄을 서면서 킥킥 댄다. 가까이 가 보면 서로 웃으며 "너에게는", "알았어, 절도.", "알았어, 예의." 하고 주고받으며 줄을 맞춘다. 전과 다른 것은 기분 나빠하는 아이가 없다. 모두 입가에 웃음이 가득이다. 에너지 자체가 달라서다.

달라진 말에는 다른 메시지가 담겨 있다. 단순히 '시끄러우니까 그만 말해.'가 아니라, '그래, 너는 미덕을 깨울 수 있는 위대한 아이야, 온전한 아이야. 빨리 너의 미덕을 불러와. 너는 보석 덩어리잖아.'라고 귀띔하고 안내한다. 그러니까 아이들이 분노 없이 "알았어, 절도.", "알았어, 경청." 하는 것이다. 그래서 '떠들지 마.'라는 말은 교실에 없다.

이제는 떠드는 아이를 볼 때 "연수야, 어디 보니?"라고 말하지 않는다. 그 아이가 잠시 집중하는 순간을 포착해 "연수야, 경청해줘서 고마워."라고 얘기한다. 그 아이의 반응 차이는 즉각적이다. 눈빛이 달라진다. 곧 "연수야, 지금 선생님에게 집중해주니까 선생님이 굉장히 존중감을 느껴. 고마워."라고 더 가슴을 뜨겁게 데운다. 화를 내실 줄 알았는데, 창피를 당할 줄 알았는데 고맙다는 말을 들을 때 아이는 놀란다. 가슴에서 분명 뜨거움이 오감으로 반응하는 그 미묘한 에너지 차이가 내 가슴까지 울린다. 재작년 3월 아이들 중에 산만하다고 소문난 연수를 만났을 때 나는 이 방법으로 2주 만에 그 아이를 다른 아이로 바꾸어놓았다. 바로 나에게 집중하는 아이를 보면서 나는 미덕의 힘에 놀랐고, 감동했다. 집에 갈 때마다 기쁘고 감동한 마음을 아이 귀에 속삭여주었다. 아이 무의식에 가슴이 뛰는 경험을 저장시켰다.

"연수야, 오늘도 경청 미덕이 반짝이는 걸 봤어. 고맙다!"
"우리 연수가 집중을 잘 해서 오늘도 선생님이 참 고마워!"
"우리 연수가 미덕을 이렇게 빨리 깨워서 놀라고 있어! 고맙다 연수야."

교사의 미덕 패러다임은 아이들의 가슴을 뛰게 한다. 모든 아이는 누군가 자신에게 격려의 눈빛을 보내며 "너는 소중한 사람이야. 너는 미덕이 이미 가득한 아이야."라고 말해주는 따뜻한 사람의 눈길, 손길을 필요로 한다. 그 미덕 인정의 말이 사랑 에너지를 타고 아이 가슴에 전달이 되고, 아이는 자신의 가치에 대한 자긍심으로 점점 그 미덕을 더 반짝이게 만들 것이다. 사랑 에너지로 가득 찬 교사의 따뜻한 눈빛, 다정한 손길은 아이의 얼어붙은 가슴을 녹인다. 따뜻한 용기의 말, 격려의 말이 더해져 위로와 공감, 그리고 치유가 일어난다. 이 순간이 아이의 오감이 겪는 경험은 무의식에 저장된다. 사랑 에너지가 교사의 가슴을 데우고 아이의 영혼 또한 데워진다. 구체적인 미덕을 찾아주고 들려주면 아이는 자기 미덕을 믿기 시작한다. 친구의 미덕 또한 잘 찾아주고, 미덕으로 칭찬을 잘 해준다. 친구가 어려울 때 도울 여유가 있고, 배려하기 좋아한다. 아이 삶의 방식이 사랑의 에너지로 바뀐다. 교사가 미덕을 찾아 믿음으로 대해주었듯이 실수할 때도 자신을 용납하고, 자신을 미덕의 존재로 본다. 친구, 공동체, 사회까지 진심으로 사랑하는 따뜻한 아이가 된다.

 내 학급 운영의 최고 가치는 늘 자존감 높은 아이를 기르는 것이었다. 그래서 1년에 네 번의 자존감 검사를 통해 내 교실에 온 아이의 자존감을 확인하면서 20퍼센트를 끌어 올려주는 게 내 목표다. 재작년 내가 만났던 영은이의 자존감 지수는 77이었다. 반 아이들 중 최저였다. 4월 어머니와 상담할 때 그 배경을 들을 수 있었다. 엄격하고 무서운 아버지가 계셔 아이가 잘못할 때마다 폭언을 서슴지 않는다는 것이다. '열한 살에 고통의 총량이 왔구나.' 마음이 아팠다. 아이는 기가 죽고 자신감이 바닥이었다. 공부시간에 유난히 짝과 많이 싸웠다. 다른 아이들이 조금만 떠들어도 화를 내고, 학용품을 건드려도 화를 냈다. 가정에서 당하는 폭력에 대한 내면의 잠재된 분노가 아이들과의 수많은 다툼으로 표출되는 듯 했다.

"영은아. 선생님은 너를 알아. 네가 얼마나 보석이 많은 아이인지 말야. 사랑해 영은아!"

매일 집에 갈 때마다 귀에 속삭여주었다. 눈빛도 마주하려 하지 않았고 몸도 뻣뻣하게 반응하는 아이를 느끼며 마음이 무거웠다. 어느 날 영은이가 집에 갈 때 안아주는 데 몇 달간 반응 없던 표정에서 변화를 느꼈다. 따스함이었다. 그리고 얼마 후에는 드디어 내 눈을 응시하기 시작했다. 그게 시작이었다. 나는 영은이의 미덕 행동을 수시로 포착해 아이들 앞에서 칭찬해주었다. 웃을 줄 모르던 아이가 수줍게 웃는 것을 보았다. 질문을 전혀 하지 않던 아이가 나에게 다가와 질문을 하기 시작했다. 근처 산에 오르는 체험활동 시간에 땀을 뻘뻘 흘리며 정상에 올라갔다. 재잘대며 간식을 먹기 시작하는데 영은이가 내 앞에 물 얼린 것을 내밀었다. 자기 먹으라고 싸준 얼음물을 선생님 주려고 내민 아이, 영은이 마음이 따뜻해진 것을 난 보았다.

"우리 영은이 배려 미덕, 사랑 미덕을 보네. 선생님이 감동했어. 고마워!"

그해 2월 마지막 자존감 검사에서 영은이의 자존감 수치는 119가 나왔다. 100이 평균인데 상위 자존감 상태로 나온 것이다. 교실에서 행동이 눈에 띄게 달라졌다. 다툼은 사라졌고, 발표 시간이면 숨으려는 듯 움츠리던 아이가 수시로 손을 들었다. 무엇보다 표정이 확 달라졌다. 잘 웃고, 마음을 표현하고, 친구들과도 편하게 어울렸다. 10월 학부모 정기 상담기간에 찾아온 영은 어머니는 많이 우셨다. 집에서도 아이가 밝아졌다는 것이다. 짜증만 내고 어둡던 아이의 변화에 아버지도 놀라 영은이 미덕 통장 쓴 것을 자주 들여다본다는 것이다.

23년간 아이들을 가르치며 별의별 방법을 다 써보았다. 무의식까지 변화해야 자존감 지수가 올라가는 자존감이 불과 1년만에 이렇게 큰 폭으로 올라간 경우를 본 적이 없다. 영은이의 성장은 내 인생의 기적에 추가되었다. 버츄프로젝트는 기적의 자존감 상승 프로젝트다.

CHAPTER. 4

아이 스스로
변화를 만들어가는
버츄프로젝트

잔소리나 가르침으로
아이는 변하지 않는다

01

과제물이나 학습지를 항상 꼴찌로 제출하는 아이가 둘 있었다. 한 아이는 ADHD이고 다른 아이는 아스퍼거 증후가 있는 아이였다. 기다려주고 화내지 않는 것으로 그 두 아이를 배려하긴 했지만 공부시간에 참여하지 않는 상황은 나아지지 않았다. 하루는 그중 한 아이가 옆자리 친구에게 장난을 걸고 수업 방해를 하고 있어 앞으로 나오게 해서 말했다.

"네 잘못이 아니야, 네 미덕이 자고 있어서 그래! 넌 미덕을 깨울 힘이 있어! 어떤 미덕을 지금 깨우면 좋을까?"

야단을 맞을 줄 알고 잔뜩 긴장해 앞으로 나온 현재가 내 다정한 말소리에 흠칫 놀라는 눈치였다. '미덕을 깨우기 싫다'고 뻗대기는 조금은 미안한 상황에서 아이는 한참 동안 미덕 52가지가 붙은 표를 들여다보았다. 현재의 손가락이 '끈기' 미덕을 가리켰다. 사실 현재는 주어진 과제를 끝까지 해낸 일이 거의 없었다. 국어시간 글쓰기 과제가 있으면 한두 줄 쓴 게 다였고, 수학시간에는 문제 한 개도 제대로 푼 적이 없었다. 미술시간에 도화지를 주면 구멍을 뚫어 오거나 색칠을 시작하기도 전에 망쳐오기 일쑤였다. 하도 답답해서 큰소리도 쳐봤고, 때로는 앞으로 끌어내 꾸중을 하기도 했다. 그때마다 단골로 하는 말이 끈기였다.

"현재야. 끈기 있게 해야지."

아이는 다 알고 있었다. 끈기 미덕을 깨워야 한다는 것을 말이다. 또 아이가 가장 원하는 것도 끈기 미덕을 깨우고 싶은 거였다. 그 끈기 미덕을 유난히 깨우지 못하는 이유를 나는 ADHD 때문이라 믿었다. 아이도 어쩔 수 없는 뇌의 어려움이기에 이해하고 기다려주는 것이 맞다고 머리로는 아는데 현실은 쉽지 않았다. 아이들 앞에서 현재만 넘어가 줄 수도 없었다. 어쩔 수 없이 아이를 몇 번이나 야단쳐왔다. 그런 아이가 끈기 미덕을 손으로 짚은 것을 보니 여러 가지 생각이 들었다.

"그래, 현재야, 네 '끈기' 미덕을 드디어 깨웠구나. 이 시간부터 끈기 미덕이 너를 도와줄 거야! 우리 현재 파이팅!"

그날 처음으로 현재는 학습지를 중간 순위로 마무리해서 냈다. 어떤 가르침이나 잔소리에도 움직이지 않던 아이가 변했다. 그날 이후에도 현재는 중간 순위로 과제, 학습지를 마무리해 앞으로 들고 왔다. 한 번도 내지 않던 일기와 독서록까지 내기 시작했다. 얼마 후 현재의 엄마가 나를 찾아와 말씀하셨다.

"현재가 요즘 들어 집에서 책을 읽고 일기를 써서 깜짝 놀랐어요. 선생님, 어떻게 된 일인지 아세요?"

교사, 부모가 아이들의 마음을 바라보는 관점은 가장 강력한 에너지로 아이에게 전달된다. 말하지 않아도 아이는 안다. 선생님이 나를 어떤 아이로 보고 있는지, 그 그림을 나름대로 상상한다. 걱정스러운 아이, 뭘 못하는 아이, 자꾸 실수하는 아이, 피해 주는 아이의 모습으로 보는 것을 말 안한다고 아이가 모를까? 이 어린 영혼들은 더 민감하게 알아차린다. 자기를 좋아하는지, 믿어주는지, 진심으로 격려해주는지, 배려해주는지 아이는 0.1초 만에 다 알아차린다. 그리고 그것은 아이도 알아차리지 못하는 무의식에서 일어난다. 자동인식, 자동화로 일어난다. 아침에 교사가 교실에 들어설 때 아이들은 1초 만에 그날 선생님의 에너지를 알아차린다.

교사가 그리는 아이의 이미지가 부정적이면 교사의 눈빛, 말투, 손길, 목소리, 표정에 부정적인 에너지가 실린다. 그 미세한 서늘함과 투박한 목소리, 손길, 표정을 아이는 다 감지한다. 머리로 감지하는 게 아니다. 아이도 자신의 민감한 에너지로 선생님의 에너지를 느낀다. 만약 아이가 부정적인 자기 이미지를 이미 가득 품은 아이라면 어떤 느낌일까? 더 강하게, 더 뾰족한 것에 찔리는 듯한 통증을 느낄 것이다. 부정적 자기 이미지는 두려움을 불러오기에 아이는 더 예민하게 두려움을 감지하기 때문이다.

"선생님이 나를 미워하는 것 같아. 어떻게 하지?"
"나도 사랑받고 싶은데, 나만 사랑 못 받을까 봐 걱정이다."

두려움을 느낀 아이는 그 두려움을 더 키우게 되어 작은 일에도 겁이 난다. 그래서 눈치를 보게 되고, 쪼그라든 마음은 불안해진다. 불안감을 이기려고 자기도 모르게 방어기제를 작동한다. 욕을 자주 하거나, 수업시간에 튀는 행동을 하거나, 약한 아이를 때린다. 모두 불안한 마음을 상쇄하려는 무의식적 방어기제다. 그래서 다시 선생님께 불려 나가 야단을 맞는다. 사랑받고 싶은데 자꾸 야단을 맞는다. 이런 마음이 아픈 아이는 집에서도 긍정적인 행동을 통해 부모님께 사랑받아본 경험이 거의 없는 아이들이 많다. 스스로 못된 아이로 보고, 부정적인 이미지를 계속 믿게 된다. 그 믿음대로 행동하며 에너지는 사랑을 원하니 채워질 리가 없다. 악순환 인생의 시작이다.

교사의 에너지는 결국 한 아이의 에너지 패턴을 결정한다. 교사는 한 아이를 걱정스러운 일을 반복하는 부족한 존재로 보는지, 미덕을 가진 온전한 존재로 본다. 부족한 존재를 온전한 존재로 만들어가는 과정이 교육이라 보는 교사는 아이들은 더 나아져야 하는 존재로 바라본다. 나도 예전에는 아이들이 실수하는 것은 당연한 일로 보았다. 그 순간에 잘 가르쳐 올바른 행동으로 바꾸어주는 것이 훌륭한 교사, 좋은 부모라고 믿었기 때문이다. 그래서 잘못할 때 열심히 훈계하고, 지도했다. 그 일환으로 아이를 앞으로 나오게 해서 공개적으로 야단을 치기도 했다. 그게 아이들에게 어떤 에너지를 주는지 전혀 몰랐다. 생각해본 적도 없었다.

20여 년 동안 교실에서 아이들이 성장하고 변화하는 모습을 지켜보았다. 하지만 아이들의 변화는 더뎠고, 가르치는 일은 때때로 힘들고 지치는 일이었다. 그게 당연하다 믿었다. 사람을 가르치는 일이 쉬울까, 생각했다. 하지만 최근 몇 년간 버츄프로젝트를 교실에 적용한 미덕 교실을 운영하면서 아이들의 급격한 변화에 놀랐다. 무엇보다 나 자신이 가슴 뭉클한 감동을 받는 일이 자꾸 일어났다.

나의 아동관은 완전히 바뀌었다. 나는 이제 어떤 아이도 마음 광산에 앞으로 다이아몬드가 될 미덕 원석들이 가득하다고 본다. 한마디로 부족한 존재에서 버츄(virtue), 즉 미덕을 품은 가능성의 존재라고 믿게 된 것이다. 지금의 모습을 보고 믿는 것이 아니라 이미 있는 것이기에 내가 안 믿어도 이미 존재하는 것이다. 현재의 어떤 증거를 보고 추론하는 것이 아니라 원래 그렇다고 전제하는 방식으로 패러다임 전환이 되었기에 오히려 더 믿기 쉽다.

원석이 말과 행동으로 드러나는 것이 미덕이다. 미덕은 아이들에게 잠재된 위대한 힘, 큰 나, 잠자고 있는 거인이다. 사람은 누구나 감사, 용서, 친절, 진실성, 인내, 배려 등의 버츄를 연마함으로써 자신을 빛나게 할 수 있는 능력이 있다. 그 원석을 자꾸 깨우고 깨우면 결국 반짝이는 미덕 다이아몬드가 된다. "넌 52개의 네 미덕을 모두 다이아몬드로 만들 수 있는 아이야."라고 말해줄 때 아이는 가장 빨리 변했다. 그때 교사가 보는 아이는 걱정스러운 사고뭉치가 아니라 할 수 있는 존재, 가능성을 가진 온전한 한 아이다. 교사의 두려움 에너지가 사랑 에너지로 전환된 것이다. 그 어떤 가르침보다 교사, 부모가 주는 에너지에 더 빨리 반응하는 아이들, 사랑 에너지를 주었을 때 내 눈빛, 표정, 말투, 목소리, 손길은 분명 올해는 또 얼마나 힘들지 걱정하는 나와는 다른 에너지로 아이 에너지에 영향을 주었을 것이다. 지난 몇 년 간의 미덕 교실의 기적을 보면서 나는 깨달았다. 가르침보다 에너지라는 것을! 그 에너지 전환을 준 것이 버츄프로젝트였다.

아이 내면에 잠자고 있는 미덕을 깨울 수 있는 위대한 존재가 교사, 부모다. 이제 실수했을 때 두려움에 떨고 있는 아이에게 줘야 할 에너지는 야단치고 혼을 내며 주는 수치심이란 또 다른 두려움 에너지가 아니다.

"현재야, 네 잘못이 아니야. 네 미덕이 자고 있어서 그래, 넌 미덕을 깨울 힘이 있어. 지금 어떤 미덕을 깨우면 좋을까?"

야단맞아야 하는데, 따뜻한 가능성의 격려를 받으니 아이는 가슴이 뭉클해진다. 곧 미안함, 양심이 일어난다. 교사, 부모가 믿어주는 대로 스스로 미덕을 깨우려는 내적동기가 생긴다. 사랑 에너지는 아이 스스로 행동을 선택하고 바꿀 힘을 준다.

아이 마음에 무엇이 먼저 보이나

　버츄 패러다임으로 아이를 바라본다는 것은 아이의 존재를 완전하다 보는 것이다.

　아이스크림 원격연수를 촬영하면서 함께 공부한 선생님들께 물어봤다.
　"선생님! 한 아이가 우리 반에 전학을 왔어요. 한나절 보내고 나서 보니 고집이 엄청 세고 산만하고 말대답을 잘하는 아이인 거예요. 그때 선생님은 어떤 느낌일까요?"
　"암담할 것 같아요." "답답할 것 같아요."
　"난 왜 이렇게 운이 없지? 왜 하필 우리 반이야."
　"공부 잘하고 친구들과 사이도 좋던 아이가 전학을 가고 얘가 온 거예요. 솔직히 어떤 느낌 받으세요?"

"슬플 것 같아요. 내가 무슨 잘못을 했을까?"

"이건 손해야. 왜 예쁜 애가 가고 나를 힘들게 하는 아이가 왔지? 솔직히 이런 생각이 들 거예요. 걱정되고 고민되고 부담스럽고, 앞으로 어떻게 해야 돼? 또 한편으로는 얌전한 애들 몇 명 물들이는 거 아냐 싶을 것 같아요."

"한 아이가 또 전학을 왔어요. 소신 있고 열정적이고 너무 솔직한 거예요. 이런 아이 만나신 적 있으실 거예요. 그때 선생님 느낌은 어떨까요?"

"땡 잡았다, 속으로 아싸! 할 거예요."

그런데 이 두 아이는 같은 아이다. 이게 무슨 소리일까? 왜 같은 아이지? 강의를 듣던 선생님들이 고개를 갸웃거린다.

"왜 같은 아이라고 할까요? 왜 같은 아이죠?" 다시 물었다.

"관점에 따라서 한쪽은 부정적으로 본 것 같고요. 한쪽은 긍정적으로 본 것 같아요."

"그럼 만약에 선생님의 자녀가 두 분 중 어느 선생님을 만나기 원하세요? 선생님이 자녀가 있다면?"

답은 당연히 긍정적 관점으로 보는 쪽에 아이를 보내고 싶어 한다.

같은 아이에 대해 한 선생님은 고집 세고 산만하고 말대답을 잘한다고 해석했다. 부정적 에너지로 바라보았기 때문이다. 왜 그랬을까? 교사 자신이 걱정, 근심, 두려움 필터로 살아가기 때문이다. 그렇다면 소신 있고 열정적이고 솔직하다고 긍정적 에너지로 해석한 교사의 필터는 뭘까? 사랑 에너지 필터다. 즉 모든 사람은 보석을 이미 품고 이세상에 왔다고, 나는 알려주기만 하면 된다.

그러나 모든 교사들의 관점이 동일하지는 않다. 아이는 어떤 교실에 가든 존중받는 것으로 시작을 해야 하는데 자신을 부정적 필터를 통해 보는 선생님을 만난다면 어떻게 될까. 그 아이의 1년은 어둡고 힘들 것이다. 같은 아이가 소신 있고 열정적이고 솔직하다고 첫날부터 칭찬해주는 선생님을 만나면 이 아이의 인생은 달라진다. 버츄프로젝트를 아는 교사는 겁내거나 걱정할 필요가 없다. 고집 센 아이에게 유연성의 미덕, 산만할 때 목적의식의 미덕, 말대답할 때 예의, 존중의 미덕을 깨울 수 있다고 말해주면 된다.

예를 들면 떠드는 아이에게도 이렇게 말한다.
"은영아, 열정을 다해서 열심히 말하고 있구나, 이렇게 말해주니 은영이 기분이 어때? 기분이 좋지? 선생님도 말할 때 끝까지 집중해주면 존중받는 느낌이 들 거야. 네가 어떤 미덕을 깨우면 선생님에게 존중을 느끼게 해줄 수 있을까?"
아이는 금방 알아차린다.
"예의의 미덕을 발휘해야 해요. 끝까지 선생님의 말을 경청해야 해요."

목소리를 높이지 않아도, 미간을 찌푸리지 않고도 아이에게 버츄프로젝트를 통해 행동의 균형을 가르칠 수 있다. 그때 버츄프로젝트를 시작할 때 구비하는 미덕카드를 뽑게 해서 같이 읽어본다면 더욱 좋을 것이다. "은영아 몰랐지? 너한테 이 미덕이 있는지 몰랐지?"라고 말해준다면 이 아이는 전혀 다른 시선으로 자기를 본다. 치우친 행동을 하던 아이가 스스로 균형을 잡기 시작한다. 아이들의 어느 한곳에 치우친 행동은 대부분 정서적인 어려움을 나타낸다. 그런데 교사가 이 아이들에게 도움을 주지는 못할망정 평가를 하게 되면 이런 아이는 그 행동을 수정할 기회를 받지 못한다. 하지만 현실적으로 교실에서 교사가 수십 명의 아이들을 일일히 치유하기는 더 어렵다. 가장 바람직한 해결은 아이 스스로의 힘으로 자신이 선택해 균형을 잡는 것이다. 이때 그것을 가능하게 해주는 것이 버츄프로젝트다. 교사는 아이에게 가능성을 알려주고 방법을 알려준다.

그래서 지나치게 산만한 행동이 습관이 된 아이가 수업시간에 이리저리 떠들며 정신없이 돌아다닐 때 이렇게 말할 수 있다.

"영재야, 너는 굉장히 열정이 많구나. 뭐든지 열심히 하려는 마음이 있구나. 그런데 지금 이 시간에는 네가 꼭 깨워야 할 미덕이 있어. 지금 선생님하고 같이 공부를 해야 하는데 이때 너에게 필요한 미덕은 뭘까?"

또는 "네가 목적의식을 가져야 할 때는 잠깐 놀이를 멈출 수 있어야 돼."라고 따뜻한 안내를 해줄 수 있다. 그러면 이 아이는 "조용히 해."라는 말을 들었을 때보다 훨씬 더 크게 '목적의식'이라는 미덕을 가슴에 품는다. 이때의 에너지는 '네 존재 자체의 가능성을 믿어.'라는 따뜻한 믿음에 기초한다. 그게 교사 내면의 힘, 사랑 에너지다. 그때부터 아이는 내면의 불을 켜고 자기 미덕을 들여다본다. 아이는 자기 스스로의 힘으로 지나친 행동을 멈추고 균형행동을 찾아 실천할 수 있다. 미덕은 아이들의 내면에 이미 있다. 아이에게 깨울 수 있다고 믿어주는 것이 교사의 위대한 힘이다. 교사는 아이의 내면에 있는 미덕을 일깨워 스스로 빛낼 수 있도록 돕는다.

아이는 이미 온전한 성품과 잠재력을 품고 있는 '완전한 존재'다. 그래서 교사, 엄마가 가르치는 것뿐 아니라 더 많은 것을 스스로 깨닫는다. 아이가 가진 내면의 힘, 근원의 힘이다. 우리가 그것을 찾아주고 믿어줄 때 아이는 그것을 본다. 찾는다. 진심으로 믿고 깨운다. 만약 한 아이가 지나친 문제 행동을 어른이 될 때까지 지속해 이 사회에 문제아가 되었다면 그것은 아이 책임이 아니다. 20년 24만 시간 동안 그 아이 옆에 있어준 어른들의 잘못이다. 누구도 그 아이가 '내면의 온전한 힘'이 있다는 것을 믿어주지 않아서다. 아이가 힘이 있고, 그 힘을 깨울 수 있다는 것을 진심으로 믿어주는 한 사람이 아이를 바꾼다. 그 한 사람이 아이를 살린다.

피해자 모드, 선택자 모드

03

 교사가 실수, 실패, 불완전함에 집중하면 아이의 미덕이 안 보인다. 그때 가장 큰 피해자는 교사 자신이다. 두려움, 불안의 시스템으로 아이를 바라보면 뇌와 신경계, 호르몬이 다 부정적으로 반응한다. 부정적 에너지가 뇌, 언어, 파장, 호르몬을 바꾸니 면역력이 떨어지고 순환이 안 되는 것은 당연하다. 몸은 곧잘 아프고 아이들과는 관계 단절이 온다. 아이들은 자신을 바라보는 사람의 에너지를 어른보다 더 민감하게 알아차린다. 인정의 욕구, 사랑의 욕구가 생존인 아이들 입장에서 나를 예쁘게 바라보지 않는 어른을 매일 만나야 한다는 건 고통이다. 받아야 할 사랑이 오지 않으니, 아이는 몸도 맘도 힘들다. 한 어른이 보내는 부정적 에너지, 두려움의 에너지를 온몸으로 맞아야 한다. 그런데 피할 길이 없다. 결국 한 공간에서 교사도 아이도 함께 아프고 함께 죽어간다.

　교사인 내가 먼저 잘 살아야 한다. 그래서 3월 말쯤 되면 꼭 체크한다. 1번부터 끝까지 아이 하나하나에 대해 눈을 감고 '저 아이의 가슴하고 내 가슴에 연결된 통로가 생겼나?' 스스로에게 묻는다. 그 통로 사이에 혈관이 생겨서 뜨거운 피가 저 아이와 나 사이에 흐르고 있는지 느낌을 불러본다. 한 명 한 명 얼굴을 떠올리면서 눈을 감으면 내 가슴에 밝게 웃는 아이 얼굴, 웃음소리, 공부하는 모습 등 이미지가 떠오른다. 그리고 편안함, 흐뭇함, 따뜻함, 기대감, 설렘 등이 온다. 일명 '마음 혈관 체크'다.

　가끔 왠지 모르게 답답한 느낌을 주는 아이가 있다. 웃는 얼굴이 아닌 찌푸린 얼굴, 화내는 목소리가 떠오른다. 그 아이는 익히 알려진 문제다. 한 달간 경험한 그 아이의 행동에 답답하고, 짜증나고, 속상한 느낌이 올라와 가슴이 답답하다. **그 느낌이 지금 나의 현실이다. 내가 그 아이의 미덕을 보고 있지 않다는 것을 말해준다. 그 아이에 대한 선입견, 지금까지의 행동이라는 필터로 그 아이를 보는 것이다.**

　나는 지금 무의식적으로 그 아이의 비판자가 되어 바라보고 있다. '문제아 필터'는 두려움 에너지를 불러와 한 아이를 본다. 문제아 필터를 끼면 아이 때문에 '피해자'가 되지 않으려고 아이들을 경계하고 통제한다. '미덕 필터'는 그 어떤 아이라도 사랑 에너지로 보게 한다. 그 아이의 미덕을 찾아주는 '단 한 사람'이 되려고 노력하게 만든다. 그래서 '미덕 필터'는 따뜻한 눈과 마음이라는 '관찰자 필터'를 불러온다. 아이를 문제아로 보는 것은 나의 두려움 때문이다. 두려움을 내려놓고 내 안의 측은지심, 연민을 가동해 사랑 에너지를 선택했을 때, 비로소 둘 사이의 마음 혈관이 연결된다. 아기를 잉태했을 때 탯줄이 없으면 아기가 자랄 수 없듯, 가르치는 아이들과도 마음의 혈관으로 연결되지 않는다면 1,200시간을 함께해도 소용없다. 내가 그 아이에게 아무리 영양제를 줘도 아이는 먹을 수 없다. 초창기에는 그걸 몰랐기에 아이를 원망했었다. 나는 갖은 노력으로 아이들을 도와주려 하는데, 아이들이 그걸 거부한다고 생각했다. 이제는 안다. 아이와 소통이 안 되는 것 같을 때, 나는 이제 그 아이가 아닌 내 마음을 찬찬히 들여다본다. 내가 어떤 이유로 그 아이를 불편하게 느끼는 것은 아닌지, 왜 그런지 가슴으로 짚어본다. 아이는 받아먹으러 와서 기다리는 데 내가 줘야 할 것을 안 주고 있을 테니까 말이다.

내가 교실에서 평온한 날은 그 아이의 미덕도 잘 보인다. 그 아이가 첫 번째로 깨워 다이아몬드로 만들 미덕을 찾을 마음의 여유가 넘친다. 그 아이를 따뜻한 미덕의 시선으로 관찰하고 싶다. 아이는 그런 내 마음을 말하지 않아도 다 안다. 아이에게 사랑 에너지로 다 전해지고 있음을 느낀다.

하지만 학교 업무 쪽수로 내 몸과 마음이 피곤하고 지친 어느 날 이 아이가 유난히 교실에서 소리를 지르고 소란을 일으킨다면 이야기가 다르다. 마음의 여유가 없어진 나는 '저 아이가 마음이 아파서 그렇구나.'라고 보기보다 '저 아이가 나를 힘들게 하는구나.'라고 느낀다. 그 순간 그 아이에 대한 느낌이 완전히 달라진다. 내 몸, 마음, 영혼이 지치고 힘든 날이 문제다. 그 아이의 행동에 대해 또 나를 힘들게 한다며 '피해자 모드'로 해석하기 쉽다. 그런 날은 화, 짜증, 원망 등 부정적 감정이 자동적으로 개입된다. 문제아도 미덕 천사도 다 내 마음, 내 에너지에서 온다.

또 내 열등감을 건드리는 일이거나, 내 어린 시절의 아픈 기억을 건드리는 행동을 했을 경우도 비슷하다. 그럴 때 나는 내 문제로 인해 한 아이의 존재를 있는 그대로 만날 수 없다. 결국 내 자신이 피해자 모드를 벗어나야 그 아이가 있는 그대로의 존재로 보인다. 그래서 나는 아이가 미워질 때, 아이가 답답한 느낌으로 보일 때 나를 먼저 들여다본다. 그게 내가 그 아이에게 죄를 짓지 않는 일임을 안다. 어린 시절 1,200시간을 부정적인 사람과 보낸다는 것은 참 가혹한 일이다. 아니 어쩜 그 아이 인생에 씻을 수 없는 죄를 짓는 일인 것이다. 나는 죄를 짓고 싶지 않다. 하루하루 좋은 선생님이 되는 길, 그냥 멈춰 서서 내 맘을 들여다보는 게 답이다.

어떤 순간에도 한 아이가 미덕의 원석을 이미 가지고 있는 아이이고, 나는 그것을 깨울 수 있는 교사라 믿는다면 모든 것이 달라진다. 그 아이의 부정적 행동에 대한 해석이 달라진다. 아이는 나를 괴롭히려는 게 아니고, 본연의 미덕을 만나지 못한 것이다. 아이의 행동은 미덕을 깨울 수 있도록 도와달라는 신호나 다름없다. 그때 교사는 피해자 모드가 아닌 '선택자 모드다'. 피해자 모드를 취한 교사는 모든 것에 늘 방어적으로 대응하게 되므로 문제를 일으킨 아이를 비난하고 수치심을 불러일으킬 가능성이 높다. 하지만 어떤 부정적 행동에도 미덕을 선택할 수 있다고 믿는 교사는 아이에게 새로운 기회를 주려 한다.

　교사는 아이들의 삶에 큰 영향을 준다. 문제 행동을 일삼았던 아이가 내 교실에 왔을 때 그 아이를 문제아로 보는 게 정답일까? 오히려 그 아이의 문제에만 집중하게 하고 부정적 에너지를 불러올 뿐이다. 과민한 감시와 반응은 결국 그 아이의 문제를 악화시킨다. 교사가 아이의 문제에 집중하면, 아이는 다 안다. 교사의 마음에서 나오는 부정적 에너지, 두려움 에너지에 희망을 잃은 아이도 두려움 에너지로 답한다. 아이는 이제 편하게 문제 행동을 한다. 여기에 교사 역시 분노로 대응한다면 영원한 악순환의 고리가 완성된다. 그 고리를 끊을 수 있는 유일한 방법은 그 아이에게 있지만 아직 보이지 않는 것을 보는 것이다. 그 아이는 이미 미덕이 있다. 문제 행동을 했다고 영혼에 주어진 미덕이 사라지지 않는다. 그 아이 스스로가 자기에게 미덕이 있음을 알지 못할 뿐이다. 그런 아이일수록, 문제아일수록 답은 하나다.

　그 아이에게는 미덕을 보아줄 단 한 사람이 필요하다. 그 한 사람은 그 아이 인생의 천사 광부다. 숨겨진 그 아이의 마음 광산에 먼저 들어가 탐소등이 부착된 광부용 헬멧을 착용하고 어둠에 묻혀 있던 보석을 비추어주는 사람이다. 이 탐조등이 교사에게는 '미덕 안경'이다. 관찰자가 되어 따뜻한 미덕의 안경을 쓰면 아이가 스스로 알지도, 보지도, 믿지도 못하는 미덕이 교사 눈에 보인다. 아주 사소한 행동이라도 미덕의 이름으로 불러주면 아이는 드디어 자기 미덕을 인식한다. 그리고 깨우고 빛내기 시작한다. 문제아로 살아온 아이에게 미덕의 원석을 찾아 빛을 비춘다는 것은 아이 인생을 전환하는 일이다. 그 아이 내면의 거인을 깨우도록 돕는 위대한 일이다. 아이는 쓰러질 때마다 이 순간을 기억해 다시 일어날 것이다.

"예서아. 네가 생각하는 것보다 너에게는 더 큰 힘이 있어! 너는 보석 덩어리야. 미덕 천사 아이야. 선생님은 겉으로 보이는 너의 행동은 1퍼센트라 생각해, 보이지 않는 너의 99퍼센트 힘을 알기 때문이야."
"수혁아, 네 미덕이 아직 자고 있어서 그래. 우리 수혁이가 곧 깨울 거 알아. 선생님은 네 미덕이 깨어날 때까지 기다릴 거야."
"우리 동현이가 깨운 미덕 중 어떤 미덕을 1번 다이아몬드로 만들지 궁금해! 선생님은 기다리고 있어! 우리 동현이 1번 다이아몬드!!"

이런 몇 마디가 아이의 얼어붙었던 영혼을 따뜻하게 녹일 것이다. 아이는 스스로 원해서 미덕을 보고 스스로 미덕을 깨울 것이다. 내 교실에서도 문제아로 낙인찍힌 아이가 첫 다이아몬드를 만들었을 때 나는 더욱 기뻤고 뭉클했다. 반 아이들도 깜짝 놀랐고 그 경험은 서로에게 엄청난 성장을 불러왔다. '저 아이도 미덕을 반짝이고, 다이아몬드를 만들 수 있구나.' '저 아이도 미덕을 깨우는 데 나도 깨울 수 있겠구나. 나도 미덕을 다이아몬드로 만들어야지.' 첫 미덕 원석을 다이아몬드로 만들었던 순간을 아이는 평생 잊지 못할 것이다. 문제아로 불렸던 아이일지라도 그 아이 내면의 미덕을 보는 교사는 결국 아이를 살린다. 문제아와 미덕 천사의 차이는 없다. 미덕을 보는 교사와 양육자를 만나면 모든 아이가 미덕 천사가 될 수 있다. 미덕 교사는 '그 아이만의 단 한 사람'이 될 수 있다.

"넌 52가지 미덕이 있는 아이야!"
"넌 미덕을 깨울 수 있는 사람이야!"
이 한마디가 아이의 무의식에 저장되어 평생 아이가 쓰러질 때마다 일으켜 세울 것이다.

에너지와 행동, 일치의 힘

04

　사람은 실수를 하거나 실패할 때 취약해진다. 이때 우리는 자아가 위협을 받는 상황이라 느낀다. 그 취약성으로부터 오는 상처를 방어, 보호하려 한다. 그것이 방어기제(defense mechanism)다. 자신을 속이거나, 다른 해석을 해서 상처나 위협으로부터 자신을 보호한다. 방어기제는 자아와 외부조건 사이에서 겪게 되는 갈등에 적응하도록 하여 인간의 심리 발달과 정신건강에 도움을 준다는 면에서 효과적이라 할 수 있다. 하지만 갈등 자체를 해소하는 것이 아니라 자신을 속이고 관점만을 바꾸는 방법을 주로 사용하게 되면 오히려 사회생활에 적응하지 못하게 만든다.

　한 아이가 실패, 실수했을 때 무의식적으로 자신이 취약한 상황에

처했음을 인식한다. 아이는 자신의 자아가 위협받는 상황이라는 취약함 앞에서 두 가지 심리적인 어려움에 직면한다. 하나는 스스로가 느끼는 취약함에 대한 수치심이다. 누가 내 실수를 알아차리는 게 수치스럽고, 무엇보다 자신이 한 실수에 대해 스스로 한심하다고 여길 수 있다. 또 한 가지는 취약함을 내보인 순간 외부에서 공격당할 것 같아 느끼는 불안이다. 친구가 놀릴까 봐, 무시당할까 봐. 엄마가 동생과 비교할까 봐 불안하다. 이 두 가지 심리적 무게를 느끼는 순간 아이는 곧 두려움 에너지 안으로 떨어진다. 만약 아이가 이처럼 움츠러들었는데 부모, 교사의 비난, 공격이 시작되면 아이 내면은 어떻게 반응할까? 먼저 불안이 현실이 되었다고 느끼고 누군가 실수를 알아차렸기에 수치심은 더 커지고 증폭될 것이다. 아이의 내면은 이렇게 속삭일 것이다. '역시 난 안 돼.' 대부분의 아이들은 그 다음 단계로 불안감을 해소하기 위해, 자아를 외부 위협에서 보호하기 위해 방어기제를 즉시 발동할 것이다. 그런데 어른과는 달리, 아이들은 아직 성숙한 방어기제를 잘 사용하지 못해 현실을 왜곡시키거나 문제를 악화시키는 방향의 방어기제를 쓴다.

"엄마는 그런 적 없어?"

"나한데민 그래. 동생은 봐줬으면서."

비난을 받은 즉시 방어기제가 튀어나온다. 관계에 있어서 방어기제는 보이지 않는 칼이다. 자아가 위협받는 상황이라 느끼고 불안을 해소하려 방어기제가 작동된 순간, 두 사람 사이는 심리적 거리가 생긴다. 이제 거리가 멀어진 두 사람 사이에 팽팽한 방어기제가 자리하면 소통은 점점 끊어진다.

실수할 때마다 비난을 반복적으로 당하다 보니 자신을 싫어하게 되어 쉽게 수치심을 느끼는 아이라면 더욱 문제가 커진다. 이 아이를 비난하면 아이는 다시 일어나기 힘든 더 깊은 수치심의 늪 한가운데로 빠져들 것이다. 존재 가치를 흔드는 수치심은 가장 아픈 상처로 차곡차곡 저장된다. 수치심을 경험한 순간 들렸던 엄마의 앙칼진 목소리, 싸늘한 눈빛 등의 오감 경험은 그대로 무의식에 저장되어 작은 실패에도 수시로 수치심을 불러올 것이다. 심리치료에서 가장 오랜 치료기간을 요하는 깊은 상처인 수치심은 아이러니하게도 아이를 가장 사랑하는 부모, 교사가 주로 입힌다. 또 다른 꾸중으로 대처해 악순환을 일으키면 아이는 마음이 엇나가고 만다. '그래. 엄마 말대로 난 원래 나쁜 아이야. 그래서 어쩌라고?'

악순환을 끊으려면 용기를 주는 말을 건네는 것도 중요하지만, 의례적으로 말투를 외워 말한다고 용기를 주는 교사가 될 수 있는 것은 아니다. 용기 주는 엄마, 수치심 주는 부모, 교사의 출발은 자기 에너지 인식이다. 자기 에너지가 사랑이면 용기를 줄 수 있고, 두려움이면 수치심을 줄 것이다. 자기 에너지를 인식하는 것이 좋은 부모, 좋은 교사가 되는 지름길이다.

우리가 살아가면서 무의식적으로 알아차리는 것이 있다. 바로 내 옆에 오는 사람의 에너지다. 오늘 처음 만나도 느낌으로 안다. 물어보지 않아도 안다. 그 사람이 나에게 품은 에너지가 사랑인지, 두려움인지를…, 만약 나를 싫어하고, 내 행동을 못 미더워하고, 불안해하는 한 사람이 있다면 그 사람이 내게 보내는 에너지는 두려움이다. 그 사람의 두려움 에너지는 보이지 않는 파장으로 전해진다. 그런데 그 사람이 내가 실수하거나 실패했을 때 나에게 다가와 "넌 다시 할 수 있어, 너를 믿어."라고 말했을 때 내 마음은 어떻게 느낄까? 뭔지 모르지만 고맙다기보다는 마음이 불편해진다. 뭔가 모를 불일치 때문에 그 사람의 사랑을 표현하는 말과 행동이 진실로 느껴지지 않는다. '나를 좋아하지도 않으면서 말로만…' 혹은 '뭐야. 내가 하는 걸 뒤에서는 비난하면서, 앞에서는 잘할 수 있다고 말하네.'라고 생각할지도 모른다.

우리 영혼은 누가 나를 좋아하는지, 싫어하는지, 믿어주는지, 불안해하는지 물어보지 않아도 다 안다. 그냥 느낌으로 다 안다. 그게 에너지다. 하물며 어린 영혼들은 자신을 좌지우지할 수 있는 큰 힘을 가진 엄마, 교사라는 존재 앞에서 자신이 살기 위해, 자신의 생존을 위해 가장 빨리 에너지를 살핀다. 무의식적으로 적군, 아군을 구분하고 에너지로 느낀다. 두려움 에너지인지 사랑 에너지인지 말로 표현하지 못할 뿐이다.

사람은 두려움 에너지가 다가올 때 위협, 불안을 느낀다. 그 두려움과 싸워서 이기거나, 피하거나 얼어붙거나 하는 것이다. 아이는 큰 상대인 엄마, 교사를 상대로 싸우기보다 피하거나 얼어붙기 쉽다. 큰 권위와 싸워서 이기는 길을 스스로 선택하지 못하는 아이들은 얼어붙거나 도망을 가면서 내면이 움츠러든다. 그래서 아이들은 자신을 지키기 위해서 가장 빨리 자신에게 권위를 행사하는 부모, 교사의 에너지를 파악하는 것이다.

우리가 아이에게 걱정, 근심, 불안, 수치심을 가진 두려움 에너지로 다가갈 때 아이 영혼은 피하려 하거나 얼어붙을 준비를 한다. 이 상태에서 부모, 교사가 입으로 미덕을 불러주며 다가가도 소통은 쉽게 이루어지지 않는다. 치유는 더더구나 일어나지 않는다. 두려움 에너지가 먼저 아이를 사로잡았기 때문이다. 더군다나 다가오는 사람의 에너지 또한 두려움으로 가득하다는 것을 아이는 분명히 감지하고 불편해한다. 거기에 대고 "넌 할 수 있어. 네 미덕이 자고 있어서 그래."라고 말할 때 아이는 겉과 속이 다른 사람을 만났을 때 그렇듯 위화감과 어색함을 느낀다. 자리를 피할 수 있는 어른과 달리 아이는 20년을 바꿀 수 없는 부모와, 1년을 바꿀 수 없는 교사와 지낸다. 그런데 엄마나 교사가 나를 믿지 않고, 불안해하면서 말로는 "할 수 있어."라고 한다면 에너지는 두려움을 주면서 말과 행동은 사랑인 것이다. 아이는 그 불일치와 모순에 지쳐 누구나 진실하지 못한 삶을 살고 그것이 당연한 것이라고 생각할지도 모른다.

수치심을 감추면 상처가 되고, 용기로 드러내면 성장한다. 수치심으로 움츠러들 준비를 하는 아이에게 수치심을 드러낼 용기를 주면 아이는 그 순간 성장한다. 상처로 움츠리게 하는 사람도, 용기를 줘 성장하도록 이끄는 사람도 부모이고 교사다. 상처를 주는 일을 피할 수 없다면 부모와 선생님은 적어도 아이가 불안한 마음에 수치심을 스스로 감추고 내면의 상처로 저장하지 않도록 해야 한다.

아이를 위축시키는 두려움에서 벗어나게 하는 가장 빠른 길은 보이지 않는 사랑 에너지와 보이는 사랑 행동이 일치한 상태로 아이를 대하는 것이다. 사랑 에너지와 사랑 행동 일치만이 인간의 영혼을 치유한다. 그 일치는 아이 가슴에 진실함으로 전해진다. 수치심을 치유하는 건 진실함뿐이다. 사랑의 에너지와 사랑 행동의 일치는 용기 스위치를 켜게 하고, 아이는 두려움 에너지에서 사랑 에너지로 전환한다.

"많이 힘들지? 네 잘못이 아니야. 엄마도 잘 하려고 했지만 안 될 때가 있었어." 아이는 그 순간 혼자만의 비밀스러운 아픔, 고통의 해석에서 빠져나와 나만 그런 것이 아니라는 사실을 깨닫는다. 사람은 누구나 실수하고 실패한다. 이것이 진실이다. 그때 "나도 그랬었어." "나도 그런 적 있어."라고 말해주는 따뜻한 사랑 에너지를 가진 한 사람이 필요하다. 실패나 실수의 경험조차 혼자가 아니라는 진실은 안도감을 주고, 성장을 가로막는 방어기제를 끄게 만든다.

부모와 교사 역시 수치심을 드러낼 때 오히려 힘을 얻는다. "뭐가 되려고 그러니? 도대체 몇 번째니? 못 산다 못 살아." 이렇게 말하는 순간 교사는 자기 두려움 에너지를 불러와 수치심의 늪에 빠지는 것이다. 이때 스스로에게 말을 걸어야 한다. "아이가 실수하는 건 네 잘못이 아니야. 좋은 부모, 좋은 교사 되고 싶어 잘하려고 해도 실수하고 실패할 수 있어." 이게 진실이다. 수치심을 용기 내 드러내면 그 순간 두려움 에너지는 힘을 잃는다. 그때 '깨워야 할 미덕'을 선택해 사랑 에너지로 전환할 수 있다. 용기는 사랑 행동을 불러온다. 진정한 사랑 행동은 오감으로 표현한다. 바로 그 아이 보석을 찾아내고, 말로 표현할 수 있다. "네 잘못이 아니야. 선생님도 그런 적 있었어. 이 순간에도 너를 도와줄 네 미덕은 그 자리에 있어. 네 빛은 그대로 반짝이고 있어. 네 미덕이 지금 자고 있을 뿐이야."라고 말하는 순간 사랑 에너지는 더 커지고 교사의 가슴은 더 따뜻해진다. 아이는 즉시 그 사랑 에너지를 감지한다. 그 따뜻한 사랑 에너지를 품은 가슴으로 영혼 가득 눈물이 그렁그렁한 한 아이를 품에 안아주고, 머리를 쓰다듬어주고, 볼에 흐른 눈물을 닦아줄 수 있다. 그리고 가장 사랑을 빨리 전하는 촉각 주머니인 아이 귀에 부드러운 목소리로 나지막이 속삭이는 것이다.

"아들, 괜찮아. 네 잘못이 아니야. 네 미덕이 자고 있어서 그래. 앞으로도 넌 미덕을 깨울 수 있는 아이야. 아들아! 사랑해!"

이때 한 아이에게 전해지는 건 한 영혼의 가슴에서 나온 뜨거운 사랑 에너지와 사랑의 행동이다. 사랑 에너지가 먼저 아이 가슴을 울린다. 이어서 사랑 행동은 미덕을 말해주고 찾아주는 오감으로 아이 무의식에 저장된다. 무엇보다 아이에게 한 사람이 주는 진실한 느낌, 즉 일치감으로 전해진다. 한 인간의 진실함은 아이 영혼에 따스함을 주고 그때 비로소 아이에게 치유가 일어난다. 수치심으로 얼었던 가슴이 녹는다. 교사의 따스한 목소리, 다정한 눈빛, 미덕을 불러주는 말 등 사랑 행동이 아이에게 용기가 된다. 이 용기 스위치는 교사의 사랑 에너지와 사랑 행동, 이 두 가지가 일치할 때 켜진다.

사랑 에너지는 실수할 때 실수를 본 게 아니라, 그 순간에도 '너의 빛은 그대로'라고 존재를 바라보는 한 사람이 준 따스함이다. 아이는 이 따스한 경험으로 다시 눈물을 닦고 일어선다. 그때의 따뜻한 목소리와 눈길, 손길이 모여 아이는 자신의 존재를 오감으로 경험한다. 그 따스한 오감 경험이 무의식에 저장되어 자존감이 된다. 자존감은 그래서 책으로 배우는 것이 아니라 경험으로 배우는 것이다.

아이 내면에 새까만 코팅이 씌워진 거울을 비춘다면, 아이는 거울 속의 어둠이 자기 자신이라 인식할 것이고, 맑은 거울로 아이 마음속의 빛나는 것들을 비춰준다면 아이는 그 빛이 자기 자신이라 인식할 것이다. 거울이 중요하다. 실수할 때 아이는 스스로가 어두움을 끌어들이기 쉬운 상태로 변한다. 이때 부모나 교사가 비난하는 것은 너는 어둠이 맞다고 도장을 찍어주는 격이다. 대신 미덕이라는 빛이 너에게 있다고, 이 실수에도 그 빛은 그대로라고 비춰준다면 아이는 스스로 어두움에서 걸어 나와 용기의 문을 열고 다시 빛으로 나아갈 것이다. 오직 사랑 에너지 상태에서만 아이 내면의 빛을 비춰줄 수 있다. 사랑 에너지 상태에서만 존재를 평가나 판단 없이 있는 그대로 바라볼 수 있다.

내 아이는 73일까?
173일까?

05

인간은 스스로 믿는 대로 된다.

_안톤 체호프

《마시멜로 이야기》의 저자 호아킴 데 포사다의 또 다른 책《바보 빅터》에는 유독 가슴 아픈 대목이 있다. 말을 더듬는 아이 빅터는 어느 날 로널드 선생님의 말을 잘못 알아듣고 어이없는 실수를 한다. 화가 난 선생님은 "돌고래도 너보다는 똑똑할 게다."라며 다른 아이들 앞에서 빅터를 모욕했다. 그 후 아이들은 빅터만 보면 돌고래 소리를 내며 비웃기 시작했다. 심지어 수업 중에도 놀림은 그치지 않았다.

"선생님, 원숭이 IQ가 몇인가요?"

더프가 불쑥 질문을 던졌다.

"원숭이는 50 정도고 침팬지는 65 정도로 알려져 있지."

"그럼 돌고래는요?"

로널드 선생이 대답도 하기 전에 교실은 이미 웃음바다가 되었다. 여기저기서 "꿔억! 꿔억!" 하고 돌고래 울음소리가 들렸다.

_호아킴 데 포사다, 《바보 빅터》

저능아 빅터는 교실에서 왕따가 되었고, 점점 더 소외당했다. 누구와도 어울리지 못했고, 스스로 희망과 꿈을 버렸다. 결국 학교에서 퇴학을 당한 빅터는 자신을 비난했다.

"난 IQ도 73인데 뭘…. 이렇게 사람들이 나를 싫어하고, 잘하는 게 없는 건 당연하지."

그는 사람들이 짓밟아도 저항하지 못했고, 자기 자신을 포기했다. 청소년기를 치나 청년이 되어서도 빅터의 삶에 빛은 없었다. 모처럼 직장에 들어가서도 곧 해고되었고, 그럴 때마다 낮은 IQ 때문이라 믿었다. 2차 세계대전이 발발해 징병 검사를 받던 빅터는 IQ가 낮으니 당연히 군대가 면제되리라 예상했다. 하지만 IQ검사 결과 놀랍게도 그의 IQ는 173이었다. 자신을 바보로 믿고 인생을 포기하며 17년을 살아온 빅터는 사실 IQ 173의 천재였다. 초등학교 시절 담임 선생님은 엉뚱한 질문이 많고 말투가 어눌한 빅터의 IQ가 173으로 나오자 잘못 나온 것으로 해석해 1을 지운다. IQ 73의 저능아로 자신을 받아들인 빅터는 스스로를 포기하고 왕따, 자퇴를 하는 등 꿈이 없는 청년기를 보냈던 것이다.

빅터는 자신의 IQ가 그렇게 높다는 것을 처음에는 믿지 못했다. 하지만 초등학교 시절의 사연을 알고 주변의 시선이 달라지는 것을 경험하며 점점 자신의 가능성을 믿기 시작했다. 빅터가 자신을 믿도록 격려해주고 지켜봐준 한 사람이 있었다. 우울하던 초등학교 시절 레이첼 선생님은 유일하게 빅터를 믿어주고 응원했던 한 사람이었다. 그 추억은 빅터가 흔들릴 때마다 빅터의 북극성이 돼주었다. 결국 빅터는 자신의 가능성을 믿기 시작했다. 우수한 두뇌를 가진 리더들의 세계적 모임인 멘사의 회장이 되었고 뇌 과학에 대한 책을 수십 권 집필했다. 그는 여러 연구를 진행해 사람들에게 자신의 삶을 통해 스스로가 인식하는 가능성이 가져오는 결과를 보여줬다. 빅터의 본질은 자신을 저능아로 여기며 산 17년이나 그 이후의 삶이나 달라진 적이 없었다. 다만 자신을 바라보는 관점은 완전히 달라졌다. 자신이 믿는 자기만이 이 세상에 실체로 존재한다. 내가 할 수 있다고 믿는 것만 할 수 있다. 내가 있다고 믿는 것만이 나인 것이다.

대한민국 초등학생은 바보 빅터로 사는 아이와 천재 빅터로 사는 아이로 나뉜다. 부모, 교사가 한 아이에 대해 부족한 아이, 어설픈 아이, 걱정을 시키는 아이라고 말하고 반응한다면 그 아이는 바보 빅터와 다를 게 없다. 자신을 바보로 여기고, 바보로 살 것이다. 부모 교사가 무엇이든 잘 해낼 수 있는 아이, 기대되는 아이, 가능성이 많은 아이, 자랑스러운 아이라고 말해주고 반응해준다면 그 아이는 천재 빅터로 살 것이다. 자신을 천재처럼 여기며, 자신에게 주어진 일을 해낼 수 있는 힘이 있다고 믿을 것이다. 그래서 자신을 가능성의 존재, 힘이 있는 천재로 바라볼 것이다. 그게 자신에 대한 믿음이자 신념이 된다.

　자신에게 확고하게 주어진 능력이 있다고 믿으면 한 번 실패했다고 포기하지 않는다. 이미 주어진 에너지가 있으니 몇 번이고 다시 도전할 수 있다. 그 결과 무수히 실패해도 그것은 실패가 아니다. 성공으로 가는 과정의 작은 성공일 뿐이다. 자존감은 실패를 두려워하지 않는다. 왜냐하면 나는 천재니까…, 다시 하면 될 거니까, 될 것을 믿으니까!

　천재 빅터와 바보 빅터의 차이는 버츄라는 자기 마음 속 광산의 가능성을 믿는 아이와 그게 뭔지 모르는 아이의 차이이기도 할 것이다. 버츄 광산을 일깨워주는 부모나 교사가 있었던 아이들의 삶은 다를 수밖에 없다. "시은아. 네 마음에는 광산이 있단다. 레일을 타고 들어가면 구석구석에 아직은 빛을 내지 않지만 보석이 되길 기다리고 있는 52개의 원석이 있단다. 잠을 자고 있는 보석이지. 그걸 깨워서 불러와 자꾸 갈고 닦으면 어느 순간에 반짝반짝 빛나는 다이아몬드가 될 거야. 넌 다이아몬드 52개를 가지고 태어난 보석덩어리란다. 넌 태어날 때부터 보물광산이란다." 이런 시선과 격려를 6년간 받은 아이가 무의식에 서장하는 것은 무엇일까?

　몇 년 전 가르친 5학년 아이들과 헤어지는 날 편지를 한 통씩 쓰게 했다. 우리가 다시 만나는 날 그 편지를 함께 나누기 위해서였다. 아이들과 나는 아이들이 대학에 들어가는 7년 후, 5월 두 번째 주에 이 초등학교 교정에서 모두 함께 만나기로 했다. 아이들은 그 이야기를 들더니 그나마 선생님과 완전히 헤어지는 것이 아니라는 사실에 위로를 받았다.

"선생님, 만나서 뭐해요?"

"그때 선생님은 할머니 되는 거 아녜요?"

"너희들이 대학 들어간 기념으로 짜장면과 치킨도 사주고, 오늘 쓴 편지도 들고 나갈게!"

"대학 떨어지면 어떻게 해요?"

"떨어지면 시험 다시 보면 되지. 떨어진 사람은 짜장면 두 그릇 사 준다. 힘내게! 치킨도!"

"와~~~!!!"

아이들의 함성이 정겹다. 곧 희망하는 아이에게 자신이 쓴 편지를 읽게 했다. 나는 매년 이렇게 해왔지만, 버츄를 알려주었던 그해 아이들이 쓴 편지는 그 전과는 달랐다.

"선생님, 제가 지금은 다이아몬드를 다섯 개밖에 못 만들었지만 선생님 만나는 8년 후에는 버츄를 서른 개 넘게 다이아몬드로 만들어 갈게요."

"선생님, 제가 미덕 원석을 가진 아이라는 것을 알려주셔서 그게 너무 감사해요. 그걸 모르고 죽은 사람이 불쌍해요. 자기 보석이 있는지도 모른 채 평생 살다가 죽었잖아요. 그걸 알려주셔서 감사해요. 제가 죽을 때까지 제 원석을 다 다이아몬드 만들 거예요."

"선생님 제 보석 때문에 무슨 일을 해도 마음 편하게 시작해요. 전에는 할 수 없을 거라 생각한 일도 이제는 제 미덕 원석을 깨워서 해요. 그걸 알려주셔서 감사합니다. 평생 잘 쓸게요."

"실수하고 잘 안 될 때 선생님이 알려주신 미덕을 생각해요. 무엇을 깨우면 잘 할 수 있을까 생각해요. 그래서 다시 도전할 수 있어요."

"선생님 만날 때까지 52개 전부 다이아몬드 만드는 게 제 목표예요. 그래서 하루도 빼놓지 않고 미덕을 깨우고 쓰고 있어요. 선생님께 제가 만든 다이아몬드 많이 보여드릴 거예요."

나는 그 편지들을 듣고 가슴이 터질 것 같았다. 이게 뭐지? 이 아이들 가슴에 보석들이 모두 깨어나 고구마 줄기처럼 줄줄이 세상 밖으로 나오려 했다. 보석이 된 아이들, 이미 보석인 아이들, 원래 보석 덩어리인 아이들을 앞에 두고 있었다. 눈물이 났다. 이렇게 쉽게 자신을 믿게 할 수 있었는데, **이렇게 쉽게 실수를 겁내지 않고 다시 도전하도록 이끌 수 있었는데, 나는 20년 동안 무엇을 가르친 거지? 무엇을 위해 교육과정을 짜고, 수업 지도안을 연구하고, 그렇게 목소리를 높였던 것일까? 네이버에서 검색하면 나오는 지식, 그걸 가르치기 위해 이 자리에 서 있는 것이 아니다. 그걸 몰라서 행복하지 않은 것도 아니다. 정작 교육의 힘은 자신을 믿게 하는 것 아닌가? 나는 너무나 쉽게 변한 아이들의 변한 모습에 눈물이 났다.**

작년 5학년 아이들과 함께한 1년을 마무리하며 그동안 자신의 마음 광산에서 자고 있던 미덕을 깨워 보석을 만든 사례를 발표하는 시간을 가졌다. 'O개의 미덕이 다이아몬드가 되어 이렇게 삶이 변했다.'라고 발표한 아이들이 많았다. 특히 민혁이의 발표에는 눈물 흘리지 않을 수 없었다.

"선생님! 진영이가 토했을 때 제가 세 번 치웠거든요. 처음 진영이가 바닥에 토해놓은 것을 휴지를 덮어가며 치웠을 때는 냄새 때문에 힘들었어요. 집에 가서도 냄새가 나는 것 같았어요. 두 번째로 토한 걸 치울 때는 냄새가 나긴 났는데 참을 만했어요. 그런데 세 번째 치울 때는 더럽다는 생각이 안 들고, 냄새가 안 났어요. 저는 그때 제 사랑 미덕이 다이아몬드가 됐다는 것을 깨달았어요."

뒤에서 아이들이 발표하는 모습을 찍던 나는 나도 모르게 앞으로 뛰어나갔다. 가슴이 쿵쿵 뛰었다. 갑자기 내 가슴의 종을 울린 민혁이를 꼬옥 안아주었다.

"민혁아, 한 번 치우기도 힘든 일을 세 번이나 했구나. 선생님은 우리 민혁이가 참 자랑스러워. 사랑 미덕을 다이아몬드로 만든 민혁이가 자랑스러워!" 민혁이 눈에도 물이 고였다. 이 모습을 바라보던 우리 반 아이들 가슴에 숨어 있던 종들이 뎅뎅 울리는 것만 같았다. 그날 스물여섯 명 아이들은 민혁이가 전해준 사랑 에너지로 뜨거워졌다.

지적 어려움이 있는 진영이는 작년 세 번 학교에서 구토를 했는데, 그때마다 내가 교실에 없는 교과담임 시간이었다. 3층 연구실에 있다가 그 소식에 4층 교실로 달려갔더니 세 번 다 우리 반 아이들이 달려들어 휴지로 닦고, 걸레질까지 하던 중이었다. 여학생들은 진영이를 화장실에 데려가 손과 얼굴을 씻겨주고는 괜찮냐며 토닥이고 있었다.

보통 한 아이가 토하면 교실은 아수라장이 된다. 구토해놓은 곳 근처 아이들이 먼저 소리를 지르고, 코를 막고, 뒤로 나가거나 복도 밖으로 피하기 일쑤다. 아이들이 구토 냄새가 고약하다고 소란을 피우니 토한 아이는 더욱 당황스러워 했다. 가뜩이나 메스껍고 고통스러운데 아이들의 반응에 미안함과 수치심을 느꼈을 것이다. 먼저 아이들을 진정시킨 후 냄새 안 나는 복도로 일단 나오게 했다. 그리고 토한 아이의 등을 두드려주고, 손잡아 화장실로 데려가 입과 손을 닦아 주었다. 그다음 교실로 돌아와 고무장갑을 끼고 바닥의 오물을 혼자 열심히 치웠다. 그때마다 마음속으로 '이건 우리 딸이 토한 거야.'라고 마인드컨트롤을 했다. 그리고 나서 대걸레로 다시 근처 바닥을 냄새 안 나도록 몇 번을 닦은 후 복도에 피신한 반 아이들을 들어오게 했었다. 어린아이들이니 호들갑스러운 반응이 당연하다고 생각했다. 그런데 작년에는 내가 나타나기도 전 아이들이 서로 그 오물을 다 치웠다. 아무도 진영이에게 투덜거리지 않았다. 이런 아이들의 행동의 차이는 어디에서 온 걸까?

　친구를 배려해야 하는 이유를 새삼스럽게 깨달은 게 아니다. 그건 예전에도 다 알고 있었다. 인간은 자신이 가진 미덕을 진심으로 믿으면 깨우기 시작한다. 스스로 깨울 미덕을 선택하고 즐거이 자기 미덕을 깨운다. 인간은 오직 자신이 원해서 행동할 때만 신실한 성장을 시속할 수 있다. 아이들이 스스로를 미덕을 가진 존재, 미덕을 깨울 수 있는 존재로 보았을 때 아이들의 변화는 진실을 발견한 빅터의 변화와 같다. 평균 이하의 73에서 빼어난 173이 된다. 부모나 교사는 "네가 가진 힘은 173이야."라고 말해주어야 한다. "네 미덕이 자고 있을 뿐이야, 넌 네 힘을 깨울 수 있어!"

1퍼센트 나에서
99퍼센트 나를 인식하기

06

　20세기 후반 다양한 뇌파검사(EEG)와 자기공명영상장치(fMRI) 등 뇌의 활동을 측정할 수 있는 장치들이 개발되었다. 잇따른 연구를 통해 우리는 인간의 의식세계에 대해 좀 더 구체적인 정보를 알게 되었다. 우리는 살면서 매 순간 시각, 청각, 후각, 촉각, 미각이라는 오감을 통해 자극을 받는다. 순간순간의 자극, 경험은 오감을 통해 뇌로 보내져 의식과 무의식이라는 창고에 언어적 방식으로 저장된다. 1초 동안 오감을 통해 뇌로 들어온 정보는 1,100만 개다. 뇌는 40개를 우리가 알아차릴 수 있는 의식이라는 창고에서 처리하고, 나머지 1,099만 개를 무의식이라는 창고로 보낸다. 처리를 못했을 뿐 무의식이라는 창고에는 언젠가의 자극들이 모여 있다. 1이 의식에, 99가 무의식에 저장된다. 의식에 저장된 정보는 오래가지 않는다. 중요하다 골라낸 기억만 장기 기억 해마로 간다. 경험의 99퍼센트가 저장된 무의식은 왜 이렇게 많은 것들을 저장해놓을까? 언젠가 쓰기 위해서다.

나를 움직이는 보이지 않는 동력인 빙산 밑의 99퍼센트의 '큰 나'를 생각하지 않고 선택, 결정을 하고 산다면 '큰 나'를 알아차리면서 살아가는 삶보다 얼마나 힘들까? '큰 나'를 알아차리고 사는 사람은 평소에 의식 속에 입력된 1퍼센트의 '작은 나'만 보지 않고, 99퍼센트의 '큰 나'의 존재를 생각하고 살게 된다. '큰 나'를 바라보는 사람은 자신의 말, 행동을 스스로 관리할 수 있다.

다급한 선택을 할 때. 화나서 욱하는 마음이 들 때 우리는 의식보다 무의식에 반응한다. 우리 뇌는 다급하고 위험한 일이라 느끼면 반응속도가 더 빠른 편도체가 달려나온다. 반응속도가 느린 우리 뇌의 종합적인 조율사 전두엽이 뒤로 밀리는 것이다. 예를 들어 뱀과 비슷하게 생긴 긴 나뭇가지를 본다면 편도체 반응이 일어나 움찔하기 쉽다. 하지만 조금 더 생각해보니 뱀인 줄 알았던 것이 나뭇가지라는 것을 인식하면 편도체가 멈추고 전두엽이 주도해 합리적 행동을 선택한다. 하지만 나뭇가지를 계속 뱀이라 생각해 두려움이 지속되면 편노제가 반응의 주도권을 쥔다. 이때 편도체는 무의식에 저장된 것들을 가져다 쓴다. 무의식에는 자극에 대한 반응 스토리, 개인적인 해석 스토리가 차곡차곡 저장되어 있다.

편도체는 스토리를 만들어낸다. 나쁜 일에 대해서 '나에게만 일어난 일', '항상 그렇다.', '모든 일이 그렇다.'라고 과장해 정리한다. 또 좋은 일에 대해서는 '남들에게도 일어나는 일', '어쩌다 일어난 일', '이번 일만 그렇다.'라고 축소해 정리한다. 이것을 '블랙 스토리'라고 한다. 그런데 전두엽이 움직이면 그 반대로 나쁜 일은 축소하고 토닥이며, 좋은 일은 좀 더 크게 축하한다. 이것을 '화이트 스토리'라 한다.

두려움 에너지로 움직이는 사람은 편도체를 많이 불러오고, 자동적으로 블랙 스토리를 무의식에 많이 저장한다. 사랑 에너지로 움직이는 사람은 전두엽을 더 많이 불러오고 자동적으로 화이트 행복스토리를 무의식에 더 많이 저장한다. 두려움 에너지로 움직이는 사람의 저장고에 가득한 블랙 스토리는 경험을 부정적으로 저장하기에 일반적인 상황을 더 어둡게 곡해하고 부풀린다. 예를 들어 열심히 노력한 시험에 좋은 결과를 얻지 못했다면 늘 나만 이런 일이 일어난다며, 내 운은 늘 그런 식이라며 과장하는 식이다. 그러니 블랙 스토리가 매번 추가될 것이다.

나는 학기 초에 아이들에게 '작은 나'와 '큰 나'를 자세히 알려준다. 작은 나는 의식, 큰 나는 무의식이다. "천사들아, '큰 나'는 우리의 모든 행동이 1초당 1,100만 개 가까이 저장되고 있어! 그런데 너희들 혹시 욕설, 화 같은 것에서 오는 독소가 어디로 가는 게 아니라 큰 나에 그대로 저장된다는 것 잊지 마, 독소가 많은 큰 나는 검정색이지. 그 검정색 큰 나는 내가 선택할 때마다 튀어나와서 내 앞 길을 막을 수 있어, 너는 못해, 네가 어떻게 그걸 해? 너는 빨리 포기해…, 이렇게 말야. 그럼 힘을 내서 뭔가 도전하기 어렵겠지? 꿈을 이루기도 힘들겠지? 너희들의 큰 나는 무슨 색인지 궁금하구나. 다 같이 눈을 감아볼래? 평소에 욕을 하고, 화를 내고, 부정적인 생각을 자주 한다면 검정색일 거고, 칭찬, 사랑, 봉사, 긍정적인 생각을 많이 하면 흰색일 거야. 중간인 사람은 회색일 거야."

여기까지 이야기를 하면 꼭 한두 명씩 심각한 얼굴로 나에게 묻는 아이들이 있다.

"선생님, 저 나쁜 생각 많이 하고 욕 많이 했어요. 그래서 저 지금 검정인데 그럼 저는 어떻게 해…" 말을 잇지 못하고 눈물을 흘리며 운다. 특히 저학년이 그렇다. 그때 나는 최대한 부드럽고 따뜻한 목소리로 말한다.

"준혁아, 검정색 큰 나라서 많이 걱정되는구나. 그런데 선생님이 그것을 흰색으로 만들어주는 방법을 알고 있어!"

갑자기 아이들 눈이 휘둥그레진다.

"얘들아, 이 큰 나에 너를 도와줄 울트라 파워가 숨어 있어. 그것도 52개나 말야."

"선생님, 그게 뭔데요? 궁금해요."

아이들은 숨죽이며 주의를 집중한다.

"바로 이거야. 여기 있는 52가지 울트라 파워들을 한번 읽어보자. 감사, 기쁘함…, 이건 누구나 태어날 때부터 가지고 있단다. 하지만 보석이 되기 전 원석이지. 그 원석 52개가 '큰 나'의 구석구석에서 자고 있단다. 만약 네가 이 원석이 있는 것을 알아차리고, 빨리 깨워 자꾸 말, 행동으로 '감사'하다 말하고 또 '감사'한 마음을 갖고, '감사'한 일을 자꾸 하면 어느 날 '감사'가 '다이아몬드'가 된단다. 처음엔 원석이었는데 네 힘으로 감사를 깨워 결국 보석을 만든 거야. 보석 만드는 과정에서 검정색 '큰 나'는 회색이 되었다가, 결국 다이아몬드를 늘려 가면서 흰색이 되지. 너희가 하는 모든 말, 생각, 느낌, 행동이 다 '큰 나'에 저장되니까 처음에 검정색이었던 '큰 나'의 색이 점점 흰색으로 밝아지는 거지. 그러니까 걱정할 필요가 없단다."

"선생님, 그럼 다이아몬드가 늘어갈수록 어두운 '큰 나'가 점점 밝아지는 거네요?"

"그렇지. 보이는 너보다 몸집이 백 배는 큰 보이지 않는 거인이 있어. 그 거인이 네 손을 잡고 있는 상상을 해보자. 그게 '큰 나'야. 네가 하는 모든 것을 그 거인이 저장하고, 네가 앞으로 다이아몬드를 만들 52가지 미덕 원석도 그 거인이 품고 있어! 오늘부터 네 거인, '큰 나'에게 말을 걸어서 도와달라고 하면 되는 거야. 매일 '큰 나'를 불러와서 다이아몬드를 만들 수 있어. 만들면서 경험하는 순간도 '큰 나'가 다 저장하지. 아직 자고 있는 보석이 52개나 있으니 얼마나 좋아. 오늘은 감사 보석 깨우고, 내일은 배려 보석 깨우고…, 할 게 많네!"

아이들 얼굴에 설렘이 깃든다. 희망을 느끼는 아이들이 눈과 마음에 보인다. 아이들은 이 순간을 평생 기억할 것이다. 이것이 얼마나 큰 패러다임 전환인지 아이들은 아직 모른다. 어쩌면 이 아이들 인생 자체를 송두리째 바꿀 위대한 순간이 될 것이다.

내가 아는 '작은 나'를 넘어서 보이지 않는 '큰 나'가 있다. 그 속에 52가지 잠자는 숨은 미덕이 있다. 부모, 교사부터 28만 배나 많은 자극을 저장하는 무의식의 '큰 나'에 무엇을 채워왔는지 점검이 필요하다. 그동안 그 큰 창고에 뭘 채웠는지 가만히 돌아보는 시간이 필요하다. 아무 생각 없이 채웠던 것들이 혹시 '짜증나, 기분 나빠, 화나.' 이런 것들이 아니었는지 나는 생각해본다. 큰 나에 내가 뭘 채웠는지 가만히 생각해본다.

'너는 부족한 사람이야. 왜 아이들을 변화시키지 못하니? 왜 이렇게 안 되니? 힘들어. 짜증나.'라고 저장했던 순간을 전부 바꾸고 싶다. '너는 위대한 교사야. 너는 아이들을 변화시킬 힘이 있어. 내 안에는 사랑이 있어. 너는 매일 성장하는 사람이야.'라고 채우고 싶다.

그래서 나는 32분짜리 내게 보내는 메시지를 만들었다. 내가 99퍼센트 큰 나에게 주는 희망을 저장하는 시간이다. 내가 들어도 오글거리지만 듣다 보면 엄청난 에너지가 가슴으로 온다.

"영애야, 넌 멋있어. 넌 이 세상에 하나밖에 없는 유일한 존재야. 이 세상을 다 준다고 해도 바꿀 수 없는 가장 고귀한 사람이야." "인도에 가서 느리게 여행하는 시간을 가져볼 거야." 이런 메시지를 통해 나를 긍정하고, 내 꿈도 되새긴다. 나에 대한 미덕 선언도 100개가 넘는다. "오늘 나는 내 행동을 바꿈으로써 더 긍정적으로 행동함으로써 나의 미래를 바꿈을 알고 있다.", "나는 누구나 따뜻하게 대하지만 판단이 빠르고, 단호하게 결정을 잘 내린다. 그 결정은 나의 영감과 직관이 인도하는, 나에게 꼭 필요한 결정이다. 나의 무기는 사랑이며, 아무도 그 힘을 막지 못할 것이다. 언제나 충만한 사랑의 마음으로 세상을 바라보고, 주변 사람을 따뜻하게 감싸주고 주변 사람들을 성장시킬 수 있을 것이다."

버킷리스트 200개, 힘 주는 메시지 200개를 비롯해 약 1,000개를 아침마다 듣고 간다. 아침에 학교에 도착하기도 전에 가슴이 풍선처럼 부풀어 오른다. 가슴이 뜨거워진다. 사랑 에너지가 저절로 가득 찬다. "나는 천사들을 가르치는 선생님이다. 그래서 아이들의 영혼을 따뜻한 영혼으로 만들어주고 내 영혼이 먼저 따뜻해서 우리 아이들의 손을 잡아준다." 이런 메시지를 듣고 교실 문을 열면, 아이들이 날개 달린 천사로 보인다. 나는 천사 아이들을 가르치러 온, 천사 선생님이 된다. 절로 웃음이 나고 다정해진다. 내가 보려는 미덕 천사 행동이 내 눈에 더 많이 보인다. 아이들의 부정적 행동에는 둔감해진다. 나 자신에 대해서도 마찬가지다. 나의 1퍼센트 '보이는 나'도 사랑하지만 나의 또 다른 거인 99퍼센트의 '큰 나'를 구체적으로 보려 한다. 나의 '큰 나'는 위대한 선생님, 천사 선생님, 기적을 만드는 선생님! '큰 나'를 믿으니 그토록 꿈꾸던 천사 아이들을 만났고, 가슴 뛰는 기적을 만났다.

미덕의 언어로 '큰 나'를 채워라

나만의 기적을 시작하기 위해 가장 중요한 것은 바로 '미덕의 언어'로 무의식의 '큰 나'를 채워가는 거다. 그래서 가장 아름다운 '큰 나', 가장 힘이 있는 '큰 나', 가장 위대한 '큰 나'의 힘을 다 발휘하며 사는 거다. 나는 매 학기 초 교사인 나의 모습에 대해 '미덕 선언'을 한다.

| 미덕 선언 |

1. 나는 아이들을 존중하는 선생님이다.
2. 나는 아이들 마음의 보석을 잘 찾아주는 선생님이다.
3. 나는 아이들의 속마음을 잘 알아차리는 선생님이다.
4. 나는 아이들 마음에 공감을 잘 하는 선생님이다.
5. 나는 아이들에게 동기부여를 잘 하는 선생님이다.
6. 나는 아이들의 자발성을 잘 이끌어내는 선생님이다.
7. 나는 아이들의 존경을 받는 선생님이다.
8. 나는 아이들에게 친밀감을 주는 선생님이다.
9. 나는 부모님들에게 존경을 받는 선생님이다.
10. 나는 동료 선생님들을 잘 돕는 선생님이다.
11. 나는 배우는 것을 좋아하는 선생님이다.
12. 나는 도전을 즐기는 선생님이다.
13. 나는 가르침의 행복을 즐기는 선생님이다.
14. 나는 아이들의 성장을 돕는 선생님이다.
15. 나는 아이들을 1:1로 만나주는 선생님이다.
16. 나는 아이들에게 추억을 만들어주는 선생님이다.
17. 나는 아이들의 강점을 찾아주는 선생님이다.
18. 나는 잘 웃는 친절한 선생님이다.
19. 나는 마음을 표현하기를 좋아하는 선생님이다.
20. 나는 측은지심이 많은 선생님이다.

알고만 있어도
달라진다

07

"엄마가 더운 날에도 뜨거운 가스불 앞에서 밥하시는 것을 볼 때 가슴이 뭉클해요. 엄마의 한결같음, 사랑, 인내, 끈기가 고마워서요."

"저한테 화내시는 엄마가 오히려 측은하게 느껴져요. 우리 두 자매를 잘 키우려 노력하시는 엄마의 소신, 사랑을 느껴서요. 그래서 엄마께 편지를 썼고, 더 사이가 좋아졌어요."

아이들을 가르치다 보면 내가 더 따뜻한 배움을 얻을 때가 많다. 아이들의 진실한 마음을 느낄 때, 아이들이 따뜻한 마음을 순수하게 표현할 때 나는 아이들에게서 배운다. 예전 교실에서 가르칠 때 몰랐던 이 감동은 어디에서 시작된 것일까? 몇 년 전부터 교실에서 '버츄프로젝트'라는 미덕의 언어로 아이들을 가르치면서 나는 이런 마음을 적시는 순간을 수시로 경험하는 눈물이 많은 교사가 되었다.

인간의 지각과정을 연구한 덴마크의 심리학자 에드가 루빈(Edgar Rubin)은 이런 현상을 하나의 그림을 통해 설명한다. 그림의 흰색 부분에 초점을 두고 보면 꽃병으로 보이지만 검은색 부분에 초점을 두고 보면 사람의 얼굴이 보인다. 동시에 두 가지를 다 볼 수 없고 사람은 어느 하나를 선택해서 본다. 꽃병이 보이면 얼굴이 안 보이고, 얼굴이 보이면 꽃병이 안 보인다. 사진을 찍을 때 인물을 중심으로 찍으면 배경이 흐려지고, 배경을 중심으로 찍으면 인물이 흐려지는 이치

| 에드가 루빈의 '루빈의 꽃병' |

다. 우리의 뇌가 지각하는 과정 자체가 선택과 집중이다. 주인이 중요시 여기는 것을 정확히 인식한다. 나머지는 봐도 보이지 않고, 알아차리지 못한다. 중요시하는 것이 전경이 되고 나머지는 배경으로 흐려지는 것이다.

우리 아이의 마음속 전경은 무엇일까? 어디에 초점을 두었을까? 이 중심 전경은 부모, 교사, 사회의 가치를 반영해 아이들 안에서 자리 잡는다. 우리 아이들은 아침 8시부터 길게는 오후 3시까지 1년에 1,200시간을 담임 교사와 만난다. 특히 초등학교 시절 교사의 영향력은 더 큰 위력을 발휘한다. 교사의 한 마디, 태도, 반응, 에너지는 보이지 않지만 암묵적으로 우리 아이들의 전경이 된다. 그 전경이 평생 자신을 바라보는 자존감 거울이 된다.

30명의 아이들이 생활하는 교실에서 교사가 가슴에 품은 중심 전경에 따라 똑같은 아이들의 행동은 전혀 다르게 해석된다. 1년 후 아이들의 성장도 전혀 다른 결과를 낳는다. 나는 아이들이 중심 전경에 '큰 나'를 두어 자신의 감추어진 가능성을 믿도록 돕고 안내한다. 우리 사람에게는 1퍼센트의 '보이는 나'와 99퍼센트의 '보이지 않는 나' 즉 '큰 나'가 있다고 말해준다. 그 '큰 나'에는 자고 있는 52개의 미덕의 원석들이 있어, 주인이 깨워주기를 기다리고 있으며, 또 지금까지 겪은 오감의 경험들이 다 저장되어 있다. 행복한 경험들은 밝은색으로, 불행한 경험들은 어두운색으로 저장되어 있다. 아이들에게 따뜻한 경험이 많을 때 52가지 미덕을 깨우기가 더 쉽고, 살면서 매일 미덕을 깨워 모두 다이아몬드로 만들 수 있음을 수시로 말해주었다.

'큰 나'는 한마디로 존재 자체로 이미 보석인 아이들의 가능성이다. 자신이 보석임을 알아야 보석을 깨운다. 지금까지 살면서 자신의 보이지 않는 '큰 나'를 깨운 적이 있는지, '큰 나'에게 무슨 말을 해주고 살았는지를 돌아보게 했다. 자신을 '보이는 나'로만 지각하고 살아온 아이들이 '보이지 않는 나', 나의 99퍼센트나 차지하는 '가능성의 나'를 볼 수 있게 되었을 때 보여주는 변화는 놀랍다. 특히 화, 열등감이 많았던 아이들에게 '큰 나'는 희망이다.

"예전에는 누가 조금만 싫은 소리를 해도 화가 많이 났어요. 이제는 너그러움의 미덕을 불러와요. 그리고 나를 도와주는 미덕이 많다는 생각을 하면 힘이 나요."

유난히 수업시간에 자주 떠들던 지은이가 낸 일기장을 읽다가 내 가슴에 전율이 일었다.

"3학년 때 수업시간에 많이 떠들어 선생님께 자주 걸렸다. 그때는 선생님을 원망했었다. 5학년 들어 미덕을 알게 된 후 나는 잠자고 있던 내 경청 미덕을 자주 불러온다. 나는 앞으로 경청 미덕을 내 대표 미덕으로 만들 거다."

아이가 늘 열등감을 느끼던 경험이 재해석되었다. 그 재해석은 아이의 무의식에 그대로 뿌리를 내릴 것이다. 그래서 아이의 행동의 방향을 바꿔줄 것이다. 이제 아이는 부족한 면이 드러날 때마다 '그래, 난 원래 그래.' 하며 포기해온 일들을 다시 생각해볼 것이다. '내 미덕이 자고 있어서 그래, 다시 깨워보자! 해보자!' 지은이의 '큰 나'에 어두운색으로 저장되어 꺼내기조차 싫었던 부끄러운 열등감, 수치심이

옷을 바꿔 입었다. 내 안에 '큰 나'의 가능성을 믿게 된 순간 밝은색 '용기'로 전환된 것이다. 지은이는 '경청'을 대표 미덕으로 만들겠다고 약속했고 수업시간마다 미덕 칭찬을 받았다. 이런 태도가 학기 말까지 이어지자 나는 여러 아이들 앞에서 선언했다.

"우리 지은이는 '경청'이 이제 다이아몬드가 되었구나! 너무나 자랑스럽다 지은아!"

그 칭찬을 하는 나는 교육자로서 참 많이 행복했다. 수치심이 용기로 전환되는 그 장면 장면에서 나는 가슴이 뛰었다. 지은이가 보여준 변화 과정은 내 '큰 나'에 수많은 설렘, 기쁨으로 저장되었다.

여름방학을 마치고 2학기가 시작된 그해 9월 초, 출근하자마자 교무실에서 충격적인 이야기를 들었다. 근처 학교에 다니던 4학년 아이가 아파트 15층 베란다에서 뛰어내려 자살했다는 이야기였다. 이유가 어처구니없었다. 개학 이틀 전 엄마가 방에서 게임하는 아이에게 방학숙제는 다했는지 물으니 아이가 '이거, 저거 다 못했다.'라고 말한 것이다. 엄마는 언제 그 숙제를 다할지 걱정하면서 방을 나왔을 뿐이라고 한다. 야단치지도 화내지도 않았는데 아이는 잠시 후 말없이 베란다로 나가 뛰어내린 것이다. 이런 이야기를 전해 들으면 가슴이 너무나 아프다. 어른의 그늘에 늘 가려 있는 아이가 느끼는 부담감은 어른의 상상보다 훨씬 무겁고 아플 수 있다. 보이는 '작은 나'보다 99배의 힘을 가진 '큰 나'를 품게 했다면 어땠을까? 아이에게 당장의 괴로움이 조금은 더 감당하기 쉽지 않았을까? 소중한 한 생명을 지키지 못한 안타까움이 커 며칠 간 잠이 오지 않았다.

"애들아, 평생 기억할 게 있어, 지금 선생님 말씀은 평생 기억해야 해! 애들아, 우리 마음속에는 이렇게 '큰 나'와 '작은 나'가 있어. 보이는 '작은 나'는 1퍼센트 힘을 가지고 있지만 보이지 않는 '큰 나'는 99퍼센트란 큰 힘을 가지고 있어, 그래서 거인이지. 애들아, 네가 보여 주는 모습, 행동은 '작은 나'란다. 만약에 누가 너한테 '너는 왜 이렇게 공부를 못하니? 너는 왜 피아노를 못 치니? 너는 왜 이렇게 공을 못 차니?'라고 했을 때 어떤 모습을 보고 그런 말을 하는 걸까? 보이는 너의 모습일까? 보이지 않는 너의 모습일까?"

"보이는 모습이요."

"그래, 그때 사람들은 보이는 너의 모습, 즉 '작은 나'를 가지고 이야기하는 것이란다. 이럴 때 속상해하고, 화내고, 흔들릴 필요가 있을까? '작은 나'는 몇 퍼센트라고 했지?"

"네, 1퍼센트요."

"그래, 1퍼센트지. 하지만 보이지 않은 너의 '큰 나' 속에 가지고 있는 힘, 울트라 슈퍼 파워! 미덕 52개 다이아몬드의 힘은 아직 시작도 안 했어. 그러니까 누가 뭐라고 해도 그건 진짜 너가 아니다. 1퍼센트일 뿐이지. 그런데 엄마, 아빠, 친구가 나에게 뭘 잘 못한다고 말했다고 해서 울고, 억울해하고, 소리 지를 이유가 있을까?"

"아니요. 나의 99퍼센트 숨겨진 힘을 나는 믿으니까요."

"그래, 오히려 그때 어떤 미덕을 깨우면 좋을지 생각하면 더 좋겠지. 그럼 네 안에 있는 거인이 널 도와줄 거야. 그러니까 어떤 순간에도 자기 자신을 포기하면 안 된다. 애들아!"

5학년 우리 반 아이들에게 '큰 나'를 가슴에 품도록 한 이 순간이 준 영향은 생각보다 컸다. 아이들은 일기장에서도 '큰 나'와 내 안의 미덕을 되새기고 있었다.

　"나는 여태까지 내가 뭘 조금만 못하면 다 그게 나의 전부인 줄 알았다. 그래서 다른 아이들보다 태권도를 못할 때, 줄넘기를 못할 때 누가 뭐라 하면 나는 화나고 부끄러웠다. 하지만 이제는 속상해하는 대신 내 미덕을 깨울 것이다. 그런 생각을 하면 마음이 편하다."

　"나는 내 52개의 미덕 원석을 아직 깨우지 않았고, 앞으로 하나하나 다이아몬드로 만들어갈 거다."

　"전에는 내가 수학을 못한다고 혼나거나 누군가 놀리면 억울하고 속상했다. 이제는 나도 열정, 끈기의 미덕을 다이아몬드로 만들면서 끝까지 공부해서 수학을 잘하게 될 거라 생각하니 화가 많이 줄었다."

　모든 것이 바뀌었다. '내가 보는 나'가 바뀌었다. 이 세상이 바뀐 것이다. 이 아이들의 삶도 전혀 다른 방향으로 바뀔 것이다. 엄청나게 큰 내 안의 힘을 믿는 아이로 살 것이다. 누가 뭐라고 비난을 해도, 분노하고 억울해하는 두려움 에너지에서 자신을 끝까지 믿고 사랑하는 사랑 에너지로 전환할 것이다. 이미 있는 자신의 미덕을 깨우면 되니까 어려울 것도 없다. 자신을 더 믿고 사랑하기에 인생을 살면서 수없이 파도가 와도 다시 도전해 굳건히 자기 길을 갈 수 있을 것이다.

　버츄프로젝트는 한 해의 이벤트 교육이 아니다. 인생을 살아갈 때 내가 나를 어떻게 보는지는 굉장히 중요하다. 나를 보는 관점으로 친구를 보고, 세상을 보고, 인생을 본다. 내가 나를 가능성의 존재로 보면 내가 실수했을 때 가장 먼저 내가 나를 토닥여줄 수 있다. 왜냐하면 미덕이 52개나 있으니까, 실패는 작은 성공일 뿐이니까. 내가 부족한 나, 실수한 나, 실패한 나를 진심으로 안아줄 때 줄줄이 딸려오던 두려움 에너지는 사라진다. 그 평온함으로 친구를 보고 친구의 실수, 실패도 기다려줄 수 있다. 격려해줄 수 있다. 사람은 자신을 존재 자체로 안아줄 때 평온함을 경험한다. 그건 책이나 인터넷에서 찾아 이해할 수 있는 지식이 아니다. 오직 자기 내면의 힘, '큰 나'를 인식할 때 가능한 경험이다. 이 경험이 시각, 청각, 후각, 미각, 촉각을 타고 우리 무의식으로 간다. 자신을 안아줄 때의 그 따뜻한 느낌은 다 무의식에 차곡차곡 저장되어 비슷한 장면에서 아이에게 힘을 준다.

'그래, 이번에는 실패했지만 끈기 미덕을 깨워 다시 할 수 있어.'
'넌 52가지나 되는 큰 힘을 가진 아이잖아. 다시 일어나봐!'
'아직 다이아몬드 만들지 않은 네 원석들이 많잖아. 다시 해보자!'

아이 마음의 중심 필터에 무엇이 있는가? 힘든 순간, 포기하려는 순간, 실수하고 실패한 순간 아이 마음이 무엇을 주로 보는가? 자신의 '큰 나', 아직 잠자고 있는 99퍼센트 가능성의 원석을 볼 수 있는가? 그 미덕 필터가 아이에게 있다면 아이는 삶의 기적을 만들 것이다. 자신의 자고 있는 미덕을 하나하나 깨우는 삶! 보이는 '작은 나'가 전부인 줄 알고 힘들게 살아갈 한 아이가 자신의 '큰 나'를 평생 깨우면서 살아갈 수 있다면 그게 기적이다. 한 어린 영혼에게 자신의 '큰 나'를 품게 하는 일, 그건 이 세상에서 가장 따뜻한 선물이다.

CHAPTER. 5

내가 만난
버츄프로젝트

버츄프로젝트란
무엇일까?

01

　자신을 바라보는 대로 세상을 바라보고, 아이를 바라본다. 자신을 미덕을 품고 있는 존재로 바라본다는 건 세상이 바뀌는 일이다.

　버츄프로젝트는 1970년대 중반 임상심리치료사였던 린다 캐벌린 포포프(Linda Kavelin Popov)가 개발해 자신의 자녀가 다니던 학교의 행동장애 학생들을 대상으로 실시한 ABC 프로그램으로부터 시작되었다. 이 프로그램이 기적과 같은 효과를 보이면서 린다의 학교에 이어 지역 사회가 호응하면서 오늘날의 버츄프로젝트로 발전했다.

　어느 날 린다 여사가 학교를 방문했다. 그런데 교실을 찾자마자 깜짝 놀라고 말았다. 개방된 형태의 실험적 교실은 난장판이었고 여선생님이 그 한구석에서 아이들을 진정시키느라 얼굴이 빨개져 땀을 뻘뻘 흘리고 있었다. 하지만 아이들은 아랑곳하지 않고 선생님을 올라타고, 소리를 질러댔다. 선생님은 금방이라도 울음을 터뜨릴 것 같았다. 린다 여사는 질서도 규칙도 전혀 없는 교실 상태에 충격을 받았다. 더구나 그 반에는 린다 여사의 큰 아들이 있었는데, 소극적인 그 아이는 그 혼란스러운 환경에 무척 스트레스를 받았다. 매일 집에 와서 엄마한테 힘들다고 하소연을 한 이유를 알게 된 것이다. 린다 여사는 교장실로 달려갔다. 린다 여사는 학습, 부모자녀 관계를 다루는 심리치료사였기에 더 답답했을 것이다.

"교장 선생님! 개방 수업에 제가 뭔가 도울 일이 없을까요?"
"그러면 제일 힘든 1학년 한 반을 좀 도와주세요."
린다 여사는 1학년 중 제일 힘들다는 반에 가서 울먹이는 여 교사에게 말했다.
"선생님! 제가 도와드릴게요. 가장 힘든 아이 다섯 명을 뽑아주세요."
"그 아이들을 제가 데려다 따로 교육을 해볼게요."

다섯 명의 아이들은 어리둥절해하며 꺼림칙한 얼굴을 하고 앞으로 나왔다.
"내가 너희들을 아주 특별한 곳으로 데리고 갈 거야. 기대해도 돼."
겁을 먹었던 아이들은 린다 여사의 그 말에 조금은 안심을 하고 따라갔다. 린다 여사는 아이들을 관찰했다. 눈동자를 계속 굴리는 아이, 돌아다니며 벽타기를 하는 아이, 옷도 더럽고 머리칼도 헝클어져 있는 아이, 비만에 움직임이 둔한 아이, 화가 나 있는 표정의 아이들이었다.

"너희들은 아주 특별한 것을 배우게 될 거야."
"오늘부터 모든 사람이 가지고 있는 존중, 인내, 자제를 가르쳐줄 거야."

다른 아이들은 눈을 깜박이며 귀를 기울였지만, 벽타기를 하던 아이는 이번에는 창문을 올라타고 있을 뿐 관심조차 없었다. 린다 여사는 그 아이를 지적하는 대신, 네 명의 집중한 아이들한테만 관심을 기울였다.

한참 벽을 타던 아이는 심심해졌는지 살짝 뒤를 돌아보았다. 린다 여사는 그 순간을 놓치지 않고 말했다. "얘들아, 조니가 지금 나를 봤어! 선생님이 말씀하시는데 들으려고 조니가 지금 나를 봤어. 이게 바로 존중이야."

조니는 깜짝 놀랐다. 야단을 맞지 않아 놀랐는지, '존중'이란 말을 들어서인지 모르지만 처음으로 자리로 와서 앉았다.

"너희들은 이제 특별한 것을 배워서 너희들은 몇 주 후에 너희 반에 돌아가서 배운 것을 가르치는 꼬마 선생님이 될 거야."

린다 여사는 아이들이 일상생활 속에서 자연스럽게 미덕을 갈고 닦도록 도왔다. 다음 날 그녀는 건포도와 팝콘을 아이들에게 한 주먹씩 나눠주고, 글자 만들기 놀이를 했다. '존중'이나 '자제' 등 미덕들을 팝콘과 건포도로 쓰고 나면 "인내란 무엇이란다. 자제란 무엇이란다."라고 설명해주고 함께 맛있게 먹었다. 아이들이 무척 즐거워했다.

어느 날은 뛰어다니며 돌아다니는 산만한 습관이 든 아이들에게 동상 놀이라는 것을 가르쳤다. 내키는 대로 놀다가 린다 여사가 "조용히 하세요!"라고 외치면 그 자리에서 아이들이 멈추는 놀이였다. 아이들은 까불거리다가도 동상처럼 우뚝 서는 '자제' 놀이를 재미있어 했다. 한편 선생님이 말할 때 끼어들거나 수업시간에 떠드는 아이들에게는 "끼어들지 마."라고 지시하는 대신, "말하고 싶으면 왼손을 들고, 오른손은 입술에 대는 거야. 이게 바로 너희들의 나에 대한 존중이야."라고 가르쳤다.

유난히 친구를 툭툭 치며 사람에게 부딪치는 습관이 있는 한 아이에게도 알려주었다. "모든 사람에게는 보이지 않는 동그라미가 있는데, 그 동그라미를 밟으면 그 사람이 아파. 그래서 언제나 사람 옆에 갔을 때는 그 마법의 동그라미 안에는 들어가지 않는 거야. 정 들어가고 싶으면 친구에게 허락을 받아야지. 그게 바로 존중이야."

물리적 경계선이 없던 이 아이는 어느 날 주변 아이들을 잡고 매달리는 행동을 멈췄다. 린다 여사는 이 아이를 따뜻하게 안아주었다.

이렇게 몇 주가 지나고 나니 아이들의 모습은 눈에 띄게 달라졌다. 린다 여사는 아이들을 칭찬해주며 말했다.

"드디어 오늘이 우리가 아이들을 가르치러 가는 날이야."

아이를 뛸 듯이 기뻐했고 자랑스러워했다. 린다 여사는 이 다섯 아이들을 원래 교실로 데리고 갔다. 교실에서 가장 말썽쟁이, 문제아였던 이 아이들을 모두의 앞에서 이렇게 소개했다.

"얘들아, 오늘부터 특별한 것을 배울 거야. 그런데 오늘의 선생님은 바로 이 아이들이야. 이 꼬마 선생님들이 너희가 모르는 것을 가르쳐줄 거야."

다섯 아이들은 동상 놀이, 마법의 동그라미, 팝콘과 건포도 놀이, 발표 행동의 시범을 보여주었다. 반 아이들은 크게 박수를 쳤다. 다섯 아이들의 모습은 기적적으로 달라져 있었다. 감동한 교장 선생님은 린다 여사의 프로그램을 학교의 정식 인성 교육 프로그램으로 도입했고 자원봉사 어머니들이 나타나 돕기 시작했다.

_〈한국비츄프로젝트 교육자 지도서〉

임상심리치료사 린다 여사는 정신과 의사인 남편과 함께 이 프로그램을 지속적으로 연구했다. 버츄프로젝트는 서서히 명성을 얻어 미국 전역에 탁월한 인성 교육프로그램으로 전파되었고 UN에서도 인정받았다. 한국에서는 10여 년 전 종교학자 김영경 박사님에 의해 도입되었다.

버츄(virtue)란 힘, 능력, 위력, 에너지를 상징하는 라틴어 virtus(비르투스)에서 유래한다. 버츄란 인성(人性)이라는 마음의 광산에 자고 있는 아름다운 원석들이다. 그 원석이 깨어나 본래 지니고 태어나는 아름다운 성품이 드러나는 것이 미덕이다. 미덕은 내면에 잠재한 위대한 힘, 큰 나, 잠자고 있는 거인, 다이아몬드다. 대표적인 미덕인 '사랑'은 우리나라, 미국이나 일본에서도 동일하게 소중한 가치다. 이렇듯 선정된 미덕들은 인류사회의 보편가치, 절대가치, 근원적 가치다. 또 미덕은 이미 주어진 내적동기다. 사람은 누구나 감사, 용서, 친절, 진실성, 인내, 배려 등의 버츄 미덕을 연마함으로써 자신의 인성을 빛나게 할 수 있는 능력을 가지고 있다.

교사, 부모의 내면에도 이미 미덕이 있다. 그것을 인식하고 하나씩 깨우면 된다. 그 원석이 반복적인 실천으로 연마의 과정을 거치면 반짝이는 다이아몬드가 된다. 죽을 때까지 52개의 미덕을 다이아몬드로 만드는 과정이 우리의 궁극적인 삶인 것이다.

미덕 원석은 어떻게 보석이 되나?

미덕의 원석은 잠재력 시기 → 가능성 시기 → 탁월성 시기의 과정을 거치며 보석이 된다. 원래 한 아이가 가지고 태어난 아름다운 본래의 모습을 찾아가는 것이다. 그것은 달리 말하면 아이들은 원래 보석이라는 뜻이다. 버츄프로젝트는 한 아이의 단점을 고쳐주는 과정이 아니라, 원래 모습을 찾아가도록 돕는 과정이다.

> 잠재력 시기(potential state)는 미덕이 씨앗, 원석의 상태로 있다는 것을 말하며 이때 미덕의 힘이 이미 있지만 아무도 발견해주지 않는다. 즉 미발견의 시기다. 이때에는 다양한 미덕의 경험과 노출, 탐색이 필요한 시기다.
> 가능성 시기(possible state)는 미덕의 씨앗이 적당한 땅과 기운을 만나 싹을 틔우는 단계다. 다양한 도전, 시도가 필요한 시기로 이때 자극이 중요하다. 이때 교사, 부모가 "너는 미덕이 있는 사람이야."라고 말해준다면 아이는 미덕을 인식한다. 희미한 불빛으로 보이는 미덕에 집중하기 시작해 점점 미덕이 빛을 내도록 깨운다.
> 탁월성 시기(actualized state)는 미덕의 씨앗이 나무와 같이 최대한 실현된 상태다. 여기서의 탁월함은 경쟁적 우월함과 다른 공생과 협력의 관점이다. 자신의 탁월한 미덕을 실생활과 문제해결에 적용할 수 있고, 타인과 나눌 수 있다. 매일매일 자신의 미덕을 깨우고 연마하다 보면 미덕을 탁월하게 보석으로 만들 수 있다.
>
> _〈한국버츄프로젝트 교육자 지도서〉

내가 만난 버츄프로젝트는 한 아이의 온전함과 그 가능성에 지속적인 빛을 비춰주는 사랑 에너지 그 자체였다. 한 아이가 태어나 세상을 믿을 만한 안전판으로 보는 애착이 없으면 삶에서 불안은 일상이 될 것이다. 부모의 보살핌이 부족해 사랑 결핍이 오면 '핵심 수치심'이 일상화된다. 현대의 뇌과학은 뇌는 쓰는 대로 발달한다는 가소성의 법칙을 발견했다. 버츄프로젝트의 사랑 에너지는 불안정 애착이나 핵심 수치심이라는 가장 회복하기 어려운 마음의 상처 또한 가소성을 통해 바꿀 수 있다고 나는 믿는다.

안정 애착을 형성했던 아이들은 커서도 두려움이나 수치심을 느낄 때 불안감과 스트레스를 스스로 조절해 완화시킬 수 있다. 하지만 어린 시절 부모와의 관계가 끊어지거나 버림을 받은 경험, 버림받을지도 모르는 상태를 겪어 불안정 애착 상태였던 아이들은 세상에 대한 기본 신뢰가 없기에 교실에서의 적응에도 어려움을 느낀다. 작은 일에도 불안을 느끼니 관계와 학습에 써야 할 에너지를 생존에 다 쓰기 때문이다. 또 엄격한 부모 밑에서 불안감, 두려움을 조절하는 법을 배우지 못한 아이들은 핵심 수치심을 가질 수 있다. 핵심 수치심은 어떤 행동 실수나 실패에서 오는 것이 아니다. 어떤 일의 결과로서가 아니라, 자신은 근본적으로 문제가 있고, 사랑받을 수 없는 사람, 가치 없는 존재라고 느끼는 것이다. 핵심 수치심은 가장 먼저 학습에 영향을 준다. 핵심 수치심이 있는 아이들은 불안을 느끼지 않아도 될 일에 불안을 느끼는 등 지속적인 스트레스를 받게 된다. 스트레스를 받을 때 우리 몸은 아드레날린, 코르티졸 같은 불안 호르몬이 나온다. 불안 호르몬이 과해지면 해마라는 공부의 뇌, 기억장치에 영향을 줘 학습기능을 떨어뜨린다. 불안, 두려움, 스트레스에 빠진 아이는 공부도 하기 어렵다.

_루이스 코졸리노, 《애착 교실》

존경하는 나의 교육 멘토, 마바 콜린스(Marva Collins)는 인간의 두뇌는 회복탄력성이 뛰어나 어려서 했던 부정적 경험의 영향을 뒤집을 수 있다고 말한 바 있다. 미국의 공립학교 교사인 마바 콜린스는 '문제 학생'으로 낙인찍힌 아이들을 모아 자기 집에 대안학교를 설립해 가르쳤다. 4년 동안 열세 곳의 학교를 전전했던 아이, 연필로 급우를 찔렀다가 정신병원에 입원했던 아이, 자기 이름조차 쓰지 못해 이

전 학교에서 교육을 포기한 아이들이었다. 그런데 '교육 불가'란 판정을 받은 아이들이 얼마 후 셰익스피어, 에우리피데스가 쓴 어려운 고전을 읽고, 대학에도 진학했다. 마바 콜린스 교육의 힘은 무엇일까?

나는 마바 콜린스의 교육철학이 바로 사랑 에너지 그 자체라고 본다. 아이들이 어린 시절의 부모에게서 받아야 할 사랑이 결핍했을 때 타인을 신뢰하는데 어려움을 겪으며, 그것은 자신의 존재가치를 늘 의심하는 핵심 수치심을 만든다. 그 결과 세상에 대한 불신, 공격, 두려움에 맞서느라 에너지를 다 쓰도록 뇌의 지도가 확정된다. 아이는 그 안에서 실수, 실패하는 악순환을 거듭할 것이다. 하지만 마바 콜린스는 수없이 넘어지고 비뚤어졌던 아이들을 평가 없이 한 존재로 온전히 받아들이고, 인정해주었다. 마바 콜린스가 준 존재 사랑의 경험은 오감으로 아이의 무의식에 저장되었을 것이다. 그 어느 곳에서도 경험하지 못한 신뢰, 안정 애착을 선생님을 통해 경험하게 된 것이다. 그 아이들의 단 한 사람이 된 그녀는 결국 아이들의 자신은 쓸모없는 존재라는 핵심 수치심을 치유해 학습에도 성공한다.

한 사람의 지속적인 믿음, 기대, 사랑, 연민 등 사랑 에너지는 아이로 하여금 교사나 부모를 믿을 만한 안전판으로 느끼게 해준다. 안전하다고 믿게 된 아이는 더 이상 두려움을 해소하느라 모든 에너지를 쏟아붓지 않을 수 있으며, 드디어 공부를 할 여유도 있다. 한 교사 마바 콜린스의 연민과 사랑이 상처 입은 수많은 아이들의 뇌의 회로까지 바꾸었다. 교실은 세상 최고의 심리치유 공간이다. 나는 내가 한 아이에게 전해준 사랑 에너지는 그 아이를 치유하고 살린다고 믿는다. 그 아이가 세상에 태어나 받지 못했던 신뢰를 나는 줄 수 있다. 내 가슴은 그 아이를 지금의 성패와 상관없이 깨어날 보석으로 보는 따뜻한 사랑 에너지를 언제나 말없이 전해줄 것이다. 실수해도 안아주고, 격려하는 따뜻한 사랑의 말과 행동의 일치를 보여줄 것이다. 에너지, 말과 행동이 일치할 때 마음을 닫았던 아이도 진실함을 발견할 수 있고, 세상에 대한 새로운 신뢰를 되찾을 수 있다. 아이 가슴에 세상은 믿을 만하다는 신뢰감은 세상을 살아갈 힘이 되어줄 것이다. 나는 부모가 돌보지 못해 쓰러진 아이 영혼을 일으킬 수 있음을 믿는다. 나는 한 아이의 뇌의 회로까지 바꿀 수 있는 사람이다. 나는 버츄프로젝트를 통해 이 모든 것을 진심으로 믿게 되었다. 나와 내가 만날 '모든 사람들은 깨어날 보석 덩어리'이기 때문이다.

관계의 본질, 겐샤이

02

겐샤이, 누군가를 대할 때 그가 스스로를 작고 하찮은 존재로 느끼도록 해서는 안 된다.

나는 예전에는 아이들의 마음이 백지라면 그 백지 같은 마음속에 점 하나를 먼저 봤다. 그 점은 잘못이나 실수다. 그 점을 제대로 포착해 정확하게 바로 잡아주는 것이 훌륭한 교사, 좋은 부모라고 믿었기 때문이다. 지금까지 내가 생각한 좋은 교사의 역할은 적절한 훈육자였다. 아이가 잘할 때는 칭찬하고, 잘못하거나 실수할 때는 정확히 적시해 훈계하고 지도하는 데 집중했다. 이때의 나는 아이를 '부족한 존재, 미숙한 존재, 불완전한 존재, 도움을 주어야 하는 존재'로 보는 아동관을 지녔었다.

버츄프로젝트는 다른 안경으로 아이를 보게 했다. 아이는 잠재력의 존재, 온전함을 품은 존재, 앞으로 보석이 될 원석을 가득 품은 존재로 보았다. 아이를 스스로의 힘을 가진 무한 가능성을 가진 존재로 보는 것이 버츄 아동관이다.

작가이자 유명한 코칭 지도자인 케빈 홀의 책 《겐샤이》가 떠오른다. '겐샤이(gensha)'는 고대 힌디어로 '누군가를 대할 때 그가 스스로를 작고 하찮은 존재로 느끼도록 해서는 안 된다'는 뜻이다. 겐샤이의 출발은 자기 자신이다. 나 자신을 대하는 방식은 내가 사람을 대하고, 세상을 대하는 방식에 그대로 반영된다. 그래서 내 자신이 먼저 나를 진심 어린 자비, 격려의 '겐샤이'로 대하는 게 먼저다. 평범한 삶을 살아가는 사람이라고 해도 겐샤이를 실천할 수 있다면 많은 이들에게 긍정의 영향력을 발휘할 수 있을 것이다.

케빈의 어머니는 열아홉 살에 두 아이를 가진 미혼모가 된 후 알콜 중독에 빠졌다. 시간이 가면서 스스로 알코올 중독을 극복했고, 홀로 두 아들을 훌륭하게 키워냈다. 가장 바닥에서 일어나 자기 자신의 삶을 먼저 변화시켰으며, 평생 중독자들을 상담하고 위로하는 삶을 살았다. 케빈 어머니의 장례식 날 한 사람이 다가와 케빈에게 말했다.

"인생에서 가장 어두운 길목에서 헤매고 있을 때, 스스로를 믿지 못했을 때 당신의 어머니가 저의 가능성을 믿어주셨습니다. 당신의 어머니가 없었다면 저는 오늘 이 자리에 없었을 것입니다."라고 하며 감사의 눈물을 흘렸다. 케빈은 어머니가 가장 깊고 어두운 고통의 순간에 겐샤이를 통해 일어났고, 평생 누군가의 겐샤이를 실천했음을 깨달았다.

2005년 린다 여사가 한국에 왔을 때 한 인터뷰를 읽어보다가 나는 다시 '겐샤이'가 떠올랐다.

"버츄프로젝트의 4전략 '정신적 가치를 존중하라'는 개인 한 사람, 한 사람을 온전한 인간으로 예우하는 것을 말합니다. 사람은 가장 강력한 자원이며, 4전략은 그 자원을 가장 잘 보호하는 방법에 관한 것입니다. 버츄프로젝트의 네 번째 전략과 다섯 번째 전략은 버츄프로젝트가 지니고 있는 가장 독특한 전략입니다. 이것은 조직은 물론 조직을 구성하는 개인 한 사람, 한 사람에게 다가가는 접근 방식으로 근본적인 관계를 바꾸어놓을 만큼 강력한 힘이 있습니다."

내가 만난 버츄프로젝트는 그 과정 자체가 따뜻한 겐샤이였다. 가장 먼저 나 자신에 대한 겐샤이, 내 제자들을 연민의 마음으로 격려하도록 한 따뜻한 겐샤이였다. 아이가 지금 어떤 모습을 하고 있든 한 존재로서 예우하는 것이다. 내 반에 온 가장 속을 썩이는 문제아가 스스로를 작고 하찮은 존재로 느끼도록 해서는 안 된다는 마음, 그게 겐샤이다.

교실에는 언제나 문제아가 있다. 내가 두려움 에너지 안에서 살 때는 교실의 문제아에 대해 많은 에너지를 썼다. 그 아이 명단을 받자 작년 담임 교사를 찾아가 그 아이의 문제 행동을 수집했다. 그리고 깨알같이 적어놓았다. 그 아이 부모의 성향, 생활기록부 기록 등을 뒤져서 아이의 행적을 찾아 정리해놓았다. 그 아이를 맞을 준비를 온통 두려움, 피해를 막기 위한 회피동기로 시작했다. 그러다 보니 그 아이가 교실에서 수업시간에 장난을 치고, 친구를 때리면 나는 마치 기다렸다는 듯 아이에게 소리를 질렀었다.

"너 한 번만 더 그러면 그땐…!"

아이는 자신 안에 어떤 싹이 있는지 모르는 채로 세상에 태어난다. 부모를 선택할 수 없고, 환경을 선택할 수도 없다. 두려움, 공포를 만난 아이는 홀로 울다가 세상을 향해 외로이 투쟁하기 시작한다. 이 어두운 세상에서 살아남기 위해 집중한다. 부모, 친구가 두려움을 주기 전에 도망가려 하고, 공포를 주는 듯 보이면 먼저 공격하게 된다. 아홉 살이 되어 교실에 온 그 아이는 친구에게도 공격하거나 방어할 줄만 안다. 어둠의 싹이 이제는 꽃봉오리가 되었다. 그리고 사랑받지 못한 마음은 얼음장이 되었다. 그 아이의 어둠에 물을 주고, 꽃을 피운 것은 누구일까? 그 아이 자신일까? 아이는 오히려 누군가에 의해 밝은 빛인 자신을 잃어버렸다. 이젠 그 빛이 있는지조차 모르고 누구도 봐주지 않아 사라지려고 한다. 어쩌면 한 어린아이가 태어나 10년을 살았는데 문제아로 낙인이 찍혔다면 우리는 그 아이를 안고 울어야 할지도 모른다.

"네 잘못이 아니야, 가엾은 아이야. 너는 주는 물 먹고, 주는 대로 피었단다."

"10년이 되도록 너를 돌보지 않은 우리 어른들의 잘못이야."

그 한 아이의 마지막 희망은 교실이다. 만약 교사조차 아이를 문제아, 나에게 피해를 줄 시한폭탄으로 본다면 그 아이가 자라 이 세상에 던질 것은 어둠의 꽃이 주는 악취가 될 수 있다. 나는 이제 가장 깊은 측은지심으로 그 아이에게 말해주고 싶다.

"아들아, 지금 보이는 게 다가 아니야. 그건 겨우 1퍼센트야. 네가 가진 엄청난 99퍼센트 힘이 있어. 그리고 그 힘은 아직 깨우지도, 시작하지도 않았어. 올해 넌 그걸 깨울 거야."

"넌 깨어날 보석이란다. 선생님이 도와줄게. 네 보석들이 보여."

그 아이의 숨겨진 보석에 최초로 헤드라이트를 비춰주는 사람이 되고 싶다. 그래서 그 아이가 머지않아 자신이 빛나는 싹들에 스스로 물을 주도록 안내해줄 것이다. 어둠에서 고통스러운 시간을 보낸 아이이기에 더 진한 연민을 퍼부어줄 것이다. 그 아이가 태어나 안정 애착을 형성하지 못하고 온 세상을 두려워하며, 세상과 투쟁하며 얼어버린 가슴을 녹여주고 싶다. 그 얼음이 다 녹는 날, 그 아이가 가진 빛의 싹이 세상을 향해 나오는 상상을 하면서 말이다. 그래서 나는 힘든 아이, 문제아는 이 세상에 없다고 믿는다. 자신이 어둠의 싹인 줄 알고, 고통스러운 삶을 사는 한 아이가 있을 뿐이다. 그 아이가 이미 가지고 태어난 빛을 묵묵히 비춰주는 한 사람이 되고 싶다. 지금까지 내가 진심을 다해 사랑했을 때 그 빛에 녹지 않는 아이는 단 한 명도 없었다. 내 사랑의 빛에 녹지 않은 아이는 없었다. 사람의 언 가슴을 녹이는 건 사람만이 주는 지극한 사랑 에너지뿐임을 이제 나는 안다.

버츄프로젝트는 나에게 문제아를 문제아로 대하는 대신 한 소중한 보석이 앞으로 보일 빛을 보게 만들었다. 머리로 아무리 배우려 해도 담기 힘든 에너지, 가슴이 울려야 채워지는 따뜻한 사랑 에너지, 연민의 힘, 겐샤이를 나는 버츄프로젝트로 깊이 체험했다. 내 안에 자리 잡은 겐샤이는 반짝이는 거울이 되어 언제나 나를 먼저 비추고 아이들을 비춘다.

그 거울이 나에게 "괜찮아, 실수해도 괜찮아. 네 보석이 있잖아. 너의 따스함이 좋아. 네게는 엄청난 힘이 있어."라고 말해준다. 내 옆에 온 아이들에게, 사람들에게 나도 말해준다. "괜찮아! 실수해도 괜찮아, 네 보석이 있잖아! 너의 따스함이 좋아. 너에게는 엄청난 힘이 있어."

내 인생의 60초

03

나는 처음에 버츄프로젝트를 배우면서 별 기대가 없었다. 당시 내가 소속되어 있던 연구회에서 20여 명 연구회원 중 아무도 연수받은 적 없는 유일한 프로그램이었기에 채택되었을 뿐이었다. 이윽고 첫 시간 만난 52가지 미덕은 그냥 도덕시간에 매일 가르치고 있는 덕목으로 여겨졌고 호기심도 일지 않았다.

그렇게 의욕이 저하되어 출발했던 여덟 시간의 워크숍 시간 중 '내 인생의 60초'가 다가왔다. 마침 4전략, '정신적 가치를 존중하라!'를 배우던 중이었다. 그때 강사님이 이렇게 말씀하셨다.

"그동안 아이들 한 명, 한 명에 대해 그 아이만이 가진 특별함, 정신성을 본 적이 있나요?"

그리고 인디언 수우족 추장의 기도문이 나오는 잔잔한 영상을 보여주셨다.

당신, 바람 속에서 속삭이는 분,

당신, 자신의 숨결로 세상 만물에 생명을 불어넣어주시는 분.

저는 당신의 많은 자식들 가운데

작고 힘없는 자식이나이다.

제게 당신의 힘과 지혜를 허락하소서.

제가 늘 당신의 아름다움 안에서 걷게 하시고

제 두 눈이 오래도록 석양을 바라볼 수 있게 하소서.

당신이 만든 모든 것을 소중히 여기게 하시고

당신의 목소리를 들을 수 있도록 제 귀가 늘 열려 있게 하소서.

당신이 다른 많은 사람에게 가르쳐주신 것들을 저 또한 배우게 하시고

당신의 모든 나뭇잎, 모든 돌 틈에 감춰둔 교훈을 저 또한 알게 하소서.

제 형제들보다 더 위대해지기 위해서가 아니라

가장 큰 적인 저 자신과 싸워 이길 수 있도록 제게 힘을 주소서.

저로 하여금 깨끗한 손, 맑은 눈으로

언제라도 당신께 돌아갈 수 있도록 준비시켜주소서.

그리하여 저 노을이 지듯 제 목숨이 사라질 때,

제 영혼이 부끄럼 없이 당신께 돌아갈 수 있게 하소서.

_수우족 인디언 추장 노랑 종달새

영상의 나레이션을 따라가는데 갑자기 눈가가 촉촉해졌다. 가슴이

뜨거워지면서 뭉클해지고, 눈에서는 이유를 알 수 없는 눈물이 하염없이 흘렀다. 교실이 떠올랐고, 아이들의 얼굴이 떠올랐다. 한 번도 아이들의 존재를 온전한 존재로, 미덕을 가진 존재로 생각해본 적이 없었다. 게다가 한 아이, 한 아이가 가진 특별함, 그 아이 영혼이 가진 소중한 정신성이란 것을 느껴본 적도, 생각해본 적도 없는 내 자신이 보였다. 나도 모르게 가슴이 시큰거리며 눈에서 눈물이 흘러 내렸다.

진정 나 자신을 사랑하려고 노력했고, 따뜻한 선생이 되고 싶었던 나였는데 왜 그토록 가슴이 아픈지 나는 몰랐다. 그 느낌이 너무나 강렬해서 나는 그 여덟 시간의 연수를 마친 후 곧 한국버츄프로젝트의 퍼실리테이터 과정인 3일간의 트레이닝에 달려갔다. 거기서 나는 사람을 이미 있는 그대로 아름다운 사람으로 바라보는 게 무엇인지 깨닫는 가슴 벅찬 경험을 하게 되었다. 사흘간 나는 가슴이 터질 듯 행복했다. 내 옆에 계신 분들이 다 특별한 분으로 보였다. 알 수 없는 뜨거움이 나를 채웠다. 다섯 가지 전략을 나누며 많은 눈물을 쏟았다. 내가 나를 뜨겁게 먼저 안아준 시간, 태어나 경험한 가장 따뜻한 3일간의 만남이었다. 8시간 교사 워크숍에서 4전략을 들을 때 왜 그렇게 눈물이 났는지 그때 깨달았다. 나는 아이들은커녕 내 자신조차 미덕을 가진 존재로 뜨겁게 안아주고, 가슴으로 사랑한 적이 없었다. 그 순간 내 영혼이 나에게 그것을 눈물로 말해주었던 것이다.

그날의 버츄프로젝트는 이미 도덕시간에 지겹도록 배운 머릿속의 덕목이 아니었다. 그건 지식 너머 가슴이 울리는 살아 있는 느낌으로 다가왔다. 이 52개의 미덕이 이토록 아름답고, 귀한 것이었나 하는 깨달음이 내 영혼 깊은 곳에서 희열로 느껴졌다. 전혀 달랐다. 접근 방식도, 인간관도 모든 것이 내가 지금껏 알고 있는 도덕 교육과 달랐다. 한마디로 머리로 아는 덕목이 아닌 가슴이 울리는 삶 속에 살아 있는 뜨거움이고 감동이었다.

버츄프로젝트는 그동안 버츄카드(미덕카드) 교육으로 많이 알려져 있다. 미덕카드 사용법을 배우고 익히는 프로그램이 버츄프로젝트라고 생각하는 분들을 많이 보았다. 버츄프로젝트는 단순히 52가지 미덕카드 기법 프로그램이 아니다. 3일간 다섯 가지 버츄 전략을 가슴으로 경험하며 나는 전혀 새로운 체험에 놀랐다. 지식적인 방법을 배우는 게 아니라 자신과 만나는 심리 치유의 시간이었고, 집단 상담의 장이었다.

서울시민대학에서 버츄프로젝트 부모교육 강좌를 열었을 때 2전략 '배움의 순간을 인식하라!'를 함께 나누는데 그 공간에 있는 80여 명의 엄마들이 훌쩍이며, 서로를 안아주고 눈물을 흘렸다. 그리고 "내가 얼마나 소중한 사람인지, 가슴으로 느꼈다. 눈물이 멈추지 않는다."라고 말했다. 어디를 가나 비슷했다. 내가 버츄 5대 전략을 가르치러 가서는 나도 함께 그 공간에서 가슴이 뜨거워졌다. 매번 영혼 깊은 곳이 울리는 따뜻함을 경험했다. 내가 만난 버츄프로젝트는 지식으로 익히는 기법, 방법, 노하우가 아니었다. '존재 자체를 사랑하는 경험', '존재 자체로 사랑받는 경험'이었다. 이 세상에 태어나 반드시 경험해야 하는 뜨거움이었다.

많은 교사들이 내게 무수한 메일로 도움을 요청했다. 미덕카드 기법, 미덕카드 사용법, 관련 자료 파일을 보내달라는 것이었다. 그때마다 안타까웠다. 나도 교사로 23년 동안 아이들을 만나면서 한국의 유명한 인성프로그램을 거의 다 배우고 익혔다. 나도 더 효과적인 기법을 찾아 10여 년을 목마르게 달렸다. 하지만 이제는 안다. 미덕카드 기법을 배워 열심히 아이들에게 지도한다고 해서 아이들의 변화가 오는 것이 아니라는 사실이다. 도구적인 방법은 아이의 머리를 울리지만 진정한 변화는 가슴이 울려야 한다는 것을 이제는 안다. 지식으로 아는 것은 그냥 지식일 뿐이다. 지식은 내면의 힘을 불러오지 못한다. 진정한 변화는 스스로가 내면의 힘을 불러올 때만이 가능하다는 것을 나는 교실에서 보았다.

지속할 수 있는 사랑 에너지, 버츄프로젝트

가르침을 기법으로 접근했을 때는 다양한 기법을 배우고, 익히려는 노력을 해야 하기 때문에 곧 지친다. 기법도 하나의 지식이기에 끊임없이 다른 새로운 지식을 찾아나서게 될 것이다. 버츄를 또 하나의 지식, 내 눈으로 볼 수 있는 어떤 기법이라 생각하고 배우면 가장 소중한 것을 놓친다. 그것은 '사랑 에너지'다. 하지만 버츄프로젝트가 내면의 힘, 존재 자체로 사랑을 주고받는 뜨거운 경험, 한마디로 사랑에너지라는 것을 깨달은 부모나 교사는 위대한 교육자가 될 수 있다. 버츄프로젝트를 통해 지속적으로 한 아이를 존재 자체로 사랑해줄 수 있기 때문이다. 그 사랑 에너지로 아이는 자기 내면의 미덕을 찾아 반짝이는 다이아몬드로 만드는 새로운 삶을 만날 수 있다.

인간은 보이지 않는 에너지에 더 많은 영향을 받는 영적인 존재이다. 그 에너지가 사랑일 때 우리는 보이지 않는 것을 보는 게 쉽고, 그 보이지 않는 힘을 믿는 것도 쉽다. 에너지부터 전환하겠다고 마음먹은 후 내가 교실에서 본 아이들의 모습은 달랐다. 보이는 것 너머 보이지 않는 것을 볼 수 있었다. 아무리 심각한 문제아로 낙인찍힌 아이가 교실에 와도 내 눈에 먼저 보이는 건 문제가 아니었다. 그 아이가 가진 미덕, 잠자고 있는 빛을 잃은 보석들이 보였다. 내가 그것들을 알려주고, 어떻게 꺼내도록 도울 것인가를 생각하면 가슴이 뛰었다. 두려움 에너지로 아이를 만날 때 보이지 않던 것들이 보였다. 사랑 에너지로 가슴이 뜨거울 때 비로소 한 아이의 존재가 있는 그대로 보였다.

버츄프로젝트는 '그 아이만의 단 한 사람'이 되는 가장 빠른 길을 알려주었다. 한 아이 영혼, 한 아이 존재를 바라보는 시간으로 가는 길이다. 아이들의 미덕을 불러줄 때 내 가슴이 뛰었다. 아이들 존재를 보석으로 보면 내가 더 행복했다. 내가 마음만 먹으면 언제나 난 한 아이 인생에 위대한 사람이 될 수 있다는 사실에 행복했다. 이 세상에 문제아는 없다. 오직 미덕을 깨우지 않은 한 아이가 있을 뿐이라는 믿음은 내 교실에 수없는 기적을 선물했다. 나는 아마 이 세상에 태어나 가슴 뛰는 순간을 가장 많이 맞이한 사람일 것이다. 내 영혼은 모두가 포기한 문제아로 낙인찍힌 그 아이에게 처음으로 버츄를 불러주었을 때를 기억한다. 그리고 그 아이 눈빛에서 얼음이 녹고, 눈물로 화답했던 그 소중한 순간의 벅참을 기억한다. 나는 내가 청년시절부터 인생의 황금기를 교사로 살았다는 사실에 감사하다. 내가 어린 영혼들을 만나 그 영혼이 감추고 있는 미덕을 불러준 하루하루가 내 인생의 가장 아름다운 순간이었다.

버츄프로젝트의
네 가지 축

04

첫 번째 축, 버츄카드(미덕카드)

'미덕'은 사전적 의미로 '아름답고 갸륵한 덕행'을 의미한다. 미덕은 시대나 장소, 세대나 계층에 상관없이 누구나 소중하게 여기는 것으로 가치와 다르다. 가치는 문화에 따라 상대적이지만 미덕은 문화와 상관없이 절대적이다. 임상심리치료사인 린다 캐벌린 포포프 등 버츄프로젝트 창안자들은 인류사회의 정신적 유산으로 300여 가지의 미덕을 발견했다. 그중에서도 미덕 52개를 선정했다.

1년 52주 동안 매주 한 가지의 미덕을 연마한다는 의미가 담겨 있다. '미덕카드' 앞면에는 미덕의 뜻이, 뒷면 상단에는 실천 방법, 하단

| 52가지 미덕 |

1	감사	19	소신	37	존중
2	결의	20	신뢰	38	중용
3	겸손	21	신용	39	진실함
4	관용	22	열정	40	창의성
5	근면	23	예의	41	책임감
6	기뻐함	24	용기	42	청결
7	기지	25	용서	43	초연
8	끈기	26	우의	44	충직
9	너그러움	27	유연성	45	친절
10	도움	28	이상 품기	46	탁월함
11	명예	29	이해	47	평온함
12	목적 의식	30	인내	48	한결같음
13	믿음직함	31	인정	49	헌신
14	배려	32	자율	50	협동
15	봉사	33	절도	51	화합
16	사랑	34	정돈	52	확신
17	사려	35	정의로움		
18	상냥함	36	정직		

_한국버츄프로젝트

에는 다짐이 담겨 있다. 미덕카드의 내용은 상식적으로 알고 있는 감사, 배려, 유연성, 창의성, 소신 등의 뜻보다 깊다. 읽을 때마다 상황에 따라 깊은 교육적, 심리적, 철학적인 내용을 포함하고 있다는 것을 깨닫는다.

두 번째 축, 다섯 가지 전략

버츄프로젝트에는 삶 속에서 보이지 않는 내면의 미덕을 효과적으로 일깨우고 강화시킬 수 있는 다섯 가지 전략이 있다. 미덕 인식을 강화하고 상호보완할 수 있도록 구성된 전략들이다.

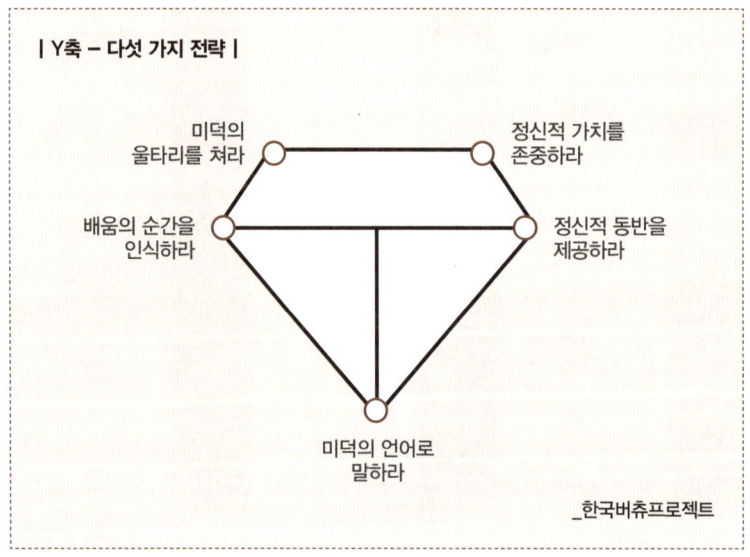

세 번째 축, 여러 가지 활동(Activities)

교실에서, 가정에서, 직장에서, 삶의 모든 영역에서 다양하게 활용할 수 있는 수백여 개의 활동이 있다. 또 다섯 가지 전략을 가슴으로 경험해 깊이 이해하면 어떤 장면을 볼 때 3전략 미덕 울타리 치기를, 어떤 순간에는 4전략 '정신적 가치 중요시하기'를 직관적으로 적용할 수 있게 된다. 그래서 새로운 활동들을 무궁무진하게 만들어낼 수 있다. 삶의 모든 장면에 버츄가 숨어 있기 때문이다. 미덕의 방패, 정화의 물 등은 뒤에서 더 구체적으로 소개된다.

| Z축 – 다양한 활동 |

- 빛났던 순간
- 영감의 산책
- 미덕의 방패
- 미덕의 병아리
- 미덕카드 뽑기
- 정화의 물
- 버츄 마임
- 화합의 원
- …

_한국버츄프로젝트

네 번째 축, 버츄를 품은 나

평소 '교사가 행복해야 아이들이 행복하다. 최고의 교실환경은 교사의 행복이다.'라는 소신을 갖고 있다. 버츄프로젝트의 '미덕 깨우기'를 만난 후 우선 교사로서 더 행복해졌다. 내 자신이 교사로서 얼마나 많은 미덕의 보석들을 이미 가지고 있는 존재인지 깨달았다. 그중에서도 '사랑', '존중' 등의 미덕은 이미 다이아몬드라는 것을 깨달았다.

교사인 나의 미덕 선언을 30개 적어서 책상 위에 붙여두고 읽었다. '나는 사랑 다이아몬드 선생님이다.' '나는 사랑 에너지다.' 이런 말 자체가 나에게 힘을 주었다. 누가 말해주지 않아도 스스로가 찾아낸 미덕의 향기는 교사로서의 자존감을 더 많이 향상시켜주었고 앞으로도 내가 계속 깨울 미덕의 원석들이 자랑스럽고 사랑스럽다고 느끼게 되었다. 또 그 전에 잘 보이지 않던 아이들의 미덕이 눈에 들어왔다. 따뜻한 미덕의 안경을 쓰고 민감하게 관찰하게 되고, 미덕을 찾아주게 되고, 수시로 불러주고 격려해주게 되었다.

20여 년간 꿈꾸고 되고 싶었던 행복한 교사의 모습, 서로 안아주고 돕는 가슴이 따뜻한 아이들, 아이들과 내가 서로 존중하고 사랑하는 교실을 드디어 만났다. 그 모든 게 외부에서 온 게 아니었다. 내 미덕을 보는 게 시작이었다. 교육의 정답, 인성 교육의 정답을 나는 버츄프로젝트에서 찾았다.

'이렇게 쉬운 것을 20년이나 돌아왔구나.'
'내가 더 행복한 것을 여태 모르고 살아왔구나.'

진심으로 내 미덕을 믿는 것이 기적의 시작이었다. 뭘 잘해서, 뭔가 특별한 결과물이 있어서 나를 믿는 것이 아니다. 이미 내가 태어날 때부터 나에게 선물로 주어진 것이다. 내 미덕의 원석들을 꺼내 언제든 시작하고, 도전하면 그만인 거였다. 실수, 실패는 애초에 존재하지도 않았다. 오늘 실수하고 실패하면 내일 다시 미덕을 깨우면 그만이다. 누구와 비교할 필요도 없는 미덕, 죽을 때까지 성장의 길에 도움을 줄 미덕일 뿐이다.

내가 이 세상에 태어나 해본 가장 아름다운 일은 내 아이들의 내면에 가득한 미덕 원석을 불러준 것이다. 내가 미덕을 불러주었을 때 쓰러졌던 아이도 일어나 미덕을 깨우기 시작했다. 그때 아이들이 보여준 변화는 지금껏 보지 못한 기적들이었다. 아이들 앞에서 나는 많이 울었다.

"고맙다, 나의 미덕 천사들아. 어쩜 이리 선생님을 감동시키는지, 사랑해! 사랑해."

천사로 변한 아이들을 보며 하늘 높이 올라간 나의 자존감을 봤다. 아이의 미덕을 깨워주는 것이 결국 나를 사랑하는 것이었다.

인성 교육의
본질　　　　　　　　05

　　인성 교육 진흥법이 통과되어 요즘은 학교에서 인성 교육을 필수로 실시해야 한다. 어쩌다 인성 교육을 법으로 제정하는 상황이 되었을까? 도덕 교육을 유치원부터 20년 동안 했는데 학교폭력, 자살, 왕따 등의 문제가 끊이지 않았다. 기존의 도덕 교육이 효과를 거두지 못한 원인이 무엇일까?

　　현재 도덕 교육은 여타 교과목과 다를 바 없이, 무미건조한 지식으로 일방적으로 주입된다. 자발성이 없는 가르침은 또 다른 지식으로 아동들에게 전달될 뿐이다. 머리보다 가슴이 열려야 근본적인 변화가 가능한데, 도덕의 요소를 배워 이해하고 흉내내려고 하니 한계가 있다. 내 안에 있는 힘을 알아보고 깨우는 방향으로 가야 한다. 그것은 인간을 어떤 존재로 볼 것이냐의 문제로부터 출발한다. 인간이 부족한 존재라 전제하면 내면의 힘조차도 배워야 한다. 당연히 깨울 것도 없다. 이미 보석을 품은 온전한 존재만이 가득한 내면의 보석을 깨울 수 있다. 자신이 이미 보석을 품은 존재라고 믿을 때 아이는 자발적으로 원해서 미덕을 깨운다. 스스로가 선택한 변화 의지는 강력하다. 자신의 삶에서 그동안 잠자던 것들을 보석으로 만들어내기 때문이다.

'버츄프로젝트'는 인간을 근본적으로 선한 존재, 미덕(virtue)을 가진 존재로 본다. 잠재력과 가능성을 가진 탁월한 존재로 보는 것이다. 기존의 아동관과 출발점이 다르다. 미덕의 원석 52가지를 가슴에 품고 있는 긍정적 존재관에서 출발한다. 버츄프로젝트의 인성 교육은 이 잠재되어 있는 아름다운 미덕(virtue)의 원석을 찾아내고, 연마하는 과

구분	기존의 인성 교육	버츄 인성 교육
교육관	가르침	배움
아동관	보호하고 지도해야 할 존재	잠재력, 가능성의 존재
교사-아동관계	수직관계	수평관계
교사-아동	지시자	안내자, 도움자
주도자	교사	아동
심리학관	치료 중심 (부정성에 초점)	성장 중심 (긍정성에 초점)
강화요인	외적동기(칭찬, 벌)로 강화	내적동기(자발성)로 강화

정이다. 인생의 여정에서 자신과 함께 할 보석을 찾아내는 위대한 삶으로 성장하는 통로다.

인간관이 모든 것을 바꾼다

아이스크림 원격교육연수원에 내가 교실에서 버츄프로젝트를 적용하는 법을 안내한 〈버츄프로젝트〉 강좌가 올라갔다. 열정으로 녹화했지만 준비기간이 워낙 짧아 걱정되기도 했다. 그런데 수강한 교사들의 서술형 과제나 후기가 올라오기 시작하자 나는 그 글들에 가슴이 터질 듯 감동했다.

교사라면 누구나 좋은 교사가 되고 싶고, 교실에서 아이들 지도에 보람을 느끼길 원한다. 하지만 학교 현장의 상황은 녹록지 못하다. 교사로서의 자부심, 자존감, 보람, 행복감을 가슴에 품기를 이제 포기해야 할 정도로 교실은 살얼음판과 같다. 대부분의 교사와 아이가 행복하지 않은 교실에서 살아가고 있는 가슴 아픈 현실이다.

그런데 이 연수를 들은 교사들은 모두 새로운 답을 찾았다고 말했다. 그 핵심은 인간관이었다. 아이들의 존재를 어떻게 봐야 하는지에 대한 답을 얻을 때 모든 것이 바뀐다. 나는 그 위대한 힘을 버츄프로젝트의 인간관, 아동관에서 보았다.

버츄프로젝트 인간관은 인성 교육의 답이다. 존재에 대한 궁극적인 사랑, 겐샤이를 가슴으로 경험하게 해준다. 아무리 얼음장이 된 교사

마음도 지극한 사랑, 사랑 에너지 버츄를 만나면 자신의 힘, 내면의 힘을 보게 되어 따뜻하게 녹아버린다. 그 따뜻한 선생님 옆에서 기적이 일어난다. 아무리 얼음장이 된 아이 가슴도 지극한 사랑을 만나면 따스하게 녹는다. **기적을 만드는 힘은 인간관이다. 인간관이 곧 나를 보는 관점이기 때문이다. 나를 보는 관점이 아이를 보는 관점이 된다. 관점은 에너지를 불러오고, 사랑 에너지는 문제아를 미덕 천사로 바꾼다. 버츄 인간관은 아이를 살린다.**

교사1 연수후기

교사마다 저마다 아이들을 지도하는 방법이 다르다. 아마도 이 차이는 아동을 불완전하고 미숙한 존재로 보느냐, 혹은 성인과 똑같은 하나의 완전한 인격으로 보느냐의 차이에서 비롯된다고 생각한다. 아이들을 대하면 대할수록 점점 성악설을 믿게 되고, 너무나 쉽게 '너희들이 뭘 알아?'쯤으로 생각해왔던 것 같다. 겉으로는 매우 인격적인 교사인 척 하지만 사실은 인격적인 존재로 존중하는 마음은 없었다는 반성을 하게 된다. 아이들에게 존중어를 사용하며 나 스스로 내가 꽤나 민주적인 교사라는 착각, 인격적으로 아이들을 대한다는 착각에 빠졌던 것 같다. 사실은 학급의 다수의 아이들을 증인과 방패 삼아 한 아이를 존중어로 비난하고, 존중어로 무시했고, 존중어로 수치심을 주었다는 부끄러움과 미안함이 한없이 들었다. 교사로서의 나도 나이지만, 연수를 통해 자연인으로서의 나를 바라보게 되었다. 정말 내 안에도 미덕들이 있을까? 의심스러운 마음도 들었다. 하지만 곰곰이 따져보면 나에게도 미덕들이 있긴 하다. 정말 그렇다. 다만 찾지 못했거나 빛내지 못했을 뿐이 아닐까? 내 안에 귀한 미덕들이 아직 잠자고 있을 뿐, 내가 찾기만 하면 된다는 사실이 다 커버린 내게도 희망을 품게 하는데, 우리 아이들에게는 어떠하겠는가?

교사2 연수후기

그동안 머릿속으로는 아이들은 누구나 사랑받을 만한 존재이고 존중받을 존재라는 것을 인식하고 있었지만 막상 진심으로 믿고 행동으로 표현하지 못했던 것 같다. 다른 반 아이들과 어울려서 엇나가는 행동을 할 때의 반성 없는 모습, 다양한 방법으로 변화시키려고 애를 썼지만 되지 않은 모습들을 보면서 '쟤는 원래부터 그런 아이구나', '내가 어떻게 해도 쟤는 변하지 않겠구나' 등의 마음이 들면서 교사가 해야 할 기본적인 것만 하고 그 이상의 관심을 끊었던 나의 지난날이 떠올랐다. 그때 당시의 나의 아동관을 지금 생각해보면 성악설에 좀 더 가깝지 않았을까 싶다. 처음부터 마음터가 나쁜 아이들이 있고, 그 아이들에게는 어떤 행동을 해도 통하지 않는다. 그러니 규제를 해야 한다, 라는 결론에 도달해서 규칙을 만들고, 그것이 지켜지지 않으면 제재를 가하는 일을 반복하였고, 그 결과 1년 동안 다른 아이들의 안전은 지켜졌지만 그 아이와 나의 관계는 데면데면 마음이 없는 관계가 되어버렸다.

이랬던 나에게 버츄에서 말하는 아동관과 이를 믿고 실제 교육현장에 투입한 권영애 선생님의 사례들은 정말 놀라웠다. 아이들은 이미 완전한 존재로 그 안에 52가지의 보석을 담고 있으며 이를 깨우기만 하면 된다는 것은 사실 처음에는 믿기지가 않았다. 예전의 우리 반 그 아이에게도 정말 52가지의 보석이 있었을까? 이유 없이 어느날 갑자기 툭 아이들을 때리고 욕설을 하며 물건을 던지는 아이에게도 정말 사랑, 배려, 예의, 우의 등의 미덕의 원석이 있었을까? 처음에 나의 결론은 '여전히 없다'였다. 다른 애들은 모르겠지만 걔는 아닐 거라는 생각이 강했다. 그런데 강의를 계속 듣다 보니 그런 악순환이 계속 된 데에는 교사인 나 역시 책임이 있다는 것을 깨달았다. 실패의 순간을 포착해서 그것을 배움의 순간으로, 자신의 자고 있는 미덕을 깨울 순간으로 바라본 것이 아니라 실패를 지적하고 훈계하며 수치심을 자극했다는 생각이 들었다. 존재 자체를 따뜻한 눈으로 바라봐주고 미덕이 있다는 것을 신뢰했다면 그 아이 역시 내면의 양심을 깨웠을 거라는 확신이 이제는 든다.

이처럼 이번 연수를 통해 내가 아이들에 대해 가지고 있던 패러다임 자체가 변화되었다는 것을 느꼈고, 모든 순간을 배움의 순간으로 인식해 아이들과 내가 함께 행복한 학급을 만들어 나갈 수 있다는 확신이 들었다.

버츄프로젝트의 네 가지 힘 06

 2016년의 여름은 여느 해보다 많이 더웠다. 1학기 방학 직전, 한 학기 동안 고마운 부모님께 상장을 만들어 드리기로 했다. 나는 아이들이 만들어온 상장을 보고 깜짝 놀랐다. 어머니께 드리는 '우주 최고 밥상', '고마운 밥상' 등 밥에 대한 상장이 많아서였다. 아이들에게 이유를 물었다.

 "일요일 아침 늦게 일어났는데 엄마가 주방에서 땀을 뻘뻘 흘리며 가스 불 세 개에 밥, 찌개, 볶음 요리를 하시고 계셨을 때 마음이 뭉클했어요. 가족을 위해 더위도 참고 밥을 해주시는 엄마의 모습에서 인내, 사랑, 배려, 끈기, 열정을 느껴서 너무 고맙다는 생각이 들었어요."

 "엄마는 몸이 아프서도 우리들 밥은 꼭 해주셔서 한결같음, 헌신을 느껴 감사했어요."

"전에는 엄마 밥하시는 데 미덕이 있다는 생각을 못했어요. 미덕을 배우고 나서는 엄마가 밥해주시는 게 참 감사해요."

나는 아이들의 그 말에 눈시울이 젖고 가슴이 뭉클했다. 평소 엄마는 땀 흘리며 밥을 해도 그게 당연하고. 엄마니까 밥을 해주시는 것은 무덤덤하게 생각했던 아이들이 변했다. 이제 이 세상 누구를 봐도, 어떤 행동을 봐도 미덕을 가슴으로 느끼고 본다. 미덕을 깨우는 아이들은 자기 미덕을 본 후, 말로, 글로 표현한다. 미덕 통장에, 일기, 발표를 통해 미덕을 말한다. 서로의 미덕 이야기를 들으며 아이들은 깨닫는다. '지금까지 몰랐던 미덕, 보이지 않던 미덕이 세상에 이렇게 많았구나….'

아이들의 마음이 미덕의 안경을 꼈다. 세상 모든 것에서 미덕을 먼저 본다. 그렇게 미덕에 민감해지니 그 평범한 행동이 얼마나 특별한 미덕 행동인지 다 느끼고 알아차리게 되었다.

한 가지에 집중해 그것에 에너지를 쓰고 있으면 다른 면이 보이지 않는다. 우리의 주의는 선택적으로 작용한다. 봄에 텃밭을 가꾸기 시작하면서 나는 전에 보이지 않던 화원에 눈이 간다. 모송이 새로 나왔는지, 어떤 채소를 심을 건지 생각하다 보면 남의 밭에 심은 채소들만 보인다. 내가 방울토마토와 오이를 심고 나서는 방울토마토 매달린 밭, 오이밭을 그냥 지나가지 못했다. 잎이 어떻게 났는지, 곁순을 잘 따주었는지 자세히 들여다보고 사진도 찍곤 했다. 고추, 옥수수를 심었을 때는 작년에 보이던 방울토마토랑 오이는 안 보이고, 고추랑 옥수수 자라는 것만 눈에 보였다. 밭들이 나를 따라 심었을 리는 없고, 내 눈에 그것들이 유난히 보이는 것은 내가 관심과 주의를 주기 때문이다.

미덕도 이와 같은 원리다. 내 반 아이들의 미덕 중 오이, 토마토, 고추, 옥수수를 보듯이 미덕을 보려 하면 하루 종일 채소 따듯이 미덕이 보인다. 달려가 채소 따듯이 말해주면 그만이다. 모든 행동들에서 미덕이 바로 바로 관찰된다. 점점 아이의 부정적인 행동엔 둔감해지고, 관심을 주는 미덕 행동엔 민감해진다. 아이들의 반응도 당연히 변한다. 교사가 보려는 행동, 말해주고, 관심 주는 행동이 미덕이니 아이들도 변한다. 모든 면에서 미덕에 더 잘 반응하게 된다. 구체적으로는 미덕을 볼 수 있는 힘, 미덕으로 말할 수 있는 힘, 미덕의 말에 귀를 기울이는 힘, 미덕의 행동을 실천하는 힘이 길러진다. 이 네 가지 미덕의 힘 중에서 보는 힘이 먼저다.

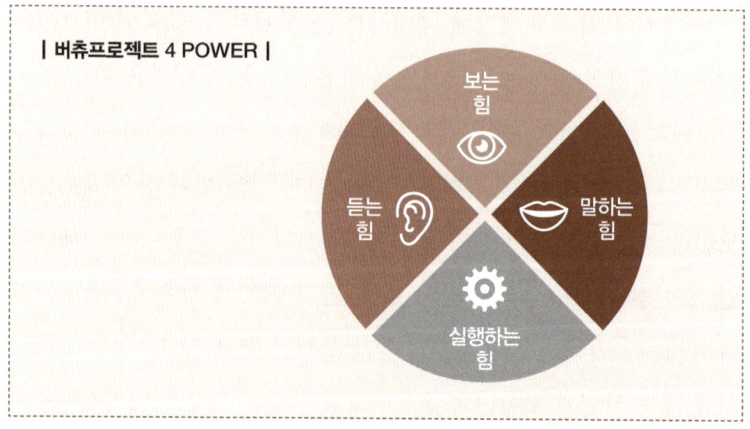

연필을 주워준 친구의 행동에서 배려 미덕을 발견한다. (보는 힘)

친구에게 "친구야, 너의 배려가 고마워!"라고 말한다. (말하는 힘)

다른 말보다 미덕의 말에 주의를 기울이며 듣는다. (듣는 힘)

저절로 미덕 행동을 반복하게 된다. (실행하는 힘)

자신의 평범한 일상, 순간순간의 작은 행동에서 미덕을 또 보고, 말하고, 알아차리고 인식하는 사람으로 변했다. 매시간 아이의 무의식 '큰 나'에 무엇이 저장될까? 미덕이 언어의 형태로 저장되어 아이를 이끌어 간다. 아이는 쉽게 미덕을 실천하고, 습관이 된다. 다이아몬드는 쌓여가고, 아이의 자존감도 함께 성장한다. 이 모든 것이 아이 스스로의 힘으로 이루어진다.

한 존재를 대하는 방식이 인성의 본질

아이를 미덕의 존재로 바라봐준다는 것은 아이의 존재 자체를 사랑해준다는 것이다. 결과가 아닌 이미 온전한 사람으로 존재 자체를 사랑해준 1,200시간, 아이 무의식에 저장된 선생님이란 존재는 어떤 의미로 아이 인생에 영향을 줄까?

하버드 대학교에서는 1930년대 하버드 대학생 200여 명과 빈민가 20대 500여 명을 대상으로 행복에 대한 연구를 시작했다. 75년간 계속되어 역대 최장기 종단연구가 된 이 연구는 행복에 가장 결정적인 요소로 부, 성공, 명예, 노력 등이 아닌 '관계'를 지목했다. 관계의 힘이 역경과 좌절이 왔을 때 긍정의 해석력, 회복탄력성을 준다는 것이다. 관계가 좋으면 하버드 출신이든 빈민가 출신이든 행복하게 장수했다. 하와이의 카우아이라는 섬에서는 부모가 없거나 불우한 환경의 정서적 고위험군에 속한 신생아 200여 명 아이들을 성인이 될 때까지 추적조사를 했다. 그런데, 200여 명 중에 72명이 부모의 관심과 사랑을 받고 자란 아이들보다도 도덕적이고 성공한 삶을 살았다. 그 72명의 공통점은 어떤 상황에서든 이 아이를 믿고 사랑해준 단 한 사람이 있었다는 것이다. 할머니, 할아버지, 선생님 등 가까이에서 존재 자체를 사랑해준 한 사람과의 관계는 아이들의 인생에 엄청난 영향력을 끼쳤다.

우리 교사는 아이들이 10대에 경험하는 단 한 사람이다. 교사로부터 나온 미덕의 언어는 자신이 미덕을 가진 힘 있는 존재로 보게 된다. 미덕을 말하는 힘, 미덕 언어를 듣는 힘, 미덕 행동으로 이어지게 만든다. 아이 자체가 스스로를 사랑하게 되는 자존감으로 연결된다.

미덕을 보는 힘, 듣는 힘, 말하는 힘, 실행하는 힘은 아이의 자존감이 된다. 실패나 좌절에도 언제나 가능성을 보는 사람, 자신을 믿는 사람이 되게 한다. 한 교사는 한 아이를 가장 존재 지체로 사랑해줄 수 있다. 그것이 버츄프로젝트의 강력한 힘이다.

쉬워서 매일 할 수 있는 버츄프로젝트

버츄프로젝트는 누구나 쉽게 교실에서, 가정에서, 직장에서, 삶의 모든 장면에서 쉽게 적용할 수 있는 구조화된 프로그램이다. 심리학이나 교육학을 공부하지 않아도 된다. 버츄프로젝트의 사랑 에너지를 품고, 사람을 보는 것 자체가 모든 것의 새로운 출발이다. 내 안의 에너지가 따뜻하게 바뀌는 순간 모든 것이 쉽게 바뀐다. 인간의 변화는 단기성 교육에서 오지 않는다. 삶의 모든 장면의 에너지가 차곡차곡 무의식에 저장되면서 서서히 바뀐다. 5대 전략 중 가장 와닿는 전략 한 가지, 여러 가지 활동 중 가장 마음에 와닿는 활동 즉 미덕 통장 하나만 잘 활용해도 큰 효과를 기대할 수 있다.

언어를 바꾸는 버츄

인간관이 달라지면 나를 바라보는 관점도, 아이들을 바라보는 관점도 달라진다. 그것은 제일 먼저 언어를 바꾼다. 아이들에게 하루 종일 미덕의 언어를 말하다 보니 사방 칭찬이 입에 붙었다. 미덕을 세 가시, 다섯 가지씩 찾아 선물하고, 계속 미덕 행동만 눈에 보인다. 교사 자신이 하는 말의 대부분이 미덕으로 달라진다. 어딘지 모르게 낯간지러운 말이 쉽게 나온다.

"사랑해 나의 보석들아. 사랑해, 나의 미덕 천사들! 사랑해 보석 덩어리야."

"선생님이 네 미덕을 보니까 너무나 기뻐!"

"넌 언제부터 이렇게 창의성 미덕이 다이아몬드가 되었니?"

"너는 미덕 천사야."

"네 미덕이 반짝이는구나."

"네 미덕 때문에 감동했어."

내가 하루 종일 미덕으로 아이들 귀에 사랑의 말을 해주니 아이들도 알아서 미덕의 언어로 바꾼다. 아이들의 생각도 바꾸고 무의식도 미덕 중심으로 알아서 바꾼다. 아이들이 자신을 볼 때, 친구를 대할 때 미덕 필터, 미덕 안경, 사랑 에너지를 절로 불러온다. 아이들의 자존감을 높이기 위해 긍정언어로 말해주고 싶었다. 내 언어를 바꾼 강력한 힘은 버츄프로젝트였다.

나를 회복하는 시스템 07

매일 셀프 힐링이 가능하다

무의식이 깊은 물과 같다면 걱정, 근심, 화, 스트레스가 자꾸만 찾아올 때 점점 탁하고 어두워진다. 결국 의식인 내 마음까지 영향을 준다. 교사인 나 자신도 무의식을 인식하기 어렵기에 이 상태를 알아차리지 못하고 산다. 아이들은 더더욱 교사와 부모의 영향을 부차별로 받을 수밖에 없다. 그렇다면 교사나 부모가 매일 스스로의 무의식을 정화할 수 있다면, 아이들에게도 그 방법을 가르칠 수 있다면 얼마나 좋을까? 그 답을 나는 버츄프로젝트에서 찾았다. 미덕을 인식할 때, 우리의 무의식은 아무리 탁해지고 어두워져도 순간순간 그런 나를 알아차리고 다시 맑은 상태로 돌릴 수 있다.

언제 어느 순간에도 미덕을 이용해서 탁하고 어두운 마음을 치유하고, 정화시킬 수 있다. 미덕에는 정화하는 역동적인 힘이 있다. 흐려진 마음을 맑게 되돌리려면 맑은 물을 부어야 한다. 부정적인 마음을 사랑 에너지가 가득한 생각으로 전환하고 기분 상하는 상황에서도 미덕을 찾는 것, 그것이 버츄 정화다.

때로 누군가 나에게 부정적인 이야기를 퍼붓거나 나를 오해해 손가락질을 할 수도 있다. 그럴 때 내 영혼은 상처를 입고 그 감정을 분노로 되돌려주기도 한다. 세상의 비난을 받아들여 내 영혼이 쓰러지면 나에게는 이 우주가 쓰러지는 것과 같다. 그렇다면 다른 누가, 세상이 나를 공격해도 받아들이지 않는 방법은 없을까? 나를 온전히 판단할 자격은 그 누구도 없다는 당당함을 내면에 갖출 수는 없을까? 나는 버츄 정화를 통해 그런 내면의 당당함을 길러줄 수 있다고 본다. 누군가 나에게 상처를 주고자 할 때, 내 스스로가 나에게 상처 주는 말을 할 때, 내 영혼에 들어온 그 아픔을 받아들이지 않으면 된다. 공격을 무심코 받아들여 속수무책으로 마음이 만신창이가 되지 않도록 먼저 나를 토닥이고 얼른 내보낼 수 있는 장치가 있다. 일명 마음 돌보기 시스템, 내 마음 맑게 돌리기 시스템인 버츄 힐링, 버츄 정화다. 다음에 소개할 활동은 버츄프로젝트에서 〈정화의 물〉이라고 부르는 물 퍼포먼스이다.

힐링의 물 퍼포먼스

투명 수조, 유리컵 두 개, 잉크, 페트병에 든 물을 준비한다. 투명 수조 안에 컵을 뒤집어놓고, 다른 하나는 먼저 뒤집어놓은 컵 위에 세운다. 그리고 위에 세워둔 유리컵에 물을 3분의 2쯤 붓는다.

"얘들아, 이 컵에 담긴 물이 너희 같은 한 아이의 마음이란다. 그런데 어느 날 그 아이에게 아빠가 이렇게 말했어. '너는 왜 형보다 공부를 못하니?'라고 말이야. 그때 이 아이 마음은 어떻게 변할까?"

그 말과 함께 맑은 물에 잉크를 한 방울 떨어뜨린다.

"마음이 평온한 상태가 맑은 물이라면, 누군가 상처를 주거나, 화나게 만들거나, 속상할 때 마음은 검정색으로 변하지."

"그런데 거뭇하게 변한 마음에 또 친구가 줄넘기 못한다고 핀잔을 주면 마음이 더 까맣게 변할 거야. 그런 말을 자꾸 들으면 당장 눈에 보이지 않아도 점점 마음에 상처를 주고, 아프게 하겠지. 마음이 검정색으로 변하면 자신감을 잃어버리고 힘들게 살아가겠지."

"하지만 그때 나에게 말해야 해. 내 미덕을 찾아 내가 용기를 주는 거야. '끈기와 목적의식의 미덕을 깨워서 다시 해보자. 네 미덕이 자고 있어서 그래. 넌 미덕을 깨울 수 있어'."

위의 말을 반복하며 맑은 물을 조금씩 컵에 붓는다. 미덕으로 용기를 주는 말을 할 때마다 물을 부으면 결국 거무튀튀했던 물이 맑아진다. 아이들에게 괴로운 말을 들으면 이처럼 열 번의 미덕 정화의 말을 하도록 약속한다.

"만약 너 스스로 자신에게 '넌 왜 이렇게 공부를 못하니?' 이런 생각이 들더라도 똑같아. '그래 난 원래 머리가 나빠, 난 원래 잘 못해, 그래서 어쩌라고?' 이게 아니라 버츄로 너의 큰 나를 맑게 만드는 거야. 네가 가장 먼저 지키고 사랑해야 할 사람은 너니까. 어둠으로부터 너를 보호해야 한다는 걸 잊지 마."

어떤 상황이 오더라도 '나에게는 변함없는 미덕이 있어.'라고 하며 나 자신을 정화해야 한다. 그래도 또다시 부정적인 말, 생각이 떠올라 물이 탁해질 수 있다. 하지만 지지 말고, 쉬지 않고 정화한다면 내 마음의 물은 끝내 맑아진다. 미덕을 끊임없이 불러와 자신에게 미덕의 언어로 말하는 것이 자기 정화 시스템이다. 버츄프로젝트는 가장 강력한 내면 정화 시스템이다. 자기 정화를 배운 아이들은 언제나 회복할 수 있고 다시 시작할 수 있는 삶의 기적을 품는다.

부모, 교사도 똑같다.
"난 왜 아이들을 변화시키지 못할까? 경력이 이렇게 많은데 왜 이렇게 가르치는 게 힘들지?"라는 생각이 들 때가 있다. 검정 잉크가 마음을 물들인 순간이다. 가만히 있으면 두려움이 증폭될 뿐이다. 그때 미덕의 말, 미덕 인식으로 자기 정화를 할 수 있다.
"내 미덕이 자고 있어서 그래. 나에게는 목적의식, 열정, 소명이 있어! 난 어린 생명을 돌보는 위대한 사람이지. 다시 미덕을 깨워 힘든 아이들을 사랑해주자."

"내가 오늘 노력하고 아이들을 사랑하는 진실함이 있잖아. 나의 진실함이 좋아. 난 아이들을 사랑하고 있고, 매일 성장하려는 한결같음도 나의 특별함이잖아."

내가 나를 토닥이는 것만큼 큰 힘이 또 있을까? 어쩌면 우리는 이 세상에 그걸 배우기 위해서 왔을 것이다. 어떤 불행, 어떤 어둠이 닥쳐도 그 뒤에 내 영혼의 위대함과 그 안에 숨겨진 보석을 보고 믿기 위해서 이 세상에 왔을 것이다. 어둠은 그 발견으로 가는 길이다. 언제나 내 영혼이 가진 보석, 버츄는 그 자리에서 나를 바라보고 있을 것이다. 결과와 상관없이 말이다.

이때 미덕카드를 뽑는 것도 자기 정화의 한 방법이다. 고민되는 일을 떠올리며 눈을 감고 미덕카드를 뽑는다. 미덕카드를 읽고 자기 자신에게 편지를 쓰거나, 말을 걸 수 있다. 맑은 물이 될 때까지 미덕으로 자기 정화를 하는 것이다. 우리 마음은 끊임없이 출렁인다. 그 파도는 어세나 변화무쌍하게 우리를 흔든다. 파도가 문제가 아니라 그 파도를 견디고 가라앉힐 장치가 필요할 뿐이다. 미덕 자기 정화는 방과 제요, 영혼을 안아주는 자기 사랑이다.

미덕을 통한 자기 정화는 그 어떤 외부대상의 부정적 결과와 반응에도 내 존재의 온전성을 스스로 자각하고, 회복하는 사랑의 시스템이다. 가장 뜨거운 손길로 내 영혼을 위로하는 미덕 정화 시스템이다.

| 초등교사 연수 시 힐링의 물 퍼포먼스 때 읽어드린 글 |

매일 실패하고, 좌절하는 우리 선생님들께! 상처받을 때, 좌절할 때 나에게 이렇게 말해주세요.

교실에서 나는 한 명 한 명 아이의 단 한 사람이다. 그 아이를 위한 단 한 사람, 그 이야기가 내 삶을 유일하게 하고 빛나게 한다. 그 이야기는 다른 이야기와 비교하거나 경쟁할 필요가 없다. 그 아이와 똑같은 기쁨, 아픔의 스토리를 가진 존재는 이 세상 어디에도 없다. 그 아이 자체가 이 세상 유일무이한 우주이고, 유일무이한 한 존재이다. 그 우주를 오늘 내가 만나고 있는 것이다. 그 아이를 품는 것이 나를 품는 것이다. 그 아이와 함께 웃고, 그 아이의 아픔을 품어주는 것이 내 아픔을 토닥여주는 것이다. 그것 자체로 내 삶은 의미 있고, 가치가 있다. 아무도 알아주지 않아도 괜찮다. 그 자체로 눈물겹도록 아름다운 삶의 실천가 스토리 두어(story doer)인 것을…. 내 영혼이 뜨겁게 칭찬한다.

사람에게 들이는 정성만큼 아름다운 게 있을까?
사람에게 정성을 들인다는 것은 그 사람이 나에게 '의미' 있으며 소중한 존재라는 느낌으로 바라봐준다는 것, 즉 마음을 더해 만나준다는 것이다. 정성은 따뜻하다. 정성은 평온하다. 정성은 선하다. 정성은 자연스럽다.

아이들을 가르칠 때는 노력이 필요할까? 정성이 필요할까? 모든 엄마도, 모든 선생님도 자기도 모르게 매 순간 순간 선택하고 있다. 아이를 관찰하면, 아이의 기쁨, 아이의 눈물, 아이의 아픔 등 겉마음이 이해되는 순간이 온다. 곧 아이가 바라는 것, 원하는 것 등 아이 속마음에 공감하게 된 순간이 오고, 시간이 가면 보살펴주고 싶은 측은지심이 내 가슴을 적신다. 그때의 나는 평소와 다른 사랑이 가득한 '큰 나'가 되고, '원래의 나'가 된다. 그 측은지심으로 나는 그 아이만의 단 한 사람이 된다. 이 아이와 함께하는 지금 이 순간이 나의 삶에 얼마나 소중한지! 아이를 성장시키는 아름다운 순간이 오늘, 바로 지금 내게 주어진 순간이라고 느껴지고 그때의 내 느낌은 곧 따스한 정성이 된다. 아이를 만나러 가는 순간부터 내 마음에 바로 아이가 들어온다. 만나고, 가르치는 시간의 느낌이 즐겁고 따뜻해진다. 나에게 느껴진 그 아이에 대한 측은지심으로 그 아이는 내 삶의 정성이 된다.

내가 가진 정성을 어린 생명, 우리 아이들에게 쓰는 것이 얼마나 행복한가. 내가 교사인 것이 참 행복하다.

_권영애, 《그 아이만의 단 한 사람》

이 지치지 않는 정화는 무의식까지 바꾼다. 오감의 부정적인 경험이 나에게 저장될 틈을 주지 않는다. 내 기억자아가 그것들을 재해석해 맑은 물로 바꾸어 저장할 것이기 때문이다. 미덕 정화 시스템은 내가 만난 가장 쉬운 셀프 힐링이다.

CHAPTER. 6

버츄프로젝트 5대 전략

미덕의 말이 아이에게 주는 것

1전략, 미덕의 언어로 말하기

미덕은 인간이 타고난 능력이다. 교사도, 부모도 미덕을 외부에서 주입할 필요가 없다. 이미 가지고 있는 미덕을 깨우고 미덕의 언어로 강화해주면 된다. 우리가 사용하는 언어 속에는 이미 힘이 있다. 언어는 의미를 전할 뿐 아니라 인성을 깨우고, 자존감을 향상시킬 수 있다. 언어는 미덕을 지속해 닦게 하는 핵심요소다.

어떤 아이가 가지고 있는 보석에 빛을 비추는 것은 그 아이를 있는 그대로 인정하는 일이다. 모든 사람은 누군가로부터 따뜻한 격려의 눈빛과 손길을 원한다. 또 '당신은 존재 자체로 소중한 사람이에요.', '당신은 내게 소중한 사람이에요.'라는 메시지를 필요로 한다. 아이들뿐 아니라 어른들도 모두 있는 그대로 인정받기를 원한다. 그 사람의 특별함, 아름다운 성품, 있는 그대로의 미덕을 찾아 말해주는 사람이 필요하다. 적절한 미덕의 언어는 그 자체로 사랑이다. 누군가에게 그를 있는 그대로 바라보고 있으며 그가 존재 자체로 사랑받고 있음을 고스란히 전달하는 에너지다. 그 에너지에 반응한 영혼은 기쁨으로 빛나고 깊은 사랑을 느낀다. 미덕의 언어는 '사랑 에너지'를 불러오는 힘이며, 원석을 닦아주는 사포다.

아이를 문제아로 보면 아이의 부정적인 자의식을 강화시킬 뿐이다. 아이는 어른의 시각에 맞추어 행동하려는 경향이 있기 때문이다. 미덕은 아이 내면에 이미 존재하는 능력이다. 교사는 미덕을 밖에서 가르쳐 내면에 넣으려 할 이유가 없다. 이미 아이들 안에 있는 것을 봐주고, 말해주면 된다.

한 아이가 내용도 맞지 않는 과제를 꼴찌로 냈다.
"너 바보니? 왜 이렇게 멍청해? 이거 내용이 틀렸잖아?"
"너 또 늦었구나, 그렇게 게을러서 되겠니? 굼떠가지고는!"
아이는 그 말대로 부정적인 자기 이미지를 강화시킨다. 무의식에 그 이미지가 찍힌다.
'그래, 나 원래 그래, 난 바보야, 느리고 잘 하는 게 없어!'
'난 멍청해서 내용도 틀렸어! 난 글씨도 느리고 게을러!'
아이는 스스로 낙인을 찍는다. 그 낙인 스토리는 평생 아이의 발목을 잡을 만큼 강력한 독이다.

"내용이 다르고 늦었지만 숙제를 해냈네! 네가 책임감, 열정 미덕을 불러왔구나."

"늦어도 포기하지 않고 네 자율, 끈기 미덕을 불러와 끝까지 했구나!"

"다음에는 어떤 미덕을 불러오면 정확하고 빠르게 할 수 있을까?"

아이는 실수했는데도 미덕을 말해준 선생님의 사랑에 가슴이 울린다. 더 잘하고 싶어진다.

'실수했는데도 선생님은 미덕을 찾아주셨어. 참 고마운 선생님!'

'난 앞으로 내가 가진 미덕을 계속 깨워서 다이아몬드를 만들 거야!'

미덕의 언어를 쓰는 교사는 아이가 실수하는 순간에도 아이 안에 있는 미덕을 불러줄 수 있다. 나는 매 순간 아이의 긍정적 자기 이미지를 강화하기로 선택할 수 있다.

언어는 존중의 틀이자 생각의 방식을 전달하는 도구이다. 인성, 자존감을 결정짓는 힘이 있다.

"넌 보석 덩어리야! 너는 소중한 사람이야.""넌 미덕 천사야!"

매일 아이의 미덕을 찾아 말해주면 아이는 자기 자신의 가치에 대한 자긍심으로 가득 찬다. 말이 인성이 되고, 말이 자존감이 된다.

미덕의 말이 습관이 되다

어떻게 하면 미덕의 말이 습관이 될까? 늘 의식해야 할 중요한 원칙이 몇 가지 있다.

미덕을 발견한 그 순간 말해주다

"우와! 재석이가 친구들과 사이좋게 지내고 있네. 지금 너에게서 '평온함'의 미덕을 봤어!"

아이들과 잘 다투고, 화를 곧잘 내는 재석이. 그런 아이일수록 부모, 교사의 인정해주는 말 한마디는 인생을 바꿀 만큼 힘이 있다. 그 순간 재석이는 자신에게 '평온함'의 미덕이 있으며, 친구와 사이좋게 지내는 것이 '평온함'의 미덕이라는 것을 깨닫게 된다. 그리고 그 '평온함'의 미덕을 자신이 스스로 불러올 수 있는 힘이 있다는 것을 깨닫게 된다. 앞으로 재석이는 친구들과 놀 때 '평온함'의 미덕을 떠올릴 것이다. 또 어떤 행동을 할 때 이 행동은 어떤 미덕일까? 어떤 미덕을 불러오는 게 좋을까? 관심을 가지고, 미덕 행동을 찾고 시도할 가능성이 높아진다. 아이가 자신의 내면에 있는 미덕이라는 본래의 힘을 인식하게 되면 스스로의 동기가 생기고, 변화 속도는 빨라진다.

미덕을 빨리 깨우려면 미덕을 순간순간 인식해야 한다. 아이가 행동하는 순간에 자신의 행동을 미덕으로 인식할 수 있다면 아이는 매순간 미덕을 깨울 것이다. 그러려면 먼저 미덕을 발견하고 바로 알려주어야 한다. 부모, 교사가 언제나 미덕의 안경을 쓰고 아이를 바라볼 필요가 있다. 보려 해야 보이는 것이 미덕이다. 미덕을 포착하는 힘, 미덕에 대한 민감성이 미덕을 깨우고 빛낸다. 별 생각 없이 한 행동이 미덕임을 인정받은 아이는 자신의 내면에 미덕이 있다는 사실을 인식한다. 이때 **미덕 인식력**이 생기고, 반복되면 **미덕 민감성**이 생긴다. 아이에게 미덕을 목격한 순간 구체적인 미덕을 말해주고 인정해주면 아이는 스스로의 힘을 깨닫게 된다. 즉 미덕을 선택한 것은 자기 자신이며, 다른 상황에서도 스스로의 선택으로 그 미덕을 행동에 옮길 수 있다는 사실을 알게 된 것이다. 이는 미덕 행동을 다시 반복하려는 **미덕 동기**를 불러온다. 미덕 인식력, 미덕 민감성, 미덕 동기를 만드는 가장 빠른 길은 미덕 행동을 포착한 순간, 느낀 즉시 말해주는 것이다.

▎미덕의 이름을 찾아 말해주다

'장하다', '잘했어', '대단해' 같은 말로는 어떤 미덕이 탁월한지 모호하다. "넌 참 착한 아이구나." 보다는 "새로 전학 온 친구에게 앉을 자리를 알려주었구나, 선생님은 네 '친절' 미덕을 느꼈어. 그 친구도 고마움을 느꼈을 거야."라고 해당되는 미덕의 이름을 찾아 말해준다. 아이의 영혼에 잠자고 있는 미덕이 깨어나고 아름다운 자아가 고개를 들도록 말을 거는 것이다. 아이는 그 말에 눈빛을 반짝이고, 가슴 가득 기쁨을 느낄 것이다. 아이가 주변에 준 영향, 노력에 대한 감사도 미덕으로 말해준다.

"엄마가 식사 준비할 때 수저를 놓아준 우리 아들, 엄마는 네 '도움'과 '배려' 미덕이 반짝이는 것을 느꼈어. 덕분에 엄마가 식사를 빨리 준비할 수 있었어. 고마워 아들!"

"친구 책상에 묻은 먹물까지 닦았구나. 선생님은 네 '배려' 미덕이 반짝이는 걸 봤어."

"네가 맡은 도서정리 당번을 열심히 하네. 너의 '책임감'의 미덕이 반짝이고 있구나. 덕분에 우리 교실이 깨끗해졌어. 고마워!"

"만화가가 되겠다는 꿈을 가지고 있는 서영아, 쉬는 시간에도 이렇게 열심히 그림을 그리는 것을 보니 네 '이상 품기' 보석이 빛나는 게 느껴져!"

▌노력도 미덕으로 말해주다

결과 중심의 평가인 '칭찬'과 달리 '미덕 인정'은 노력에 대한 지지와 격려다. 아이들은 시험 결과가 좋으면 칭찬을 받는다. 미덕 인정은 결과에 대한 것이 아니라 준비한 과정과 그때 보여준 노력에 대한 것이다. 어떤 결과를 받았든 아이들이 노력하는 모습에는 늘 주목할 만한 요소가 있다. 아이는 과정 자체에 미덕이 있다는 것을 깨닫는다.

결과를 중심으로 지지와 격려를 한다면 아이들은 행동하기 전에 미리 계산해서 좋은 결과를 가져올 행동만 시도할 것이다. 성과 여부에 대한 불안감과 두려움은 도전의 폭을 줄인다. 우리 교사, 부모들은 과정에 대한 지지와 격려에 익숙지 못하다. 우리는 아이 성장에 있어 과정에 대한 지지와 격려가 필요하고 중요하다는 것을 나중에 배워 알지만 대부분 자라며 그런 배려를 받지 못했기에 구체적인 방법을 모른다.

해답은 버츄프로젝트 1전략, '미덕의 언어로 말하라!'에 있다. 작은 행동 하나하나에 미덕으로 의미를 부여하면 아이는 스스로를 특별한 존재로 바라보게 된다. 삶은 하루의 큰 성공과 99일의 작은 성공으로 이루어진다. 99일을 노력하고, 시도하고, 실패하고, 다시 도전하고, 일어날 때 하루의 큰 성공도 있다. 버츄프로젝트는 이 99일을 실패가 아니라 그 자체로 작은 성공이며, 미덕을 깨우는 과정으로 바라본다. 자존감이 낮은 사람은 큰 성공 한 개에만 집중하지만, 자존감이 높으면 99일의 작은 성공을 다 안아주고 품어준다.

"영서야, 어제보다 집중시간이 길어졌네. 일기도 어제보다 좀 더 자세히 쓴 것을 보니 너의 인내심과 끈기 미덕이 점점 강해지고 있구나."

과정, 노력을 찾아 미덕으로 인정해주기 시작하면 무기력하던 아이의 눈빛에 생기가 돈다. 어차피 과정이 99퍼센트의 시간을 차지하기에 오히려 미덕을 찾아줄 것이 상당히 많다. 어떤 문제아라도 지금 이 순간 아이 행동을 편견 없이 관찰하면 미덕으로 격려하고, 인정해줄 것을 얼마든지 찾아낼 수 있다.

▎실수와 실패에도 미덕으로 말해주다

미덕 인정을 할 때 주목해야 할 미덕 중 하나가 '시도'다. 특히 새로운 시도에서 실수하거나 실패했을 경우 적극적인 미덕 인정이 필요하다. 한 아이가 새로운 도전에 실패했을 때 교사나 부모가 보여주는 반응은 무척 중요하다. 그 실패를 어떻게 해석하느냐에 따라 아이의 자존감이 형성되기 때문이다. 실패를 수치심으로 해석하지 않고, 미덕으로 해석하는 부모, 교사는 아이에게 용기를 심어줄 수 있다.

"네가 이번에 줄넘기 1급 도전을 한 것 자체가 작은 성공이야! 한 달 동안 너는 열정, 끈기, 인내, 목적의식을 깨워 노력했어. 그 과정에서 네 미덕이 얼마나 반짝였는지 몰라, 엄마는 네 노력이 고마워, 미덕을 깨우는 모습이 감사해."

실패했을 때 용기를 주는 일은 아이의 마음에 강력한 에너지 전환을 불러온다. 두려움 에너지를 사랑의 에너지로 즉각 끌어올린다. 실패를 실패가 아닌 미덕을 깨우는 과정으로 해석할 때 아이 영혼은 안도한다. 새로운 시도를 할 때마다 실패를 두려워하지 않고, 도전할 가능성이 높아진다. 설령 실패해도 아이는 그 순간을 미덕으로 해석해 작은 성공이라고 믿을 수 있다. 즉 그 과정에서 자신이 어떤 미덕을 깨웠는지 의미를 부여할 수 있다. 그리고 다시 도전할 힘을 얻는다.

"바이올린 시작했는데 연습이 어려워, 하지만 나에게는 '끈기' 미덕이 있어! 나는 '끈기'를 불러와 열심히 해볼 거야!" 부모나 교사가 노력하는 과정과 새로운 시도에 미덕을 불러주면 머잖아 아이는 스스로에게 매 순간 미덕으로 용기를 줄 것이다. 그리고 그 도전의 과정은 모두 미덕을 깨운 경험이 되고 그 경험이 모여 자존감이 된다.
"나는 나를 믿어. 나는 어떤 순간에도 미덕을 깨울 수 있는 사람이야."

실수할 때 미덕 행동을 요청하다

아이가 문제를 일으켰을 때 수치심을 주는 대신 용기를 북돋아줄 수 있다. 책상 정리가 잘 안 된 경우, "이게 무슨 책상이냐! 쓰레기통도 이보다는 낫겠다!"라고 말한다면, 아이는 스스로가 쓰레기통과 같은 존재로 여겨져 수치심을 느낄 것이다. 당장에는 치울지 모르지만 장기적으로는 정리와 정돈을 싫어하고 기피할 가능성이 높다.

1단계: 내 관계 이미지 살펴보기

아이의 실수나 실패 행동에 대해 우리는 때때로 다시 실수하지 않도록 가르쳐야 한다고 믿는다. 실수를 바로잡도록 도와주겠다는 생각을 넘어서 실수, 실패를 부끄러운 것이자 손해로만 해석하는 자세는 문제가 된다. 이런 마음가짐일 때 아이의 실패 앞에서 강한 분노나 실망이 튀어나와 아이에게 강도 높고 반복적인 꾸중과 비난을 가하기 쉽다. 아이는 아이대로 교사나 부모에게 되레 화를 내며 심리적 방어를 하면서도 자신의 실수에 대해서는 수치심을 저장하게 될 것이다. 이런 경험은 자존감을 낮춰 또 다른 부정적 행동으로 이끌어지기 쉽고, 부모나 교사도 아이에 대해 더욱 부정적인 시선을 갖게 될 것이다. 만약 지금 이런 악순환에 있다면 부모나 교사가 아이라는 한 존재를 어떻게 대하고 있는지 무의식적 관계 이미지를 점검할 필요가 있다.

신학자 마르틴 부버는 관계 이미지를 두 가지로 나누어보았다. '나와 그것'의 관계와 '나와 너'의 관계다. '나와 그것'은 상하관계이고 수동적 관계이며, '내'가 '그것'을 마음대로 선택하고, 관리하고, 주도한다. '그것'은 선택할 수도, 주도할 수도 없다. 우리 주변의 사물과 나의 관계를 말한다. 내 책장의 많은 책들은 나의 선택을 기다리고, 내가 해석하는 대로 정리된다. 또 하나의 관계는 '나와 너'의 관계이다. 존중하고 수평적인 이 관계에서는 너는 너만의 특별함이 있고, 원하는 것이 있으며, 취향이 있고, 소중히 여기는 것이 있다. 때로 '나'의 의견에 '너'는 이견을 낼 수도 있고, 반박을 할 수도 있다. '나'는 '너'를 내 뜻대로, 주도하거나 선택할 수 없다.

'나와 너'의 관계는 사람과 사람 관계의 기본이다. 그런데 부모나 교사가 아이와의 관계에 있어 아이를 나이도 어리고 가르쳐야 할 미숙한 존재, 상하관계로 인식하면 '나와 그것'의 관계 이미지를 가지고 대하게 된다.

"엄마가 말하고 있는데 어디서 투덜거려? 너 지금 부모한테 대드는 거야?" 이때 아이는 자기 인격, 자기 의견, 자기주도성, 자기 선택권이 박탈된 사물 취급을 받는다. 거부되고 쪼그라든 자기 이미지는 아이 자존감까지 추락시킨다. 유난히 아이 행동에 화가 많이 나고 욱하는 부모나 교사라면 관계 이미지를 먼저 바꾸어야 한다. 나와 아이는 존중, 사랑에 기초한 인격적 관계, '나와 너' 관계다.

2단계: 원하는 행동을 미덕으로 요청하기

아이가 부정적 행동을 할 때 바람직한 방향으로 유도하려면 어떻게 미덕으로 말해주어야 할까? 목소리를 높이지 않고도 아이에게서 긍정적인 행동을 이끌어낼 수 있을까?

▍평가 노! 관찰한 그대로 말하기

똑같은 난장판 책상을 보고도 다르게 말할 수 있다. 예를 들어, "연필과 지우개, 삼각자가 섞여 있구나. 정돈의 미덕을 발휘해서 책상 속을 깔끔하게 정리해 주었으면 좋겠구나."라고 말하면 어떨까?

이 말 속에는 "너는 정돈의 미덕이 있어! 너는 정돈 미덕을 깨울 수 있어! 너는 할 수 있어!"라는 격려가 담겨 있다. 이때 "연필, 지우개, 삼각자가 섞여 있구나."처럼 보이는 사실, 행동을 관찰한 대로만 말해주는 게 중요하다.

"아니 뒤죽박죽 엉망이네!" 등 주관적인 평가의 말을 하게 되면 아이에게는 비난으로 전해져 뒤따를 미덕의 말이 들리지 않는다. 평가의 말, 비난의 말은 방어를 낳고, 방어는 관계를 끊어버린다. 어떤 실수, 실패에도 평가하지 않는다. 원하는 것을 미덕으로 요청하고 믿어줄 때 아이는 다시 도전하고, 다시 시도한다.

▍지적 노! 행동만 말하기

실수할 때 행동과 행위자를 구분해야 한다. 청소가 안 되었다면 "교실에 휴지가 많이 있네. 어떤 미덕을 깨우면 좋을까?"라고 말한다. 하지만 "청소당번, 야 너는 청소도 제대로 못해?"라고 한다면 행위자를 말하는 것이다. 행위자를 지적하면 수치심과 모멸감을 준다. 특히 여러 사람 앞에서 수치심을 경험하게 될 때 무의식에 저장될 깊은 상처를 줄 수 있다. 실수할 때 그 행동만 사실적으로 말하고 어떤 미덕을 불러와야 할지 아이에게 물어본다.

'~하자'로 말하기

"떠들지 마라." 대신 "집중하자."라고 말하고. "휴지 버리지 말기", "낙서 하지 말기"보다는 "주변을 깔끔하게 정돈하는 미덕을 발휘하자."와 같이 미덕으로 인도하는 언어를 사용한다. 청소를 깨끗이 하자는 것이 목적이라면 정리, 정돈, 청결 등을 포함하는 단어로 긍정적 정서와 행동을 이끌어낸다.

3단계: 성장 미덕이 필요한 순간임을 말해주기

유난히 주변이 더럽고 정리를 못하는 아이가 있다. 그 아이는 부모와 교사로부터 정리와 정돈을 못한다고 수시로 야단을 맞고, 비판을 받아왔다. 이 아이의 부모, 교사는 정돈을 못하는 것은 비판받아 마땅한 일, 부끄러운 일로 해석한다. 아이는 스스로 자신의 이미지를 정돈을 못하는 아이로 저장할 것이며 그와 같은 일이 힘들고 짜증이 나는, 두려움 에너지를 부르는 일로 느껴질 것이다. 정돈이 필요한 순간이 되었을 때 아이는 스트레스를 받게 되고 회피하거나 포기하기 더 쉬워진다.

또 다른 아이가 있다. 이 아이 역시 정리 정돈에 어려움을 겪는다. 이 아이의 부모와 교사는 이 아이가 주변을 깔끔하게 정리하지 못하는 것은 더 많이 성장할 분야라고 해석한다. 즉 가장 못하는 부분이나 고쳐야 할 단점이라고 해석하는 게 아니라 성장이 크게 일어날 부분으로 보는 것이다. 이와 같은 시선에서는 지금 부족한 부분이라도 빨리 교정해야 할 단점이 아니라 긴 삶의 여정에서 더 많은 성장을 줄 고마운 부분이다. 그렇게 본다면 아이의 주변이 좀 너저분하다 해도 다르게 말할 수 있다. 아이에게 정돈의 성장 미덕을 불러주는 것이다.

아이가 능숙하지 못한 부분을 약점 대신 성장 미덕이라 생각하는 교사나 부모는 정돈을 못해 위축되어 있을 아이를 꾸짖는 대신 이렇게 묻는다. "은영아, 정돈이 너의 단점이 아니야. 오히려 널 더 많이 성장하게 해줄 거야. 그걸 성장 미덕이라고 해! 아직 네 미덕이 자고 있어서 그래, 넌 미덕을 깨울 힘이 있어! 앞으로 우리 은영이가 정돈을 잘 하기 위해 어떤 미덕을 깨우면 좋을까?"

그러면 아이는 수치심 대신 정돈을 개선하기 위한 행동 계획을 스스로 세울 것이다. 깨워야 할 미덕이 정해지면 그 미덕에 따른 구체적인 실천 행동에 대해 이야기를 나누고, 기록하도록 격려할 수 있다. 아이가 자신의 단점이자 열등감으로 해석해 수치심으로 저장할 부분조차 버츄프로젝트에서는 더 큰 성장과 새 출발의 동기로 받아들이게 된다.

미술시간에 나무 목걸이를 만든 적이 있다. 앞면에는 자신의 대표 미덕, 뒷면에는 성장 미덕을 그렸다. 한 주는 대표 미덕이 보이게 목걸이를 걸었고, 다음 한 주는 성장 미덕이 보이게 걸고 다니게 했다. 그 후 아이들은 누군가가 실수를 저질러도 "네 성장 미덕이니까 괜찮아. 너를 더 성장하게 해줄 거잖아!"라고 말했다. 자신의 실패에도 관대해졌고, 비난 대신 격려를 받으니 다시 도전하는 것을 즐겼다. 실수도 실패도 오로지 미덕을 깨우는 과정일 뿐이다.

우리의 특별함, 장점이 대표 미덕이라면 부족함, 단점은 성장 미덕이다. 우리는 그 성장 미덕이 있어서 그것을 깨우며 더 많이 성장한다. 그래서 단점은 부끄러운 것이 아니며 실수와 실패는 성장 미덕을 찾을 소중한 기회다.

기적의 네 문장

▍방어를 끄고 마음을 잇는 첫 번째 기적의 문장

> "네 잘못이 아니야."

이런 경우를 상상해보자. 내가 본의 아니게 어떤 실수를 저지른 날 내 배우자가 집에 오자마자 그 얘기를 꺼낸다.
"당신 어떻게 할 거야? 계속 왜 그래?"
그 순간, 안 그래도 잘못해서 마음이 쪼그라져 있는데 다시 그 이야기를 꺼내니 더 속상하고 한편으로는 섭섭하기까지 하다.
"자기는 뭐 잘못한 적 없어? 다음에 잘못하기만 해봐."

우리는 우리의 잘못을 인식하는 순간 자신이 취약한 상태임을 본능적으로 안다. 그 취약함은 이것으로 인해 내가 공격당할지도 모른다는 보호본능으로 즉각 두려움의 뇌를 가동시킨다. 심리적으로 위축된 이 상태에서 누군가 지적하면 편도체는 자신을 보호하기 위해 즉각적으로 방어기제를 작동시킨다.

 방어기제는 심리적 취약상태일 때 스스로를 보호하기 위한 무의식적 행위다. 그런데 문제는 방어기제가 작동하면 상대방과의 심리적 연결은 그 순간 끊어진다는 것이다. 상처받지 않기 위해 대부분의 에너지를 상대방을 공격하거나, 투사하는 데 쓰기 때문이다. 방어기제가 작동하는 상태에서 친밀감, 신뢰, 사랑 등은 에너지를 뺏긴다. 이때는 가르침이 흡수되지 않는다. 그래서 잘못한 아이를 수치심을 주며 야단을 치고, 지적을 하면 아이는 듣지 않는다. 소통의 고리가 약해졌기 때문에 가르침도 배움도 멈춘다. 이런 상태에서 꾸중하는 사람의 분노가 가속화되기 쉬운데 그때 아이의 방어기제 역시 더 강해지고 그나마 남아 있던 소통의 고리가 아예 끊어진다. 사춘기가 되면 아예 문을 잠그고 들어가 대화를 거부할 수도 있다. 실패를 겪은 아이와 소통할 때 부모나 교사는 방어기제부터 마음의 소화기로 꺼주어야 한다. 진심을 담은 말 한마디면 가능하다.

 만약 남편이나 아내가 상대방 배우자가 실수한 일을 만날 때,
 "당신 잘못이 아니야. 당신이 잘 하려고 하다 그랬잖아. 실수할 수 있지. 너무 속상해하지 마."
라고 말한다면 어떤 마음이 들까? 일단 잔뜩 힘이 들어갔던 방어기제가 내려갈 것이다. "역시 당신뿐이야. 나를 이해해주고 위로해줘서 고마워. 미안해! 다음엔 조심할게." 방어기제를 내려놓은 마음자리에 고

마음, 미안함, 진심 어린 사과가 가득 찬다.

지적하는 대신 한마디 위로를 건넸을 때 소통은 더 따뜻하고 깊어지며 관계는 더 탄탄해진다. 또 자신의 취약함을 인식하고 위축되어 있는 한 영혼에게 피난처를 제공한다. 그 말은 되받아치거나 소통을 차단할 준비를 하던 한 아이의 영혼을 무장해제시킨다. 그래서 '네 잘못이 아니야.'라는 말은 방어기제를 꺼주는 말, 연결해주는 말, 위로해주는 말이다. 실수한 한 아이가 쓰러졌다가 다시 일어날 힘을 주는 말이다.

아이의 존재를 회복시키는 두 번째 기적의 문장

> "네 미덕이 자고 있어서 그래."

이 말은 당장의 잘못된 행동과 별개로 한 영혼의 존재를 회복시켜 원래 싱대를 바라보도록 하는 말이다. 우리는 어린 시절부터 부모님께 잘했을 땐 칭찬을, 실수하면 야단을 맞았기에 그 교육 방식이 당연하다고 생각한다. 그러나 대부분의 경우 한 가지 실수가 벌어졌을 때 그 행동만 수정받는 게 아니다.

"너 자라서 뭐가 되려고 하니? 또 시작했구나. 엄마가 못 살아, 정말."

아이를 꾸중하려다 보면 이런 식으로 작은 실수에도 과장된 표현을 쓰며 아이의 존재를 무의미하게 만들기 쉽다. 그와 같은 말을 반복해 들으면 아이의 생각은 부정적인 노선을 탄다.

'또 실수했구나. 난 정말 바보야, 나는 머리가 나빠…. 나는 커서 꿈을 이룰 수 있을까?'

'나는 매일 엄마를 힘들게 해, 나는 살 가치가 없어. 나는 왜 매일 실수할까?'

이런 상태가 되면 좋은 방향으로 지도하려는 마음에 여러 가지 이야기를 해도 아이는 그렇게 받아들이지 않는다. 아이는 작은 실수 하나 때문에 자신의 전체 가능성을 부정하고, 자신을 부족한 사람으로 결론짓는다. 하지만 '네 미덕이 자고 있어서 그렇다.'라는 이 말은 아이가 자기 존재의 가능성을 돌아보게 한다.

"실수, 실패하는 그 순간에도 너는 변함없는 미덕을 품은 아이야. 이미 있는 네 미덕은 불러오기만 하면 돼!"

"네 힘, 네 빛은 변함이 없어. 그건 실수한다고 없어지는 것이 아니야. 이럴 때일수록 네 빛, 네 힘인 미덕을 불러오면 되지. 힘내!"

원하던 성취를 이루지 못해도, 황당한 실수를 해도 우리의 가치와 빛은 사라지지 않는다. 다시 일어나 빛의 길을 따라가면 그만이다. 우리 존재는 언제나 그 자체로 빛이고 힘을 가지고 있음을 아이에게 알려줘야 한다. 그래야 아이가 부모 곁을 떠나 홀로 독립해 살아갈 때 어떤 어려움에 빠져도 스스로의 빛을 인식할 수 있다. **우리는 너무 쉽게 아이의 빛을 꺼버린다. 그래서 아이는 실수 한 번에 과도하게 쪼그라들어 자신을 포기할 수 있다. 더 이상 희망이 없다고 너무 일찍 단념**

해버릴 수 있다. 어떤 순간에도 우리의 힘은 사라지지 않음을 알려준다는 것은 존재 자체를 봐주는 일이다. 존재는 실수하고, 실패한 순간에도 그 자체로 소중한 힘을 가지고 있음을 부모가 먼저 믿어야 한다. 그래야 아이는 비로소 내가 실수와 상관없이 다시 일어나야 함을 깨닫고 눈물을 닦으며 벌떡 일어나 이 실수를 작은 성공으로 재해석할 것이다. 그리고 다시 도전하기 위해 내가 가진 어떤 미덕을 깨울지 묻는 용기를 낼 수 있을 것이다.

"네 미덕이 자고 있어서 그래."

"넌 이미 온전한 아이야, 어떤 순간에도 너의 빛은 그대로야."

두려움 속에서 수치심을 기다린 아이에게 넌 이미 온전하다고 말해줄 때, 아이는 스스로를 다시 일으킬 것이다. 수치스러운 존재가 아니라, 그럼에도 불구하고 다시 일어설 수 있는 존재라고 자신을 바라볼 것이다. 그것이 자존감의 근원이 되는 존재 경험이다.

접근동기, 성장동기를 깨우는 세 번째 기적의 문장

> "넌 미덕을 깨울 힘이 있어."

잘못한 순간에도 자신의 본 모습은 미덕을 가지고 있는 사람이라는 것을 인식하면 아이는 드디어 용기를 갖게 된다. 방향 전환이 되었기 때문이다. 일어서야 할 이유가 분명해졌고 가야 할 방향이 보이는 것이다.

"넌 미덕을 깨울 힘이 있어!" "아이야, 네 미덕이 너를 기다리고 있어, 다시 일어나서 갈 수 있어." 이렇게 말해주면 아이는 진정 원하는 길을 찾아 가고 싶은 동기가 일어날 것이다.

같은 행동이라도 자신의 힘을 믿어서 도전하는 것과 타의로 마지못해 하는 것은 차원이 다른 결과를 낳는다. 힘이 무너졌다고 생각하는 아이에게, 수치심으로 쪼그라든 아이에게 얼른 일어나 만회하라고 말할 때 아이는 어떤 의욕도 느끼기 어렵다. 선생님, 부모님이 시켜서가 아니라 아이가 자발적으로 내적동기를 일깨워 실천할 때 자기주도성이란 진정한 변화를 가져온다. 자기주도성은 처벌을 피하기 위해 어떤 행동을 하는 것이 아니라 원하는 일, 진정 되고 싶은 꿈을 향해 가는 접근동기이며 성장동기이다. 접근동기와 성장동기는 더 괴로운 일을 피하기 위한 동기인 회피동기보다 에너지 소비가 적다. 진정 원하는 길이기에 즐겁고, 당장의 외적 보상이 없어도 지속할 수 있다.

잘못한 순간 한 아이의 영혼에 방어기제를 꺼준 후 넌 지금 이 순간에도 힘이 있는 사람이라고 따뜻하게 말해주면 아이는 그때 비로소 뭔가 시작할 마음이 든다. 그때 듣는 **"넌 미덕을 깨울 힘이 있어!"라는 격려는 실패한 순간에도 다시 일어설 희망과 미덕이 있다고 아이가 인식하도록 돕는다. 아이는 이제 그 누구의 도움도 받지 않고, 스스로 자신의 미덕을 찾을 것이다.** 이 실수, 실패를 통해 얻은 배움 미덕을 불러오고, 다시 시작하기 위해 필요한 도전 미덕 또한 불러올 것이다. 그래서 스스로의 힘으로 일어날 것이다.

어렵기로 소문난 아이라도 말썽을 부린 순간 기적의 문장으로 포용해주고, 방어기제를 내려주고, 그 아이 안의 힘까지 믿어주기를 반복한다면 그 경험은 아이가 진정한 자신을 자각하게 만들 것이다. 미덕을 깨울 수 있다고 말해주는 목소리와 눈빛에서 느낀 따스함과 희망을 오감으로 무의식에 저장할 것이다. 그 실패는 더 이상 절망을 뜻하지 않을 것이다. **무의식에 차곡차곡 저장된 그 따뜻한 실패 재해석 순간이 모여 높은 자존감이 된다.**

┃ 아이의 선택권을 인정해주는 네 번째 기적의 문장

"어떤 미덕을 깨우면 좋을까?"

아이가 실수하면 마음에는 뾰족한 방어기제들이 생긴다. 실수를 상처로만 남기시 않고 나아가려면 먼저 방어기제를 꺼주고, 서로 간에 신뢰, 존중이 오가야 한다. 그렇게 존재가 회복된 자발적 동기부여를 하고 이제는 어떤 미덕을 선택할지 스스로에게 질문하도록 한다.

누군가의 도움보다 스스로의 힘으로 아이는 자신에게 필요한 미덕을 깨울 수 있다. 미덕 52개를 하나하나 짚어보며 문제 해결에 무엇이 필요한지 고민하는 과정을 거치면 미덕 인식 또한 높아진다. 이때 아이는 자기 내면의 의지를 불러와 필요한 미덕을 찾아 깨우게 되기에 실천의지가 높다. 변화는 스스로 미덕을 선택해 깨우고 실천할 때 더 빨리 찾아온다. 문제 해결도, 문제를 해결하기 위해 필요한 미덕도 아이가 더 먼저 안다. 그것을 믿어준 경험이 모여 또 자존감이 된다.

"이 숙제를 하려면 끈기, 열정 미덕을 깨워야 해! 이거 깨워서 다시 해봐!"

기다려주는 대신 이렇게 말한다면 아이는 끈기, 열정 미덕에 접근 동기를 부여하지 못한다. 교실에서 실수한 아이에게 바로 미덕을 두 개씩 골라 깨워서 말해달라고 하면 신기하게도 아이들은 자기가 필요한 것을 찾아온다. 유난히 끈기가 부족해 미술 작품 마무리를 못하는 아이는 영락없이 '끈기'를 자신의 성장 미덕으로 꼽는다. **애써 '네가 어떤 점이 부족해서 고쳐야 해.'라고 말해줄 필요가 없다. 아이가 알아서 다 찾는다. 아이는 스스로의 필요를 인식할 수 있는 존재다. 아이 내면의 권위를 믿게 되면 이 순간도 모두 아이에게 맡길 수 있다.** 이런 자기 선택권, 자기주도 경험이 모여 내면의 미덕을 스스로 깨울 수 있는 아이가 된다. 이제 어떤 실수, 실패를 해도 옆에 부모, 교사가 없어도 스스로 눈물을 닦고 일어나서 이건 실패가 아니라 작은 성공이라고 스스로에게 말할 것이다. 이 순간에도 자신은 힘과 빛이 있는 존재로 인식한 후 필요한 힘을 스스로 찾아 스스로 불러오고 다시 시도할 것이다.

어떤 상황에서도 우리는 가르치지 않아도 된다. 아이에게 안내할 뿐이다. 아이가 실수, 실패하는 순간에 이제 더 이상 욱하지 않아도 된다.

그 순간에 가장 많은 배움이 부모와 교사를 기다리고 있기 때문이다. 어떤 순간에도 미덕이 빛나고 있음을 알아차린다는 건 인생의 모든 고통과 좌절 앞에서 회복탄력성을 준다. 우리는 실수할 때 부끄럽고 수치스러운 한계를 드러낸다는 고정형 마인드셋이 아니라, 언제나 자신이 가진 힘으로 노력하고 성장할 수 있는 성장형 마인드셋으로 살아갈 수 있다.

아이가 실수하고 실패하는 순간은 미덕을 깨워주고, 다시 존재를 인식시켜줄 자존감 타임이다. 그 멋진 기회를 화내고, 욱해서 날려버리지 말자. 우리 아이가 실수하고 실패할 때 미덕을 깨워주는 경험은 교사, 엄마에게도 영적인 전환을 가져온다. 언제나 말해주면 된다. 그 어떤 순간에도 네 미덕이 너를 도울 준비를 하고 있다는 것을 말이다.
"어떤 미덕을 깨우면 좋을까?"
"네 미덕이 너를 도울 준비를 하고 있음을 기억하렴!"

교사 및 부모 실습하기

용기를 주는 미덕카드 뽑기

미덕카드 뽑기는 가장 대표적인 버츄프로젝트 활동 중 하나다. 혼자서, 교실에서, 가정에서, 직장에서 미덕카드를 뽑고 함께 있는 사람들과 나누는 활동이다.

| 미덕카드 뽑기 |

1단계 카드 뽑기

버츄는 '사랑 에너지'다. 카드를 통해 나의 삶에 버츄가 주는 사랑 에너지를 나눈다. 미덕카드는 언제나 답을 준다. 미덕카드를 잘 섞은 후 부챗살 모양으로 펼쳐 한 사람씩 뽑는다. 이때 카드는 글씨가 보이지 않게 카드 뒷면의 끝자락이 사람들을 향하도록 쥐는 것이 좋다. 내가 뽑을 때는 짝이 도와주고, 짝이 뽑을 때는 내가 도와준다.
- 자신의 고민이나 걱정을 한 가지 생각하면서 눈을 감고 카드를 한 장 뽑는다.
- 각자 카드의 앞면과 뒷면의 내용을 조용히 마음속으로 묵독한다.
- 선택한 미덕이 현재 자신의 삶, 고민, 걱정에 어떤 느낌과 통찰을 주는지 생각한다.

2단계 나눔
- 한 사람씩 차례로 자신이 뽑은 카드(앞면)을 소리 내어 읽는다.
- 현재 일어나고 있는 일과 연관지어 그 미덕이 자신에게 어떤 말, 느낌, 통찰을 주는지 이야기한다.
- 한 사람이 이야기를 하고 있는 동안 다른 사람들은 끼어들거나 조언하거나 충고하지 않고 조용히 경청한다.

3단계 **미덕 인정 및 나누기**
• 미덕 인정: 한 사람의 이야기가 끝날 때마다 경청한 짝이나 한두 명의 사람들이 느낌과 상대방에게서 본 미덕을 말해주고, 미덕 색종이에 적어준다.

미덕 인정의 방법
미덕 인정의 3요소: 구체적인 행위 + 미덕의 이름 + 인정의 말

예시
오늘은 책을 세 권이나 읽는 것을 보니 (구체적인 행위)
'열정'의 미덕이 (특정 미덕)
다이아몬드처럼 빛나네 (인정의 말)

• 미덕 나누기: 마무리와 통합을 돕는 질문을 한다. 활동의 교훈을 자신의 것으로 만드는 배움의 순간을 갖게 된다.

예시
이 활동에서 어떤 점이 의미가 있었나요?
다른 사람의 미덕을 찾아 인정해주는 경험을 해보셨는데 어떠셨나요?
다른 사람이 자신의 미덕을 찾아 인정해줄 때 어떻게 느끼셨나요?

_〈한국버츄프로젝트 퍼실리테이터매뉴얼〉

미덕카드 뽑기의 힘

미덕카드는 혼자 뽑아도 되고, 가족이나 지인, 동료, 그리고 교실에서 학생들과 뽑아도 좋다. 가급적 일정한 시간에 미덕카드 뽑기를 하다 보면 우리의 삶은 미덕 인식의 삶으로 전환된다. 내 옆에 있는 사람, 내 친구가 미덕의 존재, 보석 덩어리라는 것을 카드를 뽑고 나누면서 깨닫는다. 미덕카드 뽑기는 그 사람의 존재 자체를 깊이 만나는

활동이다. 가족 간에도 미덕카드를 활용하여 교류하며 서로의 존재를 더 깊게 만날 수 있다. 52가지의 어떤 미덕카드 중 어떤 카드를 뽑아도 답이 있다. 언제나 내면에는 52가지 미덕이 이미 있음을 깨닫게 된다.

미덕카드를 뽑으면 평소 말할 수 없었던 아픔, 어려움, 고민을 카드가 주는 해석으로 나눌 수 있게 된다. 누군가의 어려움에 사랑 에너지로 공감해주고, 미덕을 찾아 말해줄 때 우리는 치유를 만난다. 사랑 에너지와 사랑의 말과 행동이 만나면 사람 간에만 줄 수 있는 깊은 위로를 받는다. 그 자체가 치유 타임이다. 미덕카드를 함께 뽑고 나누는 그 시간은 서로를 치유하는 시간이 될 수 있다.

화내는 대신 인교감으로 말하기

화산 폭발에 대한 과학 실험을 하려고 준비하는데 한 아이가 앞으로 튀어나와 준비물을 만진다. 전 같으면 화를 내거나 "들어가! 빨리!"라고 소리쳤을 것이다. 지금은 인교감 기법으로 말한다. 화내지도, 소리치지도 않는다.

"○○가 화산폭발 실험을 빨리 하고 싶은가 보구나! 너의 열정 미덕이 빛나네."

"그런데 지금은 준비가 필요해. 자리에 들어가서 기다리는 '인내'의 미덕이 필요해!"

"네가 잘 협조해줘서 고마워."

인교감 기법으로 말하다보면 이미 화가 내려간다. 아이에게 필요한 미덕을 머릿속으로 찾으면서 평온해진다. 덕분에 감사하다, 고맙다 말하면서 아이에게 '사랑 에너지'를 전해줄 수 있다.

인교감 기법(ACT)이란 인정(Acknowledge) + 교정(Correct) + 감사(Thank)로 말하는 방법이다. 버츄프로젝트 워크숍에서는 인교감 기법을 미덕의 언어 활용법으로 소개하며 '샌드위치 기법'이라고도 한다. 샌드위치처럼 두 개의 긍정적인 말 사이에 변화나 개선에 대한 제안을 끼워 넣기 때문이다. 미덕의 언어로 끝맺기에 상대방의 자긍심을 보호해주고 용기를 준다. 인교감 기법을 활용하면 우리는 솔직하고도 지혜롭게 우리가 원하는 행동을 유도할 수 있다. 일상적인 수행평가, 피드백에서도 유용하게 활용한다. 내가 만난 인교감 기법의 효과를 정리해보면 다음과 같다.

▮에너지 전환 효과

아이의 행동에 대해 순간적으로 부정적인 반응이 올라와 '욱'하는 상태일 때라도 인교감을 하게 되면 인정, 교정, 감사를 말하는 과정 중 에너지가 두려움에서 사랑으로 전환된다. 즉 화가 빠져나간다. 편도체가 전두엽으로 전환되는 경험을 하게 된다.

▮미덕 인식의 효과

어떤 부정적인 행동에도 미덕이 있음을 깨닫게 되어 매 순간, 모든 행동에서 미덕을 빠르고 쉽게 발견할 수 있고 그것을 말하게 된다.

▌관계 개선의 효과

대개 부모-자녀, 교사-학생 간의 관계에 있어 자녀, 학생이 잘못할 경우 고쳐주려는 마음이 앞서다 보면 감정적으로 반응하거나 비난하기 쉽다. 하지만 인교감 기법은 애초에 인정이 먼저 들어가기에 그런 반응을 차단한다. 결국 아이와의 좋은 관계를 유지하면서 아이를 좋은 방향으로 안내할 수 있다.

인교감 기법의 핵심을 요약하면 인정은 '빛나네', 교정은 '필요해', 감사는 '고마워'라고 할 수 있다.

예) 아이가 체육시간 조별활동을 성급하게 마치고 놀이로 넘어가려는 경우	
인정(빛나네)	빨리 시작하려는 너의 '열정'이 빛나네!
교정(필요해)	하지만 다 함께 하는 활동에서는 '우의'가 필요해!
감사(고마워)	무슨 일이든 열심히 하는 너의 '한결같음'이 고마워!

365일 버츄 찾아 쌓기(미덕 인식력 기르기)

▌1일 10 버츄 찾아 적어주기

1단계: 친구의 보석 찾아주기

색종이를 보석 모양으로 접은 후 보석 이름표를 만든다. 밑 부분 뾰족한 곳에 자기 이름을 쓴 후 책상 위에 두면 친구들이 그 아이가 미덕을 발휘한 순간을 포착해 쉬는 시간에 적어준다. 적는 방법은 예를 들어 친구가 책상 밑 휴지를 줍는 것을 봤다면 먼저 휴지라고 쓴 후,

| 보석 이름표 만드는 방법 |

① 양면 색종이를 삼각형으로 두 번 접는다.
② 꼭짓점을 중심점보다 2센티미터정도 아래에 두고 다시 접는다.
③ 펼치면 다이아몬드 모양이 나온다.
④ 4면 중에서 상단 왼쪽 면에는 가장 좋아하는 미덕, 잘하는 미덕 이름을 쓴다.
⑤ 오른쪽에는 자기 이름을 쓴다. 그리고 하단 오른쪽 칸에는 내가 나에게서 찾은 미덕을 쓴다.
⑥ 왼쪽 칸은 친구가 나에게 찾아준 미덕이 기록된다.

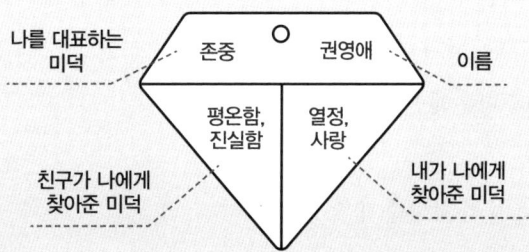

⑦ 보석 이름표 하나 전체에 친구나 내가 찾은 미덕을 써도 좋다.

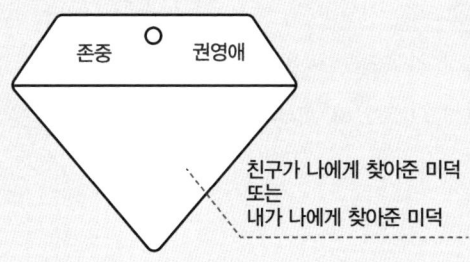

그 순간을 배려라고 해석해 옆의 괄호 안에 '배려'라 적어주고, 마지막으로 포착한 사람 이름을 적는다. 이 활동을 시행하려면 3월 첫날 아이들에게 미덕 52가지가 깨어나지 않은 원석 상태로 우리에게 있으며 그 원석은 실천할 때마다 반짝이고, 지속하면 보석, 다이아몬드가 된다는 것을 알려준다. 그리고 다음 날부터 보석 이름표를 접게 한 후 집에 갈 때까지 하루 종일 친구 열 명 이상의 미덕을 포착해 쉬는 시간에 써주라고 한다. 그러면 쉬는 시간마다 아이들은 뛰거나 소리 지르기보다는 친구의 미덕 행동을 찾기 위해 두리번거린다. 그리고 자신도 조용히 미덕 행동을 하고자 노력한다. 아이의 선택적 주의력이 오로지 미덕에만 집중하는 것이다. 뇌가 미덕 행동, 미덕의 말에 관심을 주고 주의를 준다. 2, 3주가 지나면 미덕이 더욱 잘 보이고, 잘못에는 둔감해진다. 뇌가 오로지 미덕에 집중하기에 교실은 더 따뜻하고, 아이들은 더 평온해진다.

2단계: 내 보석 찾아주기

친구보석 찾기를 약 1-2주일 한 후 이번에는 보석 이름표 두 개를 준비한다. 하나는 친구가 나에게 찾아 적어줄 보석, 하나는 내가 나에게 찾아줄 보석 이름표다. 색으로 구분해도 좋다. 그래서 모두가 하루 열 명 이상 친구의 미덕을 포착해 적어주는 동시에 자신의 미덕 행동도 열 가지 이상 찾아 적는다. 집에 갈 때까지 약 스무 개의 미덕을 찾아 적는 것이다.

위 두 가지 활동은 학기 첫날부터 아이들이 쉽게 미덕을 만나고 찾게 한다. 또 첫 일주일간 아이들이 집에 갈 때 보석 이름표를 두고 가게 해서 살펴보면 미덕을 유난히 많이 받은 아이들, 유난히 적게 받은 아이들, 많이 찾아준 아이들이 다 보인다. 교우관계가 파악이 되고, 적극적으로 미덕을 잘 찾아주는 리더형 아이들, 잘 못 찾아주는 소심한 아이들이 다 파악이 된다. 이 보석 이름표로 학기 초 교실의 역학을 한눈에 볼 수 있는 것이다. '기지'와 '유연성', '관찰'의 미덕을 불러오라고 하면서 평소 아이들에게 인기가 없어 미덕을 적게 받는 아이들을 배려하는 날을 만들 수 있다. 학기 초에나 새로운 모둠을 구성할 때 미덕에 적응하도록 돕는 데 유용한 활동이다.

가정에서도 주말에 이 보석 이름표를 가족 수대로 만들어 하루 종일 가족에게 포착한 미덕을 그 사람의 보석에 써주고, 서로 소감을 나눌 수 있다. 아빠가 피곤한데도 놀아준 것을 '사랑'이라고 해석해줄 때 아빠도 행복하다. 아이가 밥을 맛있게 먹는 평범한 모습도 엄마가 '밥 다 먹음(끈기)'라고 써주면 아이는 이제 밥 먹는 평범한 행동을 미덕 끈기를 깨울 수 있는 행동으로 의미를 부여할 수 있다. 모든 과정, 모든 행동이 다 자신의 미덕을 깨우는 순간이라는 의미가 있음을 가르쳐줄 수 있다.

▎1일 1미덕카드 뽑기

미덕카드 뽑기 활동을 하며 아이들은 스스로 성찰하는 법과 미덕의 중요성에 대해 깨닫게 되며 동시에 언어능력도 발전한다. 아이들은 '끈기-포기하지 마세요', '용기-두렵더라도 당당함을 잃지 마세요',

'존중-누구에게나 예의를 갖추어 이야기 하세요', '평온함-화가 났을 때도 온화한 말씨를 사용하세요.' 등의 문장을 매일 아침마다 적고, 하교 전 실천 여부를 스스로 평가한다.

| 미덕의 언어로 시작하는 아침 |

1. 등교 · 인사
매일 아침 학급에 들어오자마자(매일 저녁 귀가하자마자 또는 주말 아침마다) 미덕카드를 한 장 뽑아 읽는다.

2. 미덕카드 뽑기
카드 한쪽 면 혹은 양쪽 면의 내용을 희망하는 만큼 필사노트에 쓰게 한다.

3. 마음에 드는 문장 한 줄 통장에 쓰기
가장 마음에 와닿는 구절을 미덕 통장에 쓰게 한다. 그 미덕은 하루를 살면서 집중적으로 실천할 미덕이다.

4. 하루동안 실천하기
집으로 돌아가기 전(다음 날 저녁, 주말 저녁) 아이들이 자신의 미덕 통장에 오늘의 미덕 실천 여부를 스스로 평가한다. 실천했으면 동그라미, 하지 않았으면 빈칸으로 남기면 된다.

5. 스스로 평가하기
52개 카드를 전부 한 번씩 다 돌아가며 쓰기 위해 전에 뽑은 카드가 나올 경우 다시 뽑는다. 매일 뽑을 경우 두 달, 일주일에 한 번 뽑을 경우 1년이 걸린다. 미덕 인식의 기초 활동이다.

나의 미덕 찾아 쓰기

미덕 통장에 매일 최대한 여덟 개까지 자신이 발견하고, 실천한 미덕을 찾아 쓴다. (개수는 연령에 따라 더 늘려도 된다.)

예를 들어, 공부시간에 발표에 도전했을 때는 '용기' 미덕을 쓰고, 옆에 '국어시간에 용기 내어 일어나 큰 소리로 발표를 했다.'라고 기록한다. 어떤 아이는 이렇게 적었다. '자율', '놀고 싶었지만 엄마가 말씀하시기 전 숙제를 먼저 하고 놀았다.' 학교에서, 가정에서 매일매일 자신의 미덕 행동을 찾아 기록할 때 미덕에 대한 인식과 민감성이 길러진다. 아이들이 순간순간 자신의 행동을 스스로 관찰하고, 어떤 미덕인지 인식하게 된다. 또 자신의 행동을 돌아보고 성찰하여 미덕 통장에 쓰다 보면 모든 행동에 대해 사려가 깊어진다.

사방칭찬 하기

내게 깊은 감명을 주었던 책《교사의 마음리더십》에 소개된 교육법인 사방칭찬기법은 더 깊이 있고 변화를 부를 수 있는 칭찬을 하기 위해 꼭 활용해볼 만한 방법이다. 사방칭찬기법을 통해 양육자나 교사는 아이들의 미덕을 더 민감하게 읽어낼 수 있다.

이때 아이들이 가진 내면의 보석 52가지가 칠판 오른쪽이나 집 거실에 크게 붙어 있다면, 칭찬의 뷔페가 다양하다 보니 아이의 말, 행동, 성격 등에 대해 말하거나 관찰할 때 쉽게 내 마음을 칭찬으로 표현하기 쉽다.

1. 학교의 경우 수업시간에 책상 왼쪽에는 미덕 책받침, 책상 오른쪽에는 미덕 통장을 놓아 준비한다. 가정에서는 거실 정면, 식탁 위 등 보이는 곳에 미덕 배너를 붙이고 미덕 통장은 식탁 위, 책상 위 등 잘 보이는 곳에 비치한다.

2. 교사, 부모의 사방칭찬을 받은 즉시 날짜, 미덕 이름, 미덕 칭찬, 인정받은 내용, 이유 등을 미덕 통장에 기록한다. 예를 들어, 3모둠 아이들이 협동하여 활동을 잘했을 경우 교사는 3모둠 아이들 모두에게 '협동'의 미덕이 반짝인다."라고 말해준다. 그러면 3모둠 아이들은 모두 자신의 미덕 통장에 교사의 칭찬을 기록한다. 가정에서도 작은 일이지만 미덕으로 칭찬해준다. "신발을 가지런히 하고 들어왔네. 네 '정돈'의 미덕이 반짝이는 걸 느꼈어." "엄마 화장대까지 닦아놓았네. 청소 빨리 끝나게 '도움'의 미덕을 발휘해주다니, 고마워!"

교실에서 아이들에게 하는 많은 칭찬이 다 기록되기에 교사는 아이들에게서 더 세심한 미덕을 찾게 되고, 교사의 아이들에 대한 집중도 또한 올라간다. 가정에서 또한 부모가 아이 행동에 대해 칭찬할 일이 많아지고 아이는 그 행동에 따른 미덕 인식, 미덕 민감성이 성장하며 바람직한 행동은 강화된다. 자연스레 지속적인 칭찬과 격려가 가능해지며 결국 아이들과 관계가 좋아지고, 행동 수정도 빠르게 이루어진다.

3. 사방칭찬의 방법은 아이들의 성품, 영향, 질문의 내면을 두드리는 네 가지로 한다.

사방칭찬기법 중 **사실칭찬**은 드러난 사실을 칭찬하는 것, **성품칭찬**은 그 아이의 미덕 52가지에서 찾은 성품, 능력, 가치관 등 숨겨진 내면을 칭찬해주는 것이다. 잘한 사실의 긍정적인 결과를 알려주는 것이 **영향칭찬**이다. 그 아이로 인해 받게 된 도움, 감사, 고마움을 칭찬

| 마음을 울리는 사방칭찬 |

사실칭찬
미술활동 빨리 끝내고 주변을 '정돈'하고 있구나.

성품칭찬
선생님이 시키지도 않았는데 주변을 정돈하는 것을 보니
'자율성'이 뛰어나구나.

영향칭찬
모둠 주변이 깨끗하네. 모둠이 빨리 마무리하게 '도움'을 주었구나.

질문칭찬
어떻게 '자율성'이 이렇게 뛰어난지 비결 좀 알려줄래?

하는 것이다. 또 **질문칭찬**은 아이가 좋은 행동을 했을 때 그 아이만의 비결이나 이유를 물어보는 것이다. 어떤 일을 해낸 그 아이의 현재 모습은 예전부터 쌓여온 노력의 결과임을 인정해줄 수 있다. 이와 같은 입체적인 칭찬을 통해 아이는 현재 자신의 모습을 소중히 여기며 자신의 고유 가치를 내면화하고 높은 수준의 자부심을 갖게 된다.

"종이접기를 마치고 교실을 쓸다니 '정돈', '청결'의 미덕이 반짝이네." (사실칭찬)

"시키지 않았는데도 교실을 쓴 것을 보니 넌 '자율성'이 뛰어나구나." (성품칭찬)

"네가 교실을 쓸어서 우리 교실이 참 깨끗해졌네, '도움'줘서 고마워." (영향칭찬)

"네가 언제부터(어떻게) 이렇게 '도움'미덕이 발달됐는지 궁금해, 비결(이유)이 뭔지 말해줄래(듣고 싶어, 궁금해, 배우고 싶어)?" (질문칭찬)

여기서 성품칭찬, 영향칭찬, 질문칭찬 등 안으로 들어갈수록 아이들의 영혼의 문을 더 강력히 노크한다. '내가 한 일에서 너의 보석을 보았다.'라고 할 때, '너로 인해 도움을 받고, 감동을 받아 고맙다.'라고 할 때, '너의 미덕의 비결을 배우고 싶다.'라고 알려달라고 할 때 우리 영혼은 깊은 울림으로 반응한다. 특히 질문칭찬은 원석을 더 빨리 보석이 되게 한다. 미술시간에 유독 창의적인 그림을 잘 그려내는 아이에게 "언제부터 네가 이렇게 남과 다른 생각을 그림으로 표현하게 되었는지 그 비결이 궁금하구나! 그 비결을 다음 주 월요일 날 아침 3분 발표로 나와서 발표해줄래?"라고 묻는다면 아이는 그때부터 가슴이 뛴다. 결국 그 이유, 스토리를 찾아온다. 그 3분을 위해 PPT까지 준비해온 아이를 봤다. 아이는 유치원 때 있었던 일, 그때 자기가 그린 그림 등을 찾아 그 아이만의 스토리를 전해준다. 발표를 보는 우리 반 아이들 모두 생각할 것이다. '내 대표 보석은 뭐가 될까? 내가 아이들에게 비결을 말해줄 만큼 잘 닦고 있는 보석은 뭘까?' 나도 '용기' 보석을 더 깨워야지. 발표할 때 더 용기내서 말해야지.'라며 각자의 보석을 갈고 닦을 준비를 할 것이다.

어떤 행동을 선택할 때 그 가슴 떨렸던 오감의 기억은 무의식에 강렬하게 새겨진다. 깊은 울림은 무의식에 전달되어 태도와 행동에 오래오래 영향을 준다. 그 영향은 다음 행동 선택에서 자기도 모르는 사이 그 기억대로 행동하게 만든다. 미덕의 말이 아이 영혼의 밥인 이유다.

아이의 행동 선택은 더더욱 학습을 통한 의지보다 무의식에 좌우된다. 부모, 교사가 아이의 어떤 행동에 반응했던 순간의 말과 느낌은 그대로 아이 마음에 오감의 영상으로 저장된다. 아이가 잘했을 때 들었던 가슴 떨린 사방칭찬은 아이가 또 다른 비슷한 상황에서 아이가 선택할 긍정 행동에 즉각적으로 영향을 끼칠 것이다. 아이 마음 깊은 곳에서 제일 먼저 떠오르는 기억이 되었기 때문이다.

_권영애, 《그 아이만의 단 한 사람》

'사방칭찬'은 아이들의 태도, 자세를 순식간에 바꾸고 쉽게 동기부여를 해준다.

예를 들어 발표를 한 아이에게 "자세하게 설명하는 너에게서 용기의 미덕을 봤어."라고 이야기하면 아이들이 모두 바른 자세로 집중하고, 여기저기에서 서로 먼저 발표를 하겠다고 손을 든다. 학교에 와서 집에 돌아갈 때까지 교사와 아이들이 미덕으로 소통하는 것이다. 미덕 칭찬은 교사를 더 행복하게 만든다. 사랑 에너지로 교실이 활기 넘치고 아이들이 행복해진다. 1년간 한 사방칭찬이 미덕 통장에 그득히 쌓인다. 작년에 제일 많은 칭찬을 모은 아이의 통장에는 무려 1,450번의 칭찬이 적립되었다. 일련번호를 기록하며 내 가슴에도 아이 가슴에도 칭찬횟수만큼 신뢰와 사랑이 쌓였다.

가정에서도 미덕 통장이나 앞으로 소개될 미덕 나무를 활용해 사방칭찬을 얼마든지 할 수 있다. 꼭 부모가 자식에게 하는 것이 아니라 가족 간에 서로를 칭찬할 수 있고, 일주일간 제일 많은 칭찬을 한 사람, 받은 사람을 주말마다 발표하거나 격려하는 시간을 가질 수도 있다. 칭찬할 때마다 미덕 나무에 미덕 열매를 붙이고, 일주일마다 어떤 미덕의 열매가 열렸는지 서로 발표하고 격려하는 것도 좋다.

▎부모가 미덕 찾기

주말에 엄마, 아빠의 미덕 세 가지씩 찾아 미덕 통장에 써오기, 엄마, 아빠가 본 자녀의 미덕 세 가지씩 찾아 써오기 등 부모님과 연계한 미덕 과제를 내줄 수 있다. 부모님이 아이의 미덕을 찾아주게 되어 가정과 연계한 인성 교육이 저절로 이루어진다. 학부모들과의 소통도 수월해진다.

미덕 인식력을 높여주는 미덕 익히기 3단계 활동

▎1단계: 1일 1미덕 필사하기

1일 1미덕카드를 뽑은 후 카드에 적힌 미덕의 뜻, 실천 방법, 다짐의 세 부분 중 자기가 원하는 대목을 필사한다. 전체를 다 필사해도 좋지만 쓰는 것을 싫어하는 학생도 있다. 그래도 강요하거나 비교하지 않는다. 각자의 미덕 발달 속도와 대표 미덕이 다 다르기 때문이다. 미덕 필사는 미덕의 뜻, 실천방법, 다짐을 절로 내면화하게 한다. 미덕을 매일 생각하도록 해주며 각 미덕의 의미를 더 깊게 이해할 수 있다. 우리가 상식적으로 아는 용기와 미덕카드에 들어있는 용기는 다르다. 훨씬 더 깊고, 넓다. 또한 필사는 미덕을 생활 속에서 인식하는 데 큰 도움을 준다. 미덕카드의 내용이 어렵다고 하는 건 선입견일 뿐이다. 가르쳐보니 초등학교 1학년도 카드 내용을 거의 다 유추해 이해했다. 오히려 어휘력이 폭발적으로 향상된다. 그래서 미덕 필사 전 일기 어휘 수준과 필사 후 수준은 큰 차이를 보인다. 필사 전 생활 속에서 보이는 미덕이 1이라면 필사 후 보이는 미덕은 10이 된다. 그 만큼 내면의 힘에 영향을 준다.

2단계: 1일 1미덕 그리기

1일 1미덕카드를 골라 52장의 카드에 대한 필사를 마치고 나면 2단계로 나아간다. 이번에는 매일 아침 뽑은 한 가지 미덕에 대한 자신의 느낌, 경험, 생각, 반성, 계획을 만화, 비주얼 씽킹, 씽킹 맵 등 원하는 그림 형태로 표현한다. 다 그린 후 서로의 미덕 그림을 발표하거나 전시하여 각자가 해석한 미덕에 대해 생각이나 느낌을 나눈다.

모두가 같은 카드로 그림을 그려보는 방법도 있다. 예를 들어 '용기' 카드를 부모, 교사가 읽어준 후 각자 그에 대한 자신의 느낌, 경험, 생각, 반성, 계획을 A4용지 한 장이나 2분의 1장에 그리도록 한다. 다 그린 후 칠판이나 뒷면에 붙이고 30명의 용기 그림을 함께 보고 느낌과 생각을 나누어봐도 좋다. 아이들의 다양한 경험, 창의적인 생각에 놀라게 될 것이다.

가정에서도 한 주마다 미덕 그림을 각자 한 번씩 그려보거나, 한 가지 미덕을 가족 모두가 그림으로 그려보는 활동 모두 가능하다. 가족 간의 다양한 생각, 경험, 느낌을 나눌 수 있는 시간이 될 것이다.

▌3단계: 나만의 미덕카드 그리기

이 활동은 미덕카드 뽑기 활동에 아이들이 어느 정도 친숙해진 다음에 한다. 먼저 카드를 뽑고, 나온 미덕에 대한 아이 자신의 느낌이나 생각을 여러 가지 방법으로 카드에 쓰고 그린다. 완성한 후 서로의 미덕카드를 한꺼번에 붙여 발표하거나 전시하여 서로의 미덕에 대한 감상이나 의견을 나눈다.

가족 간에는 한 가지 미덕을 가지고 각자 나름대로 카드를 만들어 볼 수 있다. 예를 들어 '감사' 미덕카드의 뜻, 실천, 다짐의 내용을 읽어본 후 자신이 생각하는 감사, 감사의 좋은 점, 내가 경험한 감사 등을 카드에 그리고 쓰고 색칠도 해 완성한다. 가족들 각자가 만든 감사 카드를 발표한 후 한꺼번에 붙이고 읽는다. 활동 후 느낌나누기를 하면 많은 이야기가 오갈 것이다. 엄마, 아빠의 감사와 아이들이 생각한 감사가 어떻게 다른지, 감사의 다양성에 대해 서로 깊은 대화를 나눌 수 있다. 가족 간에 대화와 이해의 시간이 절로 이루어진다. 52가지 카드를 매 주말 한 가지씩 만들고, 그 주에 실천한다면 1년간 52가지 카드를 한 사람당 한 세트씩 만들 수 있다. 그 가족만의 특별한 미덕카드는 깊은 유대감과 자부심을 심어줄 것이다.

교실 어린이들에게도 "네가 어른이 되어서 네 딸(아들)을 가르칠 수 있도록. 세상에 단 한 세트뿐인 카드를 만들어보자!"라고 격려했더니 아이들이 52개를 끝까지 해냈다. 끈기가 필요한 활동이기에 카드를 만들기 전 의미를 부여해주고 격려해주면 더 효과적이다.

52장의 그 아이만의 미덕카드가 완성되면 코팅해서 미덕 병풍 모양으로 만들어 전시하거나, 구멍을 뚫어 미덕카드 세트로 묶어서 활용할 수 있다. 자신의 힘으로 52장의 세상에 유일한 미덕카드 세트를 완성했다면 평생 스스로에게 엄청난 힘, 에너지를 줄 것이다.

▎발전 활동: 우리 반(가족) 미덕 사전 만들기

아이들과 단체 활동으로 하면 좋다.

① 아이들이 미덕 한 가지씩 정해서 자신의 경험, 생각, 느낌을 그림과 글로 그리고 쓴 세상에 한 권 뿐인 '우리 반 미덕 사전'을 만들 수 있다.

② A4 한 장에 미덕의 뜻, 내가 경험한 미덕, 그 미덕의 느낌, 좋은 점, 앞으로의 미덕 실천 계획 등을 그림이나 글로 표현한다. 30명 아이들이 각각 두 가지 미덕을 글과 그림으로 만들면 52장의 우리 반 만의 미덕 사전 한 세트가 탄생한다. 미덕 사전을 만드는 활동 자체가 아이들의 다양한 생각, 아이들의 속마음을 알게 되는 과정이자 기회가 된다.

③ 코팅한 후 교실에 비치해둔다.

4인 가족이 매주 미덕을 한 가지씩 정해 그림과 글로 사전을 만든다면 3개월이면 그 가족만의 버츄 사전이 완성된다. 가족 간에 특별한 의미와 유대를 형성하는 경험이 될 것이다.

나만의 미덕 강점을 발견하는 대표 미덕 찾기

▎미덕 조끼(버츄 조끼) 활동

① 한 주 동안 대표 미덕을 찾기 위해 한 친구를 관찰한다.

② 관찰한 친구의 대표 미덕을 각자 한두 장의 포스트잇에 한 개에서 두 개의 미덕과 포착했던 실천 행동 내용을 쓴다.

예) (　　)에게는 (　　)미덕이 있어요. 그 이유는 (　　　)입니다.

형식은 간단하되 이유를 눈에 보이는 듯 자세한 내용, 경험한 내용을 구체적으로 쓰도록 안내한다.

③ 미덕 조끼는 4절 도화지와 포스트잇을 이용해 만들면 된다.

④ 보석 (혹은 포스트잇)을 미덕 조끼나 칠판에 붙인다.

⑤ 세 명의 봉사 아동이 나와 한 아동은 모든 보석 카드나 포스트잇의 내용을 하나씩 학급 전체에 읽어주고, 한 명은 나온 미덕의 이름을 적고 한 명은 개수를 적는다.

⑥ 가장 많이 나온 미덕 세 가지를 대표 미덕으로 인정해준다.

⑦ 오늘의 주인공에게 미덕 조끼를 입혀준다.

⑧ '미덕의 주인공'에게 미덕 조끼를 받은 일에 대한 소감을 듣는다.

⑨ 미덕 배너 앞에서 독사진과 단체사진을 찍어준다. 사진 찍은 것을 부모님께 보내드린다.

⑩ 미덕 조끼를 일주일간 교실 앞 버츄 배너 밑에 전시한다. 오가는 아이들이 관람한다.

⑪ 다음 미덕 조끼가 탄생하면 그때 교체하고, 지난 주인공은 미덕 조끼를 집에 가져간다.

이 활동은 매주 한 명씩 할 수도 있고, 생일 맞은 아이들을 대상으로 해도 좋다. 한 번에 여러 명을 하는 것보다는 10월 생일자가 네 명이라면 한 주에 한 명씩 미덕 조끼 활동을 한다. 이 활동을 진행하며 덤덤해보이던 아이들이 기쁨에 겨워하고 눈시울이 젖는 모습을 수없이 보았다. 한 아이에 집중해 그 미덕을 찾아주고 불러주는 일은 평생 기억할 굉장한 사랑 에너지의 경험을 남긴다.

아이의 부모님도 감동해 문자를 주신다. "집에서 야단도 많이 치고 장점이 별로 없다고 생각한 아이인데 학교에 가서 왕자 대접을 받는다. 선생님과 아이들이 고맙다." 또 이 미덕 조끼를 거실의 제일 잘 보이는 곳에 붙여두니 오는 사람마다 친구들이 찾아준 아이 미덕을 읽어보고 칭찬한다고 너무나 멋진 활동이라고 피드백이 오기도 했다.

크리스마스나 연말, 생일 파티, 의미 있는 가족행사에서 이 미덕 조끼를 활용할 수 있다. 예를 들면 생일날 온 가족이 미덕 조끼에 붙일 포스트잇이나 색종이 보석을 몇 개씩 나누어 가지고, 생일 맞은 사람에게 보고 느꼈던 대로 '(   )에게는 (   )미덕이 있어요. 그 이유는 (   )입니다.'라고 자세히 써서 붙인다. 그 다음 읽어주는 시간을 가진다면 아이들은 가슴이 터질 듯 가족에게 고마운 마음이 들 것이다. 연말 송년 가족 모임이라면 1년간 아빠, 엄마, 내 동생, 나 자신에게 가장 감사한 것을 열 가지씩 보석에 쓴다. 그리고 해당 보석을 각각의 조끼에 붙인다. 그리고 가족이 앉아서 누가 어떤 게 감사하다고 말해주었는지 나눈다. 가족 간에 매년 이 미덕 조끼로 감사를 나눈다면 계속해서 새길 따뜻한 추억으로 저장될 것이다.

▍미덕 롤링페이퍼

① 열여섯 개 칸이 그어진 A4 크기의 롤링페이퍼 두 장에 반의 모든 친구 각각에게서 발견한 미덕 한 가지와 언제, 어떻게 그 미덕을 발견했는지 자세히 쓴다.

② 맨 마지막 칸엔 교사 이름도 넣어 미덕을 찾아주고, 아이들도 교사의 미덕을 인정해주도록 한다.

③ 활동이 끝나면 교사와 아이들은 30명 반 친구들이 각각 써준 롤링페이퍼를 받게 된다.

롤링페이퍼를 받은 아이들은 단순한 칭찬이나 장점이 아니라 구체적인 내용과 그와 관련된 미덕이 적혀 있어 무척 기뻐한다. 가장 많이 언급된 3대 미덕을 찾아보도록 한다. 그 세 가지 미덕이 지금 가장 잘 연마되어 반짝이는 대표 미덕이다.

한번은 롤링페이퍼를 가정으로 보내 부모님께 마지막 한 칸을 채워오게 했더니 감동과 기쁨이 한 칸 안에 넘쳐났다. 부모가 본 것보다 훨씬 더 많은 미덕을 학급 친구와 담임 교사가 찾아 써준 롤링페이퍼를 읽은 이후 자신의 자녀를 보는 부모의 시각도 더욱 긍정적으로 바뀌었을 것이다.

버츄 습관 활동

| 금주의 미덕

① 매주 월요일에 아이들이 돌아가며 '금주의 미덕'을 뽑는다.

② 큰 소리로 읽고 일주일 동안 칠판에 적어놓는다.

③ 주간학습 안내 시 부모님에게 '금주의 미덕'을 전달하고 가정에서도 일관성 있게 실천하도록 안내한다.

④ 자녀가 가정 내에서도 미덕을 잘 실천한 경우, 미덕 통장에 적어 달라고 요청하고, 금요일 수업을 마무리할 때 '금주의 미덕'을 연마한 아이들을 스스로 일어나게 해 칭찬해준다.

⑤ 일기 쓰기 시 '금주의 미덕'을 주제로 쓰도록 한다.

| 미덕 책받침 활용

미덕이 익숙지 않은 어린이들에게 미덕의 간단한 뜻을 알려주어 익숙해지도록 돕는다. 앞은 52미덕, 뒤에는 미덕의 간략한 뜻이 담긴 미덕 책받침을 만들어 아이들 책상 왼쪽에 놓는다.

가정에서는 아이 책상 위, 냉장고 앞면, 화장실 벽면 등에 이것을 붙여놓으면 일상적으로 미덕을 인식하기 쉽다. 매 순간 미덕을 보고 읽다 보니 미덕을 인식하고, 민감하게 잘 찾게 된다. 아이가 잘못했을 때 화내고 소리치기 전 그 순간 깨워야 할 미덕에 집중하도록 지도할 수 있어 도움이 많이 된다.

① A4 반 정도 크기로 앞에는 미덕, 뒤에는 미덕의 뜻을 적는다.

② 아이들 책상 왼쪽에 붙여 활용한다.

③ 고정시킬 때 한쪽 세로부분에만 스카치테이프를 붙여 뒷면을 돌려 볼 수 있게 한다.

4월, 10월 정기 학부모 상담 시 미덕 책받침을 부모님께 선물로 드려도 좋다. 동시에 아이가 잘못했을 때 수치심을 주지 말고 용기를 주는 '기적의 네 문장' 사용법을 알려드리면 학교와 가정에서 일관성 있게 버츄를 적용할 수 있어 큰 도움이 된다. 처음에는 버츄 대화(미덕 대화)가 어색한 부모님도 아이가 잘못했을 때 '기적의 네 문장'을 적용해 본 후 큰 효과를 경험하신 분이 많았다.

가정에서 실천할 때 구석구석 화장실, 거실, 아이 방에 이 버츄 책받침을 붙여놓자. 눈에 보이는 곳마다 미덕의 보석을 인식하도록 해 주면 좋을 것이다. 우리 뇌가 인식의 불을 켜고, 주의를 미덕에 집중할 때 미덕 이외의 행동에 관심이 줄어들고, 오로지 미덕을 더 잘 포착하도록 도울 수 있다.

▍미덕 이름표

이름과 함께 미덕의 호를 부름으로써 서로에 대한 존중과 자긍심이 커가는 것을 발견할 수 있다.
① 학기 초 아이들 스스로 자신의 대표 미덕 한 가지를 정한다. 자신의 이름 앞에 붙여 호처럼 사용하도록 한다. 예) 존중 권영애, 사랑 정진영
② 도화지를 삼각대로 접어서 밑 부분에 풀칠해 고정시킨다.

③ 삼각대 앞부분에는 자기가 좋아하는 미덕을 쓴 후 색칠하고, 뒷부분에는 보석 카드와 좋아하는 미덕으로 꾸미고 색칠한다.
④ 수업시간에 "존중 김선아가 발표하겠습니다.", "배려 김소현이 발표해주세요." 등으로 말한다.

미덕으로 자기 소개하기

사람 모양 샘플지에 자신이 신체에 따른 미덕을 소개한다. 머리부터 발끝까지 미덕이 숨어 있음을 깨닫는 활동이다.

미덕 수호천사 되기 활동

쪽지로 서로의 수호천사를 뽑은 후 일주일간 각자가 수호천사를 맡은 아이의 미덕을 찾아 아래와 같은 양식에 쓰게 한 후 금요일에 발표하는 시간을 갖는다. 새 학기 아이들이 설레며 가까워지는 계기가 될 수 있다.

수호천사 ( )가 본 미덕 천사 ( )의 미덕		
날짜	미덕	관찰한 행동

▮ 나의 꿈을 소개하기

아이들이 나의 꿈을 이루기 위해 어떤 미덕을 연마해야 하는지, 어떤 미덕이 특히 중요하다고 생각하는지 발표하도록 한다.

▮ 내 마음의 미덕 발표하기

① A4용지의 사람 형체를 그린 후 머리 부분에 아이가 자기 얼굴을 그리거나 아이 사진을 오려붙인다.
② 가슴 부분에는 1년 동안 다이아몬드를 만들 미덕을 마음에 그려 넣는다.
③ 아이들 얼굴이 나와 있어 학기 초에 이 활동을 한 후 앞에 나와서 발표를 하고 결과물로 교실을 꾸미면 좋다. 이 활동을 응용해 아이의 몸 옆에 팔을 그린 후 팔을 연결해 교실 뒤편에 서로서로 손잡은 모습으로 붙이는 것도 좋다.

▮ 미덕 일기

주 1회 미덕을 주제로 일기를 써오도록 한다. 이때 일기를 다 쓰고 난 후 미덕에 대한 부분은 색연필로 동그라미를 치도록 한다. 예시 주제는 다음과 같다.

- 나의 대표 미덕, 성장 미덕
- 우리 엄마, 아빠의 대표 미덕
- 나를 행복하게 만든 미덕
- 미덕이 준 생활의 변화

- 내가 요즘 반짝반짝 닦고 있는 미덕
- 내가 다이아몬드로 만든 미덕
- 내 꿈을 이루기 위해 필요한 3대 미덕
- 미덕은 ○○다.
- 내 친구의 대표 미덕
- 선생님의 대표 미덕
- ○○(물건)의 3대 미덕

미덕 감사 카드

어버이날 가정에 보내는 카드로 활용할 수 있다. 16절지 도화지로 카드 한 장을 만들어 카드 안쪽에는 부모님의 대표 미덕을 열 가지 이상 쓴다.

① 16절지나 반으로 자른 8절 도화지에 미농지나 OHP 필름을 붙인다.

② 캘리그래피 글씨로 "엄마 아이라서 행복해요, 아빠! 아이라서 행복해요." 등의 문구를 복사해 나누어준 후 미농지나 OHP 필름 아래에 둔다.

③ 미농지나 OHP 필름에 캘리그래피 글씨체에 따라 유성매식으로 글씨를 쓴다.

④ 카드 안쪽에 부모님의 미덕을 열 개 이상 자세히 쓴다.
"우리 엄마에게는 ○○미덕이 있어요. 그 이유는 ○○입니다." 이런 식으로 자세한 행동을 중심으로 쓰도록 지도한다.

┃ 친구에게 미덕 선물하기

'친구 사랑의 날'을 정해 각자 한 명의 친구를 관찰한다. A4용지에 손을 크게 그린 후, 손톱 부분에는 대표 미덕 다섯 가지를 하나씩 쓰고 손가락 부분에는 각 대표 미덕을 실천할 때의 모습, 행동 관찰 내용을 자세히 기록한다. 손바닥 부분에 친구에게 보내는 편지를 써서 전한다. 이것을 응용해서 국어시간에 독서록 쓰기 활동을 해도 좋다. 주인공의 다섯 가지 미덕 찾기, 주인공에게 미덕 편지 쓰기 등이 가능하다.

┃ 미덕으로 친구 광고하기

역시 친구 사랑의 날 할 수 있는 활동이다. 친구 한 명을 마음속으로 정한 후 그 친구의 3대 미덕을 찾아 광고를 한다. 그 친구의 대표 미덕, 그 친구를 향한 미덕 칭찬, 그 친구의 특별한 점 등을 미덕으로 광고한다. 앞에 나와서 그 친구를 광고하는 내용을 발표하면 다른 아이들이 누구를 말하는지 맞춘다. 이 활동으로 아이들의 교우관계를 파악할 수 있다.

┃ 미덕 칭찬 쪽지

아이들이 서로의 미덕 행동을 봤을 때 해당되는 미덕을 찾아 쪽지로 그 미덕과 친구의 행동을 기록해 마련된 쪽지함에 넣는 활동이다. 미덕을 발견하고 칭찬하는 습관을 들일 수 있다. "가장 칭찬을 많이 하는 아이는 가장 미덕이 많은 아이"라는 것을 미리 말해주면 참여율이 올라간다. 미덕 칭찬을 많이 하는 아이를 또 칭찬해준다. 미덕 칭찬 쪽지는 파일에 누철한다.

▍미덕 체험활동 기록하기

어떤 활동을 마치고 나면 그 활동에 대한 느낌을 나눈다. 이때 미덕으로 성찰하고 미덕으로 피드백하는 습관이 중요하다. 그날 연마한 미덕을 색연필로 칠하는 등 손으로 하는 활동도 좋다. 매 순간 삶 속에 미덕이 있음을 깨달을 것이다.

어떠한 활동이나 방식을 통해서든 1전략, '미덕의 언어로 말하라'가 지속적으로 시행되면 교사와 아동이 둘 다 미덕 관찰자가 된다. 교육과정을 따로 재구성하고, 교과시간에 따로 미덕 활동 시간을 배정하지 않아도 일상생활 속에서 미덕으로 소통할 수 있다.

수치심 대신 용기를 준다는 것

2전략, 배움의 순간 알아차리기

04

시선, 자각, 재해석

어떤 사람은 삶을 고난의 여정으로, 어떤 사람은 배움의 과정으로 인식한다. 삶이 배움의 과정이라는 인식은 매 순간 나에게 어떤 배움이 다가왔는지 살펴보게 한다. 삶이라는 학교는 평생토록 계속되며 실패하고 좌절할 때에도 배움을 품고 다가온다. 의식적인 자각으로 우리는 그 배움의 순간을 만날 수 있다. 눈을 뜨고 찾는 사람에게는 삶의 사건들이 어떤 의미인지, 어떤 미덕을 일깨우는지 보이기 때문이다.

경험자아보다 기억자아

심리학자이면서 노벨경제학상을 수상한 다니엘 캐니만 교수는 사람에게는 두 자아가 있다고 말했다. '경험자아(experiencing self)'와 '기억자아(remembering self)'가 그것이다. 경험자아는 '현재' 경험하는 것을 느끼는 자아다. 기억자아는 '지나간' 경험을 기억하고, 재해석하고, 평가하는 자아이다. 경험자아와 기억자아는 인간이 어떠한 사건이나 경험에 대해 전혀 다른 평가를 내린다. 미래에 대한 예측, 의사결정 등은 기억자아에 의존한다. 여기서 기억자아가 중요하다. 기억자아는 자신의 경험에 대해 끊임없이 의미를 부여하고 자기만의 해석을 한다. 자신이 본 경험, 고난, 사건, 역경에 대해 긍정적인 의미를 부여하느냐, 부정적인 의미를 부여하느냐가 삶의 질을 결정짓는다. 《행복의 비밀, 회복탄력성》의 저자 김주환 교수는 이 '기억자아'가 긍정적인 방향으로 스토리텔링하는 힘을 가진 사람을 '회복탄력성'이 높은 사람이라고 말한다. 회복탄력성은 결국 '긍정 해석 습관'인 것이다.

이처럼 현재의 경험이나 의사결정에 부정적 영향을 끼치지 않도록 우리의 기억자아를 긍정적으로 스토리텔링하기 위해서는 실패와 실수, 좌절에 대한 재해석, 즉 수많은 고통의 순간을 배움의 순간으로 인식할 수 있는 능력이 필요하다.

삶의 모든 경험은 기억 창고에 저장된다. 내가 재해석한 대로 저장되는 아주 개인적이고, 특별한 이야기다. 내 기억자아가 적어놓아 내 기준대로 의미가 부여된 것이 내 경험이다. 삶이 세상에 하나뿐인 나로 살아가는 스토리라면 내 기억자아는 스토리텔러다. 이 스토리텔러는 두 가지 안경 중 하나를 선택한다. 비판자 안경과 관찰자 안경이다. 비판자 안경을 쓴 스토리텔러는 실패의 순간이 오면 '내가 늘 그런 식이지.'라고 확대하고 성공할 때는 '남도 다 성공하는데, 이제야 성공했네, 이번에는 어쩌다 그런 거지.'라고 축소한다. 관찰자 안경을 쓴 스토리텔러는 실패의 순간에 '남도 실패해. 어쩌다 실수한 거야. 이번 일은 실패했지만 다시 하지 뭐. 괜찮아.'라고 축소하고, 반대로 성공의 순간에는 확대한다. '나는 잘할 수 있어. 언제나 용기를 낼 거야. 나는 다른 것도 잘 해낼 거야.'

비난과 수치심에 쪼그라든 뇌

우리 삶은 사실을 저장하는 명시 기억과 경험이라는 암묵기억으로 정리된다. 암묵기억은 무의식에 훨씬 많은 경험으로 저장되어 삶 전반에 영향을 준다. 아이는 실수하거나 실패했을 때 부모나 교사가 해준 말, 보인 태도와 반응으로 뇌의 신경망을 재구조화해 뇌의 스토리텔링 회로를 짠다. 사랑과 보호가 필요할 때 무관심과 불안을 경험하면 그것을 저장해 스스로를 사랑받거나 보호받지 못하는 존재로 바라본다. 실수하고 실패한 순간에 교사나 부모의 대응이 비판자였는지 관찰자였는지는 또한 아이의 자신에 대한 해석에 영향을 준다. 부모나 교사로부터 비난과 통제만을 경험하면 아이의 자아상은 실수하는 나, 수치스러운 나로 정리된다.

이러한 암묵기억은 뇌의 구조와 회로에 영향을 끼친다. 사랑받지도 보호받지도 못하는 존재인 동시에 수치스러운 존재인 나. 달라지고 싶지만 위축되고 부정적인 사고회로는 악순환을 일으키고 주어진 사랑 또한 받을 줄 모르게 된다. 수치심을 두려워해 도전하지 않는 뇌는 지속적으로 아이 인생의 발목을 잡는다. 부모는 아이에게 왜 그렇게 소심하냐고 말하기 전에 그동안 아이의 실수와 실패 앞에서 어떻게 반응해왔는가 점검해야 한다. 그리고 아이의 실패에 대한 암묵기억을 바꿔줘야 한다. 우리 뇌는 가소성이 있어서 바뀔 수 있다.

버츄프로젝트 2전략은 그동안 두려움 에너지로 세상에 방어하며 살아온 아이라도 몇 달이면 완전히 바꿀 수 있을 정도로 강력하다. 실수하고 실패했을 때 이것은 어디까지나 누구에게나 일어날 수 있는 일이며, 나는 여전히 사랑받고 보호받을 수 있다고 믿는 아이의 삶은 달라진다. 어떤 순간에도 내가 가진 미덕을 깨우면 된다고 믿게 된 아이는 용기를 내고 도전할 것이다. 그때 한 아이가 넘어진 순간은 오히려 아이의 자존감, 아이의 안정 애착, 아이의 내적동기를 가장 빨리 끌어올릴 수 있는 순간이다.

실수했을 때, 잘못된 행동을 할 때가 가장 큰 배움의 순간이다

교사나 엄마의 아이가 실수했을 때 반응은 둘 중 하나다. 열등감과 수치심을 느끼고 숨기고 싶어 하거나, 사랑을 주고 배움을 나눌 순간으로 본다. 엄마가 수치심으로 해석한다면 아이도 그 해석을 대물림한다. 아이의 기억자아는 실패 순간을 수치심으로 무의식에 저장하게 된다. 이어 교사나 엄마의 화, 비난으로 이어지면 방어기제까지 작동된다. 늘 실수하지 않으려, 비난을 피하려 하다 보니 도전하지 않고, 회피동기로 움직이고 있어 에너지 소모는 더 많다. 그래서 아이의 삶은 상시 불안감과 맞서는 삶이 된다. 반복된 비난으로 인한 심한 스트레스를 겪을 때 아이는 환경에 적응하고 타인과 관계를 맺는 데 필요한 조절 능력을 발휘하지 못한다. 수시로 화를 폭발시키며 다른 아이들에게 언어적이고 물리적인 폭력을 휘두르기도 한다. 아이 한 명의 아픔이 교실의 아이들에게 도미노로 괴로움을 준다.

2전략을 실천하면 그 아이도, 부모, 교사도 에너지를 소진하지 않는다. 실패와 실수에도 격려와 존중으로 응하는 교사는 화낼 일이 줄어 평온하고 행복해지고, 격려와 존중을 받은 아이는 어떤 비난을 받을 때보다 빨리 변한다. 버츄프로젝트는 사랑 에너지다. 교사는 교실의 에너지에 대한 관찰이 필요하다. 교사의 시선이 머무는 곳에 에너지가 생긴다. 실수, 실패를 극복해야 할 과제로 보면 비판자가 되어 두려움 에너지를 아이 무의식에 전할 것이다. 만약 아이들의 실패도 그 자체가 아니라 아이와 내가 배움을 서로 나눌 수 있는 순간이며 그 아이 보석을 깨워줄 순간, 그 아이 자존감을 끌어올려 줄 존재 경험을 무의식에 심을 순간이라고 본다면 전혀 다른 에너지가 발생한다.

사실 교사가 아이를 가장 쉽게 변화시킬 수 있는 순간이 바로 아이가 실수할 때다. 교사가 시선을 바꿔 그 순간을 평온한 마음으로 대응할 때 누구보다 교사 자신이 먼저 행복해진다. 1년에 100번 화낼 일이 열 번으로 줄고, 그마저 점점 줄어들 것이다. 교사가 행복한 상태에서 주는 사랑 에너지는 아이 영혼에 영양제가 되고, 힘이 된다.

내과 의사이자 연구자, 강연가로 명성이 높은 데이비드 호킨스는 《의식혁명》이란 책에서 물리적인 자극뿐 아니라 정신적인 자극에도 근육이 강화되거나 약화된다는 사실을 밝혀냈다. 그는 20여 년의 연구를 통해 인간의식의 스펙트럼을 그려냈고, '수치심'이 인간의 의식 중 가장 낮은 단계라 분석했다.

교사의 야단치기는 아이의 '수치심'을 심각하게 자극할 수 있다. 특히 30명 반 아이들 앞에서 공개적으로 낙인이 찍히는 순간, 영혼의 의식 수준은 바닥으로 곤두박질을 친다. 수치심은 가장 부정적인 에너지로 심리치료 시에도 가장 오래 치료해야 하는 감정이다. 수치심이 주는 굴욕감과 자기 비하는 때로 타인에 대한 잔인한 행동을 유발한다.

아이는 부모, 교사의 기본적인 권위에 이미 마음이 움츠러든다. 두려워하는 아이를 많은 아이들 앞에서 끌어내 꾸중한다면 그 경험은 아이의 오감을 타고 무의식에 수치심으로 저장된다. 교사의 부정적인 목소리가 청각을 타고, 차가운 시선은 시각을 타고, 창피해 달아오른 얼굴의 화끈거림은 촉각을 타고 무의식에 저장된다. 그 후 비슷한 상황이 일어날 때마다 무의식의 수치심은 증폭되어 돌아오고 아이들은 공포와 자기비하적 감정에 시달리며 자존감을 깎아먹게 된다.

1년에 열 번 공개적으로 꾸지람을 당한다면 아이는 초등학교 6년간 60개의 수치심을 저장한다. 이때 입은 수치심은 계속해서 자존감에 균열을 내며 제대로 마주하지 않으면 낫지 않는 인생의 숙제가 된다. 아이들을 사랑해주려고 가르쳤다 해도 그 방법이 수치심이라면 아이에게는 오히려 해결해야 할 상처를 남길 뿐이다.

실수, 실패에 대한 재해석은 스스로에 대한 재해석을 가져온다

지금까지 인생에 대해 부정적이었던 아이에게 스스로에 대한 재해석은 희망이다. 공부를 못한다고, 친구들과 잘 어울리지 못한다고, 운동에 재능이 없다고, 벌써부터 난 절망적이라는 결론을 내려버린 아이들이 많다. 미덕의 패러다임으로 전환한다면 아이들은 자신 안의 원석을 볼 수 있다. 2전략은 그래서 더욱 희망의 전략이다.

아이가 실수하는 그 순간을 어떻게 볼 것인가에 따라 교사는 아이에게 수치심을 줄 것인지 용기를 줄 것인지 선택할 수 있다. 우리 아이들의 실수, 실패에서 배움의 순간을 보고 긍정의 말을 건넨다면 용기와 회복을 주는 선생님이 되는 것이다. 용기를 주면 아이는 자발적으로 행동을 부정적인 에너지에서 긍정의 에너지로 전환한다. 의식의 불이 밝혀진다.

수치심 대신 용기를 준다는 것

▎언제나 미덕으로 질문하다

상대방에게 수치심을 주거나 훈계해 그들이 얌전하게 행동하도록 만드는 방식은 오래가지 않는다. 회피동기이기 때문이다. 회피동기는 어떤 두려움을 피하기 위해 움직이는 수동적인 동기로 많은 에너지를 소모한다. 수치심을 유발하지 않고 의미 있는 자각을 부르는 질문을 해야 한다.

'왜' 대신 '어떤', '어떻게'를 묻는 것이 효과적이다.

"어떤 미덕을 깨우면 좋겠니?"

"어떤 미덕이 널 도와줄까?"

"어떻게 하면 네 미덕을 불러올 수 있을까?"

적절한 미덕 질문을 받았을 때 아이는 자신을 미덕을 가진 아이로 보고 자신이 지금까지 포기했던 부분에 대한 자세를 전환한다. 스스로의 자율성으로 변화하는 것이다. 아이들에게 "왜 이렇게 조용히 못하니?" 혹은 "왜 숙제를 안 해왔니?"라고 묻는다면 수치심을 유발한다. 그보다는 내면의 자율, 존중, 열정 같은 미덕을 깨우자. "어떻게 하면 평온할 수 있을까?", "어떻게 하면 숙제를 다할 수 있을까?"와 같은 질문은 수치심 대신 용기를 주며 존중의 미덕을 보여준다.

사람이 서로에게 줄 수 있는 가장 큰 선물은 서로의 내면에서 최상의 미덕을 믿어주고 불러주는 일이다. 잘못 또한 서로에게 미덕을 일깨워줄 배움의 순간이라고 여기면 모든 것이 달라질 것이다.

미덕 질문을 받은 아이는 잘못을 인지하면서도 수치심, 반항심 대신 양심, 용기를 얻고 배움의 순간을 인식할 수 있다. 비난이 아니라 자각을 받은 아이는 더 빨리 행동을 고칠 의욕과 용기를 낸다. 자각은 상대방의 자율성을 믿는 마음이다. 즉 존중에 기초한다. 미덕 질문은 의미 있는 자각을 이끌어내 실패한 아이가 좌절하는 대신 미덕을 연마하도록 돕는다.

▮ 양심이 깨어나는 순간

아이가 실수할 때 '성장 미덕'과 '내면의 힘'을 깨운다. 수업 중 과제나 학습지를 제시간에 다하지 못한 아이에게 기적의 네 문장을 말해보자.

"네 잘못이 아니야."

"지금 네 보석이 자고 있어서 그래."

"넌 보석을 깨우기만 하면 돼."

"어떤 미덕을 깨우면 좋을까?"

당연히 야단을 맞을 순간에 수치심을 기다리고 있는 아이 마음이 오히려 격려, 지지와 기회를 받은 것이다. 벌을 기다리던 아이가 선물을 받으니, 얼마나 놀랄까? **'이건 뭐지? 왜 선생님이 야단을 안 치시지?' '내 보석이 자고 있다고? 깨우면 된다고?'**

잠자고 있던 아이의 양심이 꿈틀거린다. 실수한 순간, 나태한 순간 여러 아이 앞에서 집중 격려를 받게 되니 얼마나 미안할까? 또 얼마나 선생님이 고마울까? 그 고맙고 미안한 마음에 존중을 느끼게 된다. **수치심을 기대했던 아이가 존중을 받으면 제일 빨리 변한다.** 아이는 자신에게 힘이 있다는 생각을 하게 될 뿐 아니라 교사가 자신을 믿어준다고 생각한다. 이때 수치심에 바닥으로 내던져진 아이의 양심과 자발성이 발동한다. 아이의 진정한 변화는 바로 이 순간 일어난다.

"너는 기본적인 생활 습관도 배우지 못했니?"라고 야단치거나 "책상이 엉망징창이구나."라고 지적하는 대신 이렇게 말해보자.

"어떻게 하면 예의 있는 사람이 되어 친구들에게 사랑받을 수 있을까?"

"무엇이 네가 책상을 잘 정돈하도록 도와줄까?"

아이 내면의 미덕을 빛내려는 자발성은 그 힘이 있다고 믿어줄 때 생긴다. 아이가 실수할 때 성장 미덕을 일깨우자. 아이는 꾸중, 수치심 대신 격려, 지지를 받았다고 느낀다.

미덕 질문으로 실생활을 바꾸다

수업시간, 점심시간, 운동장에서 뛰노는 시간까지 아이들에게는 모든 일상이 배움의 순간이다. 배움의 순간이란 무엇인가? 그것은 아이들이 자신의 미덕을 찾아, 삶에 대해 질문하는 순간이다.

- 나는 지금 무엇을 배우고 있나?
- 나는 지금 무슨 일을 하고 있나?
- 나는 지금 어떤 미덕을 발견했나?
- 나를 도운 것은 어떤 미덕일까?
- 나에게 어떤 미덕이 필요할까?

또 수업 내용, 등장인물을 통해 아이 자신의 경험과 연결시키도록 유도하며 질문한다. 국어시간에 독서 활동 후 주인공에 대해 묻는다.
"주인공의 미덕은?"
"나의 삶과 주인공의 미덕과 관련지어 보렴."
이렇게 매 순간의 미덕의 삶과 자신을 연결하도록 말해준다면 걸림돌이나 실수가 디딤돌 혹은 미덕으로 전환되는 경험을 하게 된다.

미덕이 교육 내용이라면 배움의 순간은 수업 계획이다. **아이들의 용기는 아이들이 두려워할 때, 어떻게든 그 두려움에 직면하고자 할 때**

성장한다. 아이들의 탁월함은 주어진 과제가 어려울 때 그것을 해결하기 위해 전력을 기울일 때 계발된다. 책임감, 용서, 결의는 실수를 기꺼이 인정하고, 잘못된 것을 바로 잡으려고 노력할 때에 성장한다. 배움의 순간에 미덕을 이야기하는 것은 타고난 품성을 단련한다. 아이들의 행동에 의미를 부여하도록 자극을 줄 것이다.

평소에 공격적이던 아이가 평온하게 행동하는 것을 보았다면 그때가 그 아이의 평온함 미덕을 인정해줄 배움의 순간이다. 그 순간 아이의 내면에서는 자신에게 힘겨웠던 미덕이 성장하고 있다는 의식이 싹튼다.

▎행동 강화도 미덕으로 하자

어떤 순간에도 그 아이를 부정적으로 규정하는 말을 해서는 안된다. 내내 숙제를 안 하다 숙제를 제출한 아이에게 "내일은 해가 서쪽에서 뜨겠네!"라고 말하는 대신 장점을 즉시 인정해주어야 한다. 그때가 절호의 기회다.

"숙제를 제때 해왔네, 정말 믿음직하기도 하지."

이렇게 말했을 때 아이들의 눈빛이 달라지고 행동도 달라졌다. 배움의 순간에 미덕의 언어로 말하는 것은 학생이 보여준 **올바른 행동을 한층 더 강화시키는 것이다.** 또 그의 행동이 뿌리를 내리도록 한다. 그것은 아이들 스스로 자신의 내면에 있는 좋은 자질에 따라 행동하도록 **자발성을 깨운다.**

교사 및 부모 실습하기

미덕 성찰 기르기

▎내발미

'내발미'란 내가 발견한 미덕이라는 뜻이다. 김연아, 박태환, 박지성, 오바마, 싸이, 유재석 등 여러 인물들의 공통점은 무엇일까? 각자 자기 분야에서 성공하고 인정받아 많은 사람이 부러워하는 사람들이다. 자기의 대표 미덕을 다이아몬드로 만든 사람들! 어떤 미덕이 이 사람들의 대표 미덕일까? 미덕의 관점에서 인물을 보도록 안내한다.

예를 들어 박지성 선수의 동영상을 본 후 어떤 미덕을 찾았는지 아이들이 나누게 한다. 자신의 경험, 각오도 함께 발표하도록 한다. 실수할 때, 실패할 때 배움이 있다는 것을 깨달을 수 있도록 지속적으로 격려한다.

▎실패에 대한 패러다임 바꾸어주기

실패를 다른 말로 정의를 내리면 무엇일까? 도전, 용기, 목적의식이다. 아이들에게 이제부터 실패를 '작은 성공'으로 새롭게 정의하자고 말한다. 3월에 이것을 믿게 하면 아이들은 실패에 대한 관점이 평온함으로 전환된다. 도전의 결과만 보지 말고 작은 성공(실수, 실패)을 더 많이 한 사람이 더 훌륭하다고 말해준다. 가급적 3월 첫 주 회장선거 전에 그 전략을 알려주고 선거 후 당선되지 않은 아이들을 격려해주며 2 전략을 적응하면 더욱 구체적으로 가르칠 수 있다.

▍5분 감사 명상하기

5교시 수업 전 명상을 한다. 유튜브에서 명상음악을 틀어놓고 교사가 먼저 감사를 한 줄 읽으면 아이들이 따라서 외친다.

내 마음이 있어 내가 소중한 사람인지 깨닫게 해주니 감사합니다.
내 마음이 있어 누군가를 이해할 수 있어 감사합니다.
내 마음이 있어 미덕을 이해할 수 있어 감사합니다.

머리에 대한 감사, 손에 대한 감사, 눈에 대한 감사, 가슴에 대한 감사 등 한 주제를 가지고 5분간 감사를 한다. 익숙해지고 나면 감사 명상을 주도하기를 희망하는 아이들을 미리 선착순으로 칠판에 이름을 적게 한 후 아이들 주도로 감사 명상을 릴레이로 한다. 5분이지만 에너지가 긍정 에너지로 전환된다. 평범하게 보았던 손, 발, 머리, 얼굴이 이렇게 감사함이 넘친다는 것을 깨닫는다. 미덕을 바라보는 눈이 더 민감해진다.

아이들이 행복해하고, 반응이 좋아서 이제는 수시로 '감사'의 미덕을 불러온다. 먼저 새소리, 물소리 들리는 자연 명상 음악을 들려준다. 교사가 선창을 하면 눈을 감은 아이들이 따라서 말한다.

'몸에 대한 감사'는 다음과 같다.

내 눈이 내가 원하는 것들을 보게 해주어서 감사합니다.

내 귀가 새소리, 물소리, 음악소리를 듣게 해주어 감사합니다.

내 입이 좋은 미덕을 말하게 해주고, 맛있는 음식을 먹게 해주어 감사합니다.

내 머리가 있어서 공부하고 좋은 생각을 하게 해주니 감사합니다.

다음은 '마음에 대한 감사' 명상이다.

내 마음이 있어 감사를 알게 하니 감사합니다.

내 마음이 있어 기쁠 때 웃을 수 있어 감사합니다.

내 마음이 있어 엄마에 대한 고마움을 깨달을 수 있어 감사합니다.

내 마음이 있어 친구의 소중함을 알게 해주니 감사합니다.

내 마음이 있어 미덕을 꺼내 쓸 수 있으니 감사합니다.

이 외에도 사물, 사람, 부모, 배움, 미덕 등에 대해 감사 명상을 돌아가며 다양한 주제로 했다. 아이들은 매번 충만해한다.

2단계로 아이들이 주도하여 한 명씩 앞에 나와서 직접 쓰거나 고른 명상 구절을 열 개씩 선창한 후 다른 아이들이 따라하며 명상했다. 그 과정에서 한 아이는 우리 반 지적 어려움을 겪는 친구에 대해 "한 반이 된 것이 처음에 싫었는데 이제는 도와줄 수 있어서 감사하다."라고 했다. 아이들 대부분이 이런 고백을 했다. 미덕을 품은 천사 아이들을 본 느낌이었다.

▎미술시간에 미덕을 반영해 활동하기

가슴의 행복한 느낌과 함께 미덕이 저장되는 것이 중요하다. 지식적으로 배려를 배운다고 행동이 되지 않는다. 암묵기억으로 저장되어 행동에 자동적으로 반영되려면 예술, 경험 등의 활동을 통해 기쁨을 가지며 미덕을 배울 수 있도록 지도하는 것이 더 효과적이다. 아래 활동은 모두 미술시간에 하기 좋은 미덕 활동이다.

미덕 목걸이 만들기

이 활동을 통해 단점에 대해서도 당당히 자신을 드러낼 수 있게 된다. 단점이 아니라 나를 더 성장시킬 수 있는 미덕이라는 관점으로 전환이 되기 때문이다. 학기 초에 특히 불안정한 아이들을 잘 관찰했다가 이 활동을 통해 부족한 부분이 부끄러운 것이 아님을 깨닫게 할 수 있다.

미술시간 펜던트를 준비하거나 종이로 예쁜 모양을 오려 앞면에는 대표 미덕을 그리고, 뒷면에는 성장 미덕을 그리게 했다. 줄을 꿰 목걸이로 만든 후 일주일마다 뒤집어 목에 걸게 했더니 자신의 부족한 점에 대해 더 관대해졌고 편안해했다. 누군가 실수할 때의 반응도 달라진다. 그래서 친구들 사이의 비난, 다툼이 줄어든다. 단점이 아니라 나를 더 성장시키는 미덕이라는 믿음은 안도감으로 다가온다. 특히 성장 미덕을 소개할 때 진실함의 미덕으로 칭찬한다. 그러면 특히 불안감이 높은 아이들은 이 활동을 통해 스스로의 열등감과 단점을 드러내고 인정받는다는 것만으로도 용기와 자신감을 얻는다.

미덕의 색상환 꽃 만들기

색상환 안쪽의 꽃에는 나의 대표 미덕을 바깥쪽 꽃에는 나의 성장 미덕을 쓰고 색칠한다. 나를 소개하는 미덕으로 만들어 학기 초 사용해도 좋다. 내가 반짝이고 있는 미덕, 내가 다이아몬드로 만든 미덕 등으로 바꿔도 좋다.

OHP 필름과 색 한지 미덕 책갈피를 만들기

OHP 필름을 색종이 크기로 두 장 자른다. 그 두 개의 필름 사이에 색종이 한지를 넣고 양쪽을 풀칠한다. 4등분해 자른다. 색종이 한 장에서 네 개의 책갈피가 나온다. 책갈피 한쪽 면에 대표 미덕, 다른 한쪽 면에 성장 미덕을 쓰고 유성매직으로 꾸민다. 부모님, 친구에게 선물한다.

미덕 멘토-멘티

우리 반에는 친구 멘토, 상담 멘토, 생활 멘토, 학습 멘토 제도가 있다. 학교 생활에서 가장 어려운 점, 어려운 순간, 어려운 과목과 관련해 '도움'과 '용기'라는 미덕을 불러오는 활동이다. 매 2주마다 누군가 멘토 받을 분야를 신청하면 멘토를 희망하는 아이들이 지원한다. 지원자가 다수이면 멘토를 신청한 아이가 자신이 원하는 멘토를 선정한다. 2주간 활동하며 활동할 때마다 멘토일지를 쓴다. 멘토일지에 멘토는 멘티의 미덕을 찾아 쓰고, 멘티는 멘토의 미덕을 찾아 쓴다. 2주간의 활동이 끝나면 서로 미덕을 칭찬하는 시간을 갖는다.

이 활동은 아이들이 멘토로 뽑히기 위해서 평소 서로 존중하고 예의를 지키게 한다. 또한 어려운 친구를 막연히 돕는 것이 아니라, 구체적으로 원하는 '도움의 미덕'을 발휘하도록 했고, 멘티 아이의 감사와 변화는 아이들을 감동시켰다.

이 활동을 통해 아이들은 한편에서는 부족한 점이 있거나 실수를 했을 때 '용기'의 미덕으로 친구에게 '도움'을 요청하고, 다른 한편에선 그런 친구에게 '도움'의 미덕을 발휘해 문제를 해결해주고 부족한 점을 채워주는 경험을 하게 된다. 신청서가 5분 만에 마감이 될 정도로 아이들이 좋아하는 활동이다. 이 활동을 하며 예전에는 상상도 할 수 없었던 기적을 보았고, 아이들의 내면에서 아이들을 성장하게 만드는 '아이 내면의 권위'를 목격했다.

▎문제해결 미덕 맵(만다라트)

일본 디자이너 이마이즈미 히로아키가 고안한 만다라트 틀을 활용해 문제해결 미덕 맵을 만들며 여러 가지 문제를 미덕으로 전환할 수 있다. 예를 들어 쓰레기통 근처에 쓰레기가 반복적으로 떨어져 있다면 이 문제를 해결하려면 어떤 미덕이 필요한지 묻는 만다라트 틀을 만든다. 이것을 아이들에게 나누어주고 이 문제를 해결하기 위한 네 가지 미덕과 그 해결방안을 써보면 에너지 전환이 일어난다. 쓰기의 힘은 크다. 교사에게도 가장 힘든 날 만다라트 미덕 맵을 쓰면 사랑의 에너지로 전환이 될 수 있는 순간이 된다.

| 하브루타수업 목표달성 '만다라트' |

사진, 영상, 그림	질문하기	배울 주제 안내	( )은 무엇?	누가 어떻게?	누가 무엇을?	네 느낌은?	비교 한다면?	장단점 은?
씽킹 맵	2. 생각 일기 (동기)	학습 순서 안내	( )의 뜻은?	3. 생각 만들기 (내용이해)	( )가 일어났나?	~~라면?	4. 생각 만들기 (상상)	원인은?
낱말 (이야기, 빙고)	놀이 (스무고개, 끝말잇기)	수업 모형 (질문, 논쟁, 비교)	( )은 무엇?	누가 어떻게?	누가 무엇을?	네 선택은?	어떤 마음 인가?	어떻게 해야 할까?
내용 이해 숙지	핵심 질문?	수업 모형?	2. 생각 일기 (동기)	3. 생각 만들기 (내용이해)	4. 생각 만들기 (상상)	너라면?	적절 행동은?	중요한 것은?
동기 부여?	1. 사전 준비	음악, 동영상, 사진, 이야기	1. 사전준비	하브루타 수업?	5. 생각 만들기 (적용)	새로 만들기	5. 생각 만들기 (적용)	?
학습지 계획	평가 방법	쉬우르	8. 생각정리 (평가)	7. 쉬우르	6. 생각 만들기 (종합)	?	?	?
아이들 반응?	초점?	핵심 질문?	전체 질문	비주얼 씽킹	윈도우 패닝	가르침 은?	느낌은?	요약하기
토론 위기?	8. 생각정리 (평가)	평가 결과?	표	7. 쉬우르	씽킹 맵	?	6. 생각 만들기 (종합)	?
정리방법 (씽킹 맵, 비주얼 씽킹)	차시 예고	종합 피드백	동영상	?	학습지	?	?	?

| 연꽃 만다라트 |

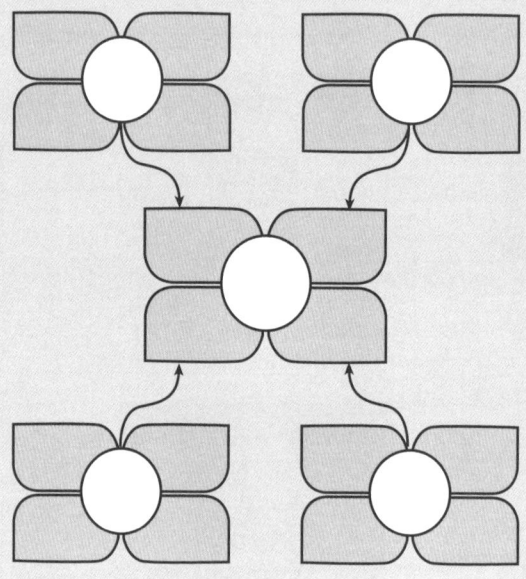

| 일반 만다라트 |

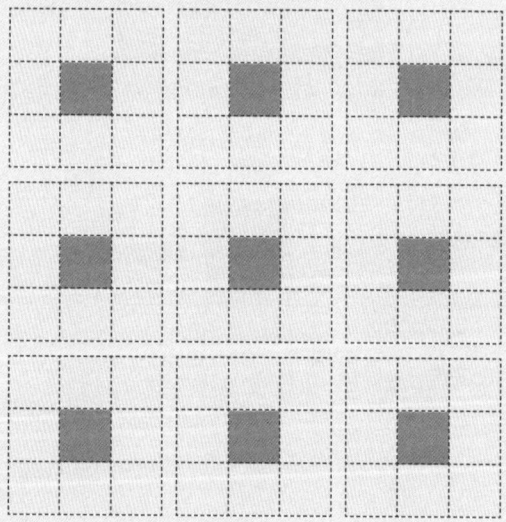

▎성장 미덕 나무

하나의 미덕 테마에 대한 성과를 가시적으로 볼 수 있어서 재미있는 활동이다. 학기 초에 하기 좋은 활동이기도 하다. 예를 들어 학기 초에 필요한 '경청'의 미덕 나무를 키운다면, 먼저 교실 뒤에 나무기둥과 나뭇가지만 꾸며놓는다. 그다음 일주일 동안 아이들이 경청의 미덕을 실천할 때마다 그 내용을 담은 포스트잇 잎사귀를 붙인다. 봄에 나무가 자라듯 미덕 잎사귀들이 돋아나는 것을 볼 수 있다. 혹은 모둠별로 나무를 키워 서로의 미덕이 더해지는 모습을 함께 봐도 재밌다.

▎성장 미덕 포스터 그리기

아이들이 자신의 부족한 점이 성장한 모습을 상상해 포스터로 만드는 활동이다. 아이들 나름대로의 글을 넣어서 자기의 가장 아름다운 성장의 모습을 상상해서 만든 포스터다. 버츄의 2전략은 부족한 점, 단점을 날카롭게 직면하는 것이 아니라 따스하게 직면하도록 해준다. 나 자신을 토닥토닥 안아주게 만든다. 버츄적 세계관에서는 나 중심으로 사고해 내 단점을 인지할 때도 비교로 인한 열등감을 느끼는 것이 아니라 내가 성장할 수 있는 미덕이라고 받아들이게 한다. 열등감에 시달리지 않는 아이들은 서로의 단점에도 관대해진다.

▎미덕 미니 북 만들기

한 학기 동안 성장시킨 미덕 스토리를 미니 북으로 만드는 활동이다. 예를 들면 '내가 불러온 미덕', '내가 실천한 미덕' 등의 제목을 붙여서 나의 성장 미덕을 연마하는 활동이다.

▌내가 받을 고별사 쓰기

　미국에서는 사람이 죽으면 가족, 친했던 사람 중에 한 사람이 고별사를 써 장례식에서 읽는다. 고별사는 평소 그 사람을 잘 아는 가까운 사람이 고민을 추억하는 내용을 담는다. 오늘 내가 죽었고 나를 잘 아는 가족, 친구가 나에 대해 마지막 편지를 쓴다고 가정해보자. 내 고별사를 써줬으면 하는 사람을 정해 그 사람의 시선에서 내 고별사를 진심으로 써본다. 다 쓴 후 옆 짝에게 읽어준다.

▌고별사에서 말할 수 있는 주제들 ▌

인성은 어땠나요?	
어떤 삶을 살았나요?	
대표 미덕은 무엇인가요?	
살면서 특별한 점은?	
가장 기억나는 일은?	
(　　　　)?	
보고 싶은 (　　)에게	

소감 나누기

우리 자신의 삶, 인생에서 나 자신이 존재 자체로 얼마나 소중한 사람인지 말해본다. 또 누군가에게는 또 내가 얼마나 소중한 사람인지, 내 옆에 사람들도 또 얼마나 소중한 사람인지 깨닫게 된다. 우리는 아이들에게 사랑을 전해주는 사람이다. 나는 이 세상에서 가장 위대한 사람을 교사라고 생각한다. 아이들 가슴에 사랑을 심어주는 사람이기 때문이다. 아이들 가슴에 사랑을 심어주는 이 삶이야말로 위대한 삶, 위대한 미덕의 길이라는 것을 깨닫는다.

아이도 내면의 권위가 있다

3전략, 미덕의 울타리 치기

남태평양 피지 섬의 한 마을에서 버츄프로젝트 워크숍을 진행하던 중 진행자가 어르신들에게 말했다. "자신의 어린 시절 모습을 그려보세요!" 그러자 그들 모두는 유난히 귀가 큰 사람을 그렸다. 진행자는 그들이 실제로도 큰 귓불을 가지고 있음을 발견했다.
"무엇을 그리신 건가요?" 진행자가 묻자 노인들이 대답했다.
"우리가 어렸을 때 어른들이 수시로 우리 귀를 어찌나 세게 잡아당겼는지…, 우리 귀가 모두 이렇게 늘어난 거라네." 교실에는 순간 웃음이 번졌다. 그러나 잠시 후, 한 노인이 눈물을 흘리며 이렇게 말했다.
"그러고 보니, 우리가 우리 아이들을 그렇게 혼내고 때리는 대신 미덕으로 다시 한 번 키울 수 있다면 얼마나 좋을까 하는 생각이 드네 그려…. 아이들에게 필요한 것은 명확한 울타리가 전부였는데…."

_'큰 귀를 가진 노인들', 〈한국버츄프로젝트 교육자용 안내서〉

  몇 해 전 3학년을 가르칠 때의 일이다. 아이들과 용인민속촌으로 현장 체험학습을 가기 전날 서로 행복하기 위해 지켜야 할 미덕 울타리를 정하는 시간이었다. 나는 배려, 정돈, 친절 이런 미덕을 생각했다. 하지만 우리 반 아이들이 1위로 지키기 원한 미덕 울타리는 '명예'였다. 그 이유를 듣고 가슴이 뭉클했다.

  "선생님! 우리들은 보석을 품은 미덕 천사잖아요! 체험학습 하면서도 미덕 천사가 될 거예요!"

  "우리들의 보석을 그날도 잘 지키고 닦아서 미덕 천사의 명예를 지키고 싶어요!"

  나보다 수준 높은 아이들, 말해주지 않아도 스스로 자신의 내면의 권위를 찾아 무엇을 할지 선택하는 존재라는 것을 그 순간 다시금 깨달았다. 내가 이래야 한다. 저래야 한다고 말할 필요가 없는 아이들을 보았다. 오히려 자신의 울타리를 스스로 정하고 그 미덕 천사반의 '명예'를 지킬 거라니…. 아이들의 자존감은 한뼘 자라 있었다. 이튿날 학교로 온 전세버스를 타고 민속촌으로 출발했다. 아침부터 오후 3시 30분까지 여러 가지 민속놀이 관람, 각 지방의 가옥탐방, 인절미 만들기 등 체험활동 일정을 마치고 버스를 타기 위해 줄을 서고 있을 때였다. 7년간 민속촌에서 해설사를 했다는 우리 반을 담당하게 된 해설사 분이 나에게 다가와 말했다.

"이 아이들은 제가 7년간 여기서 해설사로 있는 동안 본 적이 없을 만큼 말을 잘 들어요. 그뿐 아니라 친구가 뒤로 처지면 달려가 데려오고 서로 챙기는 모습을 보면서 깜짝 놀랐어요. 제 손이 갈 필요가 없었고, 여기 봐라, 목청 돋우며 말할 필요 없이 알아서 경청도 잘 하고요. 선생님! 정말 이런 애들 처음 봤어요. 어떻게 가르치신 거예요?"

"네, 해설사님. 이 아이들은 여기 오기 전 배려, 친절, 도움, 경청, 정돈 등의 미덕을 빛내 우리 미덕 반의 명예를 지키고 싶어 하는 아이들이라서 그래요."

해설사님은 그 미덕이 무엇인지 계속 궁금해했고, 답을 해주며 내 가슴은 풍선처럼 부풀었다. 바로 버스에 올라탄 아이들에게 그 이야기를 전했다.

"나의 미덕 천사들아, 기쁜 소식이 있어! 너희들이 지키려고 한 그 명예를 오늘 얼마나 멋지게 지키고 보여줬는지 선생님 이야기 한번 들어봐!!!"

내 눈이 반짝이고, 가슴이 울리며 들려준 이야기에 우리 반 아이들이 환호했다. 스스로가 내면의 권위를 찾을 수 있는 아이들이라는 말은 이론이 아니었다. 이미 내면의 권위를 가지고 있는 어린 영혼들을 봤다. 그건 내 교직 생활 20년 동안 만나지 못했던 깨달음을 주었다.

학급에 심각한 왕따 문제가 발생했을 때, 아이들이 수업시간에 지나치게 무례한 태도를 보일 때, 아이가 스마트폰에 빠져 해야 할 일을 못할 때, 형제, 자매간에 서로 폭언이나 폭력을 주고받을 때…, 교사나 부모는 어떻게 해야 할 것인가? 3전략은 그에 대한 답이다.

미덕의 울타리, 서로를 존중하기 위한 경계선

▎미덕 울타리란?

교실에서는 학생으로, 가정에서 가족으로서 우리는 그 공간이 따뜻한 공동의 안식처이기를 바란다. 그 공동 안식처에는 서로를 존중하고, 평화를 지키며 살아갈 수 있는 명확한 경계선이 있어야 한다. 그 경계선은 통제를 위한 것이 아니라 서로가 사랑과 존중을 주고받기 위한 것이다. 그 안에서 안전하게 놀며 자유를 누릴 수 있기에 안전장치와 같은 것이다. 이때 존중, 사랑, 배려, 친절, 예의, 평온함 등의 미덕은 안전장치, 경계선의 표지판이 되어준다. 그 미덕 표지판을 보고 아이들은 함께 이 공간에서 행복하기 위해 해야 할 행동을 스스로 찾아 지키고 실천할 것이다. 그 안전장치가 미덕 울타리이다. 미덕 울타리는 서로의 안전, 행복을 지켜준다. 우리의 행복한 삶을 위한 '관계 지침'이 미덕 울타리다.

▎미덕 울타리를 지키는 힘

교사의 진정한 권위는 '아이 내면에 있는 권위'를 발휘하도록 돕는 것, 즉 울타리를 지키도록 돕는 과정이라는 것을 깨달았을 때 나는 가슴이 아릿했다. 나는 그동안 아이 내면에 권위가 있다는 생각을 해본 적이 없었기 때문이다. 한 아이가 울타리를 박차고 뛰어나갔을 때 통

제하거나 처벌하지 않고,

"현수야, 너에게는 용서를 선택할 힘이 있어!"

"현수야, 너에게는 용서라는 내면의 아름다운 권위가 이미 있단다."
라고 말해준 적이 없었다.

미덕의 울타리를 지키도록 돕는 바람직한 권위는 무엇일까? 강자로서 약자를 누르는 식의, 통제와 처벌로 발생하는 권위는 '아이 내면의 권위'를 생각하지도, 믿지도 않는 데서 온다. 교사, 부모는 한 사람의 '내면의 아름다운 자질'을 끌어내도록 돕는 멘토 역할일 뿐이다. 그 역할을 잘 하려면 교사, 부모가 아이와 함께 공동의 미덕 울타리를 정하고, 그 울타리를 지킬 수 있는 아이 내면의 권위를 믿어주면 된다.

이 세상에 태어나 삶의 경험이 몇 년밖에 없는 어린아이라도 그 아이만의 내면의 권위가 있다는 것을 알려주면 아이는 자신의 행동을 미덕 울타리에 맞게 선택할 수 있다.

아이의 내면에는 미덕이라는 자신의 울타리, 자신의 권위를 끌어낼 힘이 있다. 울타리를 박차고 뛰어간 아이를 처벌하는 것보다 넌 회복할 힘이 있는 존재라고 믿어주는 것이 진정한 권위다. 잘못했을 때 아이를 강압적으로 처벌하기보다는 달라질 수 있는 미덕을 찾아보고 선택하게 할 때 아이는 스스로 내면의 권위를 발휘할 기회를 얻는다. 이것은 통제나 군림을 위한 권위가 아니다. 서로의 배움의 순간을 포착하고 성장을 이끌어내는 돕고 헌신하는 권위다. 진정한 규율은 교사가 알려주는 것이 아니라 아이들의 내면에 있다. 물리적인 힘보다는 아이 가슴에 남는 존중의 경험 속에서 아이들이 가장 빨리 변한다. 아이가 실수할지라도 미덕으로 기회를 얻고 존중받을 때 아이는 그 순간을 존중 경험으로 간직한다. 따스하고 뿌듯한 존중 경험은 아이 내면의 미덕을 자각하게 한다. 존중받는 아이가 미덕 울타리를 잘 지키고, 다른 사람 또한 존중한다.

내면의 권위를 끌어올려 자신이 스스로 다시 회복의 길로 들어서본 경험은 아이에게 진정한 배려와 사랑할 줄 아는 힘을 주고 평온을 유지하고 되찾는 법을 알려준다. 그것은 그 어떤 처벌, 통제보다 더 큰 존중과 사랑을 배우게 한다. 나는 1년 동안 생활하는 데 필요한 학급 울타리뿐만 아니라, 특정 활동을 할 때도 그에 필요하다고 생각되는 울타리를 치도록 안내해주었다. 예를 들어, 운동장에서 수업을 할 때는 미리 어떤 울타리가 필요할지 아이들이 선택하게 했다. 다수가 선택한 '절도', '명예', '경청'의 울타리를 미리 안내하고 운동장에 나가 수업을 하면 아이들의 태도는 예전과 사뭇 달랐다. 미술시간에도 수채화나 붓글씨 등의 활동 시 '정돈', '청결'의 울타리를 미리 치고 수업하는 것과 그냥 수업하는 것은 엄청난 차이가 있었다. 과학실, 급식실, 음악실, 운동장 등으로 이동수업을 갈 때에도 미리 3대 울타리를 상호 약속하고 나가면, 아이들이 얼마나 질서정연하게 '절도', '정돈'을 생각하고 오가는지! 참으로 신기하고 기특했다.

▎미덕의 울타리를 칠 때 중요한 것

학기 초나 주초, 혹은 특별한 날 미덕의 울타리를 치면 그 효과가 더 크다. 사전에 치는 것이 효과적이며 정한 미덕 울타리 지침을 교실에 게시해놓는다. 이때 핵심은 처벌, 통제가 아닌 **우리가 행복해지기 위해서** 교실에서 필요한 울타리를 치는 것이라는 믿음이다. 처벌, 통제를 목적으로 한다고 믿으면 무의식적으로 원하지 않는 것을 막기 위한 방어 동기, 회피동기를 끌어오기 때문이다. 하지만 사랑, 행복, 성장을 목적으로 한다는 것을 믿으면 원하는 것을 이루기 위한 접근 동기, 성장동기를 끌어온다. 회피동기는 지속하기 어렵지만 접근동기는 계속할 힘을 준다. '규칙과 통제'의 울타리가 아니라 '행복과 존중'의 울타리다. '같이 배우고 같이 성장하자', '우리 같이 행복하자'가 울타리의 목적임을 믿는 것이 중요하다.

아이들이 원한 울타리, 내가 원한 울타리

▌내게 깨달음을 준 '진실함' 울타리

몇 해 전 5학년 아이들을 가르칠 때의 일이다. 학기 초 우리 반이 행복해지기 위한 울타리를 쳤었다. 버츄프로젝트를 잘 모르는 1학기, 아이들이 선택한 울타리는 존중과 예의였다. 버츄프로젝트를 경험하고 난 2학기에 아이들은 진실함, 경청, 친절을 3대 울타리로 선택했다. 특히 진실함을 지키고 싶어 하는 아이들이 열아홉 명이나 되어 압도적이었다. 아이들이 진실함을 우리 반 행복의 첫 번째 울타리로 원하는 이유를 발표할 때 나는 그만 벅차올랐다. 그 이유는 한 학기 동안 이런저런 미덕을 실천하고 경험했는데 그중에서 '진실함'의 미덕이 서로 행복한 사이를 만드는 데 가장 도움을 준 미덕이라는 것이다.

"제가 잘못했을 때 전에는 솔직히 거짓말로 우겨 넘어가기도 했어요. 미덕을 배우고 나서 용기 있게 내 잘못을 말하는 진실함을 선택했을 때 친구가 바로 용서해주었어요. 그래서 더 친해졌어요. 제가 깨달은 건 친구 사이에 진실함을 잃지 않으면 어떤 싸움도 화해가 된다는 거예요."

"5학년 들어와 미덕을 배우고 친구들과 더 친해지게 만든 게 진실함이었어요. 잘못해도 서로 이해할 수 있게 해주고, 그 친구를 믿게 돼요. 솔직하게 말해준 친구가 고마워 더 좋아하게 되었어요."

"제가 진실할 때 용서를 받은 게 처음이었어요. 그래서 이제는 실수했을 때 그냥 용기 내어 말할 수 있게 되었어요."

"선생님! 진실함은 용서와 사랑을 불러오게 만드는 미덕이에요."

진실함은 용서와 사랑을 불러오게 만드는 미덕이고 진실함이 사람의 관계를 행복하게 한다는 것을 깨달았다고 하는 아이들. 2학기 교실의 미덕 울타리로 아이들이 진실함의 미덕을 선택한 사연을 들으며 나는 눈물을 훔쳤다. 진실함을 경험한 아이들의 가슴 뜨거운 이야기는 쉬는 시간을 넘겨 끝이 없을 정도였다.

내 나이 마흔이 넘어서야 이제 겨우 깨달은 것을 열두 살 아이들이 내게 눈빛을 반짝이며 전하고 있었다. 그날 난 집에 와서 늦은 시간까지 잠들지 못했다. 너무나 벅찬 가슴 떨림 때문이다. 교사로 아이들을

20년 넘게 만나면서 가르칠 수 없었던 것을 버츄프로젝트를 만난 후 아이들 스스로 찾아가는 것을 봤다. 그건 내가 가르칠 수 없는 것이었다. 그냥 아이들 스스로가 자신의 내면에서 가슴 떨린 감동으로 만나 보여준 것일 뿐. 나는 그날 깨달았다. 내가 미덕을 가르치는 것이 아니다. 나는 그냥 미덕이 있음을 알려주면 내면의 권위를 가진 어린 영혼은 다 알아서 그것을 경험하고 미덕을 빛내는 존재였다.

▌나를 울린 '존중' 울타리

새 학년을 앞두고 내가 교실에서 제일 행복한 순간이 언제인지 생각해보니 아이들이 나를 존중해줄 때였다. 어린아이들이 나를 한 사람으로 사랑해주고, 존중해줄 때 나는 더없이 행복했다. 그래서 학기 초 내 반 아이들에게 나 개인이 우리 반 아이들에게 원하는 '권영애 선생님의 1년 미덕 울타리'를 쳤다.

"애들아, 선생님이 52가지 미덕 중 가장 행복을 느낀 건 존중이야. 교실에서 아이들이 존중해준다 느낄 때 제일 행복해! 그래서 1년간 '존중'의 울타리를 부탁해! 선생님이 생각하는 '존중'은 수업시간에 배울 책을 미리 펴고, 선생님께 인사를 크게 하는 거야. 그럼 선생님은 아이들이 수업을 기다리는 모습이 고맙고, 교사로서 그 순간 가슴이 떨 정도로 존중감을 느껴!"

'존중'이라는 미덕의 팻말을 붙이고, 그 미덕을 어떻게 지켜주면 좋을지 내가 원하는 존중의 실천방법까지 안내했다. 그렇게 1년간 지키길 원하는 행복 울타리를 말해준 후 나는 1년간 매시간마다 가슴이 뛰었고, 행복했다. 1교시 국어시간을 가르치고 2교시 과학 교담시간은 연구실에서 일한 후 다시 3교시 우리 반 교실에 입장하던 어느 날 아이들의 반응이 궁금했다. 나는 살짝 발을 들고 창문 너머로 우리 반 아이들을 몰래 살펴보았다. 아이들 모두 책을 정신없이 펴고, 미처 펴지 못한 아이를 돕고 있었다. 그 다음 바른 자세로 허리를 펴고 앉아 인사할 준비를 했다. 순식간에 모든 준비를 마치고 난 아이들의 시선이 일제히 한곳을 향했다. 우리 반 교실 앞문은 둥근 손잡이를 오른쪽으로 돌리면 열리는 여닫이 문이다. 그 문이 열리는 순간을 포착하려는 아이들의 눈빛을 보며 나도 설레어하며 손잡이를 살짝 오른쪽으로 돌렸다. 문이 살짝 열리는 순간 교실이 떠나갈 듯 아이들이 소리를 쳤다.

"선생님! 안녕하세요? 열심히 공부하겠습니다!" 내가 교단까지 걸어가는 동안 아이들의 시선은 내 눈빛, 표정을 놓칠 새라 주목했다. 나도 얼굴 가득 웃음꽃을 피우고, 손을 흔들며 입장했다. 그리고 아주 다정하고 따뜻한 목소리로 아이들 눈빛을 향해 말해줬다.

"와우! 우리 반 미덕 천사들이 이렇게 선생님 수업을 기다리고, 준비를 잘 해주니 고마워!"

"지금 선생님은 우리 천사들이 이렇게 선생님이 원한 존중 울타리를 잘 지켜줘서 너무나 행복해! 고맙다 애들아."

이렇게 말하면서 수업을 시작했다. 그런데 어쩌다 있는 일이 아니었다. 하루에 이런 일이 어떤 날은 세 번, 어떤 날은 다섯 번이 반복됐다. 교과담임 선생님 한 분이 그 광경을 보고 나에게 말씀하셨다.

5반 애들은 자기 선생님만 연예인 대접을 해주네! 나한테는 안 그러는데 담임 선생님께는 어쩜 이리 인사를 잘 하는지…."

우리 아이들에게 존중 울타리를 요청한 후 1년간 수업을 시작할 때마다 내 가슴은 뛰었다. 내가 가장 행복한 순간이 언제인지 정확히 요청하니 그 요청을 들어준 아이들! 미덕 울타리는 가두는 굴레가 아니라 뚜렷한 행복을 불러오는 약속이었다.

같은 미덕 울타리지만 내가 아이들에게 원하는 존중과 아이들이 내게 원하는 존중은 달랐다. 나에게 존중은 아이들의 수업준비와 인사였다면 우리 반 아이들이 나에게 요구한 '존중' 울타리 지침은 즐거운 수업이었다.

"선생님! 즐거운 수업을 할 때 존중받는 느낌이 들어요. 선생님이 우리를 위해서 많은 것을 준비해 즐거운 수업을 해주실 때 존중을 받고 있다고 느껴요. 수업 즐겁게 해주세요!"

이제 우리 아이들이 원하는 존중 울타리를 내가 지켜줘야 한다. 그래서 그해 5학년을 가르치며 하브루타 수업을 국어, 사회, 수학, 실과에 도입했다. 아이들 중심의 하브루타 수업이 아이들에게 준 즐거움과 아이들의 뜨거운 반응은 나를 행복하게 했다. 종소리가 나면 밖으로 뛰쳐나가던 아이들이 점심도 20분 늦게 먹겠다며 하르루타 토의를 했다. 밥도 마다하고 자신의 의견을 나누고 또 나누는 아이들을 보며 반성했다. 이렇게 아이들이 행복한 자발성을 보여준 수업이 있었던가 싶어서였다. 몇 해 전 친정 아버님이 돌아가셔서 일주일간 학교에 나오지 못했다. 나를 보고 싶어 하는 아이들의 간절한 마음과 더불어 일기장 대부분을 차지한 내용이 하브루타 수업에 대한 것이었다.

"하브루타 수업을 하지 않아서 수업시간이 즐겁지 않다. 얼른 우리 선생님이 오셔서 매일 하브루타로 수업을 하고 싶다."

아이들이 원한 존중 울타리를 지켜주기 위해 시작한 하브루타 수업이 오히려 나를 더 행복하게 만들었다. 울타리는 서로의 행복을 지키기 위해 반드시 나누어야 할 필수 지침이다.

> 교사 및 부모 실습하기

힘을 주는 미덕 울타리 실천하기

관계 외에도 가정, 시간, 에너지, 돈, 건강…, 모든 면에 울타리가 필요하다. 나를 힘들게 하는 것, 나를 힘나게 하는 것은 무엇인가? 내가 관계 맺고 있는 주위 사람들을 떠올려본다. 그들과의 관계에서 각각 어떤 미덕이 발휘되고 있는지, 그들과의 관계에서 나는 어떤 울타리를 치고 있는지 점검해본다. 또 관계의 개선이 필요하다면 어떤 울타리를 쳐야 하는지 돌아본다. 내 마음이 가장 힘든 곳에 가장 힘나는 것으로 미덕 울타리를 쳐야 한다.

나의 3대 미덕 울타리 알려주기

울타리를 치는 것은 상대의 내면의 권위를 믿어주는 것이고, 상대방과 끝까지 함께 가기 원하는 존중이고 신뢰이다. 나에게 피해를 주는 누군가가 있나? 관계 울타리를 치지 않았을 가능성이 높다. 누구나 내면의 권위가 있다. 내가 먼저 울타리에 대해 상대에게 말해주자.

"너와 진정 사랑, 존중으로 맺어진 좋은 관계로 오래 오래 함께 하고 싶어, 서로에게 필요한 울타리가 뭘까?"

"나는 '존중' 울타리가 필요해. 내가 원하는 방법은 이거야! 네가 원하는 울타리와 그 울타리를 치는 방법을 알고 싶니?"

예) 내가 우리 반 아이들에게 부탁한 1년간의 울타리	
존중	수업 시작 전 교과서를 준비하고, 큰 소리 인사로 선생님을 맞이한다.
	서로의 인격을 존중하고, 미덕 천사, 보석으로 대접한다.
감사	매일 세 가지 감사를 적는다.
	5교시 수업 전 5분간 감사 명상을 한다.
경청	선생님, 친구의 말에 3경청! 눈 보기, 귀 쫑긋, 마음 열기

우리는 모두 미덕 울타리가 필요하다. 교사마다 울타리는 다 다르고 그 울타리를 아이들에게 알리는 것이 중요하다. 부모도 마찬가지다. 아이들에게 나의 울타리를 정중하고 분명하게 밝히고 지켜줄 것을 요청한다면 아이들은 모든 사람은 다 울타리가 있음을 존중할 수 있게 된다.

▎우리 교실(집) 3대 울타리 정하기

학기 초 교실이라면 아이들의 의견을 피라미드 토론 방식, 다수결 방식 등 다양한 방식으로 모아서 공통 미덕 울타리를 정한다. 정해진 울타리는 잘 꾸며서 눈에 잘 보이는 곳에 게시한다. 가정에서는 연초 우리 집에 필요한 울타리를 정해본다. 가족이 그 울타리를 어떻게 지킬지 잘 정리해 거실에 붙여놓는다. 매월, 학기말, 연말 울타리에 대해 대화한다. 교실은 학기마다 새롭게 울타리를 정하는 것이 효과적이다.

▎수업시간 울타리 정하기

매시간마다 그 교과 특성에 맞는 울타리를 아이들과 함께 정한다. 미술시간, 과학시간, 체육시간 각각 서로 존중하고, 평온함을 유지하는 데 필요한 울타리가 다 다르기 때문이다. 실제로 교실에서 적절한 미덕의 울타리를 치고 수업을 하면 다툼이 크게 줄고, 정돈도 알아서 한다. 아이들은 생각보다 내면의 힘이 있고, 스스로 선택하고 싶어 한다. 울타리가 그 힘을 끌어내 쓰도록 동기를 부여한다. 교사는 교사대로 울타리를 지킨 아이들에게 칭찬, 감사가 절로 나온다. 울타리를 칠 때 서로가 행복한 경험을 할 수 있게 미리 준비하는 일도 쉽다.

미술 수업 울타리의 예	
창의성	친구와 다른 생각이나 상상을 해 나만의 봄 동산을 꾸민다.
정리	책상 주변에 떨어진 색종이나 미술 용구를 잘 정리한다.
끈기	작품에 정성을 다하며 끝까지 완성한다.

▎특별활동 울타리 정하기

체험활동, 운동회, 실습, 학예회 등의 날에 앞서서 미리 정하면 좋다. 체육대회 할 때 필요한 울타리 세 가지, 현장체험 갈 때 필요한 울타리 세 가지 등의 주제로 반 구성원들이 함께 의논한다.

	현장학습을 갈 때 버스 안 울타리		촌극 역할놀이 모둠 활동 울타리
안전	안전벨트를 맨다.	협동	모둠원이 한마음으로 연습.
예의	짝에게만 들리는 소리로 대화한다.	용기	역할놀이 시 실감나게 한다.
존중	앞 사람 의자를 차지 않는다.	경청	다른 모둠이 발표할 시 잘 듣기

가정에도 여행 등 특별한 일이 있을 때 미리 가족이 모여 미덕 울타리를 정하는 것이 효과적이다. 공통 울타리, 각 개인의 울타리를 정하고 나누는 시간은 그 행사 동안 서로를 더 존중하고, 신뢰하는 행복한 공동체가 되는 데 큰 도움이 된다. 울타리를 정하고 길을 떠나는 것은 특별한 곳에 네비게이션과 함께 가듯 평온한 여정을 만들어준다.

▎사물의 울타리 정하기

교실에 있는 물건을 소중히 여기는 교육을 할 때 울타리 전략을 활용할 수 있다. 학급문고의 울타리, 사물함의 울타리, 교실 앞문의 울타리, 청소함의 울타리 등 모든 교실 사물에 어떤 울타리가 있는지 생각해보고, 울타리를 정해본다. 아이들의 자발성이 훨씬 증가한다. 가정에서도 소중히 여겨야 할 물건의 울타리를 쳐볼 수 있다. 아이와 함께 신발장, 옷장, 냉장고, TV, 컴퓨터, 핸드폰의 울타리를 함께 치고, 내용을 써서 그 물건 옆에 붙여놓는다. 아이가 울타리를 잘 지키고 있을 때 미덕을 깨운 모습을 칭찬해줄 수도 있다.

	사물함의 울타리		학급문고의 울타리
정돈	쉬는 시간에 차곡차곡 정돈합니다.	존중	책장을 넘길 때 종이를 소중하게 다룹니다.
자율	필요한 물건을 알아서 가져옵니다.	청결	음식물이 묻지 않도록 깨끗이 다룹니다.
배려	지나가는 친구가 다치지 않게 천천히 엽니다.	정돈	책을 책꽂이 있던 자리에 정리합니다.
청결	사물함을 수시로 청소합니다.	배려	서로 순서를 정해 사이좋게 읽습니다.

▎상호 울타리 치기

 아이들에게 친구들이 수업시간에 떠들거나 옆 사람을 방해하는 경우, 비난 대신 미덕으로 안내해달라고 약속받는다. 예를 들어, 어떤 아이가 떠들면, "떠들지 마!"가 아니라 "너에겐 '예의'의 미덕이 있어. '예의'를 불러올 수 있어!"라고 안내하도록 가르쳤다. 그랬더니 교실에서 서로를 비난하는 소리가 사라졌다. 체육수업을 할 때도 아이들은 곧잘 이 방법으로 장난치는 친구들을 웃으면서 멈추게 했다.

 "너에게는…," "알았어, 경청!"

 "너에게는…," "큭큭 알았어. 절도!"

 말 자체가 다르다. "야, 조용히 해."라는 말을 들을 때 아이들은 긴장하고 움츠러든다. 그 말속에 담긴 의미 때문이다. 떠든다고 여러 아이들 앞에서 낙인이 찍힌 아이는 의욕을 잃는다. 하지만 "너에게는 경청 미덕이 있어."라고 말하는 것은 낙인이 아닌 가능성을 봐주는 것이다. 아이들도 서로 비난하고 평가하는 대신 용기를 주게 하자. 서로의 울타리를 인식하게 해주는 것이다.

삶에서 가장 소중한 것

04

4전략, 정신적 가치 존중하기

정신성, 내 삶의 가장 소중한 것 인식하기

▎정신성이란?

버츄프로젝트에서는 정신(spirit)과 정신성(spirituality)을 같은 의미로 사용한다. 버츄프로젝트에서 정신성은 존재의 이유와 같은 것이다. **내 삶의 목적, 의미, 신념, 가치관 등 내 삶에서 가장 소중한 것, 특별한 것이 정신성이다.** 사람이나 집단이 절대적으로 가치 있다고 믿는 그 무엇을 말한다.

정신의 핵심은 미덕이다. 내 삶의 가장 소중한 것, 의미와 목적이다. 교사의 신념과 가치, 학교의 교육적 이상, 기업이라면 기업의 최고 가치, 국가라면 국민의 안위와 행복 등이 그 정신성이다. 한마디로 개인이나 집단의 존재 이유이자 지향점을 말한다. **정신성은 최종적인 목적지로써 개인이든 집단이든 나아갈 큰 방향을 보여준다. 네비게이션과도 같다. 정신성을 인식하고 살면 목적지를 향해 가기에 평온하다. 더 행복하다.**

이 정신성을 인식하는 활동을 하는 이유는 개인이나 조직이 삶의 의미, 조직의 의미나 목적을 일깨우기 위한 것이다. 개인적 성찰의 시간, 특별한 날이나 사건을 기념하는 일, 조직의 공동 비전 선언서 작성, 다양한 예술적 활동 등을 통해 정신적 가치에 대한 감수성을 기른다. 종교를 초월해 기도, 명상, 봉사활동 등은 정신적 가치에 대한 감수성을 기르는 탁월한 활동이다.

▌나의 정신성을 찾는 질문들

정신적 가치를 찾고 존중하며 살기 위해 꼭 물어야 할 자기 질문이 있다.

- 나는 삶의 목적을 생각하며 살아가고 있는가?
- 나는 나를 기쁘게 하는 일을 매일 하는가?
- 매일 감사하고 있는가?
- 내가 하는 일의 의미는 무엇인가?
- 내 삶이 1년밖에 남아 있지 않다면 어떻게 살 것인가?

바쁜 삶 속에서 우리는 자칫하면 마치 컨베이어 벨트에 올라간 것처럼 수동적으로 일상을 따라가기 쉽다. 꾸준히 이런 질문을 자신에게 던져볼 때 내 삶에서 놓치고 있는 것이 무엇인지, 정작 중요한 것이 무엇인지 되찾을 수 있다.

또 자연의 신비, 생명의 경이로움에 관심을 갖는 것도 도움이 된다. 찾으려 하고 보려 하면 찾을 수 있고 볼 수 있다. 내가 왜 살아가는지, 왜 이 세상에 태어났는지 깨닫게 된다. 한편, 시간을 내 휴식을 갖는 것도 중요하다. 피곤한 상태보다 육체적인 쉼이 있을 때 더 정신성을 찾기 쉽다.

내가 삶의 정신성을 찾기 위해 몇 가지 실천해본 방법들이다.

- 명상을 통한 쉼을 의도적으로 갖기
- 텃밭 가꾸며 자연 속에 머물러 있기
- 자신에게 주는 메시지를 녹음하거나 영상으로 만들어 아침 출근 시간에 듣기
- 정성을 들이는 시간을 늘리기 (사람, 일, 자연)
- 버킷리스트 수시로 읽기
- 사람들의 영적 성장에 관심 갖기
- 매일 다섯 가지의 감사를 담은 일기 쓰기
- 인생의 목적이 비슷한 사람들과 만나기

나 자신을 위한 다양한 활동, 정신성을 찾는 시간, 공간을 스스로에게 준다. 그렇게 자신을 돌보는 시간을 배정할 때 삶에 기쁨이 있고

나의 정신성이 무엇인지 깨닫기 쉽다. **정신성을 인식하고 사는 삶은 의미와 목적을 찾은 삶이다.** 네비게이션이 작동하는 삶은 평온함을 준다.

정신성은 삶의 목적

▎내 삶의 목적이 준 14일의 기적

나는 최근에도 선택의 기로에 서서 나에게 질문을 했다. "내 생명이 1년 밖에 없다면 지금 이것을 해야 하는 것인가?"라는 질문이다. 그럼 정확히 영혼의 답이 온다. 떠오르는 그것을 열심히 하면 된다. 그것이 나의 본질, 나의 진정으로 가야할 길, 내 인생의 의미라고 생각하기 때문이다. 그 일이 어떤 세상적인 대가가 없더라도 거기에 몰두하는 것이 잘 사는 길이라 생각한다. 언제나 그 소중한 것을 자꾸 뒤로 보내고 발밑의 정작 중요하지 않은 것들에 시간을 보내는 것이 아닌지 살펴볼 일이다. 오늘 당장 나에게 진정한 기쁨을 주는 것들을 하자. 삶의 목적을 찾아 길을 떠난 내게 찾아온 14일의 기적을 나는 평생 잊지 못할 것이다.

2016년 말 갑자기 온라인 강의 요청이 들어왔다. 교사들이 온라인으로 직무연수를 할 수 있는 아이스크림 연수원에서 버츄프로젝트를 30회의 강의로 녹화하기를 제안한 것이다. 하지만 나는 거절했다. 한국버츄프로젝트의 대표이신 김영경 박사님께서 평소 버츄는 정신운동이라 온라인 컨텐츠 제작, 상업화 등을 하지 않으심을 익히 알고 있었기 때문이다. 하지만 연수원 담당자님의 간곡한 부탁은 계속되었고, 어느 날 직접 찾아오시더니 전화로 한번 여쭙기라도 해주실 수 없겠냐는 부탁을 받았다. 그래서 기대 없이 전화로 상황을 말씀드리자 예상과 전혀 다른 답이 돌아왔다.

"권영애 선생님은 아이들, 교사들에게 도움을 주실 수 있는 분이십니다. 또 버츄의 정신성에 맞는 강의를 하실 분이니 처음으로 권영애 선생님께 허락합니다." 신뢰와 인정에 가슴이 젖어들었고 너무나도 감사했다.

하지만 30시간이나 촬영해야 하는데 준비 기간이 너무 짧았다. 12월 28일 방학을 하고 나서야 겨우 준비할 시간이 났지만 촬영 전까지 불과 열흘이 남아 있었다. 열흘 안에 교안 30차시에 PPT 30차시를 만들어야 한다니, 이게 가능할까? 이 기한 안에는 도저히 교안, PPT작업이 어려울 듯싶었다. 온라인 강의 제작 경험이 있는 교사들에게 알아보니 결론은 포기가 맞았다. 30강 준비가 보통 6개월 걸리며 이 일정은 누구지 불가능하다고 말렸다. 나도 무리하는 것이 싫었고, 포기하기로 결심했다. 못하겠다고 통보하기로 마음먹은 전날 갑자기 질문 하나가 마음속으로 들어왔다.

"살아갈 날이 1년뿐이라면 어떻게 할까?"
"6개월은 가족과 보내고, 남은 시간은 아이, 교사, 부모님을 행복하게 만들 버츄를 전하는 일에 쓰고 싶다."

그게 답이었다. 나는 집에 오자마자 컴퓨터 한편에 "나는 사람을 살리는 위대한 작업을 시작한다!"라는 문장과, 황농문 교수님의 《몰입》 중 내가 좋아하는 구절 하나와 목적의식, 끈기, 열정 카드까지 눈에 잘 띄게 붙였다. 그리고 이 불가능하다는 작업을 시작했다. 강의를 잘 하고 싶은 마음보다는 '강의 못해도 괜찮다. 버츄프로젝트의 사랑 에너지의 기적만이라도 가슴으로 알려드리자. 그래서 천 명의 교사라도 자신의 사랑 에너지를 끌어와 더 행복해지면 그건 위대한 일이다! 해보자!'라고 마음을 먹었다. 열흘 안에 30차시의 교안을 만들고 30차시의 강의 PPT를 만든다는 말도 안 되는 일을 나는 시작했다.

> 자신의 능력으로는 도저히 불가능해 보이는 수준의 일을 하도록 강요하지 않으면 내 안에 숨어 있는 능력은 영원히 빛을 못 볼 수도 있다. 잠재력을 끄집어내는 과정은 고통스럽지만 한계를 뛰어 넘어 잠재력의 발현을 경험하는 것은 살면서 느낄 수 있는 몇 안 되는 소중한 순간이다.
>
> _황농문, 《몰입》

엄청난 몰입 에너지, 목적의식, 끈기, 열정 미덕이 나를 안내할 거라고 상상했다. 잘 마무리하는 상상도 했다. 7일 만에 30강 교안 100여 쪽을 만들고 나머지 시간 안에 PPT 600장을 만들었다. 적절한 예시 동영상 하나 찾는데도 몇 시간 걸리는 작업을 결국 해냈다. 정말 내 안에 잠재력이 있었다. 잠을 하루에 한두 시간 밖에 못 잤다. 그리고 드디어 하루 여덟 시간의 촬영 날이 다가왔다. 태어나서 하루 여덟 시간 촬영은 처음이었다. 카메라 네 대가 나를 향해 얼굴을 내밀고 스물다섯 분의 선생님이 앉아 계시는 교실에서 첫 발을 내딛었다. 빨강 저고리에 꽃무늬 치마를 받친 개량 한복을 입었다. 첫 시간 떨리는 마음으로 선생님들께 첫인사를 건넸다. "나의 천사 선생님! 저를 도와주기 위해 오신 천사 선생님! 감사해요." 이어진 나흘 동안 우리 천사 선생님들의 웃음, 눈물, 뜨거움은 때론 풍선처럼, 하늘처럼 나를 설레게, 뜨겁게, 행복하게 했다. 끝까지 말 그대로 나의 천사들이 되어주신 스물다섯 분의 선생님이 참 고맙다.

첫날 시간 안배를 잘 못해 예정 시간보다 30분을 넘겨서 6시에 8강 강의를 마쳤다. 선생님 누구 하나 일어서시는 분이 없이 끝까지 경청해주시고, 인터뷰에도 진심을 다해주셨다. 참 고마웠다. 연수원 측에서도 이런 경우 항의가 많은데 한 분도 시간에 대해 말씀하지 않았다고, 이렇게 협조적인 선생님들은 처음이라고 기뻐하셨다. 몇 분의 선생님들은 불평은커녕 이렇게 가슴 울리는 강의해주셔서 고맙다며 나를 안고 눈물을 흘리셨다.

누군가의 가슴에 울림을 줘서, 진심으로 받아주시는 선생님이 계셔서 걱정했던 마음이 눈 녹듯 사라졌다. 너무나 감사했다. 집에 오자마자 두 시간 자고 일어나 PPT 밤샘 수정 작업에 돌입했다. 미처 마무리 못한 PPT 내용을 보완하고 수정했다. 아침까지 수정을 하고 선생님들이 쓰실 학습지 파일 10여 개를 인쇄했다. 그러던 중 어제 강의를 듣고 보낸 몇 분 선생님의 편지를 발견했다. 깨알 같은 글씨로 네 장을 보내신 한 분의 편지를 읽다가 눈물이 앞을 가렸다.

...

권 선생님은 진짜 선생님이세요. 저는 가짜 선생님이었습니다. 그래서 저의 교직 생활이 그토록 힘들었고 긴 방황을 했나 봐요. 가짜임을 직면하지 못하고 엉뚱한 해결 방법만을 찾아서 유령처럼 헤맸네요. 선생님을 만나서 진짜 선생님이 될 수 있겠다는 용기와 희망을 얻었어요. 비록 어제 저의 약점을 발바닥 보이듯 다 보인 것 같아서 괴로웠지만 희한하게 후련하기도 해요. 저도 아이들과 사랑을 주고받는 선생님이 될 수 있다는 메시지를 주셔서 감사합니다.

...

연수가 끝나고 집에 오니 아버지가 물어보시더라고요.
"싸인 받아온다더니 받았니?"
"아니요. 더 큰 선물을 받았어요."
"뭔데?"
"용기와 희망이요."

...

선생님께서는 가장 힘든 아이만 살리고 계시는 것이 아니에요. 가장 힘든 교사도 살리고 계십니다. 저에게 큰 선물을 주셔서 감사합니다. 저의 무의식, 캄캄한 저의 마음에 스위치를 켜주시고, 손을 잡아주셔서 감사해요. 저의 인생은 오늘부터 다시 0세로 리셋 되었습니다.

_2017. 1. 10 권영애 꽃샘의 멘티가 되고 싶은 ○○○올림.

세상에 이렇게 진솔한 편지글을 보내시는 선생님들이 있었다. 글을 읽다가 눈시울이 젖었다. 이 선생님들이야말로 진짜 좋은 선생님이 되실 분이란 느낌에 가슴이 뭉클했다. 시간이 없어 아침에 강의 촬영 가는 차에서 편지를 다시 읽는데 눈물이 비 오듯 흘러내려서 차를 한쪽에 세워야 했다.

'사랑 에너지로 선생님 가슴을 울릴 수 있구나. 버츄로 희망을 드릴 수 있구나.'

짧은 시간 준비했는데 이렇게 말씀해주시는 선생님들이 계셔서 나는 용기와 희망을 선물받았다. 고맙고, 따뜻했다. 이 귀한 천사 선생님들은 나흘 내내 강의를 들으시면서도 나에게 편지를 보내셨다. 둘째 날은 연두색 저고리에 꽃무늬 치마를 입고 강의를 시작했다. 첫날보다 선생님들이 더욱 적극적으로 말씀도 해주시고, 인터뷰에 응해주셨다. 점심시간 후 짬을 내어 한 인터뷰 시간, 과정을 주관하신 과장님이 선생님들의 말씀에 마음이 울리셨는지 인터뷰를 마치자 눈시울이 붉어져 있었다. 진심으로 인터뷰를 해주신 선생님들이 고마웠다.

수업 적용 방법을 촬영하던 셋째 날, 나도 교사의 모습으로 돌아가 이번에는 원피스를 입었다. 직접 버츄프로젝트를 교실에 적용하는 여러 가지 방법을 신생님들과 실습했다. 선생님들은 너무나 행복해하셨다.

"새 학기가 기다려져요. 아이들과 행복한 1년을 보낼 거예요."
"이렇게 아이들이 보고 싶은 맘이 든 건 처음이에요."

그 말씀이 나를 행복하게 했다. 선생님 한 분 한 분의 미덕다짐을 미덕 선언 나무에 붙였다. 마지막 날 선생님들과 원으로 둘러앉아 이 과정에서의 느낌 나누기를 했다. 너무 많은 선생님들이 우셨다. 가슴의 이야기를 고백하셨다. 내 인생에 대한 이야기, 아이들에 대한 이야기, 내 마음에 대한 이야기…. 이야기마다 가슴을 울렸다.

"머리로 아이를 만난다는 것이 무엇인지 몰랐는데 이제는 압니다. 촬영하면서 어제는 가슴에 사랑 에너지가 가득해 주변 사람들, 가족들에게 사랑한다고 말해주었습니다. 생전 처음 시어머니에게 전화해 사랑한다고 말씀드렸습니다. 내 안에 사랑 에너지가 답이란 것을 깨달았습니다. 저는 이제 아이들을 가슴으로 만나는 게 뭔지 알았습니다."

"이제 아이들을 사랑할 수 있는 사랑의 힘이 제 가슴에 가득합니다. 저부터 사랑으로 흘러넘친다는 게 무엇인지 알았습니다."

나는 스무 분이 넘는 선생님들의 감동 이야기에 빠져 30분 수업을 두 시간 넘게 진행했다. 그 차시가 끝나고 한 분 한 분 교실에서 아이들 보내듯 다 안아드렸다. 모두가 눈물을 흘리시고 나도 가슴이 뜨거워졌다. 이 순간 우리 선생님들과 내 가슴에 일어난 뜨거움의 눈물은 이 세상 어디에서도 느끼지 못한 연대감과 사랑, 따스함이었다.

4일간의 촬영을 다 마치고 집에 가야 할 시간, 집으로 가야 하는데 선생님들이 가실 생각을 안 하고 더 배우고 싶어 했다. 4시 30분에 공식 일정이 끝났는데 6시 30분까지 미덕놀이 버츄 활동을 같이 했다. 어린애처럼 뛰고, 함께 웃었다. 마냥 행복했다.

삶의 목적을 알면 용기를 낼 수 있다. 그 용기는 불가능을 가능하게 만들었다. 또 그 과정에서 얻은 눈물, 가슴 떨림, 감동의 경험은 평생 잊을 수 없는 힘이 될 것이다. 내 삶의 목적을 따라 도전한 14일의 시간은 나에게는 버츄를 깨우는 과정이었고 기적이었다. 나는 하루라도 잠을 못자면 다음 날 골골대고 쓰러질 듯 힘들어한다. 그랬던 내가 14일을 잠을 거의 못 잤는데 나는 펄펄 날아다녔다. 14일 동안 전혀 피곤하지 않았다. 내 안에 있는 힘은 그걸 보여주었다. 버츄로 사랑 에너지를 전하는 일은 내 삶의 목적이었기에 내 영혼은 날아다닐 정도로 행복해 했고, 잠을 자지 않아도 쓰러지지 않았다고 나는 믿는다. 삶의 목적을 따라 살아가면 우리 삶은 기적의 연속이 될 것이다. 과정 자체가 다 행복함일 것이다.

이후 아이스크림 연수원에 런칭된 버츄프로젝트 30강의 강의후기를 보며, 선생님들의 서술형답안지에 쓰인 내면의 이야기를 보며 나는 울었다. 이토록 따뜻하게 가슴을 흔든 연수가 없었다는 선생님들, 내 안에 사랑만이 답이라는 걸 이제야 깨닫고 30년 교사 생활 후회되어 맘 아파 울었다는 분들, 보낸 제자들 생각에 눈물 흘리는 교사들의 이야기를 수없이 읽었다. 보이지 않는 곳에서 기적이 계속되고 있다. 내 삶의 목적을 따라 사는 것이 답이다.

정신성은 내 존재와의 만남

맏딸로 약 14년 넘는 시간 동안 친정과 내 가족의 고통을 헤쳐나왔다. 힘든 시간을 보내면서 깨달았다. 대상은 그 무엇이든 간에 존재를 채워주기엔 너무 불완전한 것이라는 것. 내가 가지고 있는 모든 것,

돈, 명예, 지위 심지어 내 생명까지도 다 유한한 것임을 깨달았다. 모두 하루아침에 변할 수 있고 바뀔 수 있는 것이다.

그 변하는 것을 얻기 위해 내가 이 세상에 온 것일까? 나는 나를 가장 기쁘게 한 것은 따로 있었음을 깨달았다. 지금까지 내 삶에서 나를 살아오게 했고 채워왔던 힘은 대상이 아니었다. 가장 힘든 순간에도 내 인생의 희열은 가슴이 기뻐하는 일을 하는 그 '과정'이었다.

가장 힘들었던 삶의 순간에도 '선생님'이라는 가르치는 일은 변함없이 나의 가슴을 뛰게 했다. 내가 아무리 힘들고 아파도 학교에는 아이들이 기다리고 있었고, 아이들을 만나면 아이 마음이 보이고 느껴졌다. 가족의 아픔, 고통으로 어려움이 가득한 순간에도 우리 반 아이들에게는 여전히 기적이 일어났다. 그건 언제나 내가 '선택'만 하면 가능했다.

나는 생각보다 강하고 생각보다 두려움이 없는 존재라는 것을 깨달았다. 불행이 몰아닥치는 가장 어두운 순간 모든 게 다 무너져도 무너뜨릴 수 없는 것이 있었다. 그건 내가 아무리 불행한 순간에도 '가슴 뛰는 순간을 선택'할 수 있는 힘이 있다는 거였다. 그 힘은 힘든 시간 속에서도 내가 소중히 여기는 것을 놓지 않을 힘을 주었다. 반 아이들을 정성으로 만나주고, 돌보아주었다. 결국 아이가 엄청나게 성장하는 기적의 결과를 가져왔다는 것이 그렇게 감사하고, 내 스스로가 그렇게 대견할 수가 없었다.

아이의 성장을 만날 때 내 영혼은 수직으로 영적 성장을 했다. 내가 나를 그렇게 칭찬하고, 진심으로 멋지다고 자랑스러워한 순간이 된 거다. 내 자존감이 그렇게 수직상승을 하니 모든 것이 달라졌다. 어떤 어려운 상황이 와도 내 존재를 믿을 수 있다는 확신이 들었다. 그건 삶에서 아무도 대신 해줄 수 없는 어떤 관문을 통과한 후에 느낄 수 있는 것이었다. 이전의 평온한 인생에서 전혀 느낄 수 없었던 확신을 가장 힘든 인생의 터널을 지나고 나서야 느낄 수 있었다. 내 존재의 불변할 힘은 지금 할 수 있는 일 중에서 아주 작은 것이라도 가슴 뛰는 일을 선택할 수 있다는 거다. 이후 나는 두려움이 없는 선생이 되었다. 그 어떤 아이도 있는 그대로, 존재 자체로 사랑해주고 만나 줄 수 있다는 것을 깨달았기 때문이다. 그건 어려운 일이 아니었다. 새 학기마다 '의지'라는 친구를 불러와 힘들여 펌프질해야 만날 수 있는 것이 아니었다. '큰 나', '원래의 나'가 주는 저절로 하나 가득 올라오는 내 안의 힘이었다. 마냥 선물같이 주어지는 '따스한 에너지'였다.

아무리 힘든 일을 하고 있어도 그 일이 진정 자아가 좋아하는 일이라면 기쁨이 따를 것이다. 나의 존재 이유와 관련이 없는 어떤 일을 계속하고 있다면 나의 본성은 계속 허기질 것이다. 내 영혼을 지치게 만들 것이기 때문이다. 내 자신의 자아의 정체성과 그 정체성에 맞는 일을 하고 있는지 늘 나에게 묻는다. 내 영혼의 정체성에 일치히는 방향으로 살아간다는 것이 무엇인지 알기 위해 내 '마음의 소리'에 아주 주의 깊게 귀를 기울여야 한다. 이 '마음의 소리'와 일치된 삶을 살게 될 때 자연히 소명의식이 생긴다. 소명은 내가 평생 함께할 주제이자 매진할 그 무엇이다. 바로 '그 일이 나에게 주는 의미가 무엇인가?'를 알게 한다.

내 영혼이 가장 가슴 설레는 순간은 언제인가?
나는 어떤 것에 의미와 가치를 두고 사는가?
그 의미와 가치가 삶 속에서 실현되었던 순간을 떠올려보자.
그때는 언제였으며, 그때 나 자신이 어떤 느낌이었나?

이런 질문들을 스스로에게 던지며 내 '내면의 소리'를 들으려 노력하고 귀 기울인다면 내게 이 직업이 주는 의미 또한 알 수 있다. 그 의미를 먼저 찾는 것이 행복한 교사로서 살아가는 시작이요, 가르침의 시작일 것이다. 프로그램 연수를 열 번 받는 것보다 '내면의 소리'를 느끼고 알아차리는 한 시간이 더 소중하다.

내 자아가 가지고 있지 않은 것을 누군가에게 주려하지 않았는지 돌아보아야 한다. 내가 가지고 있는 것이어야 흘러 넘쳐 상대를 적시고 다시 내게로 온다. 지치지 않는 선순환 시스템을 가져오는 것이다. 주어도 다시 생겨나는 구조여야 한다. 아이들을 가르치는 나도 마찬가지이다. 내가 평온하고, 기쁨이 넘치면 저절로 아이들이 보고 배운다. 내가 사랑이 넘치고 친절하면 저절로 아이들이 보고 배운다. 무엇을 가르쳐주려 하지 않아도 아이들이 배우게 된다. 내 안에 흘러넘치는 것이 무엇인지 관심을 가질 일이다.

나에게 가르침이란 무엇인가? 자아의 기쁨에서 출발한 가르침이 내게 평생의 과제이자 주제가 되었다. 이 가르침은 지식을 넘어서 영혼을 정성으로 돌보는 일이기에 큰 사랑으로부터 나온다. 끝없는 기쁨을 만들어내는 설레는 일이다. 영혼의 성장을 위해 관심과 사랑을 베푸는 일이다.

베푸는 동시에 자신이 거기서 오는 보람에 감동받고, 그 감동이 내 영혼을 울린다. 그 울림으로 매일 내 영혼이 성장한다. 무엇보다 '내면의 나'가 끊임없이 가치있다고 말해주는 존재로 살아가는 삶이다. 저절로 내적 자부심이 회복되는 길이고, 자존감이 나날이 성장하는 길인 것이다. 내가 가르치는 일을 소명으로 받아들이니, 모든 것이 달라졌다. 자아가 춤추는 일이며, 존재 자체가 원하는 일이며 행복의 길이기 때문이다. 자발적 동기, **내적동기**가 생겼다. 모든 가르침의 순간이 나만의 only one story가 된 것이다.

나는 사랑하는 가족과 안정되었던 경제력이 일시에 무너지는 경험을 하게 되면서 대상으로 인한 자기 확인은 언제나 불확실하고, 변할 수 있다는 것을 안다. 지금은 대상이 아닌 내 안에 답이 있다는 것을 알게 된 것이다. 내 안에 있는 사랑 에너지는 흔들림이 없다는 것, 가치 있는 것임을 깨닫게 되었다.

내 가장 큰 힘은 내 안에 사랑 에너지가 어떤 상태인지를 체크하면서 살아가는 것이다. 예전에 돈, 지위, 명예 등에 관심이 많았던 적도 있었다. 지금은 내 사랑 에너지로 누군가에게 변화를 주고 성장을 주는 기쁨이 더 행복하고, 변함없이 나를 지켜준 힘이라 믿는다.

교사로서 사랑 에너지를 실천하는 것은 고통 속에서도 흔들림 없는 기쁨의 원천이었다. 내 삶의 정신성을 지킬 때 어떤 위기가 와도 나는 행복할 수 있다. 나는 아이들, 교사, 학부모의 멘토라는 꿈을 가지고 살아간다. 그것이 내 안의 기쁨을 주기 때문이다. 그것은 내 가슴이 뛰는 일, 나의 기쁨이기에 변함없이 지속해나갈 수 있다.

아이들, 교사, 부모의 가슴에 사랑 에너지를 끌어내주는 '그 아이만의 단 한 사람'이 되고 싶다. '작은 아이를 안아주는 것이 큰 나를 안아주는 것이다.', '대한민국 학생, 교사, 학부모의 행복 선순환 멘토, 1년에 5명의 아이들을 20년간 100명의 아이를 살리는 성장 멘토가 된다.' 이런 비전들이 나를 이끈다. 내가 기뻐하는 기쁨과 세상의 필요가 만난 지점이 소명이라고 한다. 우리 아이들, 교사, 부모님이 사랑 에너지를 품어 회복될 때 내 영혼이 벅찬 느낌, 설레는 느낌이다. 너무나 기쁘다. 그래서 나의 소명은 아이, 교사, 부모의 가슴에 잠자는 사랑 에너지를 깨워 회복시키는 일이다. 한 영혼이 회복되면 가슴에 가득 찬 따스함이 주변을 절로 데우고 품어줄 것을 믿는다.

_권영애, 《그 아이만의 단 한 사람》

자신의 WHY(가치) 찾기

우리가 매일 아이들에게 미덕의 언어로 말하고, 그들에게서 배움의 순간을 찾는 것은 우리가 그들의 정신성을 존중하는 것이다. 이것은 아이들을 그들을 미덕을 가진 존재로 보려는 강력한 의지가 우리에게 있을 때 가능하다. (《버츄프로젝트 교육자용 안내서》, 126쪽)

자신에게 묻고 나누기

- '왜' 교사(엄마)가 되었나요? 교사(엄마)가 된 '의미'는 무엇인가요?
- '왜' 여기에 왜 있나요?
- '가르침'이란 어떤 의미인가요?
- 가르침이란 ㅇㅇ다!

나의 WHY(가치)찾기

- 교사(엄마)가 되어 가장 행복했던 순간은? 가장 힘들었던 순간은?
- 교사(엄마)인 나의 대표 미덕은? 그 이유는?
- 교사(엄마)로서 나의 소명, 비전은?
- 교단을 떠나기 전 이루고 싶은 것, 해 보고 싶은 일. (교단 버킷리스트)
- 내 아이와 이루고 싶은 것, 해보고 싶은 일 (모녀 버킷리스트, 모자 버킷리스트)

나(가족)의 비전 사명서를 작성하기

내가 가야할 길을 다시 점검해보고, 인생의 목적을 일깨우는 방법으로 비전 사명서를 작성한다. 공동체의 정신적 감수성을 일깨우고 강한 의욕을 불러일으키는 가장 좋은 방법 가운데 하나는 공동의 비전 사명서를 작성해보는 것이다. 비전 속에는 가족, 공동체, 그 조직이 추구하는 이상, 그리고 관련 덕목이 담긴다. 비전을 미덕 언어로 표현하고 실천하기 위한 활동을 계획할 때 구성원 모두가 참여한다. 그 참여 과정 자체가 정신성을 일깨우는 순간이 된다. 자신이 직접 참여한 비전이기에 의미가 크다. 지속적인 주도성과 자발성을 낼 수 있다.

정신적 가치는 삶의 의미와 목적에 대한 감수성을 일깨울 수 있도록 돕는다. 교사가 매일 아이들에게 미덕의 언어로 말하고, 그들에게서 배움의 순간을 찾는 것은 곧 아이들 안의 정신성을 존중하는 것이다. 이것은 아이들을 그들의 잠재력을 가진 존재로 바라보려는 강력한 의지가 교사, 부모에게 있을 때만 가능하다. 그 의지는 이 네 가지에서 출발한다.

- 자신이 미덕이 가득한 교사, 부모임을 믿기
- 교사, 부모의 내면의 미덕으로 가르침을 믿기
- 교사, 부모 자신이 미덕의 본보기 되기
- 모든 아이의 내면 미덕의 잠재력을 믿기

교사 및 부모 실습하기

내면의 가치 찾아주기

▍비전 선언문 작성하기

이 활동을 통해 그 아이만의 소중한 가치, 그 반의 소중한 가치. 비전 등을 일깨워줄 수 있다. 스스로 자신에 대한 가치, 비전을 쓰고 그것을 학급 전체에 게시하는 활동이다. 학기 초 비전 선언문을 담은 미니 북, 병풍 책 등을 만들어 교실에 게시하는 것도 좋은 방법이다.

> - '나는 ㅇㅇ미덕을 가진 어린이입니다.'
> - '나는 ㅇㅇ, ㅇㅇ, ㅇㅇ 3대 미덕으로 나의 꿈 (   )을 반드시 이룰 것입니다.'
> - '우리 반은 ㅇㅇ, ㅇㅇ, ㅇㅇ 미덕이 빛나는 미덕 교실입니다.'

교실의 비전은 교사가 리더십을 학생들과 함께 공유할 때, 교사 중심의 규율이 아니라 미덕 중심의 울타리 체제일 때 더 쉽게 성장한다. 학년 초에 학급이나 학교 차원의 비전 선언문을 만드는 것이 학급, 학교 전체가 즐겁고 평화로운 환경이 되는데 도움을 준다. ((버츄프로젝트 교육자용 안내서))

비전 선언문을 쓸 때는 아이들의 의견을 브레인스토밍으로 반영해도 좋고, 공통의 비전을 찾는 활동을 통해 만들어도 좋다. 다만 미덕에 초점을 맞춘 내용으로 간략해야 하고 암기하기 쉬워야 한다. 다 만들었으면 포스터, 표어 형식 등으로 만들어 눈에 띄는 장소에 게시한다. 이것은 오가는 모두에게 비전을 잊지 않게 해주는 구심점이 된다.

예시

• 우리 3-3반은 서로 친구다. 우리는 서로를 친절로 대한다. 우리는 서로의 몸과 마음을 존중한다. 우리는 미덕으로 서로를 칭찬한다.

• 우리 5-1반 28명은 서로 우정을 나눌 친구다. 우리는 미덕을 가진 소중한 보석이다. 친구의 보석을 찾아주고 칭찬한다. 매일 미덕을 깨우는 우리 반은 우주 속에 빛나는 보석반이다.

▍미덕 기념식

우리 반의 자부심, 우리 반의 정신성을 찾고 바라보는 습관을 교실에서 길러주는 것이다. 이 활동은 4전략, '정신적 가치를 존중하라'를 실천한다. 교사에게 필요한 것은 적절한 '의미부여'의 순간과 사건을 포착하는 민감성이다. 아이들의 미덕 행동에 대해 교사의 포착력, 의미를 부여하는 대로 '정신성'이 된다.

"이 미덕 북에 있는 멋진 너를 기억할 거야."
"너에게는 ○○ 미덕이 있어. 그 이유는 (   ) 때문이야."
"선생님, 제가 이 미덕 북을 평생 간직하고 살 거예요."

우리 반의 지적 어려움이 있는 아이가 생일잔치를 못하고 외롭게 생일을 보냈다는 소식에 안타까워 주말에 우리 반의 다른 아이들이 그 친구를 찾아갔다는 이야기를 월요일에 들었을 때 나는 가슴 속 종이 울렸다. 4전략 정신성을 일깨워줄 순간임을 깨달았다. 그래서 그 아이들에게 사랑 천사라 말해주었고, 그 이야기로 국어 수업을 했다. 따뜻한 순간을 포착해 아이들의 정신성을 찾아주고 함께 그 순간의 감동을 나눈 것이다.

이처럼 아이들이 한 미덕 행동을 포착해 기념식을 열어준다. 교사의 의미부여에 그치지 않고 아이들도 미덕으로 의미부여를 하는 순간, 서로의 소중한 정신성, 가치를 보게 된다. 힘든 한 아이를 1년간 보살펴준 우리 반 아이들에게 나는 '살아 있는 위인 선포식'을 했었다. 아이들의 행동에 의미와 가치를 부여할 때 우리 아이들 가슴에 그 가치는 평생의 빛이 되어 아이를 이끌어갈 것을 믿는다. 정신성은 한 사람의 삶을 안내하는 북극성과 같다.

▎미덕 북

한 아이의 소중함, 한 아이의 가치를 함께 나누는 활동으로 활용한다. 오른쪽에 편지, 왼쪽에 그 아이의 미덕과 실천한 행동을 포착하여 자세히 적어준다. 30명이라면 담임 교사 분량까지 60쪽의 책이 된다. 아이가 전학 갈 때 이 미덕 북을 만들어주면 평생 그 아이의 소중함과 정신성을 일깨워줄 수 있다. "너는 미덕을 가진 소중한 사람이야."라는 변함없는 아이의 가치를 일깨워주는 일, 그 아이 존재를 사랑해주는 최고의 선물이 된다.

▎선생님표 맞춤 미덕 상장

　평생 간직할 상장이라고 생각하고 예쁜 상장 틀을 준비하면 더 멋지게 소중함을 전달할 수 있다. 그 아이만의 특별한 대표 미덕을 세상에 하나뿐인 그 아이만의 문구로 작성해준다. 학기 말에 이 미덕 상장을 아이들에게 줬을 때 아이들이 무척 좋아했다.
　"넌 소중한 사람이야. 이런 특별한 미덕이 있단다."라는 말이 가슴에 담길 것이다.

▎받고 싶은 미덕 상장 만들기

　내 아이에게, 내 남편, 내 제자에게 받고 싶은 미덕 상장의 문구를 만들어보자.

예시

〈우주 최고 존중 엄마상〉

엄마, ○○○

위 ○○○엄마는 현수와 정수 자매를 키우며 미덕의 말과 행동으로 존중해준 우주 최고 존중 엄마입니다. 현수, 정수가 잘못했을 때도 미덕을 깨우도록 존중해준 우주 최고 존중 엄마이기에 이 상을 드립니다.

○월 ○일 ○일
우주 최고 존중 엄마를 사랑하는 현수, 정수 드림.

┃자기 미덕 상장

 자기 자신이 한 학기동안 열심히 연마한 미덕, 대표 미덕 등을 찾게 한다. 자신에게 줄 미덕 상장을 만들게 한다. 빈 상장 틀에 대표 미덕을 상장 문구로 만들게 한다. 1년 마무리 활동으로 부모님, 선생님께 미덕 상장을 드리는 활동으로 응용 가능하다.

함께 있어준다는 것은 무엇일까?

5전략, 정신적 동반 체험하기

정신적 동반, 휘둘리지 않으면서 함께하는 법

▌사람은 어디에서 힘을 얻을까?

사람은 사람 때문에 상처를 받기도 하지만 사람으로 가장 큰 위로를 얻는다. 누구에게나 사람만이 채워줄 수 있는 보편적인 정신적 욕구가 있다. 바로 존재 자체로 사랑받고 인정받는 것이다. 하지만 우리가 살면서 그런 시간이 많지 않다. 언제나 당장 해야 할 일을 하면서 발등의 불을 끄는데 시간을 보낸다. 존재 자체로 인정받는 드문 한 순간의 말 한마디, 따뜻한 포옹에서 사람은 힘을 얻어 살아간다. 위기에 처한 사람에게 경청하고 배려하는 마음으로 옆에 있어줄 때 우리는 그 사람이 다시 살아갈 힘을 주는 것이다. 버츄 5전략, 정신적 동반은 경청으로 타인을 살리는 일이다. 그러나 짐짓 예의를 지켜 듣는 것과 정신적 동반에는 큰 차이가 있다.

┃정신적 동반의 기준

누군가를 도와주려 한다고 모두 정신적 동반은 아니다. 정신적 동반은 구원, 통제가 아니라 지원하고 격려하는 것이 목적이다. 상대를 교정하거나 구원, 혹은 훈계하려는 시도는 그 사람을 약자이자 피해자로 심리적 상하관계로 보기에 동반이 아닌 것으로 본다. 정신적 동반은 아무리 어린아이일지라도 상하관계, 피해자 중심이 아니라 동등한 영혼으로 만나 함께 있어주고, 존중해주고 경청해주는 것, 미덕을 믿어주는 것이다.

한 아이를 동반한다는 것

부모나 교사가 아이 옆에 있어준다는 것의 의미는 무엇일까? 말 그대로 아이를 옆에만 두면 그만일까? 20년 넘게 교사이자 엄마로 살아보니 일단은 관심과 시간을 들여야 한다. 그런데 그것조차 전부는 아니다. 아이 영혼이 성장하는 정신적 동반을 위해서는 마음의 자세부터 다잡아야 한다. 우리는 모두 인생이라는 학교에서 저마다의 배움과 성장의 과정 속에 있다는 믿음으로 아이의 존재를 바라볼 때 감시자가 아닌 동반자로 함께할 수 있다. 오늘 잘못을 저질러도 내일 성장할 아이라는 믿음이 아이를 기다려주고, 그 안의 가능성을 발견하게 해준다. 그래서 모든 사람의 마음속에는 미덕 원석이 가득한 광산이 있다는 전제로 시작하는 버츄프로젝트의 인간에 대한 신뢰는 동반의 원천이 된다.

시간을 들이고 주의를 기울여 아이의 말을 경청하고 행동을 관찰할 때, 따뜻한 시선으로 아이의 미덕 원석들을 찾아줄 때 아이와 정신적 동반을 실천하고 있다고 말할 수 있다.

▎시간과 주의력은 자존감!

우리 아이들은 교사에게 자아존중감의 밥을 먹으러 온다. 자존감은 엄마, 아빠, 교사, 친구가 비춰주고 말해주는 네 가지 거울로 형성된다. 그 네 개의 거울 중에서 부모의 거울이 가장 중요하지만 그 부모님의 거울이 그르쳤던 것도 일시에 성장시키고 바꾸어줄 수 있는 거울이 교사의 거울이다.

친구, 교사와 함께하는 교실 공간에서 또래, 교사에게 존중, 사랑받는 경험은 강력한 에너지로 아이를 성장시킨다. 부모님은 오히려 가까이 있었기에 아이를 바라보는 시선이나 대하는 태도를 쉽사리 전환하기 어렵다. 그 아이와 1년이라는 시간은 엄청난 시간이다. 바닥에 떨어진 자존감을 다시 쌓아올릴 수 있다. 교사는 한 영혼을 살리는 위대한 일을 할 수 있다.

나는 아침마다 수업에 들어가기 전 아래 글을 스스로에게 읽어준다. 내 역할의 중요성을 되새기고 내 에너지를 전환하는 나만의 암묵 교육과정의 일부다.

내 마음에 있는 것으로 가르친다.
아이들 마음 거울에 나는 무엇을 비추어주는 교사가 될 것인가?
내가 비추는 것은 이미 내 안에 있는 것이다.
내게 없는 것은 알아차릴 수도 비추어주지도 못한다.
내 안의 사랑이 아이 내면의 사랑을 알아차리고,
내 안의 진실함이 아이 내면의 진실함을 본다.
내 마음이 우리 반 아이들 마음이 된다.
내 자아존중감이 우리 반 아이들 자아존중감이 된다.
내 미덕이 우리 반 아이들 미덕이 된다.
교실에 들어가기 전 내 마음에 있는 것을 들여다본다.

학기 초 보이는 교육과정을 짜지만 보이지 않는 교육과정, 그 교사만의 암묵교육과정을 짜는 것은 그 이상으로 중요하다. 교사가 올바른 목표의식과 따뜻한 마음으로 아이들에게 시간과 주의력을 들일 수 있게 하기 때문이다. 그 과정이 정신적 동반이다. 그동안 내가 아이들을 가르치며 어떤 방법을 동원해 충분한 관심과 시간을 배정하도록 유도했는지 소개한다.

▮ 아이 마음에 종 울리는 시간

나는 사람의 가슴 깊은 곳에 종이 있다고 상상한다. 그 종이 울리는 순간이 있다. 사랑받고 존중받을 때 나도 모르게 그 종이 울린다. 열두 살까지는 사랑, 존중을 많이 받아서 울림이 많아야 한다. 가슴 속에서 그 울림이 많을 때 따뜻하고 단단한 마음을 가진 아이로 성장한다.

지식 하나를 외울 때보다 깊은 감동이 주는 성장 자극은 훨씬 강하다. 그래서 가슴으로 감동과 감사, 울림을 많이 느끼도록 해주는 것에 더 많은 시간과 관심을 준다.

▌학교 엄마, 집 엄마 만나는 시간

나는 학기 초 모든 아이의 부모님과 학부모 상담을 한다. 그런데 이 상담에 앞서 부모님들이 꼭 자녀를 지금까지 기른 이야기에 대해 편지를 쓰도록 요청한다. 아이의 삶을 돌아보는 시간을 부모님께 배정하는 것이다. 이 과정을 선행한 후 상담을 했을 때 그 시간은 정성을 다한 만남이 된다. 우리는 함께 한 아이의 삶을 깊이 들여다보게 된다. 한 아이에게 필요한 것, 도움을 줄 것, 배려할 것, 이해할 것, 사랑해줄 것이 무엇인지 그 시간에 깨닫는다. 아이 이야기를 앞서 읽으며 내 가슴이 이미 뜨거워졌고, 가슴에 그 아이에 대한 아픔, 성장에 대한 연민, 측은지심이 절로 들며 부모 또한 아이와 함께한 시간과 그 의미를 되돌아보게 되기 때문이다. 두 개의 열린 마음이 만나는 상담 시간은 한 아이를 성장시키는 동반의 시간이 된다.

막연히 부모님께 아이 이야기를 들려달라 하면 난감해하시기도 해 나는 보통 아래와 같은 구체적인 질문들을 학기 초에 보낸다.

| **부모님이 말하는 〈나의 자녀 이야기〉** |

사랑은 관심입니다. 그 사람을 알면 알수록 더 많이 배려하게 되고, 관심을 가지게 됩니다. 무엇이든 생각나시는 대로 편하게 작성하셔서 상담 오시기 전에 저의 이메일로 보내주세요.

1. 만 3세 될 때까지 주 양육자는 누구였으며, 발달 단계(말, 걸음 등)는 어떠했나요?

2. (   )의 학교 입학 이전의 행동 중 가장 특별했던 점은 어떤 점이었나요?
   예) 말이 빨랐다. 글을 빨리 읽었다. 등등 .

3. 1학년부터 작년까지의 교우관계는 어떠했나요? 긍정적인 면, 도움이 필요한 면을 알려주세요.

4. 1학년부터 작년까지의 학습태도 및 집중력은 어떠했나요? 긍정적인 면, 도움이 필요한 면을 알려주세요. (과제 해결력, 학습동기, 끈기 등)

5. (   )는 방과 후부터 잠 잘 때까지 어떻게 시간을 보내나요? (학원, 취미 등 활동)

6. 나의 아들(딸) (   )의 성격의 장점과 도와줄 점은 무엇인가요?

7. (   )의 양육을 해오면서 엄마로서 고민되고, 어려운 점은 무엇인가요?
   (학습동기, 교우관계, 징리, 집중력 등등)

8. (   )가 아빠와 함께하는 시간. 무엇을 하는지 양육 참여(놀아주기, 대화, 관심) 내용을 알려주세요.

9. (   )의 학교 생활에서 1년간 좀 더 변화, 발전하기를 바라는 면은 무엇인가요?

10. 특별히 담임이 지도해주거나 배려해주기 바라는 부분을 알려주세요.

아이들 사이에 다툼이 일어날 때

아이들이 서로 의견이 상충하여 다툼이 일어났거나 갈등이 생길 때도 나는 늘 우리에게 해결할 힘이 있다고 믿었다. 아이들에게 뇌의 3층 구조를 알려주어 화가 날 때 우선 멈추고 호흡하도록 했고, 겉마음과 속마음을 감정카드로 나누어보도록 했다. 마음 나누기에 익숙하지 않은 아이들이었지만 서서히 교실 속에서 심리적으로 안전하다고 느끼게 된 아이들은 쉽게 자신의 속마음을 말했다.

그렇게 하고 나서 각자의 바람을 말하기 시작하면 아이들은 대부분 눈물로 화해했다. 마지막으로 서로의 미덕을 찾아주는 것으로 마무리했고 아이들의 눈은 다시 서로를 따스하게 바라보았다. 갈등이 있어도 서로가 미덕을 가진 힘 있는 존재로 그것을 풀어나가고 소통할 힘이 있음을 믿게 된 것이다.

자신과 만나는 시간

'미덕이 나에게', '내가 미덕에게'라는 제목의 편지쓰기를 통해 자신과 만나는 시간을 배정했다. 자신에게 쓰는 편지는 여러 형태로 수시로 쓰게 했다. 나의 대표 미덕이 나에게 하는 말을 편지 형식으로 작성하여 자신의 말과 행동을 바라보게 하였다. 또 내가 미덕에게 편지를 써서 미덕 행동에 대한 바람과 각오, 반성 등의 시간을 통해 자신의 행동을 돌아보는 시간을 가지기도 했다.

아이들을 공통적으로 꼽은 가장 행복했던 순간

접촉은 생명을 주는 것이다. 작년 말, 1년 동안 담임했던 아이들에게 한 해 동안 가장 행복했던 다섯 가지를 써서 발표하게 했다. 대부분의 아이들이 공통적으로 꼽은 한 가지가 있었다. "선생님이 내 손을 잡아주었을 때 행복했다.", "선생님이 매일 나를 안아준 일" 등 '접촉'이었다. 모든 아이들이 좋아하는 손잡기, 안기, 토닥여주기 등의 '접촉'은 아이 행복에 어떤 영향을 주는 것일까? 내 경험에 이런 접촉을 만나고 헤어질 때마다 나누는 체온 인사는 버츄 교실을 만드는 최고의 촉매였다. 처음에 어색하게 굳어 있던 아이도 나날이 편안하게 안겨왔고 동시에 미덕을 찾아주고 격려해주는 내 말을 신뢰하기 시작했다. 접촉은 인간이 사랑 에너지를 가장 뚜렷하게 나눌 수 있는 방법이기 때문이다.

1960년대 어느 루마니아 고아원의 영아들이 좋은 환경과 적절한 영양섭취에도 불구하고 돌 이전에 죽어가는 일이 벌어졌다. 그 이유가 무엇일까? 그로부터 약 20년 전 정신과 의사 르네 스피츠는 접촉 발달에 대한 연구를 하기 위해 양육자와 꾸준히 포옹 등 접촉을 한 아이들과 그렇지 못한 아이들을 비교했다. 음식, 청결 등이 비슷했지만 접촉이 없었던 고아원 아이들의 3분의 1가량이 돌을 넘기지 못하고 사망했고 병이 만연했다. 이후 보모를 늘리자 사망률이 급감했고, 발육부전과 병이 줄었다. 인간은 음식, 청결만으로 살 수 없는 존재이다. "인간은 접촉 없이 살아갈 수 없다. 접촉 욕구가 충족되지 않을 때 비정상적 행동이 나타날 것이다." 문화 인류학자 애슐리 몬테규가 말했다. 아동기의 접촉 욕구 충족은 특히 중요하다. 이때 접촉이 결핍되면 아이는 의존성 우울까지 생길 수 있다. 1950년대 심리학자 해리 할

로우 교수는 원숭이를 대상으로 신체접촉 실험을 했다. 그 결과 한 살 미만의 원숭이를 고립시켜 접촉 없이 기르면 뇌에 큰 손상을 입힌다 주장했다. 영국의 유명 정신과 의사이자 심리학자인 존 보울비는 애착이론을 통해 인간에게 생애 초기의 접촉 경험이 전 생애 영향을 준다고 봤다.

접촉의 중요성을 보여주는 사례는 끝이 없다. 아기와 부모의 맨살을 직접 접촉하는 캥거루 케어를 받은 미숙아들은 생존율이 뚜렷하게 올라가고 정서적으로도 한결 안정된다. 피부 접촉을 통해 행복 호르몬 옥시토신이 분비되 안정감, 평온함을 유지시키며 고통지각을 감소시키기 때문이다. 아이의 신체적, 정서적 발달을 위해서는 접촉은 필수다.

사랑은 오감 중 '촉각'으로 가장 빨리 아이 가슴에 전달된다. 시각은 인지적이고, 건조한 정보를 전달하지만 청각과 촉각은 따뜻하고, 정서적 정보를 전달한다. 촉각, 청각으로 전달하는 사랑은 아이 가슴을 데운다. 사랑받은 아이는 자기를 사랑하게 되고 미덕을 빨리 깨운다. 그래서 나는 아침에 아이들을 처음 만날 때와 헤어질 때 체온 인사를 한다. 아이들은 아침에 교실에 오면 내 의자 바로 옆까지 와서 두 손을 모은 공수인사를 한다. 나는 일어나 손을 잡거나 머리를 쓰다듬으며 아이들을 맞이한다. 이름을 불러주고 눈을 꼭 맞추어준다.

집에 갈 때는 줄을 선 아이들 한 명, 한 명의 손을 잡고, 머리를 쓰다듬으며, 오늘 하루 어떤 일이 즐거웠는지 아이의 귀에 가까이 대고 묻는다. 아이의 미덕에 대한 격려를 한 마디 하거나, '네가 우리 교실에 있어서 고맙다.'라고 존재 감사를 한다. 서로 눈을 맞춘 후 하이파이브를 하고 보낸다. 이것은 습관만 들이면 전혀 시간이 추가되는 일이 아니다. 아침, 저녁으로 청각, 촉각이 가득한 체온 인사를 하는 순간 내 가슴에도 사랑 에너지가 따스하게 퍼지고 아이 마음에도 따스하게 전해진다. '선생님은 너를 존중한다. 너를 사랑한다. 너는 미덕 보석, 미덕덩어리 아이야.' 몸과 마음에 사랑 에너지를 느낀 아이는 그 행복감에 안정이 되고, 불안에 쓸 에너지로 자신의 미덕을 더 빨리 깨운다.

아무리 문제아라고 꼬리표를 달고 온 아이라도 그 얼음 같은 마음을 체온 인사 두 달이면 녹이고도 남는다.

"선생님은 네가 깨울 보석을 기다리고 있어, 너는 원래 미덕 천사거든."

"선생님은 너를 믿어, 네가 첫 번째로 깨울 보석이 뭘까 궁금해."

"희재야, 지금의 모습이 다가 아니야. 넌 미덕 52개를 품은 위대한 사람이야."

🔍 교사 및 부모 실습하기

누군가 나의 이야기를 온 마음으로 들어준다는 것은 그 사람이 나에게 사랑을 주는 것이다.

단 1분이라도 누군가 내 이야기를 들어주고, 미덕을 짚어줄 때 순간에 우리 영혼은 사랑을 느낀다. 그런데 이 당연한 일은 생각보다 쉽지 않다. 다양한 활동을 통해 연습해보자.

▎1분 크로스 토크

아래 세 가지 주제 중 마음에 와닿는 질문의 답을 적어본다. 짝에게 1분간 자신이 생각한 것을 말한다. 짝은 귀담아 경청한다. 사회자는 1분이 되었을 때 알려주고 화자는 이야기를 중단한다. 경청했던 짝이 이번에는 1분간 말을 하고 먼저 말했던 짝이 경청한다. 그리고 나서 서로가 들은 것을 다시 1분이라는 시간 동안 서로에게 들은 그대로 말해주게 한다.

> 1. 지난 일주일간 가장 기억나는 일은?
> 2. 작년에 만났던 아이들 중 가장 기억나는 아이는?
> 3. 교사 생활 중 가장 기억에 남는 일은?

경청 후 다시 그대로 말해주어야 한다고 미리 알려주지 않고 이 크로스토크를 하면 대부분의 사람들은 조심해서 듣지 않는다. 겉으로는 듣는 듯 하지만 마음속으로는 저녁 식사 준비를 할 수도 있다. 하지만 다시 말할 수 있어야 한다고 예고하면 달라진다. 모두 최대한 경청한다. 그 두 가지를 다 1분씩 체험한 후 소감을 말해보게 한다. 3분, 5분으로 늘려 해본다.

이 활동을 하고 난 후 사람들은 종종 의외의 깊은 감동을 받았다. 우선 대부분의 사람들이 5분간 타인의 말을 완전히 경청한다는 것이 생각보다 힘들다는 것에 놀랐다. 그 다음 상대가 내 이야기를 진심으로 듣고 다시 정확하게 전달하는 갑자기 눈물이 쏟아졌다는 사람들도 많았다. 한편 많은 사람들이 자신이 평소에 생각보다 경청하지 않았다고 반성하는 동시에 누군가의 이야기를 경청한다는 것이 의도적이고 적극적으로 임해야 하는 능동적인 행위라는 것을 알았다 말했다. 이 크로스토크의 가장 궁극적인 깨달음은 누군가의 이야기를 마음을 열고 집중해 들어줄 때, 그 자체로 사랑의 표현이고 치유임을 알게 되는 것이다.

▮행동을 돌아보게 하는 미덕 지수

미덕을 가르친 후 아이들에게 콜버그(Lawrence Kolhberg)의 도덕성 발달 6단계를 미덕 지수라는 개념으로 변환해 지도했다. 각 단계에 대하여 설명하고 단계별 행동의 예도 들려주었다. 학생들이 한 행동에 대하여 "지금 몇 단계 행동을 하고 있지?"라고 질문을 함으로써 자신의 행동에 대하여 다시 돌아보게 했다.

모든 인간에게는 보이지 않는 '큰 나'가 있으며 이것은 '양심'이다. '양심'은 보이지 않지만 나를 잘 안내하고, 미덕을 발휘해야 할 순간을 알아차리게 하고 빛내게 한다고 교육한다. 그런데 미덕과 콜버그 이론을 둘 다 배운 아이들은 불과 두달만에 20퍼센트 가까이 미덕 행동에 대한 보상을 포기하기 시작했다. 놀랍게도 아이들은 외적 보상보다 양심에 따라 행동한 것이라는 내적 보상을 더 좋아했다. 교실에서 뭔가 보상해주지 않아도 아이들은 자신이 양심을 깨우고 있다는 그 자체에 만족했다. 특히 그 순간이 '큰 나'라는 무의식에 '좋은 경험'으로 차곡차곡 저장된다고 믿었다. 나는 버츄프로젝트를 통해 그

미덕 지수(VQ)		
1단계	처벌 피하기	"○○ 안 하면 혼나!"
2단계	보상, 스티커	"○○ 하면 ○○해줄게!"
3단계	착한 아이	"부모님, 선생님께 잘 보여야 해!"
4단계	규칙 준수	"학급규칙이니 지켜야 해!"
5단계	배려, 타인 존중	"다른 사람의 입장을 생각해야 해!"
6단계	양심, 생명 존중	"양심에 따라 행동해야지!"

내 미덕(VQ)은 6단계로 다이아몬드가 돼요!
나는 어떤 단계 미덕(VQ)을 가지고 있나요?

토록 만나고 싶었던 아이들 내면에 있는 '진실함'과 '양심'을 수시로 보았다. 아이들이 양심이라는 아름다운 미덕을 깨우며 빛나는 순간을 목격했다.

버츄대화법(6마보)

우리 마음은 하루에도 수차례 파도가 인다. 때때로 두려움을 일으키는 생각이 눈덩이처럼 불어나 분노, 우울, 두려움, 무기력, 수치심 등의 두려움의 감정을 만들고, 그때 내 주도권은 나에게 있지 않고, 편도체가 가져간다. 이성적, 인간적, 합리적 판단을 내릴 수 있는 전두엽은 멈추고 편도체가 더 작은 화를 눈덩이처럼 굴려서 큰 분노와 두려움으로 키울 수 있다. 그 큰 분노와 두려움은 상대를 향해 공격, 비난, 방어, 도피를 불러온다. 소위 '욱'하는 것이다. 이런 부정적인 감정의 폭발적 분출은 편도체가 비상벨을 울려 나오는 자신을 지키기 위한 즉각적인 반응이다.

교사도 교실에서 수시로 욱하는 상황을 맞이하고, 아이들도 서로 수시로 욱하는 상황을 맞이한다. 욱의 횟수와 강도는 그 사람의 두려움 에너지와 비례한다. 두려움 에너지로 살면 살수록 감정을 조절하지 못하는 순간은 늘어가고, 또 격하게 비난하고, 격하게 방어할 것이다. 지속적으로 부정적이고 어두운 두려움 반응을 무의식에 저장하게 될 것이고, 그 무의식의 두려움 에너지는 또다른 두려움에 민감하게 반응해 작은 일에도 과격하게 반응할 것이다. 욱의 악순환이다. 이 고리를 끊고 사랑 에너지로 전환을 하기 위한 방법이 버츄대화법, 6마보다. 버츄대화법은 두려움이 눈덩이처럼 불어나기 전 비상벨을 끄고 전두엽을 불러와 가장 이성적, 합리적으로 행동할 수 있게 해준다. 또 사랑 에너지로 전환되어 두려움 상태에서 보지 못한 것을 볼 수 있게 해준다.

수업시간에 열심히 공부를 가르치고 있는 데 아이가 계속 떠들거나, 해야 할 일을 하지 않고 있을 때 우리 뇌는 무의식적으로 두 가지 반응을 선택한다. 한 가지는 '피해를 주는 순간'으로 해석하는 것이다. '그냥 두면 안 돼! 나를 무시하나? 혼내서라도 가르치지 않으면 쟤 때문에 우리 반 분위기 흐릴지도 몰라.' 또 한 가지는 '배움의 순간'으로 해석해 사랑 에너지를 불러오는 '기적의 네 문장'을 말해줄 수 있다. 우리가 두려움 에너지 안에 있을 때는 작은 위기도 무의식적으로 '피해를 주는 순간'으로 해석하기 쉽다. 하지만 이때 그렇게 해석하고 있는 자신을 인식하면 용기 내 '버츄대화법(6마보)'를 할 수 있다.

이 버츄대화법은 갈등이 생기거나 싸움이 벌어졌을 때 두려움 에너지를 이해하고 사랑 에너지로 여섯 단계를 통해 가는 대화법이다. 여섯 단계를 통해 마음 보석을 찾기에 '6마보'라 부른다. 호흡 보기 - 겉마음 보기 - 속마음 보기 - 소망 보기 - 겉마음 보기 - 마음 보석 보기 다.

'6마보'는 학교나, 가정에서 발생한 갈등 상황을 해결하는 최고의 방법이다. 먼저 자석 칠판에 시중에서 흔히 구매할 수 있는 공감대화 카드 두 종류와 버츄프로젝트의 52버츄 배너를 준비해 교실이나 가정의 자석칠판이나 벽에 붙이면 준비가 끝난다. 공감대화카드는 감정과 바람 카드로 구분된다. 감정카드는 스톰 앤 스톰 연구(Storm & Storm, 1987)의 감정 단어 5개 군집 분류(분노, 혐오, 슬픔, 두려움, 기쁨)를 참고하여 학생들이 가장 많이 쓰는 감정 단어 예순일곱 개를 색으로 구분해 만든 카드다. 공감대화카드의 감정 카드는 그림으로 감정이 표현되어 아이들이 쉽게 이해하고 쓴다. 바람 카드는 비폭력대화의 욕구 목록과 윌리엄 글래서가 분류한 인간의 욕구 체계를 참고해 학생들에게 일반적인 바람, 욕구들을 선정해 질문 형태로 만든 카드 쉰아홉 장이다. 이외 시중의 다른 감정, 욕구 카드를 이용해도 상관없다. 감정 카드, 바람 카드, 버츄 배너 순서로 붙여놓는다. 가정에서도 벽면 한쪽에 미리 붙여놓으면 교사, 부모에게 큰 도움이 된다.

1단계: 호흡 보기

흥분을 하거나 화가 나면 호흡이 빨라지고, 혈압이 올라간다. 심장은 분당 60-80회 수축과 이완을 반복하며 우리 몸의 곳곳에 산소와 혈액을 공급해주는 몸의 엔진이다. 화를 내는 순간 교감신경계가 반응해 우리 몸의 엔진이 과열된다. 심장은 마음과 연결되어 있고 특히 화와 연결된다. 화가 났을 때 그 과열된 엔진을 먼저 호흡으로 정상화시키면 어떻게 될까? 얕고 빨라진 호흡을 의도적으로 깊고 천천히 쉬면 치솟던 화가 일단 멈춘다. 즉 압력솥의 김을 빼주는 효과로, 화의 김을 일단 호흡을 통해 빼주는 것이다. 나는 교실에서 아이가 싸우거나 서로 화를 낼 때 두 아이 사이에 서서 아이들의 손을 잡고 함께 호흡을 한다. "선생님과 함께 호흡하자. 손을 들 때는 들이마시고, 내릴 때는 내쉬는 거야." 두 아이 손을 동시에 들면서 "자 천천히 들이마시고!"라고 외친 다음 두 아이 손을 내리면서 천천히 숨을 내쉬도록 하고 나도 아이들과 같은 박자로 호흡을 한다. 약 5-10회 정도를 천천히 반복하면 엉엉 울면서, 씩씩거리면서 나를 따라 호흡하던 대부분의 아이들이 눈물을 멈추고, 호흡이 잔잔해지며 화가 멈춘다.

2단계: 겉마음 보기

이제 호흡이 정상으로 돌아오면 자신의 마음을 들여다보도록 안내한다. 겉마음은 지금 어떤 감정 상태인지 알아차리는 것이다. 억울한지, 섭섭한지, 슬픈지, 답답한지 등 느끼는 주된 감정을 감정 카드 50여 가지 중에서 두세 가지 선택하도록 한다. 눈앞에 50여 가지 감정이 붙어 있으면 아이들은 더 빨리 자신이 느낀 감정을 찾아 그 감정에 표시를 한다. 자석 칠판에 감정 카드가 붙어 있을 경우는 색이 있는 원자석을 해당 감정 카드 한쪽에 붙이고, 일반 벽에 감정 카드가 붙어 있을 경우는 교사나 엄마가 메모를 한다. 그리고 자신이 선택한 감정에 대해 한 사람씩 말할 수 있게 한다. 이때 자신의 감정을 말할 때는 상대방을 비난하지 말고, 자신의 느낌만 말할 것, 상대방이 말할 때 자신이 반박하고 싶은 마음이 들어도, 일단 끝까지 '경청'해야 함을 약속 받는다. A아이가 감정 한 가지를 말하고, B아이가 자신의 감정 한 가지를 말한다. 중간에 비난을 하거나, 끼어드는 경우 교사가 "스톱!"이라고 말한 후 "비난하지 않기, 끼어들지 않기 약속을 지키자."라고 이야기한 다음 다시 시작한다. "현수가 욕을 해서 화가 나고, 기분이 나빴어요." "영훈이가 지나가는 데 툭 치고 지나가서 짜증났어요." 이때 교사, 부모, 아이들은 자신과 상대방의 느낌, 감정을 구체적으로 알게 된다.

3단계: 속마음 보기

2단계의 감정이 올라오게 된 진짜 이유, 원하는 것, 바람, 욕구 등을 찾아 말하는 단계다. 우리는 크게 보면 두려움이나 사랑 때문에 화를 낸다. 공부 안 하는 아이를 보면 화를 내는 엄마는 왜 화를 낼까? 아이가 공부를 못해서 좋은 대학에 못 가면 취직이 어려워질 거고, 어려움을 겪을까 봐 걱정되어 화를 낸다. 그때 엄마의 분노는 자식의 미래에 대한 '안정성' 욕구가 채워지지 않아서다. 누구나 자신의 바람, 욕구를 충족하길 원하고, 그것이 충족되지 않으면 그 결핍을 분노로 드러낸다. 우리는 대개 자신의 속마음을 드러내고 살지 못했다. 그것을 표현하도록 교육을 받은 적도, 그 바람을 들어준 사람도 없는 어린 시절을 보냈다. 그래서 자신의 진짜 속마음에 둔감하고, 그래서 아이들의 속마음을 알려고 하지 않는다. 하지만 아이와 자기 자신의 속마음을 들여다보는 시간을 가지면 두려움 에너지는 힘을 잃고 사랑 에너지로 선환이 된다.

아이들은 50여 개의 바람 카드가 눈앞에 붙어 있으면 자기 속마음을 잘 찾는다. 이때 두세 개를 찾게 해 그 카드 한쪽에 원 자석을 붙이거나 찾은 카드 내용을 따로 메모한다. 그리고 서로 찾은 바람에 대해 한 가지씩 이유를 말하도록 한다.

작년에 한 남학생과 여학생이 다퉜다. 1층 복도에서 공놀이 하는 남학생에게 공놀이는 밖에서 하라고 말을 했고, 남학생이 놀아도 된다며 놀이를 지속하자, 여학생이 화내며 비난을 했다. 남학생도 화가 나서 소리를 질렀다. 서로 말다툼을 하다가 남학생이 여학생 어깨를 쳤다. 여학생이 눈물을 흘리고, 그래서 이 '6마보'를 했는데 이 속마음보기 과정에서 나도 아이들도 놀랐다. 여학생이 먼저 '주변에 좋은 영향을 끼치고 싶어요.'를 골랐다. 이유를 들어보니 그랬다. 이 여학생은 우리 학교 여자 부회장이다. 그래서 자신의 할 일은 모범을 보이고 학생들이 행복한 학교를 만드는 데 기여하고 싶은 마음이 있었다. 그런데 복도에서 위험하게 노는 남학생을 보는 순간, 공놀이를 그곳에서 하면 1-2학년 어린아이들이 지나가다 미처 피하지 못해 공에 맞을 수도 있고, 실내에서 공놀이를 하는 것을 중단시키는 게 자신이 부회장으로서 할 일이라고 생각했다는 것이다. 그래서 안전하게 놀도록 안내하고, 좋은 영향을 주고 싶은 마음에 남학생에게 밖에서 공놀이 하라고 말했다는 것이다.

다음에는 '이해받고 싶었어요.'를 고른 남학생이 바람의 이유를 이야기했다. 평소 친했던 여학생이 갑자기 여러 여학생들과 나타나서 공놀이를 밖에 나가서 하라고 말하니 갑자기 당황했고, 전에 다른 아이들도 여기서 공놀이를 하는 것을 봤고, 혹시나 싶어서 놀기 전 근처를 지나가시는 선생님께 여쭈어보니 놀아도 된다고 해서 놀았다는 것이다. 그런데 그런 사정을 말하기도 전 여학생이 밖으로 나가라고 계속 말하니 갑자기 속상하고 억울했다는 것이다. 그래서 진짜 속마음은 그런 자기 사정을 말할 기회가 있었으면 했고, 그 사정을 이해받고 싶은 마음이 컸다는 것이다. 또 다른 속마음은 '사이좋게 지내고 싶었어요.'였다. 그 여학생과 사이좋게 지내왔고, 앞으로도 그러고 싶은 마음이 큰데 갑자기 자기에게 소리를 지르니 자신을 싫어하고 무시하나 싶은 마음에 화를 냈다는 것이다.

여학생이 고른 바람에도 '잘 지내고 싶었어요.'가 있었다. 그 속마음을 말하고 나니 일단 두 아이의 표정이 평온해졌다. **서로의 속마음을 알면 우리는 대개 상대방이 나를 공격하려는 마음이 아니었다는 것을 깨닫게 된다. 하지만 그것을 나누기 전에는 상대방이 나를 무시하나. 함부로 하나? 하고 피해자 모드로 오해하기 쉽다. 속마음 보기는 이렇게 피해자 모드, 두려움 에너지에서 연민, 측은지심의 사랑 에너지로 전환하게 해준다.**

4단계: 소망 보기

겉마음과 속마음을 다 표현하고 난 후 앞으로 상대방에게 원하는 행동을 말해주는 단계다.

"앞으로 부탁할 때 부탁하는 이유를 자세히 말해주면 좋겠어."

"내가 말할 때 끊지 말고 끝까지 귀담아 들어줬으면 좋겠어."

이처럼 구체적인 말과 행동을 표현한다.

5단계: 겉마음 보기

처음 겉마음이 어떻게 변화되었는지 다시 겉마음의 상태를 표현하는 단계다. 이 단계에 오면 거의 대부분의 겉마음이 두려움에서 사랑으로 전환된다. 내 속마음, 상대방의 속마음까지 듣고 나면 감정의 소용돌이는 가라앉는다. 자석 칠판에 붙인 원 자석 세 개를 다른 감정

카드로 옮기도록 한다. 많은 경우 아이들이 처음에 선택한 세 가지 겉 마음, 즉 화난다, 속상하다, 억울하다 등의 감정에서 미안하다, 고맙다, 편안하다, 등으로 바뀐다. 이때 좀 더 마음이 누그러진 아이 먼저 원 자석을 옮기도록 하면 다른 아이도 그에 영향을 받는다. 한 아이가 미안하다에 자석을 놓는 순간 자신의 마음도 풀리는 것이다. 서로 한 개씩 번갈아가며 선택을 하게 한다.

6단계: 마음 보석 보기

서로에게 보고, 느낀 마음 보석을 찾아주는 단계다. 이 단계에 오면 서로 마음이 평온해지는 것은 물론 갈등 전 몰랐던 상대방의 장점, 상대방 마음의 반짝이는 보석을 알아차리게 된다. 싸우기 전에는 몰랐던 상대방의 어려움도 보이고, 내가 실수한 것도 느껴지고 보인다. 두려움 에너지 상태에서 보지 못하던 많은 것이 사랑 에너지로 전환하니 보이는 것이다. 이때 52가지 버츄 배너 앞에 서서 6마보 과정 중에 상대방에게서 보고 느낀 마음의 보석을 한 가지씩 번갈아 말한다.

"아까 먼저 '화난다'에서 '미안하다'는 카드로 바꾸는 너를 보면서 '용기'와 '진실함'을 느꼈어. 먼저 미안하다고 말해줘서 고마워!"

"학교 부회장으로서 학교에 도움이 되고 싶은 네 마음을 느꼈어. 너의 '책임감'과 '도움'의 보석이 반짝이는 것을 느꼈어."

이렇게 서로에게 발견한 마음 보석을 세 가지 정도 찾아 말해주는 시간을 갖는다. 이때 서로 마주 본 상태에서 상대의 눈을 바라보며 말하도록 인내한다.

이 '6마보'를 한 아이들의 반응은 놀라웠다. 서로 울고불고 하던 아이들이 서로 악수하고, 안아주면서 자리로 들어간다. 그리고 더 사이가 좋아진다. 어느 날 한 아이가 나에게 다가와 말했다.

"선생님! '6마보'는 신기해요. 싸우기 전보다 더 사이좋게 만들어요. 지난번 '6마보'하고 나서 더 친해졌어요."

그래서 나는 이렇게 말해주었다.

"그랬구나. 사람이 살다 보면 서로의 욕구, 바람이 다르니까 싸움이나 갈등이 일어날 수 있단다. 그때 서로의 어려움을 알게 되면 도와줄 힘이 우리에게 있다는 거야. 그러니 싸움, 갈등이 문제가 아니라 그 어려움을 알려고 하지 않는 게 더 문제란다. 특히 속마음을 잘 들어주면 친구 어려움에 대한 '이해'의 보석이 발휘되어 싸우기 전보다 더 사랑하게 된단다."

버츄대화법(6마보)을 이끌다 보면 나도 다툰 아이들의 마음에 대해 굉장한 인식 전환이 온다. 그 아이 나름의 상처와 아픔을 알게 된다. 아이 각자가 처한 상황, 나름의 스토리를 알게 되면 문제아가 아니라 사랑, 연민의 마음이 생긴다. 아이들은 아이들대로 친구가 화낸 건 나를 무시해서, 함부로 봐서가 아니라 자기가 힘들어서 그랬다는 것을 서로 깨닫게 된다. 친구를 용서하고, 이해하기 쉬워진다. 두려움 에너지에서 사랑 에너지로 즉각적인 전환을 가져온다. 그래서 진심으로 용서하고 이해할 수 있다. 또 갈등 해결뿐 아니라 그 과정에서 친구의 마음의 보석까지 서로 찾아줄 수 있다. '6마보'는 두려움 에너지를 사랑 에너지로 끌어올리는 버츄대화법이다.

CHAPTER. 7

버츄를 만난
교사들의 변화

크리스마스 이브에
찾아온 기적

　버츄가 전해준 행복은 학교에까지 전염되었다. 전근이 결정되자 같은 학년 선생님 몇 분이 내게 찾아오셨다. 버츄를 배우고 싶으니 가르쳐주고 가라는 것이다. 그래서 그 세 분의 선배 선생님들을 위해 강의를 준비했다.

　학기 말은 무척 바쁜 시기다. 특히 2학기 겨울에는 학교 1년 농사 수확이나 다름없는 생기부(생활기록부) 결재라는 중요한 일이 있다. 어쩔 수 없이 12월 24일 오전에 생기부 결재를 끝내고 오후 세 시부터 함께 버츄를 공부하기로 약속했다. 나는 세 분에게 가장 효율적으로 버츄프로젝트를 전달하기 위해 PPT 60여 장을 정성껏 준비했다. 이 강의 자료를 보신 선생님 한 분이 놀라셨다.

　"아니, 겨우 세 명 연수 듣는데, 이렇게 많은 걸 준비하면 우리가 미안하잖아요."

그리고는 24일, 예고 없이 학교 메신저에 연수 소식을 공지했다.

"권영애 선생님과 같은 학년을 하면서 버츄프로젝트 인성 교육으로 아이들을 변화시키는 모습을 보았습니다. 오늘 오후 3시-5시 버츄프로젝트 연수가 3-3 교실에서 있으니 참석 원하시는 분은 오세요."

느닷없는 당일 공지였음에도 열일곱 명이나 되는 분들이 교실에 찾아왔다. 오랜 노력과 정성을 들여야 하는 생활기록부 결재가 끝나서 누구라도 쉬고 싶을 법한 날, 그것도 크리스마스이브에 찾아온 기적이었다. 모두가 버츄프로젝트 행복교실 운영 사례와 방법을 경청했다. 다섯 시가 되니 사방이 어두워졌다. 거리에 들뜬 연말 분위기가 가득한 그 시간, 동료 선생님들은 느닷없이 찾아온 배움을 구하고자 추운 겨울의 교실에서 크리스마스이브를 불태웠다. 퇴근 시간을 넘어 다섯 시 반까지 강의가 이어질 정도로 선생님들의 열의가 뜨거웠다.

나는 그날 또 평생 잊을 수 없는 추억 하나를 우리 선생님들께 선물 받았다.

강의 마치고 나니 창문 밖이 깜깜했다. 우리 신생님들이 짐을 챙겨 인사하고 나가기 전에 갑자기 몇 분이 나오시더니 나를 안아주셨다.

"선생님, 오늘 크리스마스이브에 최고의 선물을 받고 집에 갑니다. 가슴이 벅차요. 감사해요."

"선생님, 내가 먼저 행복한 교실을 만들 수 있을 것 같아요. 감사해요."

처음으로 동료들에게 강의를 한 날 우리 선생님들의 가슴에 가득한 사랑을 봤다. 이미 가득한 버츄를 봤다. 각 학교에서 만난 선생님들, 교육청 연수에서 만난 선생님들의 마음속 사랑 에너지를 확인할 때마다 나는 희망을 본다. 선생님들의 후기에 나는 늘 가슴이 뭉클하고 때로 감동에 울컥한다. 그들 가슴의 뜨거움은 반드시 교실에서 사랑의 도미노를 일으킨다.

"아이들을 기다려본게 언제였는지…, 아이들이 기다려집니다."

"아이들이 깨어날 보석이라는 것을 알게 되었다. 남은 10년 동안은 아이의 보석을 깨워줄 것이다."

"가슴이 터질 것 같다. 아이들의 존재가 보인다. 내가 교사인 게 자랑스럽다."

버츄프로젝트를 활용한 〈미덕 깨우기〉에 대한 아이들의 변화는 혼자 음미하기엔 너무나 놀라운 것이었다. 경험과 자료를 공유하기 위해서 블로그(http://blog.naver.com/jjayy)를 시작했다. 내가 소개한 미덕 교실 운영내용을 보고 문의가 많아 놀랐다. 미덕을 배워 인성지도를 하고 싶다는 선생님들이 생각보다 많았다. 선생님들 가슴에 이미 사랑 미덕이 반짝이고 있었다. 한 교실에서 시작된 미덕의 연결은 옆 반, 학교전체로 연결되어갔다. 그 열기가 아이스크림 연수원 〈학급의 기적, 미덕의 힘이다!〉라는 30시간의 직무연수로도 만들어졌다.

선생님이
저를 살렸어요!

비 오는 금요일 오후, 한 통의 전화가 걸려 왔다. 나는 전화 받기 어려운 상황이 많은데 운 좋게 연결이 되었다.

"선생님! 저 지난번에 △△에서 강의들은 교사 ○○○예요!"

30년 경력이 되어가시는 한 선생님의 전화였다.

"선생님 강의 듣고 너무 감동받았어요. 그동안 헤맸던 인성 교육의 정답을 찾았다는 느낌이에요. 바로 아이스크림 원격연수원에 있는 비츄프로젝트 연수 신청을 하고 30강 중 지금 25강까지 들었어요."

흥분된 목소리가 전화기 너머로 들린다.

"오늘 반 아이 어머니 한 분이 찾아와 따지셨어요. 제가 한 행동을 오해하셔서 저도 속상했어요. 전 같으면 제가 한 '정의'하니까 가만히 안 있었을 거예요. 저도 목소리 키워가며 화도 냈을 거예요. 하지만 요즘 선생님 강의 듣고 교실에서 버츄프로젝트를 적용하면서 제가 많이 변했거든요. 어떤 상황에서도 '사랑 에너지가 최선이다.'라는 마음이 되니 차분히 그 어머니의 마음을 들어주고, 풀어드릴 수 있었어요. 상부기관에 민원을 넣는다며 격앙되어 달려온 어머님이 제 손을 잡아주시며 감사하다고 웃으며 돌아갔어요. 신기한 건 그렇게 한 게 속으로 열 받는 걸 꾹 참고 그런 게 아니라는 거예요. 진짜 측은한 마음, 사랑 에너지가 나와서 그렇게 한 거였고 맘이 편안했어요."

"권영애 선생님이 저를 살리셨어요."
"선생님께 너무 고마워서 그 말씀을 꼭 드리고 싶어서요."

전화기 너머로 계속 이어진 선생님 감동 스토리에 가슴이 터질듯 기뻤다.

"이게 제 삶의 기적이에요. 제가 아이들을 가르칠 날이 많이 남아있지 않은 지금, 두려움 에너지에서 진짜 사랑으로 전환됐어요. 버츄프로젝트로 아이들에 대한 인간관이 달라졌어요. 어떤 상황에서도 사랑이 답이라는 것도 이제 알았어요."
"아이가 실수했을 때도 두려움에서 벗어나 사랑으로 대할 수 있다는 것, 저도 가능하다는 것을 이제야 깨달았어요. 그동안 그걸 몰라서 화로 다스렸던 아이들에게 너무 미안해서 얼마 전에는 아이들에게 솔직히 사과했어요. 아이들이 괜찮대요. 요즘 선생님이 너무 친절해서 좋대요. 그 말을 듣는데 제 눈에서 눈물이 났어요."

두려움이 건너간 자리에 용기, 진실함이 가득해진 천사 선생님을 보았다. 이렇게 전화까지 걸어주신 것에 감사, 사랑, 뜨거운 열정도 느낀다.

"참 신기하네요. 그동안 힘들어서 학교만 생각하면 두근거리던 마음이나 불안한 마음이 없어졌어요. 빨리 학교 가고 싶고, 아이들이 보고 싶어졌어요. 잠도 잘 자고, 신기한 일이 일어났어요."
"선생님이 저를 살렸어요. 아이들을 오래 더 가르치고 싶은 맘이 들었어요."
몇 번을 말씀하신다. 전화기 너머로 쉬지 않고 기쁨과 흥분, 촉촉이 젖은 목소리로 말씀하시는 선생님! 불안, 두려움 대신 온전함, 사랑을 선택하는 게 답이었다고, 내가 더 행복하다고…, 가슴 뜨거워하신다. 그리고 20여 분 이상을 구구절절 그간의 감동을 전해주셨다.

"선생님이 사랑이 많으신 분이라서 그래요. 마음 가득한 사랑이 사랑 에너지 버츄를 끌어당기신 거예요."
"선생님은 사링 천사, 특별한 분이세요."
이렇게 응원해드렸다. 내 가슴도 뛰었다. 나보다 더 오랜 경력을 쌓은 선생님이 전화기 너머로 울먹이셨고 나도 내리는 빗소리와 함께 눈시울이 뜨거워졌다.

그로부터 약 한 달 후 그 선생님이 또 전화를 하셨다.
"선생님! 선생님은 저를 살리셨는데 선생님이 또 우리 학교 선생님을 살리셨어요."

"네? 그게 무슨 말씀이세요?"

"우리 학교에 한 선생님이 아이가 선생님에게 한 행동에 마음 깊이 상처를 받았어요. 그래서 병가를 내셨어요. 그 사이 그 아이를 전학 보내야 담임을 맡겠다고 하시고요. 얼마나 마음이 아팠으면 그렇게 결정했을까 싶은데 도와줄 방법이 없었어요. 그래서 선생님이 쓰신 책 《그 아이만의 단 한 사람》을 들고 교실에 갔어요. 그 책을 읽어보고 아이스크림 연수원에 권영애 선생님 강의도 있으니 미리보기 1강도 들어보도록 권유했고요. 혹시 더 듣고 싶으면 내 아이디와 비번도 포스트잇에 써놓았으니 들어보면 좋겠다고, 그러고 나서 결정하면 어떻겠느냐고 했어요."

"아. 선생님의 따뜻한 마음이 느껴져요."

"그런데 며칠 후 그분이 저를 찾아와 말씀하시는 거예요. 큰 위로를 받았다고요. 그리고 그동안 두려움 에너지로 아이들을 가르쳐왔다고요. 그걸 깨닫고 나니 아이가 다르게 보이더래요. 그래서 아이에 대한 마음이 미움에서 이해와 연민으로 변했던 거예요. 그래서 아이를 용서하고 담임을 맡기로 한 거지요."

우리는 상처받는 존재들이다. 그 상처를 내버려두면 시간이 갈수록 나의 두려움을 크게 만들어 스스로 피해자라 느끼게 한다. 피해받지 않으려 방어하고 공격하게 만든다. 교실에서 교사라는 위치는 아이가 아무리 무례한 행동을 해도 참도록 요구하고 반복되면 결국 아이와 관계가 끊어진다. 그때 주변에서 두려움에 빠져 마음이 아픈 선생님에게 하는 조언은 대개 "그래도 아이를 용서해야지, 어떻게 전학을 보낼 수 있어. 더 비난당할지도 몰라." 등 더 큰 두려움을 가정해 말하는 경우가 많다. 교사는 더 큰 두려움을 피하기 위해 원치 않는 용서를 할 수도 있고, 끝까지 맞설 수도 있다. 하지만 그 어떤 것도 상처받은 교사에게 또 다른 상처를 남길 뿐이다. 내 영혼이 원하지 않는 일을 두려움 때문에 선택하면 우리는 치유해야 할 깊은 상처를 받는다.

내가 원하는 속마음은 집에서 쉬는 것인데 어쩔 수 없이 쇼핑을 따라 가야 한다면 그것만으로도 우리 몸과 마음은 스트레스를 받고 에너지를 소진한다. 진실하지 않은 상태이기 때문이다. 그런데 일상 전체에 걸쳐 내 두려움 에너지와 싸워야 하고, 내가 회피하고 싶은 대상에게 살기 위해 어쩔 수 없이 원치 않는 사랑의 말을 해야 하면, 우리는 내면이 추구하는 진실함에 불일치를 일으킨 대가로 상처를 받는다. 자기 내면의 진실함에 어긋난 상황은 마음 에너지를 빨아먹는다. 그 상태는 몸을 아프게 하고, 마음을 아프게 한다. 결국 소진되고 만다.

하지만 두려움 상태를 자각하고, 에너시를 지각하면 용기를 낼 수 있다. 사랑 에너지를 선택해 내 경험의 스토리를 재해석할 수 있다. 그때는 두려움 에너지 상태에서 미처 보이지 않던 아이의 아픔, 아이의 스토리가 보이고, 내 아픔, 내 스토리가 보인다. 그래서 나와 아이가 별반 다르지 않은 연결된 한 존재임을 깨달을 수 있다. 내 두려움이 아이에게 전해진 순간이 보이고, 아이 가슴을 얼게 만든 순간이 느껴진다. 그래서 비로소 아이를 용서할 수 있는 마음이 된다. 그건 내 영혼의 사랑 에너지와 내 행동의 일치에서 나온 진실함이다. 사랑 에너지의 일치, 진실함은 사람을 위로하고, 치유한다. 교사 자신의 아픔, 상처도 진심 어린 용서와 함께 치유될 것이다. 결국 두려움 에너지에서 사랑 에너지로 가는 길, 그것이 진정한 문제 해결의 길이다.

"선생님은 저를 살리시고, 또 한 선생님까지 살리셨어요."
전화기 너머로 그 말을 듣는데 가슴이 뜨거워지고 눈물이 났다.

삶을 살다가 한 사람의 인생을 변화시키는 것도 기적 같은 축복인데 내 인생은 하루하루가 설렘 그 자체다. 매일매일이 기적이다. 누군가의 진정한 변화를 경험하는 삶, 이 순간 자체가 가슴 뜨거운 사랑 에너지가 준 기적이다.

이 장에서는 여러 교사들이 남긴 버츄프로젝트와의 만남에 대한 후기를 일부 전한다. 개별적으로 메일이나 손으로 쓴 편지를 주시기도 했고 게시판이나 블로그에 써주신 분도 있었다. 또 다른 교실의 기적을 만난 선생님, 새로운 희망을 품은 선생님… 모두 다른 사람들이지만 아이들에게 사랑을 주고 만나고자 했던 절박함만은 같기에 같은 기쁨의 이야기를 전한다.

5일 만에 일어난
우리 학급의 기적

　스물아홉 명의 담임입니다. 스물일곱 명의 아이는 살렸는데, 두 명의 아이가 전혀 제 의도대로 따라주지 않았습니다. 스물일곱 명의 아이들이 만족하는 교사라면 그래도 괜찮다 싶어야 하는데 이 두 명의 아이 때문에 마음이 너무 애달팠습니다. 늘 그처럼 따라오지 않는, 도와줄 수 없는 것 같은 몇 명의 아이들이 있었고 교직 생활 30년 동안 늘 풀리지 않는 숙제였습니다. 항상 목이 말랐습니다. 그 어떤 물을 마셔도 해결되지 않는 2퍼센트 때문에 늘 제 목이 타들어갔습니다.

　이 연수를 만나기 전까지 그랬습니다. 이제 그 2퍼센트마저 해결이 되었습니다. 어제 전 제 교실의 기적을 경험했습니다. 버츄 강의를 듣고 미덕을 우리 반에 적용한지 불과 5일 만의 일입니다.

　강의를 처음 들을 때부터 가슴으로부터 어떤 울림이 전해왔습니다.

어쩌면 나머지 두 명의 아이까지 구할 수 있겠다는 자신감이 서서히 들기 시작했습니다. 한 걸음씩 매일 미덕을 교실에 적용했습니다. 그래보고 싶었습니다. 애쓰지 않아도 자연스럽게 그런 에너지를 전달해 주는 연수였습니다.

첫째 날은 미덕 색종이를 접어서 매일매일 미덕을 발견하며 살아가자고 접근했고 둘째 날은 '정화의 물 실험'을 직접하며 왜 매일 스스로 미덕을 갈고 닦아야 하는지 설명했습니다. 셋째 날은 두려움의 언어, 사랑의 언어를 경험하게 했고 넷째 날은 작은 나, 큰 나를 다시 확인하게 해주었습니다. 다섯째 날은 무의식의 힘을 경험하도록 이끌었습니다. 5일 동안 매일 아침 30분 정도를 미덕으로 시작했습니다. 말로 하면 어려울까 봐 동영상이나 활동으로 아이들에게 미덕을 깨우도록 했습니다. 5일째는 미덕 수업을 위한 PPT까지 만들고 있는 저를 발견했습니다. 처음엔 그랬습니다. '어쩌면 이것도 안 될지도 몰라.' 하는 두려움으로 시작했습니다. 첫째 날은 조금 되는 것 같더니 둘째 날은 보약 먹을 때 명현반응처럼 교실이 붕 뜨는 느낌이었습니다. 이러다 정말 교실이 무너지고 마는 것 아닐까 두렵기도 했습니다.

이틀째, 아무도 없는 교실에 조용히 앉아서 있는데 혼란스러워하고 떨고 있는 저를 깨달았습니다. '될까? 아마 안 될 거야.' 이 두려움의 마지막 1퍼센트까지도 없애고 다시 시작하자고 마음먹었습니다. 권영애 선생님께 비휴프로젝트가 기적이었다면 나도 기적의 주인공이 될 수 있다고 생각했습니다. 아이들을 위해서 꼭 기적을 이뤄내고 싶었습니다. 이틀째 오후, 부모님들께 SOS를 쳤습니다. 이 아이를 꼭 구하고 싶다고, 구해질 수 있을 것 같다고, 이렇게 하면 구할 수 있을 것 같아서 지금 이런 연수 들으며 노력하고 있으니까 어머님도 좀 도와달라고 진실한 마음을 전했습니다. 함께 연수를 들으며 한마음으로 아이를 돕자고 간절히 부탁했습니다. 어쩌면 이 아이가 원석임을 백 퍼센트 인정하지 않고 혹시 그 보석을 캐지 못할까 봐 두려워서 조금 노력하다가 미리 포기하고 광산의 입구를 막아버리는 건 아니었는지 나 자신에게 묻고 또 물었습니다. 다짐하고 또 다짐하였습니다. 나와 대화하는 시간이 엄청 많은 연수였습니다. 이렇게 정성을 들인지 5일 만에! 우리 반의 모든 아이들이 미덕의 울타리 안에서 평온하고 고요하고 온전히 행복해지기 시작했습니다.

스스로의 미덕을 발견하고 갈고 닦느라 노력하는 아이들, 미덕의 언어로 아이들에게 끊임없이 미덕을 발견해주는 교사, 아이들의 미덕을 발견할 수 있도록 마음을 챙겨주신 학부모님들, 이런 에너지들의 공명으로 이뤄진 기적입니다. 학부모님들께 자신 있게 이 연수를 추천해드릴 수 있었습니다. 어쩌면 꼭 이 연수를 들어야 한다고 말하고 싶었습니다. 이게 출발점이라고, 이 강의를 안 들으면 안 될 것 같다고 강조하고 싶었습니다. 이런 에너지가 있는 연수입니다. 아이들에게 생명수 같은 연수입니다. 교사인 제게 먼저 생명수였습니다. 그 두 명마저 구할 수 있다는 이 자신감! 이 자신감이야말로 저의 자존감을 얼마나 수직 상승하게 하는지 모릅니다.

앞으로 전개될 제 교실의 기적이 기대됩니다. 이제 기적의 시작이라고 생각합니다. 얼마나 큰 기적이 기다리고 있을지 설렙니다. 두려움은 하나도 남아 있지 않습니다. 또 혹시 안 되는 날도 있겠지요. 기적은 문득 오는 행운은 아닙니다. 노력한 것보다 훨씬 더 좋은 결과가 나오는 걸 저는 기적이라고 말합니다. 이제 걱정 없는 이유가 또 있습니다. 미덕의 언어로 깨어난 우리 반 아이들이 저를 더 많이 도울 것입니다. 자신의 미덕을 갈고 닦는 것이 저를 돕는 거니까요. 저도 저의 무의식에 더 많은 사랑 에너지를 채워 넣을 수 있어 자존감이 더 수직 상승할 것입니다. 학부모님들의 미덕들도 깨어나 아이들을 도울 것입니다. 그게 저를 돕는 것입니다.

이런 에너지의 공명이 어떤 파동으로 전달될지는, 어떤 기적으로 진행될지는 이미 예상됩니다. 학급의 기적은 미덕이 답입니다. 가정의 기적도 미덕이 답입니다. 제 삶의 기적 역시 미덕이 답입니다. 미덕의 힘은 예견된 기적입니다. 이 연수를 듣게 되는 것만으로도 이미 기적은 예견되어 있습니다. 저처럼 누구나 이 기적의 주인공이 될 수 있습니다. 그런 에너지를 담고 있는 정말 귀하고 귀한 연수입니다. 이 연수를 들을 수 있게 기회를 주신 아이스크림 원격연수원에게 진심으로 마음을 담아 감사를 드리고 싶습니다. 이 연수를 안 만났으면 어쩔 뻔했을까요! 생각만 해도 아찔합니다. 내면까지 움직이게 하는 이런 귀한 강의를 해주신 권영애 강사님께도 진심으로 존경과 감사를 표합니다.

내 인생
최고의 연수

저는 이 연수가 너무 좋아서 나만 알고 싶은 마음에 후기를 쓰는 게 망설여졌습니다. 그래서 이제야 후기를 씁니다. 지금까지 많은 연수를 들었지만 가장 좋은 연수였고 가장 필요한 연수였습니다. 이 연수를 듣고 권영애 선생님은 제 교직 생활의 멘토가 되셨습니다.

저는 처음으로 원격연수를 복습하고 있습니다. 연수를 듣고 미덕카드를 바로 구입하였고 아이들에게 미덕을 하나씩 알려주었습니다. 연수를 자꾸 복습하다 보니 다른 많은 선생님들이 이 연수를 알았으면 좋겠다는 생각이 들었습니다. 모든 교육대학교에서 버츄를 필수 과목으로 채택하였으면 좋겠다는 생각도 들었습니다. 우리는 대체 교대에서 무엇을 배우고 나왔는지…, 교대를 졸업하고 만난 아이들이 제겐 너무나 버거웠습니다. 이 연수는 저와 우리 가족과 제 학급을 살렸습니다. 많은 선생님과 아이들이 이 연수로 인해 행복해졌으면 좋겠습니다. 제가 알고 있는 대부분의 선생님들이 아이들을 사랑하시고 바른길로 이끌어주고자 하십니다. 버츄프로젝트가 그러한 선생님들께 날개를 달아드릴 것이라 믿어 의심치 않습니다. 권영애 선생님, 존경합니다.

엄마도 몰라서 그런 거니까
용서할게요

　이 강의를 듣기 전에 저는 아동은 원래 부족하고 미숙한 존재로 보고 가르쳐야 할 대상으로만 생각했습니다. 또 문제점만 보던 교사였고 엄마였습니다. 강의를 들으며 지금까지 내 자녀와 내가 가르쳤던 제자들에게 너무나 미안하고 마음이 아팠습니다. 항상 욕심이 먼저 앞섰기 때문에 긍정적 언어보다는 부정적인 언어를 많이 써서 수치심과 모멸감을 많이 주었던 참 부족한 교사, 엄마였습니다. 내 자녀들은 이미 성인이 되어서 마음의 상처를 가슴에 안고 살아왔는데 이번에 이 강의를 들으면서 눈물도 흘리고 마음속으로 많이 울었습니다. 그래도 시간은 지나왔고 상처는 남아 있어도 사과를 해야겠다고 생각을 했습니다. 휴가를 함께 가서 적당한 기회에 용기 내 이야기를 꺼내기 시작했습니다.

"그동안 엄마의 욕심으로 제대로 된 양육 방식을 적용하지 못했어. 너희들이 완전한 존재인데 많은 상처를 주어서 정말 미안하고 용서를 빈다." 말을 꺼내면서 뜨거운 눈물이 흘러내렸습니다.

다 자란 나의 자녀들도 함께 울면서 말했습니다.
"엄마도 몰라서 그런 거니까 용서할게요. 그리고 앞으로 부모님께 더 잘할게요." "그렇게 말해주어서 고마워요." "더 열심히 살 거예요."

여름방학 동안 들었던 이 강의를 2학기에 적용하려고 합니다. 아이들의 안에 잠재되어 있는 아름다운 미덕의 원석 52가지를 찾아내고 연마하는 과정을 통해 아이들의 자존감을 회복시키고 싶습니다. 행복한 학교 생활을 통해 미덕으로 세상을 보는 아이들로 자라게 하고 싶습니다.

흔들려도 멈추지 않을
길을 찾다

　권영애 선생님의 버츄프로젝트 교실 연수를 받은 후 내 삶은 근본적으로 변했다. 가장 큰 변화는 그 어떤 갈등 상황이 와도 두려움보다는 사랑을 선택해야 한다는 당위를 머리와 가슴으로 받아들이게 된 것이다. 나는 아직 두려움에 시달린다. 아이가 말대답할 때, 엉뚱한 이야기로 당황하게 할 때, 나 자신이 나를 실망시킬 때 등 하루에도 몇 번씩 내가 존중받지 못하는 것은 아닌지 의심한다. 하지만 지금은 이 두려움이 얼굴 없는 유령이라는 것을 안다. 후~ 불어버릴 수 있는 먼지바람 같다. 두려움이 찾아올 때면 내 마음을 읽어준다. '네가 지금 두렵구나. 이 아이의 말대답을 다른 아이들이 따라해 내가 무시당할까 봐. 아이들도 다루지 못한다고 손가락질 받을까 봐 겁을 내는구나.' 그리고 나면 그 두려움의 실체는 그 누구도 아닌 나 스스로가 만든 괴물이라는 깨달음과 함께 그 아이의 마음이 보인다. 선생님과 다른 아이들에게 관심받고 싶고, 사랑받고 싶어 하는 평범한 아이가 보인다. 두려움에 휩싸인 나를 먼저 이해하고 나면 아이를 이해하게 된다. 그리고 사랑을 선택하기가 참 쉬워진다. 사랑의 눈빛과 표정 목소리로 말하게 되고, 집에 가기 전에는 사랑한다는 말과 함께 진심을 담아 꼭 안아준다.

그 아이는 1학기 때부터 나를 참 힘들게 했다. 수업에 집중하지 못했고 친구들과의 관계도 삐걱거렸다. 더 힘든 아이들도 나의 지도와 사랑에 더 큰 사랑으로 응답해주었는데, 이 아이는 아무런 반응이 없었다. 여러 번 포기하고 싶었다. 결국 2학기가 시작하자마자 일이 벌어졌다. 학교폭력 사건이 터지고 만 것이다. 나를 힘들게 했던 것은 학교폭력 사건 자체보다 그 아이 어머니의 말이었다. "선생님이 편애를 한다. 사랑을 골고루 주시지 않는다."

충격적이고 속상했다. 최선을 다해 아이를 선하게 대하려 했지만 대놓고 규칙을 어길 때, 수업을 방해하고 교사의 권위를 무시할 때 훈육하지 않을 수 없었다. 하지만 아이의 어머니는 그런 지도를 부당하게 생각했다. 그 사건이 있은 후로 난 다시 두려움에 휩싸였다. '결국 난 참교사가 될 수 없는가? 왜 자꾸 이런 일이 나에게 생기지? 무엇이 잘못되었을까?' 나는 불신이 더 커지기 전에 조치를 취하기로 했다. 어떻게든지 나의 진심을 아이들에게 전달하고 싶었다. "얘들아, 선생님이 매일 너희들 안아주면서 사랑한다고 말하잖아. 근데, 너희들이 정말로 선생님이 너희를 사랑한다고 생각하는지 궁금해. 이름은 쓰지 말고, 솔직하게 써도 좋아. 선생님이 나를 사랑하신다고 생각하면 '사랑한다', 사랑하지 않으신다고 생각하면 '사랑하시지 않는다.' 이렇게 써줄래?"

　대통령 선거도 아닌데 종이를 하나하나 여는 손이 떨렸다. 세상에… '사랑하시지 않는다.'라고 적은 아이는 두 명 뿐이었다. 오 하나님! 나에게는 중요한 순간이었다. 아이들이 나의 사랑을 믿어주었다는 사실에 감격스러워 아이들에게 말했다. "얘들아, 정말 고마워. 스물네 명이 선생님이 나를 사랑하신다고 적었네. 너희들이 선생님의 사랑을 신뢰해주어서 선생님이 정말 기뻐. 너희들 모두에게 신뢰의 미덕을 주고 싶다." 그랬더니 그 아이는 이렇게 말했다. "선생님 저는 신뢰의 미덕 안 받을래요." 순간 당황스러웠지만 이미 나의 사랑 에너지는 나머지 아이들의 전폭적인 지지로 충만해 있었다. "그래, 영인아, 받고 싶지 않다면 받지 않아도 돼. 대신 영인이에게는 진실함의 미덕을 줄게. 그리고 선생님은 영인이 미워하지 않아요. 선생님 영인이도 다른 아이들과 똑같이 사랑해." 아이는 더 이상 말이 없었다. 나머지 한 아이는 누구인지 짐작이 잘 가지 않았다. "선생님이 나머지 한 명은 누구인지 몰라요. 그 친구가 용기 내어 선생님에게 알려주면 그 친구에게는 더 많이 사랑 표현 해줄게요."라고 말했다. (지금 생각해도 그때는 나의 사랑 미덕이 보석처럼 빛나는 순간이 아니었나 싶다.)

　그 이후로 교실은 천국이 되었을까? 아니다. 교실 안은 여전히 평온함과 삐걱댐이 수시로 교차하는 곳이다. 달라진 것은 내 마음이었다. 내 안에 용기, 사랑, 신뢰, 존중, 진실함, 목적의식, 너그러움, 끈기, 기쁨함, 확신, 인내, 정의로움, 관용의 미덕이 더 밝게 깨어났다. 그 어떤 상황이 와도 두려움 대신 사랑을 선택하겠다는 의지와 아이들을 진실하게 대하겠다는 다짐은 큰 힘이 되었다. 내 안의 부족한 점이 아이들에게서 보일 때마다 불편하다. 하지만 이제는 그것이 아이의 것이 아닌 나의 것임을 알기 때문에 그 아이가 밉지 않다. 나 스스로 내 안에 52개의 미덕이 있다고 믿으면 두렵지 않다. 사랑하는 것이 한결 쉽다.

항상 그런 것은 아니다. 내 컨디션, 아이들의 컨디션에 따라 사랑에 충분한 진심을 담지 못할 때도 있다. 하지만 결국엔 사랑이라는 종착역이 확실하기 때문에 흔들리는 한이 있어도 멈추지는 않는다. 이 모든 것이 권영애 선생님의 미덕 버츄 연수를 듣고 선생님과 지속적인 만남을 통해 내 안의 두려움의 가면을 벗기고 속마음을 드러낸 결과다. 권영애 선생님께 부족한 한 인간을 미덕으로 인도하여 교실 속에 사랑이 피어날 수 있도록 도와주셔서 감사하고 사랑한다는 말씀을 전해드리고 싶다. 선생님, 감사해요! 사랑해요!

행복으로의
초대

참 행복합니다

2학기 개학을 앞둔 8월 18일 금요일 오전, 동학년 선생님의 권유로 대전에서 권영애 선생님의 강의를 들을 수 있었습니다. 교직 생활은 20년이 다 되어가지만 여전히 자신감은커녕 두렵고, 지치고, 무기력하고, 행복하지 않은 시간들이 계속되었던 저였기에 권영애 선생님의 강의는 저에게 신선한 충격, 아니 폭발적인 에너지 그 자체였습니다.

선생님의 강의를 들으며 몇 번이나 울컥했는지 모릅니다. 대전에서 느낀 이 짧지만 강력한 에너지를 계속 경험하고 싶었기에, 집에 돌아오자마자 바로《그 아이만의 단 한 사람》을 구입하여 단숨에 읽어버렸고, 연수도 신청해 들으면서 2학기를 열어가고 있습니다.

저, 지금은 잘할 수 있을 것 같습니다. 저에게도 기적이 일어난 것이지요. 익숙하지 않기에 그냥 무작정 권영애 선생님을 따라해봅니다. 아이들에게 매일 '너는 보석덩어리야, 보석 천사야.'라고 말해주며 등하교 때 아이들 손을 붙잡고 귓속말 해주고 안아줍니다. 개학한 지 2주 동안 단 한 번도 우리 반 아이들에게 화내거나 소리 지른 적이 없습니다. 아이들의 미덕 찾기를 하다 보니 저의 미덕도 발견하게 됩니다. 참 행복합니다. 출근하는 것이 기대가 됩니다. 왜 권영애 선생님을 이제야 만나게 되었을까요? 이제라도 만나서 얼마나 다행인지요. 골칫덩어리, 문제아로 낙인찍혀 한 해 동안 마음에 상처를 안고 성장했을 20년간의 모든 제자들에게 미안하다고, 넌 소중하다고, 사랑한다고 꼭 말해주고 싶습니다. 그리고 이렇게 귀한 것을 나눠주신 권영애 선생님, 사랑하고 존경합니다.

위로를 받았어요

선생님! 저는 선생님을 알지만, 선생님은 저를 모르시지요.

그런데도, 선생님의 글만 읽었을 때 아픈 제 마음을 어루만져 주시는 것 같아서 몇 번이나 울었는지 몰라요. 선생님의 강의를 직접 들을 수 있는 이 연수가 제게는 너무 감사하고 값진 시간이었습니다. 비록 화면으로 뵙는 선생님이시지만, 화면 속에서도 여전히 저를 포근히 안아주시는 마음이 들었어요. 저에게 아무 말도 안 해주셨는데 왜 자꾸만 선생님만 보면 눈물이 날까요. 저는 그 이유를 모르겠어요. 선생님께서 용기 내어 원격연수를 만들어주셔서 정말 감사해요! 이 일을 계기로 우리나라 초등학교에 미덕의 바람이 불었으면 좋겠어요. 저도 보이지 않는 곳에서 조금씩 미덕 반을 가꿔가기 위해 노력하겠습니다. 사랑합니다. 존경합니다. 감사합니다.

다시 일어날 거예요

　결혼과 오랜 기다림에 찾아온 첫 아이와 둘째, 그리고 선물처럼 지금 배속에 있는 셋째까지… 결혼, 육아로 인해 학생들과 학부모를 이해하는 폭이 넓어졌다고 생각했습니다. 그러나 점점 학교에서 쏟아부은 에너지로 자녀들에게 쏟을 기운이 없는 한심한 엄마가 되어버렸다는 자책도 다가왔습니다.
　이번 연수는 이런 좌절과 절박함에 선택하게 되었습니다. 듣는 내내 먹먹한 깨달음이 왔습니다. 나의 자존감이 정말 바닥이었구나. 나부터 일어서야겠구나. 나의 미덕을 찾아야겠구나, 내가 맡은 학생들의 부족한 부분을 찾아서 채워주어야겠다고 했던 것들이, 실은 미숙한 존재들이므로 훈육하고 교정해야 하는 대상으로만 바라보았다는 것을 절실히 느꼈습니다. 이것이 내가 느꼈던 벽이고 내가 스스로 쳤던 벽이었습니다. 학생들에게 관심을 가진다고 했던 행동이 아이들에게는 지적이 되었고, 존중하기보다는 나의 말과 표정, 행동으로 상처를 주고 있었다는 것을 깨닫게 되었습니다.
　이제는 학생들 안에 잠자고 있는 여러 가능성을, 미덕의 보석을 찾아주는 교사가 되어야겠다고 다짐하게 됩니다. 더불어 스스로 칭찬하고 깨닫지 못한 미덕을 찾아서 나를 바로 세우는 시간들이 필요하다는 것도 깨닫게 되었습니다.

할 수 있다! 깨울 수 있다! 함께 할 수 있다! 다짐해봅니다.

'나'를 찾게 되었어요

주로 6학년을 담임하며 17년이라는 세월을 보냈다. 처음부터 자신 있었고 지금까지 아주 잘하고 있다고 생각했다. 아이들, 학부모, 교사들과의 관계가 늘 좋았다. 아이들을 나에게 열광했고, 부모님들은 나를 좋아했다. 인성 교육 혹은 생활지도라고 하는 것이 늘 수월했고, 도전적인 문제도 해결했으며 꽤나 잘하고 있는 줄 알았다. 그런데 버츄 프로젝트를 알게 되고 나서 내게 중요한 것 하나가 빠져 있다는 것을 깨달았다. 바로 '나'였다. 나는 커다란 '나'가 외치는 소리에 귀 기울이지 않고 '작은 나'가 남에게 좋은 사람으로 보이는 데 치중했다. '작은 나'를 꾸몄고, '작은 나'를 좋은 '연기자'로 만들었다. 내 마음은 썩어가고 아파하는데, '작은 나'로 교직 생활을 바쳤다는 생각이 드는 순간 정말 심장이 발등으로 떨어지는 것 같았다. 이 연수를 수없이 들었다. 1초도 건너뛰지 않고 권영애 선생님의 한 마디 한 마디를 놓치지 않았다. 무엇인가 가슴속에서 꿈틀대며 새로운 내가 태어나는 것 같았다. 말투가 바뀌었고, 세상을 바라보는 눈에 아름다움의 안경이 씌워진 듯 모든 것이 새롭고 선명하게 보이기 시작했다. 난 좋은 선생님이 아닌, 그때그때 그들의 입에 달콤한 선생님이 아니었을까? 1년을 버틴다는 느낌으로 살아온 것은 아닌가? 그리고 지금 이것을 깨닫게 된 것이 정말 행운이 아닌가! 2학기가 기다려진다. 아이들의 얼굴이 자꾸 떠오르며 1학기 동안 미안했던 일들이 스쳐지나간다.

아이들이 변하고 있어요

　고백하자면 처음 이 연수를 시작할 때에는 인간이 태어날 때부터 52개의 미덕을 가지고 있다는 것이 믿기지 않았고 연수가 겉돌기만 했다. 그러나 신기하게도 몇 차시 연수를 더 들으면서 패러다임의 변화가 일어나기 시작했다. 우선 나의 미덕부터 찾아보고 내 마음부터 가라앉혔다. 나도 많이 지쳐 있었고 인간에 대한 기대가 없었던 것 같다. 학급 어린이들의 인성은 해를 거듭할수록 이기적이고 정신적으로 깊은 어려움이 있어서 교사가 감당하기 버거워짐을 실감한다. 우리 학급에도 ADHD 진단으로 약을 먹는 아이들이 두 명이고 또 그에 버금가는 몇몇 어린이가 있어, 거침없는 막말과 폭력으로 주변 친구들을 괴롭히고 화를 누르지 못한다. 이런 어린이를 포함하여 학급을 경영한다는 것은 참으로 피곤하고 어렵다. 버츄프로젝트를 다 공부하기도 전에 우리 반 폭력성 있는 어린이를 지도하면서 급하게 미덕카드를 쓰기 시작했다. 평소보다 시간과 정성이 훨씬 많이 들어가서 몇 배로 피곤했다. 어설픈 지도를 시작하지는 않았나 하고 후회도 했다. 그런데 말썽 많던 여자 어린이가 변하기 시작했다. 미덕카드 어디에서 살 수 있냐고 묻기도 하면서 조금씩 말썽 피우는 횟수가 줄었다. 나조차 말문이 막히게 할 정도로 지도하기 어려웠던 여자 어린이가 변하기 시작한 것이다. 막말의 대명사였던 남자 어린이는 하교 후에는 집에도 가지 않고 선생님과 이야기를 나누고 싶어 했다. 지금도 버츄프로젝트는 진행 중이다. 어린이들이 버츄프로젝트에 자발적으로 참여하는 것을 보고 아이들의 성장 가능성이 무한함을 깨달았다.

　'네 잘못이 아니야.'

'네 미덕이 자고 있어서 그래. 네 미덕을 깨워보자.'
이 두 마디는 교사로서의 내 인식을 전환하는 큰 계기가 되었다.

제 눈빛이 바뀌었어요

저는 수업에 열정을 기하는 교사였으나 아이들을 대하는 마음은 차가웠습니다. 제 인간관은 '성악설'이었고 아동관 역시 부정적이었습니다. 그런 제가 연수를 들은 첫날 엄청난 패러다임의 변화를 맞이하였습니다. 권영애 선생님의 '아이들은 모두 온전한 존재다.'란 한마디가 제 마음을 울렸습니다. 아이들은 오히려 성인이고 교사인 저보다도 온전한 존재였습니다. 불완전한 존재로 바라보면 이 아이들을 가르쳐야만 하는 압박감에 시달린다고 하셨습니다. 그 말이 맞음을 증명하듯 지난 10년의 교직 생활 동안 저는 '가르쳐야만 하는 아이들'과 씨름하며 부정적인 에너지를 주거니 받거니 했습니다.

온전한 존재임을 받아들이는 것만으로도 아이들을 바라보는 제 눈빛이 바뀌었습니다.

저는 아이들을 사랑하지 않습니다. 내가 낳은, 내가 기른 아이들이 아님에도 사랑하는 건 엄청난 일이라고 생각합니다. 그렇지만 이제 저는 아이들을 아끼는 마음을 가지고 있습니다. 제 자식처럼 사랑할 순 없습니다. 그래도 집에 가면 아이들 얼굴이 떠오르고, 일요일 오후가 되면 불안하지 않고 기대가 됩니다. 이렇게 된 데에는 분명 제가 가진 아동관, 인간관에 대한 변화가 있었기 때문입니다.

다시 아이들이 사랑스러워졌어요

버츄프로젝트 연수를 들으면서 많은 감명을 받았습니다. 저는 이번 해 3월자로 발령받은 신규교사입니다. 제가 학교 다닐 때만 해도 선생님은 어려운 존재, 무서운 분이라는 생각이 컸습니다. 그래서 저는 '친구 같은 교사, 학생들과 소통하며 그들의 말을 잘 들어주는 교사'라는 모토를 가지고 학교를 다니기 시작했습니다. '믿어주면 그 기대에 부응한다.'라는 긍정적인 기대를 품고요. 항상 웃으며 친구처럼 받아주었지만, 그 효과는 한시적이었습니다. 5월이 지나자 점점 눈 밖에 나는 아이들이 생겨났습니다. 제 생각이 점점 부정적으로 변하고, 아이들은 '부족한 존재, 가르쳐야 하는 존재'라며 단정 짓기 시작했습니다. 이런 생각으로 아이들을 대하기 시작해서였을까요? 원래는 화도 잘 못 내던 제가 아이들에게 어느 순간 분노에 가득 차 소리를 지르고 무게를 잡고 혼을 내고 있었습니다. 저번에 지적을 받고 그렇게 하지 않기로 여러 번 약속했던 학생이 또 말썽을 피운 날, 속상한 저는 아이들은 스스로 달라지지 않는 존재라고 생각하고 명령하듯 꾸짖고 행동을 고치라 지시했습니다.

그렇게 2학기가 되니 아이들이 더욱 엇나가는 느낌이 들었습니다. 옆 반 선생님께 고민을 털어놓았더니 '버츄'에 관련된 이야기를 하셨습니다. 강의를 듣게 되었는데, 보면서 눈물이 멈추질 않았습니다. 처음의 생각이 옳았음을 위로받는 시간이 되었습니다. 버츄에서는 아이를 완전한 존재로 보고 대하는 것을 이야기했습니다. 52가지의 아름다운 미덕을 가진 예쁜 아이들이라 보기로 마음을 먹으니, 하나같이 다 사랑스러워 보이기 시작하였습니다. 아이를 바라보는 방식이 바뀌니 정말 제 스스로가 아이를 대하는 방식이 달라졌습니다. 실수와 잘못을 했을 때도 그 아이의 잘못이 아니라 아직 미덕을 깨우지 못했다고 생각하니 따뜻하게 격려하며 믿어주게 되고, 나가는 말이 부드러워졌습니다. 눈빛으로 더 관심을 주고, 믿음을 가지고 기다리니, 정말로 노력하는 모습을 보여주더군요. 그 모습을 보고는 감동과 행복을 느꼈습니다. 아이를 가능성의 존재, 완전한 존재로 보니 제 스스로부터 마음이 충만해지는 걸 하루하루 경험합니다.

내가 먼저 행복해야 한다는 것을 알았어요

학급에서 아이들이 행복하기 위해서는 제가 먼저 아이들을 향한 사랑을 실천하는 주체여야 한다고 생각했습니다. 이 말은 일부 맞지만 많이 다릅니다. 버츄프로젝트 강의를 듣고는 아이들이 행복하기 위하여 사랑을 실천해야 하는 대상은 나 자신이라는 것을 명확히 이해했습니다.

초등저학년이라고 안 될 것이고, 이미 마음이 더 미운 사람은 안 될 것이라는 한계를 전혀 짓지 않습니다. 그 어떤 사람도, 그 어떤 여건에 처해 있어도 내가 이미 온전한 사람이고 보석의 존재임을 자각한다면 변화될 수 있습니다. 지금 보이는 나의 이 모습은 '작은 나'이니, '큰 나'의 보석광산의 원석을 캐서 갈고 닦으면 다이아몬드가 될 것이라는 확신, 자기주도적인 사랑 실천법, 자기를 위해 봉사하는 삶, 이런 봉사가 먼저 자신을 기적의 주인공으로 만들 것이고 다른 사람의 삶에도 기적을 나눠주는 그런 삶을 살 것이라는 확신, 믿음은 엄청난 에너지를 줍니다. 무한 가능성의 존재로 보게 해줍니다.

미움과 원망을 품고 살았어요

5대 전략 중, 가장 인상 깊은 것은 2전략 '삶의 모든 순간을 배움의 순간으로 인식하라.'였다. 나는 그동안 삶은 힘든 것이라고 생각했다. 삶의 순간마다 길목마다 행복, 즐거움, 기쁨도 있겠지만, 기본적인 인생의 실체는 '고해(苦海)'라고 생각했다. 그러나 내가 인간으로 태어났으니 내 인생이 끝나는 그 순간까지 최선을 다해 살아야 한다고 생각했다. '최선'이 무엇인지도 명확하게 모르면서, 매 순간 최선을 다하는 삶을 살지도 못하면서.

지금까지 살아온 내 삶을 돌아볼 때, '나는 늘 옳고 나를 아프게 하고, 나를 울린 상대방이 잘못이다.'라고 생각하며 상대방에 대한 원망, 미움을 가슴속 깊이 쌓고 살았다. 그러나 내 삶의 마지막이라고 상상하고 스스로 나의 가까운 누군가가 되어 고별사를 써보는 활동은 나를 다시 한 번 돌아보는 계기가 되었다. '내가 죽은 뒤의 내 가까운 사람들은 나를 과연 어떻게 평가할까? 나는 어떤 엄마였고, 아내였고, 딸이었을까? 나는 어떤 선생님으로 기억될까?' 자신의 어두운 미래를 꿈속에서 미리 만난 스크루지처럼 나 자신을 냉정하게 평가하는 시간이 되었다.

또 한 가지 깨달은 것은 '나만 옳고, 나만 아프다.'라는 생각이 참으로 이기적이라는 것이다. 머리로만 알고 있던 것이 가슴으로 내려갔다고 할까? 더 나아가 '지금까지 만난 수많은 아이들에게 내가 알고 준 상처, 모르고 준 상처를 어떻게 갚아야 하나?' 하는 암담함이 들었다. 아이들에게 용기를 줄 때보다는 수치심을 더 많이 주는 교사였구나 하는 생각에 부끄럽지만, 지금부터라도 2전략을 매 순간, 내 인생의 교훈으로 삼아야겠다.

나 역시 힘든 일을 겪을 때마다 '힘들다, 아프다' 한탄하며 지나왔는데, 그 순간순간을 내가 다시 일어설 수 있는 미덕을 깨워 디딤돌로 삼아야겠다. 그리고 나와 더불어 내 가족, 내 학생들이 모두 자기의 인생에서 우뚝 설 수 있도록 도와주겠다고 결심했다.

4학년 담임을 맡아 올해 참 힘들게 하는 아이(2학년 때 ADHD 약물 치료를 잠깐 받다가 중단한 아이)를 교정하려고 할 때 처음엔 칭찬을 많이 하려고 했지만, 점점 더 칭찬할 것은 찾을 수가 없고 꾸중만 이어가고 나는 지쳐갔다.

강의를 듣고 바로 그 다음 날, 하굣길에 친구와 싸운 그 아이에게 인교감기법을 사용했다.

"친구들과 친하게 지내고 싶어 하는 너의 열정이 멋져. 그런데 화가 난다고 신발주머니를 휘두르면 친구가 다칠 수도 있겠지? 어떤 미덕이 필요할까? 그래, 인내심이야, 너는 인내심의 미덕을 마음속에 가지고 있어. 네 잘못이 아니야, 네 미덕이 잠을 자고 있어서 그래. 그 미덕을 깨워주자. 친구들이 너의 인내심 미덕을 돌로 보는 게 선생님은 안타까워. 우리 그 인내심 미덕을 깨워서 반짝이게 해주자. 갑자기 반짝이게 해주는 건 힘들 수도 있어. 조금만이라도 반짝이게 노력해보자. 너는 충분히 할 수 있어! 선생님 말을 잘 들어주고 노력한다고 해서 고마워!"

이렇게 말해주자 분해서 꺼이꺼이 울던 아이는 눈물을 멈추고 노력해보겠다고 말하며 집으로 돌아갔다.

그날 이후 신기하게도 아이는 전이라면 대번에 주먹질을 하고 엉엉 울었을 만한 일에도 그 대신 속상하다고 나에게 말로 전하고, 직접 다투는 일이 줄어들었다. 그 아이의 인내심 미덕이 조금씩 반짝이고 있었다. 내일은 그 인내심 미덕을 꼭 칭찬해주어야겠다.

교사로 산다는 게 힘들다고 되뇌었던 지난 몇 달이었다. 이제 미덕연수를 만나고 바뀔 수 있다는 희망이 생겼다. 권영애 선생님, 감사합니다.

문제아를 깨어날 보석으로 보게 되었어요

갑자기 화를 내고 소리를 지르고 싸우는 아이가 있어 그 아이에게 선생님이 믿는다는 믿음을 온 마음으로 전해주었더니, 요즘은 아이가 정서적으로 안정되어 간다는 느낌을 받습니다. 그 밖에 늘 친구를 무시하고 싫은 소리하고, 조그만 일에도 인상을 쓰는 아이에게 그 아이의 좋은 미덕을 먼저 말해주고, 이러이러한 면이 조금 부족한데, 어떤 미덕을 더 성장시켜야 할까 하고 물어주고, 앞으로 멋진 사람이 될 것이라고 기대를 해주니, 그 아이도 친구들에게 짜증을 내거나 싫은 소리를 하는 것도 많이 좋아졌습니다. 아이들도 이제는 미덕이라는 말을 많이 사용합니다.

문제가 있는 아이를 문제로 보지 않고, 미덕이 아직 깨어 있지 않거나 개발되지 않은 상태로 제 자신이 보게 된 것이 이번 연수의 큰 보람이었습니다. 교사인 제가 아이들을 긍정적으로 보고, 머지않아 곧 변화될 것으로 생각하고 말하니, 아이들도 정서적으로 안정되고 더 밝아졌다는 느낌이 듭니다. 아이들도 자기 자신을 문제가 있는 아이로 보지 않고, 교사의 말을 듣고 아직은 자신에게 있는 미덕 보석이 개발되지 않아서라고 생각하기 때문에 자신에 대해 긍정적으로 생각하고 있다는 느낌을 받고 있습니다.

아이들이 감동을 줍니다

오늘 우리 반에 있는 꽤나 쉽지 않은(?) 아이가 색종이에 삐뚤빼뚤한 글씨로 선생님의 미덕이라면서 서툴게 적어서 전해주었다. 어린이집, 유치원 때에는 적응하는 기간이 1년이 걸렸다는 아이, 무슨 얘기를 해도 눈을 맞추지 못하던 아이, 가끔 자기가 한 행동을 전혀 기억하지 못한다는 아이, 수업에 책조차 꺼내기가 힘들었던 아이…. 그랬던 아이가 이제는 내 곁을 맴돌면서 "선생님, 안녕히 계세요.", "선생님, 내일 또 만나요.", "선생님, 내가 어른이 되면 선생님한테 예쁜 립스틱 사줄게요." 등의 이야기를 쑥스럽게 툭 던지고 휘릭 도망가는 아이가 되었으니… 게다가 내가 가진 미덕이라며 적어서 선물해주기까지… 얼마나 기특하고 감사한 일인지 이루 말할 수가 없다.

지나간 제자들에게 미안합니다

육아 휴직 후 비교적 좋지 않은 학군에서 복직을 하고 처음 느낀 생각은 부끄럽게도 '성악설'입니다. 매일 싸우고, 남의 탓 하고, 욕설을 입에 달고 수업 태도는 물론이거니와 일상생활 태도도 너무 엉망인 아이들. 그리고 그 아이들 뒤에서 함께 노려보고 있는 학부모들. 지친 몸과 마음으로 스트레스성 불치병도 얻게 되고 어떻게 해도(야단을 쳐도, 달래보아도, 먹을 것으로 유혹해보아도) 그때뿐. 달라지지 않는 아이들.

우연히 선생님의 블로그를 보게 되어 어설픈 흉내쟁이를 하다가 벽에 부딪히며 "이것도 아닌가 봐."라고 섣부른 판단을 하게 될 때쯤. 선생님의 연수를 알게 되어서 급히 막차를 타고 연수를 듣게 되면서 제가 어찌나 부끄러웠는지요.

아이들 내면에 이미 다 갖고 있었는데…,

아이들 속에 잠자는 미덕 보석을 깨우면 되는 거였는데…, 그걸 믿어야 했는데….

아이들의 가능성과 미덕을 지닌 존재임을 믿지 못하면서, 아이들 스스로 기적을 낳을 수 있는 존재임을 믿지 않으면서 말로만(영혼 없는 립서비스 정도로) 미덕을 실천하고, '이렇게 해도 애들은 안 변하는구나.'라고 생각한 어리석음을 후회하고 또 반성합니다.

연수를 들으면서, 선생님의 귀한 말씀을 경청하면서 미덕의 안경, 사랑의 안경이 아니라 단점을 찾아 가르치려고만 들었던 제 교육관 전체가 흔들리는 놀라운 경험을 하게 되었습니다.

부족하고 미숙한 존재, 심지어 성악설까지 거론하며 아이들을 부정적으로 인식하고 당근과 채찍으로 아이들의 잘못된 모습을 교정하고 고치려고만 들던 저였어요. 그동안 저와 만나서 저에게 상처받고 수치심을 느꼈을 아이들 생각에 정말 미안합니다.

사람을 믿게 되었어요

감사합니다. 선생님.

이제야 아이들에 대한, 사람에 대한 생각 자체가 변하게 되었어요. 아직도 많이 부족하고 제 마음 한구석 여전히 불신과 부정의 생각이 작게나마 남아 아이들의 비뚤어진 행동을 볼 때면 불쑥불쑥 튀어나오곤 하지만 그래도 세 번의 호흡을 하고 말합니다. 아이들에게 선생님을 존중해달라고 배려의 미덕을 보여줘서 고맙다고, 선생님이 힘이 난다고, 사랑한다고. 아이들에게 진심을 담아 이렇게 말할 수 있는 교사가 되도록 해주셔서 감사합니다.

'앞으로 만날 아이들에게 미덕 천사들아! 너의 미덕이 잠자고 있어서 그래. 너는 미덕을 깨울 힘이 있어. 네 미덕으로 선생님이 감동했어.'라고 매 순간 말하며 살겠습니다.

내가 더 행복해져요

교직 33년차인 나의 아동관이 뒤늦게서야 바뀌어서 안타깝다. 그동안 아이들은 불완전한 인간이라고 보고 내가 학교에서 교육한답시고 훈계하고 타이르면 되는 줄 알았다. 최근에는 이 방법으로 효과를 거두지 못해 마음이 힘들었고 교직을 떠나야겠다고 마음먹기도 했다. 주변에도 나와 같은 어려움을 갖고 있는 동료교사들이 있다.

버츄프로젝트의 인간관으로 패러다임을 전환하고 나니 아이들보다 교사인 내가 더 행복하고 교실에서 아이들과 함께하는 시간들이 즐거워졌다. 그리고 "나는 대한민국 초등학교 교사다."라는 자부심이 들어서 무엇보다 교사로서 뿌듯하고 행복하다.

특히 아이들이 실수, 실패했을 때 아이들의 무한한 잠재력과 가능성을 이끌어주는 희망적이고 지지해주는 미덕의 말을 하면 아이들의 눈망울이 반짝이고 붉어지는 순간을 보면서 그동안 내가 잘못한 교육 현장 모습들이 영화의 한 장면처럼 떠올라 나를 부끄럽게 했다. 그런 생각이 들었다. '내가 학생들을 존중하는 방법을 모르고 있었구나, 입으로만, 지식으로만 가르쳤지 실천적이고 구체적인 방법과 가슴으로 따뜻하게 가르쳐주지는 않았구나.' 뒤늦게 방법을 알아서 기뻤다.

아이들보다 교사가 더 행복해지는 버츄를 선생님 자신을 위해 배우라고 주변 동료선생님들께 권하고 싶다, 아니 권할 것이다.

CHAPTER. 8

버츄프로젝트
궁금해요

칭찬하기와 미덕 깨우기의
차이점은 무엇인가요?

    칭찬은 아이들의 행동의 결과를 중심으로 이루어지고, 미덕은 행동의 과정을 중심으로 이루어지는 차이가 있습니다. 칭찬은 아이가 눈에 보이는 어떤 행동을 했을 때 쉽게 하게 됩니다.

    예를 들면 줄넘기 100번을 목표로 했을 때 그것을 해낸 아이에게 "잘 했어. 열심히 했구나. 최고야."라고 칭찬합니다. 미덕 칭찬은 줄넘기를 100번을 다 해내지 못한 아이가 시도한 것, 노력한 것, 목표를 향해 달려간 것 등 과정을 모두 섬세하게 칭찬할 수 있습니다. 아래와 같이 해볼 수 있겠습니다.

    "줄넘기 100번을 하려고 목표를 세웠구나. 네 목적의식, 열정의 미덕이 빛나고 있네."

    "어제도 연습하더니 오늘도 연습을 하네. 네 끈기, 목적의식의 미덕이 반짝이는구나."

"어제 50번을 했는데 오늘 40번이네. 하지만 너의 한결같음 미덕이 빛나는 걸 본단다."

어떤 상황에서도 그 아이의 미덕이 빛나는 것을 포착할 수 있습니다. 어떤 과정에서도 아이가 자신을 받아들이고, 사랑할 수 있습니다. 그냥 칭찬이 보이는 것, 대상으로 비추어진 결과물을 봐주는 것이라면 미덕 칭찬은 존재 자체를 그대로 인정해주는 것입니다. 잘했을 때에만 존재 가치가 있는 것이 아니라, 실수하고 실패해도 존재 가치는 변함없다고 말해줍니다. 작은 시도만으로도, 그 목적을 마음에 품고 열정을 다하는 것만으로도 미덕이 빛난다고 칭찬해주는 것입니다. 아이가 하는 모든 행동, 아이가 품는 모든 열의, 아이의 모든 것에 의미가 있다고 말해주는 것입니다. 미덕 칭찬은 그래서 아이가 자신을 사랑하게 만듭니다.

또한 미덕 칭찬은 잃어버린 자존감까지 회복하게 만들어줍니다. 회복은 비로 그 아이가 실수하고 좌절했을 때 교사가 격려 한마디를 건넬 때 이루어집니다.

"영은아, 열심히 하더니 처음보다 훨씬 잘 만들었구나. 네 목적의식이 빛나는구나."(과정 격려)

"현지야, 처음엔 잘 안되지? 하지만 너도 곧 만들 수 있어. 너는 끈기 미덕이 있잖아."(가능성 격려)

"은비야, 잘 안되어서 속상하구나, 다시 해보면 될 거야. 너에게는

열정 미덕이 있잖아."(공감 격려)

"동현아. 네가 그림일기 그려낸 것처럼 이것도 해낼 수 있어. 너의 목적의식, 끈기 미덕을 깨워봐."(믿음 격려)

'무엇을 잘해서', '문제를 해결해내서'가 아니라, '노력해서', '도전해서' 등 결과와 상관없이 미덕으로 칭찬받을 수 있음을 믿게 될 것입니다. 미덕 칭찬은 결과에 대한 두려움에서 벗어나 점차 스스로의 힘을 믿는 자아존중감을 회복하게 해줄 것입니다.

교실에서 미덕으로 칭찬해주세요. 그리고 그 칭찬이 미덕 통장에 모두 기록되도록 해주세요. 아마 1년이면 천 개 이상이 기록이 될 것입니다. 그 기록은 평생 아이의 힘이 될 것입니다. 우리는 존재 자체를 사랑해주는 교육, 존재 자체로 이미 소중하다는 경험을 많이 배우지 못했습니다. 실제로 자아존중감이 중요한 것은 알지만 어떻게 끌어올릴 수 있는지 잘 알지 못하는 경우가 많습니다. 가장 빨리 아이의 자아존중감을 높여줄 수 있는 것이 바로 미덕 칭찬입니다. 그 자체로 존재를 바라보기 때문입니다. 모든 상황을 미덕으로 해석해 칭찬해주세요. 모든 실패, 좌절 상황에서 가능성의 미덕으로 격려해주세요. 아이가 자신을 더욱 사랑하게 됩니다.

다른 감사 교육을 하고 있는데 미덕 교육이 더 효과적인가요?

어른에게는 살아온 인생의 시간 속에서 좌절, 실패가 아이들보다 더 많고 그 과정에서 받아들임, 성찰의 시간, 경험이 많습니다. 그렇다 보니 어른의 감사는 깊습니다. 하지만 우리 아이들은 아직까지 살아온 시간이 짧다 보니 어른만큼의 실패, 좌절 경험이 없습니다. 그래서 지도를 받으면 감사를 하지만 그 깊이가 어른과는 다릅니다. 따라서 감사습관의 힘이 어른만큼 강력히 작용한다고 보지 않습니다.

또 52가지 미덕을 찾아보고, 그 미덕의 힘을 자신에게 있다고 믿는 미덕 교육은 아이의 내면을 성장시킵니다. 미덕카드는 앞면에 뜻이 소개되며 뒷면에 실천 방법과 다짐이 적혀 있어 총 세 부분으로 이루어져 있습니다.

책임감 카드를 예로 들어보겠습니다. 미덕카드는 책임감을 앞면에서 이렇게 정의합니다.

"책임감은 무슨 일이나 훌륭하게 해냄으로써 다른 이들이 당신을 신뢰할 수 있게 하는 것입니다. 당신은 자신의 행동에 대해 책임을 집니다. 실수로 누군가에게 손해를 입혔다면 변명을 하는 대신 용서를 구하고 그에 대해 배상합니다."

뒷면에서 말하는 책임감의 실천 방법은 이렇습니다.

"책임감의 미덕은 우리 안에 있습니다. 약속에 대해 진지하게 생각하세요. 능력이 닿는 한 최선을 다해 주어진 일을 하세요. 당신의 몫의 일을 기꺼이 하세요. 실수는 변명하지 말고 인정하세요. 오해는 서둘러 푸세요. 어떤 일이든지 최선을 다하세요."

책임감을 다짐하고 싶다면 어떤 말을 외워야 할지도 뒷면에 소개됩니다.

"이렇게 다짐해보세요. 나는 책임감이 강한 사람입니다. 나는 약속을 지키며 모든 일에 최선을 다합니다. 나는 실수로부터 배웁니다. 나는 내가 한 일에 대해 기꺼이 용서를 구합니다."

아이들은 이처럼 미덕을 깊이 있게 풀어내는 카드를 필사하고, 또 자기가 경험한 책임감을 소재로 그림을 그려보기도 합니다. 더 나아가 자기가 경험하고 생각한 책임감을 글과 그림으로 표현해 직접 자신만의 미덕카드를 만들어보며 아이들은 '책임감이 이런 거구나.'라고 생각합니다. 자신의 경험을 미덕으로 구조화해나갑니다. 다양한 경험을 다양한 52가지 미덕으로 구조화하는 동안 아이가 보는 세상이 넓어집니다. 아이가 표현하는 언어가 달라집니다. 감사 한 가지를 꾸준히 하는 것보다 자신의 경험, 자신의 행동을 좀 더 넓고 깊게 성찰할 수 있습니다. 다른 사람에게 다양한 말로 칭찬, 격려할 수 있는 미덕의 세계를 품게 됩니다. 어린 시절 미덕을 배우고 미덕카드를 읽으면서 마음과 행동을 스스로 닦아보고 성찰해본 아이와 그런 경험이 없는 아이의 차이는 엄청납니다.

아이는 세상을 살면서 넘어지고 쓰러지는 순간이 와도, 부모나 교사의 도움이 없는 순간에 있어도, 스스로 만났던 미덕을 불러와 다시 일어날 것입니다. 저는 지난 3년간 미덕 교실을 운영하며 아이들이 한 말을 잊을 수가 없습니다. 특히 한 아이의 일기를 나누고 싶습니다.

'지금까지 내가 미덕을 가지고 있다는 것을 몰랐을 때는 힘이 없고, 자신감이 없을 때가 많았다. 하지만 나에게 52가지 미덕이 있다는 것을 배우고 나서는 내가 달라졌다. 바이올린이 잘 안될 때도 전에는 소질이 없다고 생각하고 포기하려는 마음이 컸지만 지금은 미덕을 불러온다. 끈기, 목적의식, 열정을 불러오면 내가 바뀐다. 더 연습하게 되고 다음 단계를 배우고야 말겠다는 목적의식이 생긴다. 나는 52가지 미덕이 나를 돕고 있다는 것을 생각만 해도 힘이 난다.'

아이들의 패러다임이 전환됩니다. 자신을 가능성의 존재로 믿게 되는 것입니다. 미덕 교육은 존재 자체의 가능성을 아이들에게 믿게 합니다. 우리 아이들이 교실을 떠나 한 어른으로 성장하는 과정에서 자신에게 힘을 주는 사람, 자신을 믿어주는 사람으로 자라게 합니다. 미덕으로 말해주세요. 아이의 인생에 빛을 주는 일입니다.

미덕카드가 너무 어렵지 않나요?
읽다 보면 말이 어려워요

저도 처음 미덕카드를 읽고 그런 의문이 들었습니다. 1-2학년의 경우 아직 어휘력이 다양하지 않기 때문에 아이가 이런 내용을 이해할까 고민하는 것은 당연합니다. 그런데 실제로 학급에서 미덕카드를 읽고 필사하고, 자신만의 생각을 그림으로 그려내면서 아이들이 자신만의 해석으로 미덕을 이해하고 받아들인다는 것을 깨달았습니다.

예를 들어 '초연'이라는 미덕을 봅시다.
카드의 내용은 아래와 같습니다.

초연은 감정의 소용돌이 속에서도 통제력을 잃지 않고 자신의 느낌을 관조하는 것을 말합니다. 초연함을 유지한다면 당신은 감정이 시키는 대로 행동하는 대신 자신이 어떻게 행동할 것인지 자유롭게 선택하게 됩니다. 초연의 미덕은 우리 안에 있습니다. 충동적인 감정에 휩쓸리지 않도록 하세요. 후회할 일을 하지 않도록 사전에 충분히 생각하세요. 한 발 뒤로 물러나 자신의 감정을 잘 관찰해보세요. 수동적으로 반응하기보다는 능동적으로 선택하세요. 자신이 통제할 수 있는 일과 그렇지 않은 일을 명확히 구별하세요. 옳은 일이 무엇인지 생각해보세요. 이렇게 다짐해보세요. 나는 초연합니다. 나는 내 감정의 실체를 알고 있습니다. 나는 초연한 상태에서 내가 취할 행동을 선택합니다. 나는 내가 옳다고 믿는 일을 합니다. 나는 어떤 상황에서도 최선의 나를 선택할 것입니다

이렇게 카드 내용에는 어려운 단어가 많습니다. 하지만 아이들이 이 카드를 필사한 후 발표하고 그려낸 초연은 아주 쉽습니다.
"나는 동생이 내가 그린 그림을 망쳐놓아도 화를 내지 않고 동생을 달랬습니다. 나의 초연의 미덕이 나를 돕습니다."
"내가 공부를 하려고 할 때 친구가 놀자고 전화가 왔습니다. 하지만 숙제를 다하고 놀려고 나의 초연의 미덕을 발휘해 저녁에 놀자고 말했습니다."

그리고 그림은 더욱 웃음이 날 정도입니다. 파리가 날아와 얼굴에 앉아 있지만 공부를 하려고 집중하는 아이 모습을 그립니다. 혹은 숙제를 하려고 책상에 앉았는데 아이들 놀이 소리가 들리는 장면이 나옵니다. 아이가 그 장면에서 초연의 미덕을 불러와 놀러 나가지 않고 숙제를 마친다는 내용도 보입니다.

아이는 초연의 미덕카드를 읽음으로 어려운 단어를 유추할 수 있는 사고력, 유연성의 미덕을 불러옵니다. 미덕카드의 수준 높은 어휘와 풀이는 미덕 교실의 부작용이 아니라 오히려 큰 장점입니다. 그 전에 미덕 교실을 운영하기 전에 일기장의 내용과 어휘수준과는 확연히 달라집니다. 아이가 유연성. 기지, 사려, 초연, 열정, 목적의식, 이상 품기의 미덕 등의 단어를 자유자재로 씁니다. 자신의 경험을 해석하는 해석력도 놀랍습니다. 자기 성찰의 힘이 생깁니다. 다양한 미덕카드의 깊이 있는 문구를 통해 아이가 자신을 어떻게 성찰해야 하는지 알게 됩니다. 깨닫게 됩니다. 당연히 일기 수준이 높아집니다. 글을 읽을 수 있는 아이는 다 자신만의 해석의 깊이를 가지고 미덕을 맞이합니다. 미리 걱정하지 마세요. 아이를 믿어보세요. 아이도 아이만의 시각으로 자신의 삶에 미덕을 불러오고 저장합니다.

미덕으로 칭찬하는 것이 익숙지가 않아요

　선생님에게도 시간을 주세요. 작은 일 하나도 습관을 만드는 데 21일이 걸리고 그 습관이 몸에 굳어지게 만드는 데 66일이 걸린다고 합니다. 언어의 습관을 바꾸는 것도 마찬가지입니다.

　저도 처음에 교실에서 미덕의 언어가 익숙지가 않았습니다. 오글거리고, 아이들도 익숙해하지 않습니다. 하지만 시간이 가면 그 언어가 나에게 평온함을 먼저 줍니다. 사랑의 마음, 사랑의 에너지를 선택하게 합니다. 아이들에게 화를 내지 않는 습관을 줍니다. 교사가 제일 먼저 행복해집니다. 그리고 그 습관을 들이는 동안은 며칠 해보다가 원래의 말로 돌아갔다고 해도 자기 자신을 다시 미덕으로 격려하고 기회를 주세요. 결국 언어 습관은 일정 시간이 지나면 바뀝니다.

아이들이 학기말에 잊을 수 없는 선생님의 3대 어록으로 많이 꼽은 말입니다.

"미덕 천사들아!" "나의 보석들아!" "나의 미덕 덩어리들!"

"선생님은 너를 믿어!" "네가 얼마나 미덕 천사인지 알아."

교사도 자신의 미덕을 매일 바라보고 안아줘야 합니다. 그럴 때 만들어지는 자존감은 가르침의 성공과 질을 좌우합니다. 자신의 특별함과 가치를 스스로 인정하는 것이 출발입니다. 힘든 순간 가만히 앉으셔서 눈을 감고, 미덕카드를 뽑아 읽어보세요. 미덕카드는 내 소중한 영혼이 나에게 힘을 주는 말입니다. 그리고 용기내서 다시 가슴을 사랑 에너지로 채우시면 됩니다. 내가 힘을 내게 해주는 다른 문구들을 모아 읽거나 외워도 좋습니다.

'나는 이 세상에서 유일무이한 소중한 존재다.'

'나의 가치는 다른 사람에 의해 검증될 수 없다. 내가 소중한 이유는 내가 그렇다고 믿기 때문이다.'(조성희,《뜨겁게 나를 응원한다》)

'나의 모든 것을 존중하고 인정한다.'

'실수와 실패는 성장할 수 있는 배움의 기회다.'

'나의 가르침은 특별하다.'

누구의 평가도 필요하지 않습니다. 존재 자체의 가치를 스스로 인정하고 선언하면 그만입니다. 더 나아가 질문을 통해 자신을 바라보는 방법도 있습니다.

'네가 가지고 있는 모든 것이 소중한 이유는 무엇일까?'

'너는 이 세상 유일무이한 존재인데, 그 이유는 무엇일까?'

그럼 우리의 뇌는 사랑스럽게 반응합니다. 이미 자신을 소중한 존재, 유일무이한 존재로 인정할 이유를 찾아 데려옵니다. 뭘 잘해서, 실수를 안 해서가 아닙니다. 자신의 강점을 알고 있는 교사는 조건을 달아 스스로 평가하고, 비난하고, 차별하는 일을 멈춥니다. 그럼 말은 저절로 미덕의 언어가 될 겁니다.

행복한 마음의 교사는 아이들도 있는 그대로 사랑받을 존재, 특별한 존재라고 믿습니다. 아이들의 부족한 부분에 비난보다는 애정으로 반응합니다. 매일 자신만의 가치 스토리를 만들어가는 교사는 어떤 조건이나 전제가 필요치 않은 있는 그대로, 존재 자체로 아이들을 바라봅니다. 자신도 이미 있는 그대로 받아들이고 있기 때문입니다. 우리 존재 자체가 아름다운 것입니다. 자신을 아름답게 보면 미덕의 말이 더 쉽게 나옵니다.

52개 이외의
미덕을 쓰면 안 되나요?

　원래 버츄프로젝트를 창안한 분들은 문화와 민족을 초월하여 공통적인 미덕을 300개를 추렸다가 그것이 52개로 줄어들었습니다. 1년 52주 동안 한 주에 한 가지씩 집중 연마하라는 뜻입니다. 그래서 미덕을 추가하는 것도 가능하다고 봅니다. 저도 교실에 꼭 필요한 여덟 개의 미덕을 추가하여 60개를 아이들에게 연마하도록 하고 있습니다.

　제가 추가한 미덕은 경청, 공감, 정성, 몰입, 관찰(따뜻한 미덕안경을 쓴), 긍정, 유머, 도전, 알아차림 등입니다. 관찰은 따뜻한 눈, 마음으로 보는 것을 말합니다. 예를 들면 친구의 미덕을 찾아줄 때 특별히 더 자세하게 관찰해서 상대방을 감동하게 만드는 아이들에게는 '관찰'의 미덕이 반짝이고 있다고 말해주시면 좋겠지요. 그럼 더 열심히 친구의 행동에서 미덕을 잘 찾아낸답니다. 다른 일을 하다가도 해야 할 일에 빨리 집중을 할 때는 '몰입'이라는 미덕이 반짝인다고 말해줍니다. 아이들 지도에 특히 유용했던 것은 '정성', '공감', '경청'이었습니다. 글씨를 쓸 때 한결같이 반듯하게 글씨를 쓴 아이에게 "처음부터 끝까지 '정성'을 다해 썼구나. '정성' 미덕이 반짝반짝하네!"라고 격려해주면 주변의 대충 쓰는 아이들도 끝까지 정성을 다해 씁니다. 대화를 나눌 때는 "이렇게 눈을 맞추고 '경청'을 잘 하면서 들으니까 참 고마워!"라고 말해주면 다음에도 경청을 잘 유지합니다.

'알아차림'은 자신의 마음과 행동에 대한 통찰력을 말합니다. 쉽게 자신을 잘 돌아보는 '반성'과 비슷합니다. 남 탓을 많이 하고 자신을 잘 통찰하지 못하는 아이에게 알아차림 미덕이 반짝이는 한 순간을 포착해 그때 격려해주시면 좋을 듯합니다. 사실 누군가를 돕기 위해서도 민감성이 있어야 관계에서 소통이 잘 됩니다. 자기 자신의 생각, 감정을 빨리 알아차리면 상대방의 생각, 마음, 욕구, 필요도 빨리 알아차립니다. 알아차림이 늦을 경우 소통에 어려움을 겪을 수 있습니다. 그래서 저는 아이들이 자신의 마음을 잘 이야기 할 때 꼭 말해줍니다. "네 마음이 어떤지를 잘 알아차렸구나. '알아차림'의 미덕이 반짝이네." 또는 친구의 필요에 즉시 도움을 주는 아이를 볼 때도 말합니다. "친구가 아픈 걸 빨리 알아차려서 보건실에 함께 다녀왔구나. 고마워! 너에게 알아차림과 배려의 미덕이 반짝이고 있어." 관찰 미덕과 비슷하지만 '관찰'은 미덕 인식, 미덕 포착에 더 가깝고 '알아차림'은 내면 인식, 자신과 상대방의 생각, 감정을 인식하는 쪽에 더 가깝습니다.

선생님의 교실의 상황, 학년에 맞게 선택해 쓰시면 좋을 것입니다.

한글을 못 읽는 아이는
어떻게 하나요?

아직 글을 읽지 못하고, 어휘력이 다양하지 않은 입학 전 어린아이들에게는 미덕카드를 엄마가 먼저 읽어보신 후(우리가 상식적으로 아는 뜻과 미덕카드에서 표현하고 있는 미덕의 뜻은 다르답니다. 미덕카드에는 미덕의 뜻, 실천방법, 다짐이 자세하고, 깊고, 넓게 표현되어 있습니다. 카드를 읽은 후 말로 설명해주시는 것이 훨씬 더 쉽게 설명 가능합니다.) 아이가 이해하기 쉬운 말로 풀어서 설명해주시면 됩니다. 아이 귀에 들리도록 읽는 과정도 아이에게 도움이 되기에 병행하셔도 괜찮다고 봅니다.

미덕 교육의 목적은 미덕 인식력, 미덕 민감성을 키우는 것이랍니다. 모든 자신의 행동이 미덕과 관련되어 있음을 깨닫는 아이는 미덕을 인식하지 못하는 아이와는 전혀 다른 모습을 보여줍니다. 그 아이가 바라보는 세상은 미덕으로 아름다워집니다. 모든 행동이 미덕임을 깨닫고 이해하는 아이는 결국 미덕 동기, 미덕 실천의지, 미덕 행동을 무의식에 내면화하고 실천하게 됩니다.

초등학교에 입학해 글을 배우는 중인 아이에게는 미덕카드를 읽어주거나, 함께 읽는 것도 좋습니다. 그러다가 아이가 스스로 읽게 되면 모르는 어휘를 질문할 때 그 뜻을 알려주시면 된답니다. 아이들은 우리 어른들이 생각하는 것 이상으로 유추능력이 발달되어 있습니다. 시간이 가면서 아이들이 미덕카드에 있는 어휘들을 생각보다 빨리 이해하고, 적용한다는 것을 보게 되실 거예요. 지금 그 미덕카드에 몇 개 모르는 단어가 있다고 해도 아이들은 그 뜻을 유추합니다. 처음에는 50퍼센트 이해했다면 시간이 가면 점점 더 이해할 것입니다. 처음부터 모든 단어, 모든 어휘를 다 이해하지 않아도 되고 아이가 질문할 때 쉽게 설명해주시면 됩니다. 이후 글을 완전히 익숙하게 알고 났을 때 미덕카드 필사, 그림으로 그리기 등으로 발전하도록 이끌어주시기 바랍니다.

아이가 일기를 쓰는 단계에 가면 미덕카드 교육을 받은 아이의 일기의 어휘력에 놀라실 거예요. 인문학, 철학 책을 많이 읽은 이이들처럼 탁월한 어휘력, 통찰력이 담긴 일기를 쓰는 것을 저는 많이 봤답니다. 아이의 무의식에 버츄 어휘가 스폰지처럼 흡수되어 있음을 깨닫게 될 거예요.

버츄프로젝트는
어디서 배울 수 있나요?

한국버츄프로젝트(http://virtues.or.kr/)에서 진행하는 7시간 5대 전략 워크숍이나 한국버츄프로젝트 FT가 진행하는 7시간 5대 전략 워크숍을 통해 배울 수 있습니다. 둘 다 같은 과정이며 이 5대 전략 워크숍에서는 버츄카드(미덕카드), 교재, 수료증이 주어집니다. 이 과정을 마치고 나면 한국버츄프로젝트에서 진행하는 버츄트레이닝(FT) 과정을 지원할 수 있습니다. 버츄트레이닝 과정을 마치면 한국버츄프로젝트의 FT로서 7시간의 5대 전략 워크숍을 진행할 수 있습니다.

기타 온라인 연수로는 아이스크림 원격교육연수원(http://teacher.i-scream.co.kr/)에서 권영애 한국버츄프로젝트 FT가 진행하는 〈버츄프로젝트〉 연수를 들으실 수 있습니다. 이 연수를 듣고 더 심화하고 싶을 경우 한국버츄프로젝트의 버츄프로젝트 5대 전략 워크숍이나 트레이닝과정을 이수하시면 됩니다. 버츄프로젝트 교육은 자신의 내면의 힘을 알아차리고 깨우는 것입니다. 따라서 워크숍이라는 직접적인 면대면 활동을 통해 버츄프로젝트를 머리가 아닌 가슴으로 받아들일 수 있습니다. 온라인 연수를 통해 버츄프로젝트를 만나신 이후에 오프라인 면대면 5대 전략 워크숍을 경험하시는 것을 권장합니다. 자신의 삶과 만날 수 있는 시간이 되기 때문입니다.

버츄카드(미덕카드), 버츄 배너(미덕 배너), 미덕 통장, 미덕 책받침 등 다양한 버츄프로젝트의 활동에 필요한 준비물은 한국버츄프로젝트(http://virtues.or.kr/)의 버츄몰에서 구입이 가능하며, 아이스크림 연수원의 버츄조끼는 아이스크림몰(http://www.i-screammall.co.kr/)에서 구입이 가능합니다.

에필로그

행복은 어디에서 올까.

알파고의 시대. 나는 인성이야말로 이 시대에 남은 유일한 인간의 영역이 아닐까 생각한다. 미래를 살아갈 아이는 가슴을 쓸 줄 아는 아이다. 그래서 나는 아이들의 마음을 데워주고 타인과 자신에게 베풀 줄 알게 해주는 인성 교육을 가장 중시한다. 오늘도 교실에서 아이들이 가슴이 따스해지는 미덕 깨우기 활동으로 하루를 시작한다.

오늘의 아침 활동은 미덕카드의 첫 번째 미덕인 '감사'에 대한 활동이다. 최근 자신이 경험한 감사한 일 다섯 가지를 찾아서 포스트잇에 쓴 후 발표하고, 교실 뒷면에 있는 감사 기차에 붙이는 것으로 활동이 끝났다. 발표를 듣는데 내 가슴이 울렸다. '엄마, 아빠가 내가 힘들어 할 때 위로해주셔서 감사합니다.', '선생님께서 미덕을 알려주셔서 감사합니다.', '도움 줄 수 있어서 감사합니다.', '내가 나여서 감사합니다.', '내 무의식이 행복으로 가득차서 감사합니다.'…

아이들이 가슴을 잘 쓰고 있음이 사랑스럽다. 아이들이 무의식에 관심을 가지고 있음이 놀랍다. 내가 나여서 좋다는 말에 가슴이 뭉클하다. 교실에서 도움이 필요한 아이를 도와줄 수 있음이 감사하다는 아이들, 도움줄 때 뿌듯한 마음을 솔직히 말하는 아이들이 학기 초보다 늘었다. 아이들의 다툼도 거의 없다. 아이들의 가슴이 더 따뜻해지고, 더 잘 작동하는 가슴으로 변하고 있는 것이다.

아이들의 행복은 어디에서 올까? 행복은 머리가 아닌 가슴에서 온다. 특히 가슴이 따스할 때 온다. 매일 감사의 에너지로 아이들의 가슴이 1도씩 더 따스해지는 상상을 한다. 그 따스함이 자신의 몸과 마음을 데워주고 친구의 가슴까지 데워줄 것이다. 머리, 생각으로 배우는 게 아니다. 사랑받을 때의 따스함, 도움줄 때의 뿌듯함, 친구와 함께 나누는 즐거움에 기꺼이 가슴을 쓰고 데운다. 나는 머리 쓰는 아이보다 가슴 쓰는 아이를 원한다. 가슴을 쓴다는 것은 무엇일까? 감사, 배려, 존중, 사랑을 경험할 때 얼마나 가슴이 뿌듯하고 설레는지, 가슴이 울리는 그 느낌을 배우는 것이다. 반대로 무시되고 공격당하고 비난받을 때의 아픔 또한 외면하거나 왜곡하지 않고 받아들일 때 아이의 마음은 성장한다. 둔해지는 대신 자신의 고통을 그대로 느낄 줄 아는 아이는 다른 사람의 괴로움 또한 알아차리며 깊이 역지사지하고 공감할 수 있다. 그때의 배움은 머리가 아닌 가슴을 쓰는 교육이다. 가슴 쓸 때 아이가 행복하다.

머리를 쓰는 교육, 보이는 교육과정 너머 가슴을 쓰는 교육, 보이지 않는 암묵교육과정에서 아이가 더 행복해하는 것을 나는 교실에서 자주 본다. 친구의 대표 미덕을 찾아줄 때는 좋아하는 체육시간을 미루고 칭찬 쪽지를 쓰는 게 더 행복하다는 가슴 따뜻한 아이들을 본다. 친구가 생일잔치를 못해 맘 아플까 봐 먼 곳까지 찾아가서 놀아준 아이들을 본다. 뭉클하다. 나는 인성도 행복도 가슴에서 답을 찾는다.

24년간 아이들을 가르치며 심리학 공부를 하며 가슴을 열 수 있는 많은 기법을 찾아다녔다. 많은 것을 배우고 교실에서 적용했고 연구했다. 20년이 넘어서야 돌고 돌아 버츄프로젝트를 만났다. 그 후 몇 년간 내 가슴이 울려서 참 많이도 울었다. 수시로 종이 울렸다. 놀랍고 탁월한 버츄프로젝트의 기적에 한없이 행복했다. 아이들의 자존감이 급상승하는 모습에 놀랐고, 교실에서 본 적 없는 천사로 변한 아이들 모습에 놀랐다.

이제는 그 이유를 안다. 우리는 영적인 존재들이다. 지식을 아무리 배워도 가슴을 여는 데 한계가 있다. 버츄프로젝트는 한 아이의 영혼을 만나게 하고 그 존재의 소중함을 가슴으로 깨닫게 한다. 버츄프로젝트는 그 자체가 존재 사랑이었다. 그토록 찾았던 존재 자체로 사랑해주고, 존재 자체로 사랑받는 순간의 경험을 했다. 진정한 가슴 교육, 진정한 자존감 교육, 진정한 인성 교육! 나는 버츄프로젝트에서 그 답을 찾았다.

부록

마음의 보석을 캐고 연마하는 버츄프로젝트 실습 활동, 이렇게 합니다

미덕카드(버츄카드)

미덕카드의 예시다. 미덕카드에는 카드의 목록이 기록된 카드가 추가로 주어진다. 카드 앞면에는 미덕과 그 미덕의 의미가 설명되어 있다. 후면에는 그 미덕 보석을 우리 안에서 어떻게 찾을 것인지, 어떻게 다짐해야 하는지 설명하고 있다. 우리가 기존에 아는 미덕의 뜻보다 더 깊게 풀이되어 있으니 지도하는 입장에서도 반드시 읽어보도록 한다.

  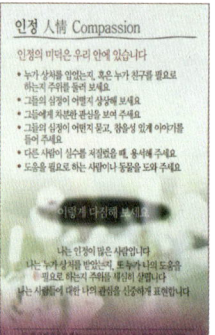

_한국버츄프로젝트

미덕 인식력 높이기

미덕을 연마하려면 먼저 미덕이 무엇인지 알아야 한다. 미덕카드를 통해 52가지 미덕의 의미와 예시를 알고 그에 대한 자신의 느낌을 충분히 헤아리고 표현해볼 때 아이들은 비로소 일상에서 미덕을 볼 줄 알게 되고, 어떤 행동이 미덕인지 분별하게 된다. 이 과정을 통해 어린아이들도 미덕 개념을 충실하게 이해할 수 있다.

미덕 익히기 3단계 활동

1단계: 1일 1미덕 따라 쓰기

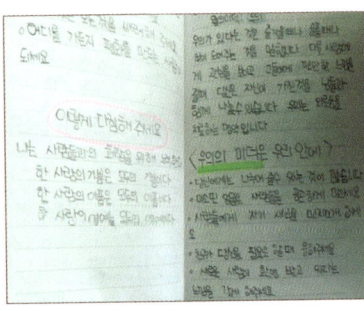

① 미덕 필사 노트와 미덕 통장을 구비한다.
② 매일 아침 미덕카드를 한 장 뽑아 읽는다.
③ 카드 한쪽 면 혹은 양쪽 면의 내용을 희망하는 만큼 필사 노트에 쓰게 한다.
④ 가장 인상적인 구절은 미덕 통장에 쓰게 한다.

⑤ 돌아가기 전 아이들에게 하루 동안 그 미덕을 실천했는지 스스로 평가해 실천했으면 동그라미로 표시하게 한다.
⑥ 52개 미덕을 마칠 때까지 계속한다.

| 2단계: 1일 1미덕 그리기 |

① 미덕 필사 노트를 마친 후 진행한다.
② 매일 아침 미덕카드를 한 장 뽑아 읽는다.
③ 미덕에 대한 느낌, 생각, 계획 등을 원하는 형태의 그림(만화, 비주얼 씽킹, 씽킹 맵 등)으로 표현한다.
④ 번외 활동으로 모두가 같은 미덕카드를 놓고 그림을 그린 후 함께 이야기할 수 있다.

| 3단계: 나만의 미덕카드 만들기 |

① 아이들이 1단계, 2단계에 친숙해진 후 진행한다.
② 매일 아침 미덕카드를 한 장 뽑아 읽는다.
③ 그 미덕에 대한 자기만의 경험이나 생각을 글과 그림으로 카드에 표현한다.
④ 발표하거나 전시한다.

한 걸음 더

우리 반(가족) 미덕 사전 만들기

나만의 미덕카드를 만드는 데서 더 나아가 반 전체가 각각 미덕카드를 그리고 써서 세상에 유일한 '우리 반 미덕 사전'을 만들 수 있다.

나만의 대표 미덕 찾기

미덕 찾기를 시작하며 아이들은 '나의 미덕은 무엇일까' 궁금해한다. 하지만 스스로 자신만의 미덕이 무엇인지 찾아내는 것은 쉽지 않다. 이럴 때 서로의 미덕을 찾아주는 활동을 하면 아이들이 자신이 생각하지 못했던 미덕을 알게 되며 강화하는 효과가 있고 또한 아이들이 서로의 행동을 긍정적으로 바라보도록 유도할 수 있다.

미덕 조끼 활동

① 한 주 동안 대표 미덕을 찾기 위해 한 친구를 관찰한다.
② 관찰한 친구의 '대표 미덕'을 각자 한두 장의 포스트잇에 한 개에서 두 개의 미덕과 그 미덕을 포착했던 실천 행동 내용을 쓴다.
예) (　　)에게는 (　　) 미덕이 있어요. 그 이유는 (　　　　)입니다.

형식은 간단하되 이유를 마음에 와닿도록 눈에 보일는 듯 자세하고 구체적으로 쓰도록 안내한다.
③ 미덕 조끼는 4절 도화지와 포스트잇을 이용해 만들면 된다.
④ 보석(포스트잇)을 미덕 조끼나 칠판에 붙인다.
⑤ 세 명의 봉사 아동이 나와 한 아동은 모든 보석카드나 포스트잇의 내용을 하나씩 학급 전체에 읽어주고, 한 명은 나온 미덕의 이름을 적고 한 명은 개수를 적는다.
⑥ 가장 많이 나온 미덕 세 가지를 대표 미덕으로 인정해준다.
⑦ 오늘의 주인공에게 미덕 조끼를 입혀준다.
⑧ '미덕의 주인공'에게 미덕 조끼를 받은 일에 대한 소감을 듣는다.
⑨ 미덕 배너 앞에서 독사진과 단체사진을 찍어준다. 사진 찍은 것을 부모님께 보내드린다.
⑩ 미덕 조끼를 일주일간 교실 앞 미덕 배너 밑에 전시한다. 오가는 아이들이 관람한다.
⑪ 다음 미덕 조끼가 탄생하면 그때 교체하고, 지난 주인공은 미덕 조끼를 집에 가져간다.

미덕 롤링페이퍼

① 열여섯 개 칸이 그어진 A4 크기의 롤링페이퍼 두 장을 반 아이들 모두에게 나눠준다.
② 각 칸에 반의 모든 친구 각각에게서 발견한 미덕 한 가지와 언제, 어떻게 그 미덕을 발견했는지 등 자세히 쓰도록 한다.
③ 맨 마지막 칸엔 교사 이름도 넣어 미덕을 찾아주고, 아이들도 교사의 미덕을 인정해주도록 한다.
④ 가장 많이 언급된 3대 미덕을 찾아보도록 한다. 그 세 가지 미덕이 지금의 대표 미덕이다.

미덕을 습관으로 만들기

아이들이 미덕을 인식하고 나면 다양한 활동을 통해 일상에 적용하고 늘 생각하며 행동하도록 돕는 것이 중요하다. 아이들이 자기 정체성과 미덕을 연결시키고 표현할 수 있도록 이끄는 활동들이 효과적이다.

금주의 미덕

 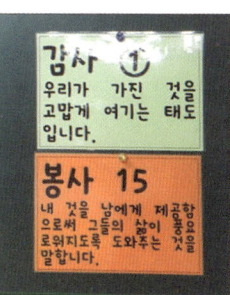 

_버쥬실천연구회

① 매주 월요일에 아이들이 돌아가며 '금주의 미덕'을 뽑는다.
② 큰 소리로 읽고 일주일 동안 칠판에 적어놓는다.
③ 주간학습 안내 시 부모님에게 '금주의 미덕'을 전달하고 가정에서도 일관성 있게 실천하도록 안내한다.
④ 자녀가 가정 내에서도 미덕을 잘 실천한 경우, 미덕 통장에 적어달라고 요청하

고, 금요일 수업을 마무리할 때 '금주의 미덕'을 연마한 아이들을 스스로 일어나게 해 칭찬해준다.

⑤ '금주의 미덕'을 주제로 일기를 쓴다.

미덕 책받침 활용

 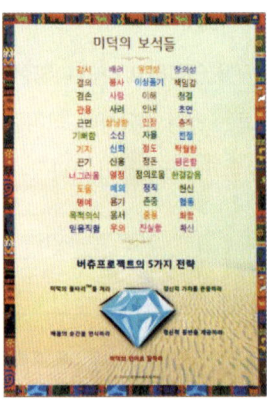

① A4 반 정도 크기의 종이에 앞에는 52가지 미덕, 뒤에는 미덕의 뜻을 적는다.
② 고정시킬 때 한쪽 세로 부분에만 스카치테이프를 붙여 뒷면을 돌려 볼 수 있게 한다.

미덕 이름표

① 학기 초 아이들 스스로 자신의 대표 미덕 한 가지를 정한다. 자신의 이름 앞에 붙여 호처럼 사용하도록 한다. 예) 존중 권영애, 사랑 정은서
② 도화지를 삼각대로 접어서 밑 부분에 풀칠해 고정한다.
③ 삼각대 앞부분에는 자기가 좋아하는 미덕을 쓴 후 색칠하고, 뒷부분에는 미니보석카드와 좋아하는 미덕으로 꾸미고 색칠한다.

④ 수업시간에 아이들이 이름 앞에 대표 미덕을 붙여 "존중 김선아가 발표하겠습니다.", "배려 김소현이 발표해주세요." 등으로 말하도록 한다.

미덕으로 자기소개 하기

_버츄실천연구회

① 사람의 모양이 간략하게 그려져 있는 종이를 준비한다.

② 아이들이 다양한 도구를 이용해 그림을 꾸미며 각 신체 부위마다 어떤 미덕이 있는지 적어볼 수 있도록 한다.

나의 꿈 소개하기

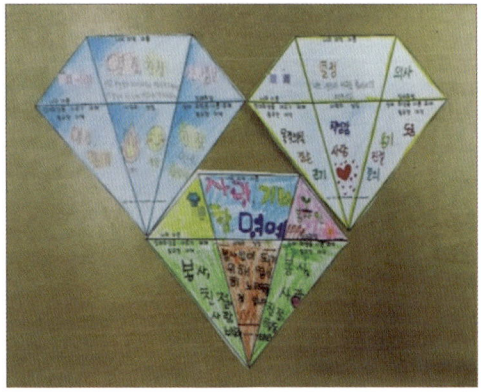

① 미덕 보석이 그려진 종이를 준비한다.
② 아이들에게 꿈을 이루기 위해 어떤 미덕을 연마해야 하는지 묻는다.
③ 대답을 미덕 보석에 쓰고 그려 표현하도록 한다.
④ 발표한다.

친구에게 미덕 선물하기

① 아이들에게 친구 한 명을 관찰하도록 한다.
② 손 모양의 종이를 준비하거나 손 모양을 그려 종이를 오린다.
③ 손톱 부분에는 대표 미덕 다섯 가지를 쓰고 손가락에는 미덕을 어떻게 관찰했는지 기록한 후, 손바닥에는 편지를 써서 친구에게 전한다.

미덕 감사 카드

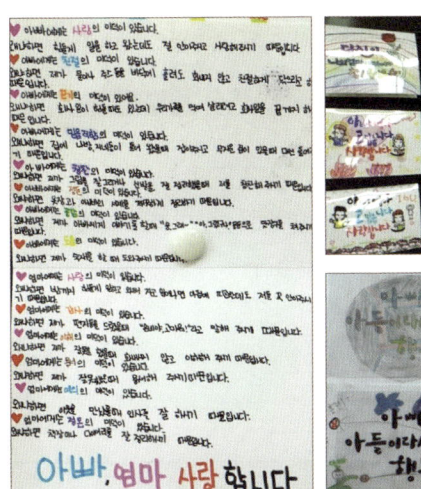

① 4분의 1로 자른 8절 도화지 겉장에 미농지나 OHP 필름을 붙인다.
② 캘리그래피 글씨로 쓴 "엄마 딸이라서 행복해요, 아빠 딸이라서 행복해요."와 같은 문구를 복사해 나누어준 후 미농지나 OHP 필름 아래에 둔다.
③ 미농지나 필름에 캘리그래피 글씨체에 따라 유성매직으로 글씨를 쓴다.
④ 카드 안쪽에 부모님의 미덕을 열 개 이상 자세히 쓴다.
"우리 엄마에게는 ○○미덕이 있어요. 그 이유는 ○○입니다."
이런 식으로 자세한 행동을 중심으로 쓰도록 지도한다.

미덕으로 친구 광고하기

① 친구 한 명을 정해 그 친구의 3대 미덕을 찾는다.
② 앞으로 나와 그 친구의 이름을 알려주지 않고 그 친구의 대표 미덕, 특별한 점 등을 광고한다. 포스터로 그리고 써서 광고해도 좋다.
③ 다른 아이들이 그 친구가 누구인지 맞힌다.

미덕 칭찬 쪽지

 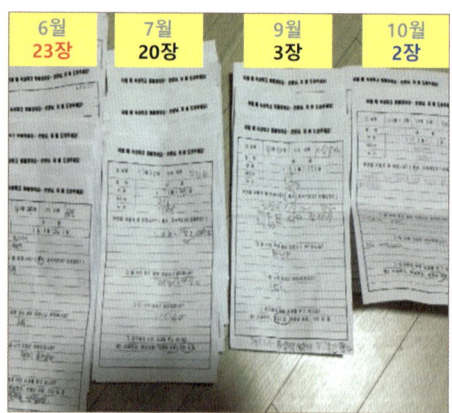

① 미덕 칭찬 쪽지 보관함과 미덕 칭찬 쪽지 용지를 교실 뒤편에 보관한다.
② 아이들이 원할 때 친구의 미덕을 칭찬할 수 있도록 한다.
③ "칭찬을 많이 하는 아이가 미덕이 많은 아이"라며 장려한다.
④ 칭찬 쪽지는 파일에 누철한다.

실수를 버츄로 만들기

미덕 교육의 최대 장점 중 하나는 아이들이 자신의 약점, 실수, 실패 등도 더 이상 부정적으로 받아들이지 않고 발전해나갈 자신의 일부로 인식하게 한다는 점이다. 아래 활동들은 그런 통합적이고 긍정적인 태도를 형성하는 데 많은 도움이 된다.

미덕 목걸이 만들기

① 종이를 준비한다.
② 각자 원하는 목걸이 펜던트 모양으로 자른다. 나비 모양이나 계란 모양 등이 있다.
③ 펜던트 앞면에는 대표 미덕을 쓰고 뒷면에는 성장 미덕을 쓰고 꾸민다.

④ 일주일씩 번갈아 앞면, 뒷면으로 걸게 한다.

색상환 꽃 만들기

① 종이를 꽃잎 모양으로 여러 장 오리고, 작은 오각형 모양으로도 하나 오리도록 한다.
② 오각형을 꽃의 중심으로 삼고 미덕이라고 쓰게 한다.
③ 대표 미덕을 쓴 꽃잎들을 먼저 한 바퀴 둘러가며 붙이게 한다.
④ 성장 미덕을 쓴 꽃잎들을 바깥쪽 사이사이 붙인다.

OHP 필름과 색 한지 미덕 책갈피를 만들기

① OHP 필름과 색종이를 준비한다.
② OHP 필름을 색종이 크기로 두 장 자른다.
③ 그 두 개의 필름 사이에 색 한지를 넣고 양쪽을 풀칠한 후 4등분으로 자른다. 색종이 한 장에서 네 개의 책갈피가 나온다.
④ 책갈피 한쪽 면에 대표 미덕을, 다른 한쪽 면에는 성장 미덕을 유성매직으로 쓰고 꾸미도록 한다.

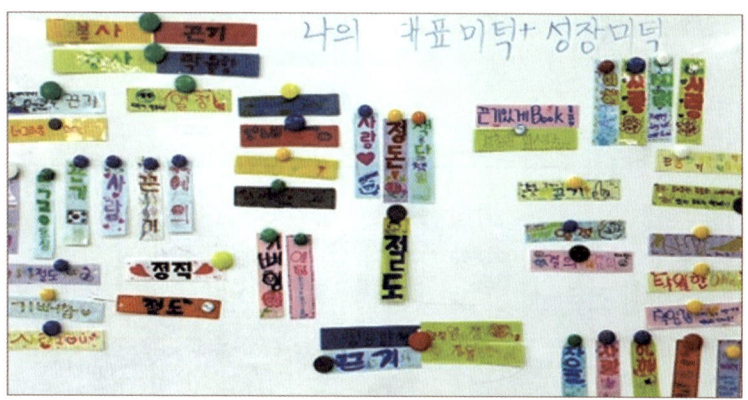

성장 미덕 나무

_버츄실천연구회

① 교실 뒤에 색종이나 그림 등으로 나무의 기둥과 헐벗은 가지만 꾸며놓는다.
② 이 나무에 특정한 미덕의 이름을 붙여준다.
③ 일주일 동안 아이들이 그 미덕을 행할 때마다 그 내용을 담은 포스트잇 잎사귀를 만들어 달도록 한다.
④ 나무 여러 그루를 붙여 다양한 미덕이 행해지는 모습도 관찰해보자.

성장 미덕 포스터 그리기

① 종이를 준비한다.

② 아이들에게 어떤 미덕이 성장했으면 좋겠는지, 그 미덕이 성장하면 어떻게 변할 것 같은지 상상하도록 한다.

③ 그 미래의 모습을 그림으로 그리고 옆에 설명 또한 쓰도록 한다.

미덕 미니 북 만들기

① 종이를 몇 장 겹쳐 작은 책자 형태로 만든다.

② 한 학기 동안 성장시킨 미덕의 정의가 무엇인지, 어떤 계기로 성장했고 어떻게 성장했는지 등을 쓴다.

미덕으로 자제력 기르기

미덕 교육은 아이들을 무조건 용서하고 분방하게 만드는 교육이 아니다. 아이들이 미덕 교실에서 자존감이 올라가기 시작하면 그와 동시에 자신과의 약속을 지키려는 의지 또한 올라가는 모습을 보여준다. 그 효과를 체험해볼 수 있는 활동 중 하나가 미덕 울타리이다.

미덕 울타리 정하기

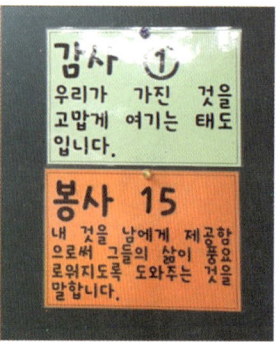

① 한 주 단위, 하루 단위, 혹은 교실 이동 수업 직전 등에 시행하기 좋다.
② 아이들과 이번 계기에는 어떤 미덕이 좋을지 의논한다.
③ 함께 몇 가지 미덕을 정한 후에 그 의미를 안내한다.
④ 칠판에 쓰거나 같이 외우며 이 미덕을 지키기로 약속한다.